Die arabische Welt verstehen

Ahmed Hussein

Die arabische Welt verstehen

Für ein lohnendes Miteinander
in Business und Alltag

 Springer

Ahmed Hussein
Arabia InterCulture
Eitorf, Deutschland

ISBN 978-3-658-26408-6   ISBN 978-3-658-26409-3 (eBook)
https://doi.org/10.1007/978-3-658-26409-3

Die Deutsche Nationalbibliothek verzeichnet diese Publikation in der Deutschen Nationalbibliografie;
detaillierte bibliografische Daten sind im Internet über http://dnb.d-nb.de abrufbar.

Springer

Titelbild: Fertas – stock.adobe.com

Planung/Lektorat: Irene Buttkus
Springer ist ein Imprint der eingetragenen Gesellschaft Springer Fachmedien Wiesbaden GmbH und ist
ein Teil von Springer Nature.
Die Anschrift der Gesellschaft ist: Abraham-Lincoln-Str. 46, 65189 Wiesbaden, Germany

Vorwort

Wenn man von den „Arabern" oder der arabischen Welt redet, bekommt man den Eindruck, es sei etwas ganz Konkretes gemeint. Zoomt man näher heran, wird der Gegenstand der Betrachtung nebliger und unklarer. Natürlich lassen sich gewisse Konturen gut erkennen und manche Essenz ist auch vorhanden, aber je mehr man sich mit diesem Thema beschäftigt, desto deutlicher erkennt man, dass viele Vorstellungen und Erwartungen reine Konstruktionen sind. Die gegenseitige Wahrnehmung (westliche Welt vs. arabisch-islamischer Kulturkreis) verschärft diese Konstruktionen und verleiht ihnen eine eigene Substanz. Auch dieses Buch kann nicht klären, ob es um etwas wesenhaft gewähren Konkretes (im Sinne von objektiver Realität) oder etwas Konstruiertes geht, wenn wir von der arabischen Welt sprechen. Die Beschäftigung mit dieser bodenlosen Frage ist jedenfalls elementar, wenn man die so genannte „arabische Welt" verstehen möchte.

Als ich einen meiner ersten interkulturellen Workshops 2005 über die arabische Welt mit einer kleinen Gruppe von Projektmanagern durchführte, war ich total überrascht, dass sechs von den acht Teilnehmenden den Iran und die Türkei zu den arabischen Ländern zählten. Wie konnte es sein, dass Menschen in Deutschland nicht besser Bescheid wussten? Gerade in Deutschland – dem Land der Dichter und Denker, dem Land der Technologie, Erfindungen und Ordnung? Als ich später die gleiche Erfahrung mit anderen Teilnehmenden aus England, Frankreich, Italien,

USA und anderen westlichen Ländern erlebte, machte ich mir über meine eigene Erwartungshaltung Gedanken: Sie setzte eine gewisse Wissensüberlegenheit in Deutschland und anderen westlichen Ländern als normal voraus. Umgekehrt erlebe ich auch das gleiche Unwissen über Deutschland, die deutsche Kultur und den Lebensstil bei den zunehmend gewonnenen Fach- und Führungskräften aus arabischen Ländern, die in vielen internationalen Konzernen in den DACH-Ländern arbeiten. Ich habe mich häufig gefragt: Warum habe ich mich viel mehr über Deutsche gewundert, die weniger über die arabische Welt wussten, als über Araber, die kaum etwas über Deutschland wussten? War dieser Denkfehler bedingt durch eine sozialisierte Erwartungshaltung?

In den 1980er-Jahren erfuhr ich jeden Freitagnachmittag zum ersten Mal etwas über Deutschland und die westliche Welt durch die Übertragung von TV-Aufnahmen mancher Bundesligaspiele (und aus anderen europäischen Ligen). Ich erinnere mich an die Beschreibung der arabischen Sportkommentatoren, wie schön sauber und ordentlich alles sei und welche paradiesischen Zustände in Mannheim und Gelsenkirchen vorherrschten, wie belesen und kultiviert die Münchener und Stuttgarter seien. Es wimmelte in Uerdingen und Saarbrücken offenbar flächendeckend von Buchhandlungen, Bibliotheken und Quellen der Kultiviertheit. So war die naive Vorstellung damals, dass die Menschen im Westen alles wissen müssten, denn es mangelte ja nicht an entsprechenden Ressourcen. Diese Naivität musste ich ganz schnell aufgeben, als ich mein neues Leben in Deutschland vor ca. 20 Jahren begann. Quellen der Kultur sind zwar reichlich vorhanden, aber Aldi und Lidl scheinen manchmal wichtiger als Beethoven, Goethe und Marx – und das Wissen über andere Kulturen und Teile der Welt scheint eher ein Spezialgebiet für Expertinnen und Experten und nicht notwendigerweise ein allgemein verbreitetes Hobby zu sein.

So oder so herrscht viel Unwissen auf beiden Seiten, trotz der vermehrten Berichterstattung vor allem im Zusammenhang mit dem arabischen Frühling, dem Bürgerkrieg in Syrien und der daraus resultierenden Flüchtlingskrise in Europa. In Workshops, die ich bei verschiedenen Auftraggebern in Deutschland leite, diskutieren die Teilnehmenden kontroverse Themen, wie die Vereinbarkeit zwischen islamischer Scharia und Menschenrechten oder ob und inwiefern Flüchtlinge aus muslimisch geprägten Ländern das deutsche Grundgesetz und die westlichen Werte akzeptieren und sich daran orientieren. Wissen, Halbwissen und womöglich alternative Fakten sowie Ängste und individuelle Erfahrungen gestalten den aktuellen Diskurs.

Schreibt man einen Text über die arabische Welt, muss man viele „Kisten" öffnen: diese dichotome, quasi antagonistische Beziehung Orient-Okzident und alles, was im Verlaufe der Orientalismus-Debatte erzählt wurde und immer noch erzählt wird, „der Islam" und „der Westen" sowie die vermeintliche Projektionsfläche der Islamisierung des Abendlandes und letztendlich die Herausforderungen, die aus allen diesen Assoziationen resultieren: interkultureller Dialog und Kooperation, Integration von arabischstämmigen Migranten unter Befolgung einer Leitkultur, die sich immer noch im Diskurs befindet und von verschiedenen Gelegenheitsstrukturen flankiert wird, Missverständnisse und gegenseitige Orientierung an existierenden Vorurteilen und legitimierenden Überzeugungen, die eine Grenzziehung ermöglichen und etablieren. Dieses Buch wird diese Debatten allerdings nicht zum Hauptanliegen machen, sondern zielt in erster Linie darauf, erfahrungsbasiertes und praktisches Wissen über die arabische Welt und ihre Menschen zu vermitteln. Das heißt, es versucht basierend auf Erfahrungsbeispielen bestehende Ansichten, Überzeugungen und Repräsentationen zur arabischen Welt reflektierend zu erforschen, um alternative Sichtweisen und Erklärungsmöglichkeiten vorzuschlagen. Praktisches Wissen braucht aber auch eine theoretische Fundierung im Sinne von Kurt Lewin: „Es gibt nichts Praktischeres als eine gute Theorie!" Aus diesem Grund werden viele Details und kleinteilige Einzelheiten vor allem in Bezug auf historische Ereignisse, die die Selbst- und Fremdwahrnehmung maßgeblich beeinflusst haben, mosaikartig dargestellt.

Die Rede von Deutschen, Arabern, Afrikanern, Amerikanern, Weißen, Schwarzen, Muslimen oder Christen basiert auf einer unvermeidbaren Kategorisierung, die eine Grundkonsonante der menschlichen Wahrnehmung darstellt. Eine Wahrnehmung im Sinne von *homo sapiens* ist ohne Kategorienbildung gar nicht möglich. Jeder Mensch wird einer Kategorie zugeordnet, ungeachtet, ob er/sie das möchte oder nicht. Neben der unverwechselbaren individuellen Identität ist daher auch die soziale Identität eine Art Dauerbegleiter jedes einzelnen Menschen. Dies zu betonen ist an dieser Stelle wichtig, da dieses Buch einerseits auf eine kulturelle Verständigung zwischen deutschsprachigen und arabisch-sprachigen Menschen (also zwischen zwei Kategorien) abzielt. Andererseits will es vermitteln, dass diese Kategorien naturgegeben per se nicht existieren, sondern erst als Ergebnis der menschlichen Wahrnehmung, Konstruktion der Wirklichkeit, Sozialisation, Identifikation und aller verschiedenen Funktionen real werden, die einen Sinn nur durch eine Unterscheidung zwischen dem „Eigenen" und „Anderen" stiften können. Solche Kategorien schaffen – ob historisch, sozialpsychologisch, ethnologisch oder sprachlich – jedenfalls eine Wirklichkeit, die sich je nach Kontext und ideologischem Zusammenhang verdinglicht hat. Vor diesem grundsätzlichen Problem steht man immer, wenn man ein Buch über interkulturelle Themen schreibt, da meistens die Rede von den Differenzen ist. Differenzen, die überbetont oder überhaupt erst geschaffen werden (können) und nicht selten missbraucht werden als Erklärungsmöglichkeiten für alle Missstände und Konfliktfelder, selbst wenn der Anteil der Kultur als Konfliktursache sehr gering ist bzw. nicht gegeben. Allerdings kann niemand kulturtypische Verhaltensweisen, tradierte Muster, Kommunikations- und Problemlösestile komplett ignorieren. Man bewegt sich hier auf einem schmalen Grat: Fokussierung allein auf Differenzen führt zur Kulturalisierung (im schlimmsten Fall droht der Vorwurf des kulturellen Rassismus, Rassismus ohne Rassen, Ethnisierung usw.). Andererseits führt Ignoranz von kulturtypischen Verhaltensweisen zur kulturellen Blindheit und womöglich zur Eskalation von Konflikten und Vergeudung vorhandener Ressourcen und Potenziale. Mit diesem Buch will ich dazu beitragen, einerseits Verbindendes zu finden und andererseits unbekannte Unterschiede bekannter zu machen, dabei Stolpersteine der gegenseitigen Verständigung aus dem Weg zu räumen und eine Brücke zu schlagen für ein lohnendes Miteinander.

Eitorf, Deutschland   Ahmed Hussein
Herbst 2021

Wie Sie dieses Buch am besten lesen

Erlauben Sie mir drei Vorbemerkungen:

1. Zum Umgang mit den arabischen Quellen: In diesem Buch werden immer wieder arabischsprachige Quellen genannt, meist arabische Zeitungen, Bücher und Internet-Artikel, die unter den genannten Links abgerufen werden können. Eine automatische Übersetzung vom Arabischen ins Deutsche kann durch die integrierte Browser-Spracheinstellung problemlos erfolgen. Die Qualität der Übersetzung variiert natürlich erheblich, wobei die Mehrheit der übersetzten Beiträge, die im journalistischen Stil geschrieben sind, sinngemäß verstanden werden kann (z. B. bei Google Translate: https://translate.google.de/). Die automatische Übersetzung vom Arabischen ins Englische ist übrigens meist etwas verständlicher und qualitativ besser als die deutsche Übersetzung. Markieren (STRG+A) und kopieren Sie (STRG+C) den zu übersetzenden arabischen Text. Gehen Sie zu https://translate.google.de. In der linken Spalte können Sie den im Zwischenspeicher gespeicherten arabischen Quelltext eingeben (STRG+V). Falls die Sprache nicht automatisch erkannt wird, sollten Sie unter „Sprache erkennen" Arabisch auswählen. In der rechten Spalte sollten Sie die Zielsprache auswählen, falls die deutsche Übersetzung nicht automatisch erscheint.

2. Namen in den Fallbeispielen: Im Buch werden mehrere reale Gegebenheiten erzählt, allerdings mit erfundenen Namen. Das heißt: Alle erwähnten Namen in diesem Buch sind fiktive und erfundene Namen und haben nichts mit den tatsächlichen Akteuren der wahren Geschichten zu tun. Fall es annäherungsweise irgendeine Übereinstimmung mit den erwähnten Namen gäbe, dann wäre das rein zufällig.

3. Das Buch gliedert sich in sieben Kapitel, die teilweise aufeinander aufbauen. In Kap. 1 wird die arabische Welt anhand historischer und geographischer Informationen vorgestellt. Hier werden die Grundpfeiler der arabischen Kultur – arabische Sprache, islamische Religion und gemeinsame Geschichte – kurz erläutert. Am Ende des Kapitels wird auf die Unterschiede innerhalb der arabischen Welt eingegangen. In Kap. 2 wird auf das Kulturverständnis in diesem Buch und die Kontroversen um den Kulturbegriff eingegangen. Angaben aus den kulturvergleichenden Forschungen und des interkulturellen Managements werden erläutert; das Kapitel schließt und mit der eigenen arabischen Perspektive. Für das Gesamtverständnis und für das Nachvollziehen der Empfehlungen dieses Buches ist dieses zweite Kapitel besonders zu empfehlen. Kap. 3 thematisiert vier Herausforderungen in der Zusammenarbeit mit Menschen aus der arabischen Welt aus Sicht von Personen mit deutschem (bzw. westeuropäischem) Hintergrund. Hier werden Ergebnisse von mehreren Befragungen aufgelistet und mit Bezugnahme auf das Wissen aus der kulturvergleichenden Forschung kommentiert. Kap. 4 thematisiert vier Stolpersteine der kulturellen Verständigung auf anderer Ebene und zeigt, inwiefern gegenseitige Klischees und Stereotype ein Alltagsgespräch oder Interaktion überhaupt erschweren können. In Kap. 5 wird das Thema Konfliktlösung auf Individualebene sowie auf Gruppenebene dargestellt. Kap. 6 thematisiert die kooperative Kommunikation als Lösung für verschiedene Konfliktraten. In Kap. 7 werden Fallbeispiele dargestellt und mit verschiedenen kulturellen Brillen betrachtet, mit dem Ziel, konkrete Handlungsempfehlungen für die jeweilige Situation abzuleiten.

Inhaltsverzeichnis

1 Die arabische Welt – was ist das eigentlich? 1

1.1 Arabische Welt, Arabien, Middle East, Naher Osten: eine korrekte Bezeichnung der Region 5

1.2 Arabische Identität 9

1.3 Was macht die arabische Kultur aus? 18

1.3.1 Arabische Sprache 19

1.3.2 Islamische Religion 23

1.3.3 Gemeinsame Geschichte 27

1.4 Unterschiede innerhalb der arabischen Welt 34

Literatur 46

2 Eine Brücke zwischen den Kulturen 47

2.1 Ein praktisches Kulturverständnis 48

2.2 Unterschiede und Gleichheit 52

2.3 Die arabische Welt: Perspektive der westlichen Studien des interkulturellen Managements 55

2.3.1 Die Kulturdimensionen von Hofstede 55

2.3.2 Der Ansatz von Edward Hall 64

2.3.3 Das GLOBE-Projekt 67

2.3.4 Der Ansatz von Schwartz 71

2.3.5 World Values Survey 72

2.3.6   Populäre Ansätze: das Modell von Gesteland
und das Lewis-Modell   74
2.3.7   Der Kulturstandard-Ansatz von Alexander
Thomas   76
2.4   Die arabische Welt: die eigene Perspektive   85
Literatur   96

3   **Typische Herausforderungen aus westlicher Perspektive**   101
3.1   Der arabische Kommunikationsstil   108
3.2   Zeitverständnis   113
3.3   Umgang mit Regeln und Vereinbarungen   117
3.4   Geschlechterrollen   122
Literatur   129

4   **Stolpersteine der Verständigung**   131
4.1   Einseitiger Blickwinkel   133
4.2   Ehrverlust und Ehrverständnis   138
4.3   Vorurteile gegenüber dem Westen   149
4.4   Konspiratives Denken   159
Literatur   165

5   **Umgang mit Konfliktsituationen**   167
5.1   Konfliktlösung auf Individualebene   170
5.2   Konfliktlösung auf Gruppenebene   181
Literatur   187

6   **Zusammenarbeit mit Menschen aus der arabischen Welt**   191
6.1   Was man wirklich wissen muss   193
6.1.1   Anrede und Namensaufbau   205
6.1.2   Geburtsdatum und Geburtstag   209
6.1.3   Rechte Hand, linke Hand   210
6.1.4   Händeschütteln, Umarmung und Begrüßung   210
6.1.5   Essen, Trinken, Einladungen   211
6.1.6   Geschenke   213

6.1.7 Schweigen und Reden 215
6.1.8 Augenkontakt, nonverbale Kommunikation
und Körpersprache 216
6.1.9 Männer und Frauen 218
6.1.10 Tabus 219
6.2 Kommunikation als Lösung 222
6.2.1 Die vier Komponenten der Kommunikation 232
6.2.2 Übung macht den Meister 241
6.2.3 Vorbedingungen kooperativer Kommunikation 252
6.3 Sabotage ist keine Alternative 260
Literatur 263

7 **Handlungsempfehlungen** 267
7.1 Unterschiede akzeptieren und Perspektivwechsel
ermöglichen 268
7.2 Unterschiede aus der dritten Perspektive betrachten 273
7.2.1 Anfängerfehler identifizieren und vermeiden 274
7.2.2 Unverhandelbare Grundlinien klar definieren 280
7.2.3 Netzwerke analysieren 286
7.3 Differenzen stehen lassen und einen Ausweg
aushandeln 290
Literatur 292

8 **Abschließende Betrachtung** 293

1

Die arabische Welt – was ist das eigentlich?

Eine erste Definition ist geographischer Natur. In arabischen Lehrbüchern und Lexika[1] stehen folgende Positionsangaben zur geographischen Lage der arabischen Region: „Die arabische Welt liegt am Zusammenfluss der drei Kontinente, Europa im Norden, Asien im Osten und Afrika im Süden. Es erstreckt sich auf 70°Länge von 10°westlich bis 60°östlich sowie von 4°südlich und 38°nördlich des Äquators und verbindet die tropischen und subtropischen Regionen im Süden und zwischen den gemäßigten Regionen im Norden. Sie erstreckt sich vom Atlantischen Ozean im Westen bis zum Arabischen Meer im Osten, mit einer Länge von etwa 7500 km vom Zagros-Gebirge bis zum Atlantischen Ozean." Diese Region umfasst insgesamt 22 Länder mit einer Be-

---

[1] Beispiel dafür unter http://arab-ency.com.sy/detail/11188. Das Projekt Arab Encyclopedia wurde 1981 in Damaskus gegründet. Das online Angebot ist seit 2016 verfügbar und umfasst 22.000 Anträge. Zuständig für das Angebot ist das syrische Präsidialamt. Die Initiative des Projekts stammt ursprünglich aus der Arabischen Liga 1961, wurde aber aus unerklärlichen Gründen nie umgesetzt. Das Projekt lässt sich als ein offizielles Wiki verstehen, die das kanonisierte Wissen vermittelt und gilt als eine der besten Quellen für autochthone Informationen aus der arabischen Welt.

© Springer Fachmedien Wiesbaden GmbH, ein Teil von Springer Nature 2022
A. Hussein, *Die arabische Welt verstehen*,
https://doi.org/10.1007/978-3-658-26409-3_1

völkerung von ca. 427 Millionen Menschen (laut der Weltbank 2019)[2] umfasst. Die arabische Welt besteht aus diesen 22 Ländern, die zugleich Mitglieder der Arabischen Liga sind, die 1945 in Kairo von sieben Staaten gegründet wurde:

1. Ägypten
2. Irak
3. Jemen
4. Jordanien
5. Libanon
6. Saudi-Arabien und
7. Syrien.

Formales Mitgliedschaftskriterium in der Liga war und ist die arabische Sprache. Um ein Mitglied in der Arabischen Liga zu werden, muss die arabische Sprache die Alltags- bzw. Muttersprache des überwiegenden Teils der Bevölkerung sein. Ein zweites Kriterium für die Aufnahme in die Arabische Liga war die Unabhängigkeit eines Mitgliedslandes. So sind nach Erlangung der formellen Unabhängigkeit (die Jahreszahlen zwischen den Klammern) und Anerkennung durch die anderen Mitglieder weitere Länder beigetreten:

8. Libyen (1953)
9. Sudan (1956)
10. Marokko (1958)
11. Tunesien (1958)
12. Kuwait (1961)
13. Algerien (1962)
14. Bahrain (1971)
15. Katar (1971)
16. Vereinigte Arabische Emirate (1971)

---

[2] Vgl. die Zahlen der Weltbank unter Arab World Population total, erreichbar unter dem, Link https://data.worldbank.org/indicator/SP.POP.TOTL?locations=1A&view=chart [Abruf: 22.06.2021].

17. Oman (1971)
18. Mauretanien (1973)
19. Somalia (1974)
20. Palästina (1976)
21. Dschibuti (1977) und
22. die Komoren (1993).

Ägypten wurde zwischen 1979 nach Unterzeichnung des Friedensvertrags mit Israel infolge des Camp-David-Abkommens bis 1989 von der Liga suspendiert, ähnlich wie Syrien, die seit 2011 auf Geheiß Katars suspendiert wurde. Die wichtigsten internationalen Organisationen agieren entsprechend diesem Zugehörigkeitsstatus, wie beim ersten Gipfeltreffen der EU-LAS (Liga der Arabischen Staaten) im Februar 2019 in Sharm El-Sheikh (Ägypten) oder in den verschiedensten offiziellen Statements und Berichten der Vereinten Nationen (z. B. UNDP Arab Human Development Report)[3] sowie in den regionalen Tätigkeiten des UNESCO-Clusters „Arab States". Die Weltbank fasst die 22 Länder zusammen unter dem Begriff „Arab World", allerdings mit „Westbank and Gaza" anstelle von Palästina. Ein unabhängiger Betrachter erkennt schnell, dass von diesen 22 Ländern vier Randländer (Dschibuti, Somalia, Mauretanien und Komoren) aus geographischen und ethnischen Gründen eher zu Subsahara-Afrika zählen sollten als zur arabischen Welt, was allerdings die Tatsache nicht ändert, dass diese Länder dennoch offiziell zur arabischen Welt gehören und an allen formellen Aktivitäten teilnehmen. Klar eigentlich auch, dass weder die Türkei noch der Iran zur arabischen Welt gehören – für Araber eine selbstverständliche Tatsache, aber für viele Menschen in Europa eine überraschende Erkenntnis –, geschweige dann Pakistan, Afghanistan oder die muslimisch geprägten Länder in Zentralasien, obschon das manchmal bei einiger Berichterstattung z. B. in amerikanischen Medien verwechselt wird. Damit kann man folgende operationale Definition festhalten: die „arabische Welt" beschreibt die arabischsprachige Region im Vorderasien und Nordafrika,

---

[3] Vgl. UNDP in the Arab Region https://arab-hdr.org/ [Abruf: 30.11.2018].

Abb. 1.1   Die 22 Mitglieder der Arabischen Liga (eigene Darstellung)

die die 22 Mitgliedstaaten der Arabischen Liga umfasst (siehe Abb. 1.1).
Die Arabische Liga definiert die arabische Identität mit folgenden Worten: „Ein Araber ist diejenige Person, die Arabisch spricht, die in einem
arabischen Land lebt und die sich mit den Zielen und Hoffnungen aller
arabischsprachigen Bevölkerungen identifiziert."[4] Dieses Selbstverständnis umfasst also nur die Sprache und gleichzeitig die Selbstidentifikation
als bestimmende Merkmale der Identität, denn es gibt auch arabisch
sprechende Gruppen, die sich nicht als Araber verstehen. So lautet eine
bekannte Selbstdefinition im Libanon: „Wir sind Phönizier und keine
Araber!". Umgekehrt gibt es Gruppen, die ethnisch zwar keinen arabischen ethnischen Hintergrund haben, sich aber als Teil der arabischen
Kultur verstehen (man denke an die Rolle der Berber im algerischen Be-

---

[4] Diese Definition findet sich in fast jedem Geschichtsbuch in der arabischen Welt. Vgl. https://
ar.wikipedia.org/wiki/ هوية_عربية bzw. den englischsprachigen Beitrag Arab_identity.

freiungskrieg und ihre faktische Zustimmung zur genannten dualen Identität: arabisch/islamisch).[5]

1.1 Arabische Welt, Arabien, Middle East, Naher Osten: eine korrekte Bezeichnung der Region

In der deutschsprachigen Medienlandschaft benutzt man Begriffe, wie „Middle East", „Naher Osten", „arabische Welt", „arabischer Raum", „Arabien", „MENA", „Morgenland" oder „Orient" synonym, wenn es um die arabische Region geht. Wie kommt das? Sind diese Bezeichnungen deckungsgleich und welchen Begriff benutzen die Araber selbst?

Die korrekte Bezeichnung der Region zu kennen und deren Mitglieder nicht zu verwechseln ist wichtig, um Flüchtigkeitsfehler zu vermeiden. Folgende Quiz-Frage verdeutlicht, was mit Flüchtigkeitsfehlern gemeint ist:

Quiz 1

In den deutschen Medien hört man oft die Begriffe „Naher Osten", „Mittlerer Osten", „Morgenland", „Orient" usw. Sie fragen einen ägyptischen Projektpartner, in welcher Region davon Ägypten liegt. Was würde er sagen?

a) Naher Osten
b) Nordafrika
c) Middle East
d) MENA Region

---

[5] Vgl. „Die algerische Identität: drei Richtungen gegen bestehende Herausforderungen" der Beitrag des Journalisten Yasser Al-Gharabaoui erschien in der Zeitschrift Al-Araby www.alaraby.co.uk unter der Überschrift „الهوية الجزائرية... 3 مسارات لمواجهة التحديات القائمة" [Abruf: 12.03.2018]. Der Beitrag schildert den Prozess der Identitätsfindung in Algerien nach der Unabhängigkeit und welche Rolle die ethnischen Auseinandersetzungen zwischen Berberstämmen und Arabern dabei gespielt haben.

Die ganz klar richtige Antwort ist c) „Middle East!" Dieser Begriff ist in Ägypten und in vielen anderen Ländern der arabischen Halbinsel viel bekannter als der Begriff „MENA Region: Middle East & North Africa", der meistens von Journalisten und Experten benutzt wird. Der Begriff MENA wird als Ersatz oder zeitgemäße Erweiterung des alten Begriffs „Arabische Welt" bei vielen Akteuren in der Wirtschaft benutzt. Der Begriff „Naher Osten, الشرق الأدنى; *al-sharq aladna*" wird hier meistens von Archäologen, Historikern und Philologen verwendet und bezieht sich in dieser Hinsicht auf die historischen Fundstätten in den Ländern Irak, Syrien, Libanon, Jordanien, Israel und den palästinischen Gebieten. Dieser Begriff und alle anderen modernen Bezeichnungen sind eurozentrisch bzw. westlich geprägt. Mit Bezeichnungen wie „Near East", „Middle East" oder „Far East" ist die relative geographische Nähe oder Entfernung zu Europa und insbesondere zum Britischen Imperium und dem später auftretenden amerikanischen Einfluss gemeint. Das genaue territoriale Verständnis hat sich immer wieder hin und her verschoben, so wurde manchmal die Türkei oder die Balkan-Region damit gemeint und in anderen Fällen wurde die Region zwischen dem Persischen Golf bis einschließlich Ägypten als „Middle East" bezeichnet. Ein weiterer Grund für die Verwirrung und Verwechslung von „nahem" und „mittlerem" Osten sind die gängigen Definitionen in Nachschlagewerken und Lexika. Ein gutes Beispiel dafür ist die Definition in Wikipedia:[6]

> „Der Nahe Osten ist eine geographische Bezeichnung, die heute im Allgemeinen für arabische Staaten Vorderasiens und Israel benutzt wird. Insbesondere die Region des Fruchtbaren Halbmondes und die Arabische Halbinsel gehören zum Nahen Osten. Häufig werden außerdem Zypern, die Türkei (teilweise nur Anatolien), Ägypten und der Iran dazugezählt".

---

[6]Vgl. https://de.wikipedia.org/wiki/Naher_Osten [31.01.2019]. Der Beitrag „Naher Osten" in Klexikon „Wikipedia für Kinder" https://klexikon.zum.de/wiki/Naher_Osten ist ein interessantes Beispiel, um zu verdeutlichen, wie soziale Repräsentationen, also den Alltagsdiskurs bestimmende Laientheorien und Vorstellungen über eigene und andere soziale Gruppen, Kulturen und Umwelten entstehen, weitergegeben und aufrechterhalten werden. Beispiel dafür ist die Formulierung: *„Heute ist der Nahe Osten eher arm, das Klima ist heiß und trocken. Allerdings hatten einige Länder Glück, dass man dort Erdöl gefunden hat".*

Unter dem Eintrag „Mittlerer Osten" der Brockhaus Enzyklopädie Online steht folgende Definition:

> „Mittlerer Osten, nicht eindeutig festgelegter Begriff für den östlichen Teil der islamischen Welt. Im Unterschied zu Nahem (ehemaliges Osmanisches Reich) und Fernem Osten (festländisches Südostasien, China, Japan) versteht man unter Mittlerem Osten auch Iran, Afghanistan und den indischen Subkontinent. Die englische Bezeichnung Middle East und die französische Bezeichnung Moyen-Orient gelten hingegen für Ägypten, die Staaten des arabischen Westasien und Iran, entsprechen im Deutschen also etwa den Bezeichnungen Naher Osten oder Vorderer Orient." (Brockhaus 2019)

Selbstbezeichnungen mancher Initiativen der Wirtschaft, wissenschaftliche Studien oder Vereine, die unter dem Namen *Nah- und Mittelost …* erscheinen, befördern diese Verwirrung noch.

Mittlerweile hat sich der Begriff „Middle East, الشرق الأوسط; *alsharq alwasat*" etabliert und wird von den meisten internationalen Akteuren verwendet, wobei der Begriff drei nicht-arabische Länder territorial mit einschließt: Türkei, Iran und Israel. Große arabische Unternehmen wie der saudi-arabische Chemie- Riese SABIC sowie die international bekannten Fluggesellschaften Qatar Airways und The Emirates verwenden diesen Begriff wie die meisten internationalen Wirtschaftsakteure. Die Verwirrung darüber, was nun zum Middle East gehört und was nicht, erhöht natürlich die Fehleranfälligkeit bzgl. der korrekten Benennung der zugehörigen Länder, vor allem in Präsentationen und Pressemitteilungen.

Quiz 2

Das GCC „Gulf Cooperation Council", umfasst sechs reiche Länder auf der arabischen Halbinsel, die sogenannten Golfstaaten: Saudi-Arabien, Kuwait, Katar, Oman, VAE und Bahrain. Von welchem „Gulf" ist hier die Rede, wenn Sie eine Produktpräsentation vor lokalem Publikum in Saudi-Arabien halten?

a) Arabischer Golf
b) Persischer Golf
c) Arabisches Meer
d) Golf von Oman

Der Begriff „Persischer Golf" ist in der arabischen Sprache nicht bekannt. Eine der wenigen Ausnahmen, bei der sich die Araber von Marokko bis Oman einig sind, ist die Benennung des Binnenmeers zwischen dem Iranischen Plateau und der Arabischen Halbinsel. In allen arabischsprachigen Atlanten, Schulbüchern und sämtlichen Publikationen heißt dieses Binnenmeer konsequent „Arabischer Golf"! Aus Sicht der Iraner löste die falsche Bezeichnung „Arabian Gulf" heftige Reaktionen aus, als im „National Geographic Atlas of the World" von 2004 die Alternativbezeichnung „Arabian Gulf" kleingeschrieben zwischen Anführungszeichen unter der bekannten Bezeichnung „Persian Gulf" zu sehen war (Levinson 2011, S. 283). Bis 2011 war das erste Google-Suchergebnis nach dem Begriff „Arabian Gulf" eine manipulierte Seite mit dem Text: „*The Gulf you are looking for does not exist. Try Persian Gulf.*" Diese Reaktion war eins der erfolgreichsten und bekanntesten „Google Bombings" in der Internetgeschichte. Das Thema ist weiterhin als ungelöst zu betrachten und eine falsche Bezeichnung im falschen Zielland kann kostenintensive Konsequenzen nach sich ziehen. Fluggesellschaften, die andere Bezeichnungen als „Persischer Golf" verwenden, wird die Einreise in den iranischen Luftraum untersagt.[7] Dieser scheinbar unbedeutende Streit um „nichts" stellt agierende internationale Unternehmen in der Region auf die Probe und verlangt Konzentration auf kleinste Details, um solche Fehler zu vermeiden. Wegen der Beliebtheit von Google Maps

---

[7] Beispiele für den Streit zwischen Iran und internationalen Airlines um die Bezeichnung „Arabian Gulf" http://news.bbc.co.uk/2/hi/middle_east/8527729.stm [Abruf: 29.03.2018].

in dieser Region musste Google darauf reagieren. Mittlerweile erscheint weltweit unter dem etablierten Name „Persischer Golf" in allen Sprachen der Name (Arabischer Golf) in Klammern darunter.[8]

Praxistipp

Recherchieren Sie nach: *PwC offices in the Middle East*. Das gute Beispiel zeigt, wie eine globale Wirtschaftsprüfungs- und Beratungsgesellschaft auf die kleinsten Details bei ihrer Selbstpräsentation in der Region achtet. Schauen Sie sich an, welche Länder aus Sicht des Unternehmens dargestellt werden und welche fehlen. Diese 12 Länder werden von einigen lokalen Akteuren als „Arabian Middle East" bezeichnet, dazu auch das momentan fehlende Bürgerkriegsland Syrien. Es ist aber keine Seltenheit, dass manche globale Unternehmen (wie z. B. Hitachi)[9] viele Länder dazu zählen, die geographisch gar nicht zur Region gehören, wie z. B. Afghanistan. Eine fehlerfreie geographische Bezeichnung als Alternative für solche mehrdeutigen umstrittenen Angaben ist die „Arabian Peninsula".[10]

1.2 Arabische Identität

Ob es nun wirklich eine arabische Welt gibt oder nicht, ist eins der kompliziertesten Themen, die von Forschenden und Experten aller Art innerhalb und außerhalb der arabischen Welt untersucht werden. Das ist etwa vergleichbar mit der Frage, ob es eine westliche Welt bzw. abendländische Kultur gibt oder nicht. Sind die Ägypter Araber oder nicht? Sind die

---

[8] https://gulfnews.com/going-out/society/how-google-is-showing-arabian-gulf-on-maps-1.1560237 [Abruf: 20.01.2020].

[9] Vgl. Die Länderliste auf der Webseite von Hitachi „هيتاشي الشرق الأوسط وأفريقيا" http://www.hitachi.ae/about/hitachi/ oder die englische Version http://www.hitachi.ae/eng/about/hitachi/ [Abruf: 13.03.2019].

[10] Pressemitteilung der Deutschen Bahn: *Deutsche Bahn and Etihad Rail develop rail freight transport on Arabian Peninsula* (Information published on 2 July 2013 in the UIC electronic newsletter „UIC eNews" Nr 354.) https://uic.org/com/uic-e-news/354/article/deutsche-bahn-and-etihad-rail?page=iframe_enews [Abruf: 13.03.2019].

Marokkaner stolz darauf, wenn sie Araber genannt werden? Und wie sehen sich die christlichen und anderen religiösen Minderheiten in der arabischen Welt? Auf einem Kontinuum mit verschiedenen Ausprägungen findet man an einem Ende eine immer kleiner werdende Gruppe von panarabischen Nationalisten, die eines Tages von der Utopie der Arabischen Vereinigten Staaten träumen. Diese Gruppe schwärmt noch von einer arabischen Nation, die aufgrund von Verschwörungen, Plänen und Machtinteressen der verschiedensten Weltmächte nicht entstehen kann. Unter den ersten Verfechtern des Panarabismus, der unter dem ägyptischen Staatspräsidenten Gamal Abdel Nasser (1918–1970) seinen Gipfel und seine Niederlage erreichte, waren übrigens auch Christen aus der Levante, wie z. B. Michel Aflaq (1910–1989), Constantin Zureik (1909–2000) und George Habasch (1926–2008). Auf der Gegenseite des Kontinuums findet man Stimmen, die die historische Tatsache des arabischen Aufstands (1916–1918) gegen das Osmanische Reich im Ersten Weltkrieg als Beweis für die Existenz eines anti-islamischen Plans betrachteten, der die Idee des arabischen Nationalismus ins Leben gerufen habe, um die Einheit der islamischen Welt – symbolisiert durch das islamische Kalifat –, zu stürzen. Zwischen den beiden Positionen der panarabischen Gruppierungen auf der einen und den islamischen traditionellen Stimmen auf der anderen Seite gibt es die Mehrheit der Araber, die immer wieder das Versagen der arabischen Welt beklagt und nach Schuldigen sucht. Die Mehrheit leugnet nicht die Existenz einer arabischen Welt oder einer „arabischen" Identität, beklagt und bezweifelt aber deren Unwirksamkeit und Unbeholfenheit trotz des Reichtums an Ressourcen und der unvergleichbaren strategischen Lage als Bindeglied zwischen Afrika, Europa und Asien. Mittlerweile ist die Mehrheit der arabischen Bevölkerung der sicheren Überzeugung, dass die Arabische Liga nur noch eine rein rhetorische Organisation darstellt, die seit Jahrzehnten die gleichen diplomatischen Statements von sich gibt, aber auf dem Boden der Tatsachen nichts ausrichten kann.

„Die Araber sind sich einig, dass sie sich nie einig werden!" so lautet ein geflügeltes Wort, das das arabische Dasein symbolisiert, vor allem, wenn man die innerarabischen Konflikte der Gegenwart betrachtet. Von außen gesehen scheint es also sinnlos, von einer einheitlichen arabischen

Gesellschaft zu reden. Bemerkenswert ist, dass trotz der Ineffizienz der Arabischen Liga und der Unzufriedenheit der Araber mit der eigenen Positionierung am Rande der Weltgeschichte kein arabischer Staat seine Mitgliedschaft in der Arabischen Liga für beendet erklärt hat. Auch gab es in keinem arabischen Land Massenproteste, um den Namen des Landes zu ändern und das „Arabische" daraus zu streichen. Das „Arabische" ist immer noch ein Bestandteil der amtlichen Vollformen von vier Ländern:[11]

1. Arabische Republik Ägypten,
2. Syrische Arabische Republik,
3. Vereinigte Arabische Emirate,
4. Königreich Saudi-Arabien (wörtlich heißt eigentlich das Saudische Arabische Königreich).

Historisch gesehen gab es noch zwei Länder mit ähnlicher Bezeichnung: die Große Sozialistische Libysch-Arabische Volksrepublik (Qaddafis Libyen 1977–2011), die seit dem Sturz Qaddafis 2011 nur noch Staat Libyen heißt, und die Jemenitische Arabische Republik (Nordjemen 1962–1900, die seit der Wiedervereinigung 1990 nur noch Jemenitische Republik heißt). In beiden Fällen war die Namensänderung als Zeichen für einen Systemwechsel und nicht als Abrechnung mit einer Identität zu deuten.

Von außen wie von innen betrachtet ist die arabische Welt bunt, vielfältig und es ist praktisch unmöglich, sie in eine einzige Schublade zu stecken. Um vorhandene Stereotype wie arabische Rückständigkeit, Gewaltbereitschaft und Diskriminierung gegenüber der Frauen abzubauen oder zu dekonstruieren, stellen auch viele Forscher und Meinungsbildende die vermeintliche Homogenität der arabischen Welt in Frage und plädieren sogar dafür, nicht mehr von einer arabischen Welt zu spre-

---

[11] Vgl. Verzeichnis der Staatennamen für den amtlichen Gebrauch in der Bundesrepublik Deutschland Stand: 18.02.2019 des Auswärtigen Amts. https://www.auswaertiges-amt.de/blob/199312/d472e0efe115296cbc8f90e00a33359b/staatennamen-data.pdf [Abruf: 10.03.2019].

chen.[12] Daraus sollte man allerdings nicht voreilig schlussfolgern, dass eine „arabische Welt" gar nicht existiert oder sie für reines „Wunschdenken" halten, zum einen, weil die damit zusammenhängenden Themen wie die arabische Identität und Zugehörigkeit sowie die Herausforderungen im Zeitalter der Globalisierung immer noch den Diskurs mitbestimmen, und zum zweiten, weil eine etablierte Kategorie sich nicht einfach per Knopfdruck entfernen lässt, da sie in der Regel – ob nun gewollt oder ungewollt – ein Bestandteil der Selbst- und Fremdwahrnehmung bleibt und bleiben wird.

Anders als die eurozentrischen Fremdbezeichnungen wie „Naher" oder „Mittlerer Osten" ist die patriotisch anmutende arabische Selbstbezeichnung „das arabische Vaterland" الوطن العربي – *al-waran al-arabi*" weit verbreitet und in jedem Lehrplan für Erdkunde und Geschichte in allen arabischen Ländern enthalten. Doch die Selbstidentifikation als Araber variiert von einem arabischen Land zum anderen. Kaum jemand aus Marokko, Jordanien oder Ägypten wird einen Araber in Saudi-Arabien oder Tunesien fragen, ob er Araber ist oder nicht, sondern wird ihn nach seiner regionalen Herkunft fragen. Für Araber aus den verschiedenen arabischen Ländern untereinander hört sich die Frage, ob man Araber sei, ungewöhnlich und merkwürdig an. Meist gibt auch der jeweilige arabische Dialekt einen Hinweis auf das Herkunftsland bzw. die regionale Abstammung des Gesprächspartners. Araber, die im Ausland leben, setzen die Frage nach der nationalen Herkunft an erste Stelle. Würde ein Deutscher, Amerikaner oder Franzose einen Araber fragen, ob er Araber sei oder nicht, antworten die meisten Araber mit der nationalen Herkunft: „Sind Sie Araber?" – „Ja, ich komme aus Jordanien/Kuwait …". Solche Antworten sind vielleicht eine unbewusste Strategie der Dekategorisierung, um den Einfluss der etwa negativ besetzten Begriffskategorie „Araber" zu verringern. Die Antwort „Ja, ich komme aus Jordanien" kann eventuell so etwas meinen wie: *„Ja ich bin Araber, aber keiner der negativ*

---

[12]Vgl. Let's banish the term 'Arab world'. What does it mean anyway? Ein Artikel von Neheda Barakat. The Guardian – Opinion – Middle East and North Africa 18 Apr 2018 abrufbar unter https://www.theguardian.com/commentisfree/2018/apr/18/lets-banish-the-term-arab-world-what-does-it-mean-anyway [Abruf: 10.12.2018].

konnotierten Araber. Ich komme aus Jordanien, weil wahrscheinlich mit dem Namen des Landes kaum etwas assoziiert wird".

Beispiel

Die schwierigste Frage für viele syrische Flüchtlinge in den Anhörungen beim BAMF war die erste Frage: „Gehören Sie zu einer bestimmten Volksgruppe?" Für die Befragten war diese Frage nicht einfach auf Anhieb zu beantworten und die meisten fragten, ob damit die Zugehörigkeit zu einem Stamm oder Clan gemeint war. Die Dolmetscher mussten sie häufiger ausweiten und zum Beispiel fragen, ob die Zielperson zuhause Kurdisch, Arabisch oder irgendeine andere Sprache spricht. Syrische Asylbewerber, die z. B. zuhause Arabisch sprechen, wurden in den Anhörungsprotokollen als Araber bezeichnet, auch wenn sie sich selbst als Tscherkessen oder Assyrer bezeichneten. Es hatte sich auch herumgesprochen, dass sich die Chancen Bleibe in Deutschland deutlich erhöhten, wenn sie eine bestimmte, schwer nachprüfbare ethnische (oder zum Beispiel religiöse)[13] Identität angaben. Dieses Beispiel macht deutlich, warum zugeschriebene Identitäten bzw. eine Kategorisierung von außen für das Individuum eine stark untergeordnete Rolle spielen, insbesondere in existenziellen Notlagen.

Übersicht

- Die arabische Identität und ihre Selbst- und Fremddefinitionen gelten als die schwierigsten Themen überhaupt. Die Redewendung „Alle reden von Arabern, aber einige Araber wissen nicht, dass sie Araber sind!" bringt diese Diskrepanz zwischen Selbstkategorisierung und Fremdzuschreibung auf den Punkt.
- Einer der häufigsten Denkfehler ist, verschiedene Unterscheidungskriterien wie Religion, Sprache oder ethnische Zugehörigkeit miteinander zu verwechseln. Aussagen wie: „Die größte Bevölkerungsgruppe in Syrien sind die Sunniten mit 75 %." ist exemplarisch für solche Flüchtigkeitsfehler und Verwechslungen. „Sunniten" sind keine Bevölkerungsgruppe, sondern eine religiöse Glaubensrichtung im Islam. Sie stellen auch keine ethno-konfessionelle Gruppe dar, weil das Sunnitentum weitverbreitet

---

[13] Vgl. den Beitrag „Taufe als Mittel gegen Abschiebung?" https://www.dw.com/de/taufe-als-mittel-gegen-abschiebung/a-39157768 [Abruf: 22.06.2021].

ist, von den Malaien in Malaysia und Indonesien bis zu den Berbern in Nordafrika. Wichtige Unterscheidungskriterien sind:

1. Die Religion
   - Islam: die wichtigsten Glaubensrichtungen sind die Sunniten mit 87–90 % aller Muslime weltweit und die Schiiten mit 10–13 % hauptsächlich im Iran, Irak, Jemen, 7Libanon und kleine zerstreute Minderheiten in weiteren Ländern. Dazu gibt es noch winzige Minderheiten, wie die Ibaditen (hauptsächlich in Oman), die Alawiten (in Syrien) sowie die Ahmadiyya und verschiedene Sufi-Orden.
   - Christentum: die größte religiöse Minderheit sind die Kopten in Ägypten mit ca. 10 Millionen, von denen 95 % zur Koptisch-Orthodoxen Kirche gehören, es gibt aber auch kleine Kirchen in der Tradition des Evangelikalismus oder sogar Baptisten, die von der Mehrheit der ägyptischen Christen als Abtrünnige bezeichnet werden. Andere Christen sind die Maroniten im Libanon, sie stellen ca. 40 % der 6,8 Millionen Gesamtbevölkerung des Libanons, und die Anhänger der verschiedenen syrischen Kirchen im Irak und in Syrien, wie der Chaldäisch-Katholischen Kirche, der Syrisch-Orthodoxen Kirche, der Syrisch-Katholischen Kirche und der Assyrischen Kirche des Ostens. Je kleiner die Minderheit, desto komplexer, mehrdeutiger und widersprüchlicher wird es, was sich im Fall vieler christlichen Minderheiten deutlich zeigt
   - Judentum: es gibt eine kleine Minderheit in Marokko[14] und Tunesien.
   - Weitere Minderheiten, die in der arabischen Tradition als Anhänger anderer Religionen als der drei anerkannten mono-theistischen Buchreligionen markiert werden, sind zum Beispiel die Drusen (im Nahen Osten) und die Jesiden (im Nordsyrien und im nördlichen Irak). Auch die Aleviten (in der Türkei) oder die Bahá'ís zählen übrigens zu dieser Kategorie.
2. Die ethnische Zugehörigkeit:
   - Araber bzw. arabisierte Bevölkerung
   - Kurden im Irak, Iran, in Syrien und der Türkei
   - Berber; Selbstbezeichnung Imazighen als Sammelbezeichnung für indigene Bevölkerungen der nordafrikanischen Länder Marokko, Algerien, Tunesien, Libyen und Mauretanien.
3. Die Sprache. Neben dem Hocharabischen und seinen verschiedensten Dialekten und Varianten gibt es viele Subkategorien, wie ver-

---

[14]Vgl. genaue Informationen über die Geschichte und Gegenwart der Juden in Marokko, aber auch in anderen Ländern unter http://www.worldjewishcongress.org/en/about/communities/MA [Abruf: 10.12.2018].

schiedene liturgische Sprachen (z. B. in der koptischen Kirche Ägyptens) oder Identitätssprachen (Neuaramäisch, Assyrisch) sowie Regionalsprachen wie Kurdisch – die sich wiederum in Kurmandschi (Nordkurdisch), Sorani (Zentralkurdisch), die südkurdische, die Gorani- und Zaza-Sprache unterscheiden lassen – und die nord-afrikanische Berbersprachen, die auch verschiedene Dialekte um-fassen: Taschelhit (Marokko und Algerien, ca. 7 Millionen), Zentralatlas-Tamazight (Marokko, Algerien und Melilla, ca. 4,7 Millionen), Kabylisch (Algerien, 5 Millionen), Chaouia (Algerien, 2,1 Millionen) und Tarifit (Marokko, Algerien, 4,4 Millionen).

- Falls die Frage nach der Identität nicht bedeutsam für die Zusammenarbeit ist, ist eher deren Vernachlässigung (besser gesagt: Vermeidung) zu empfehlen.
- Die nationale Identität (z. B. *emarati wa aftakhir* – sei stolz, ein Emirati zu sein) gilt in vielen arabischen Ländern als Ersatz für eine ambivalente arabische Identität. Die Präsenz von Nationalflaggen und Staatssymbolen sind deutliche Anzeichen für dieses Phänomen.
- Nicht-arabische Volksgruppen wie beispielsweise Berber und Kurden bzw. nicht-muslimische Religionsgruppen identifizieren sich mehr mit einer nationalen Identität oder Volkszugehörigkeit als mit einer arabi-schen Identität.
- Die laute und offene Bekanntmachung der eigenen Identität von nicht-arabischen und nicht- muslimischen Minderheiten aus arabischen Ländern im Ausland ist nicht deckungsgleich mit der Selbstwahrnehmung in den arabischen Ländern. Die Kurden in Deutschland sind z. B. viel „kurdischer" als die kurdische Minderheit in Syrien, nicht nur wegen der Unterdrückung und anderer geopolitischer Faktoren, sondern auch wegen der starken Vermischung und der schieren Unmöglichkeit, klare Trennlinien zwischen den Volksgruppen zu ziehen.
- Der Begriff „Middle East" hat sich in der arabischen Wirtschaftssprache und im intellektuellen Diskurs etabliert. Im Gegensatz dazu ist der deut-sche Begriff „Naher Osten" in der arabischen Welt kaum bekannt und wird meistens von Archäologen und Historikern verwendet. Eine PowerPoint-Folie oder Webseite mit Überschriften wie *„Unsere Pro-jektreferenzen im Nahen und Mittleren Osten"* ist für das arabische Publikum verwirrend.
- Die Verwendung einer politisch falschen Landkarte kann in manchen Situationen gravierende Auswirkungen haben. Es lohnt sich, den Fokus auf scheinbar unwichtige kleine Details zu richten, um kostspielige Fehler zu vermeiden! Es sollte auch nicht vergessen werden, dass viele Araber von der sprichwörtlichen deutschen Genauigkeit und Korrektheit gehört haben und diese auch erwarten.

- Im Deutschen verwendet man den Begriff Maghreb-Staaten als Synonym für die nordafrikanischen Territorien von Tunesien, Algerien, Marokko und die Westsahara. Das Königreich Marokko heißt auf Arabisch allerdings auch Maghreb (المغرب al-Maghrib – Schreibweise Maghreb bzw. Maghrib macht übrigens in der arabischen Sprache keinen Unterschied). Es gibt verschiedene Landkarten für Marokko, die nicht unbedingt mit der offiziellen marokkanischen Version übereinstimmen. Aber auch der Streit zwischen den Nachbarländern Algerien und Marokko hat mit der Westsahara zu tun. Eine Landkarte mit oder ohne die Westsahara kann also, je nachdem in welchem Land, zu langwierigen Diskussionen und eventuell zu einigen Missverständnissen oder gar zur Ablehnung führen.

Fallbeispiel 1: Marokko und die Westsahara

Markus Wolff[15] arbeitet als Projektkoordinator in der Entwicklungszusammenarbeit. In seinem Projekt geht es um die Standardisierung von Umweltmaßnahmen in Nordafrika und die Einführung von Richtlinien zur Qualitätssicherung. Er bereist regelmäßig die Länder Tunesien, Algerien, Marokko und Mauretanien. Oft beklagt er, dass die transnationale Kooperation zwischen den Ländern nicht wie gehofft abläuft, vor allem seit Einbruch des arabischen Frühlings 2011. An wichtigen Konferenzen in Tunesien zum Beispiel nehmen meistens nur tunesische Stakeholder teil und kaum Vertreter aus den Nachbarländern. Vor 2011 war die Situation ganz anders und die transnationale Kooperation zwischen den nordafrikanischen Staaten war viel besser. Oft passieren Kleinigkeiten, die eine erhebliche Auswirkung haben können. Markus Wolff und sein Team haben wichtige Publikationen für eine Konferenz in Casablanca erstellt, ausgedruckt und nach Marokko verschickt. Die Publikation sollte als Leitfaden für die 200 Teilnehmenden dienen und für Transparenz sorgen. Markus Wolff war total schockiert, als er von seinem lokalen Partner in Marokko erfuhr, dass die gesamte Publikation nach Deutschland zurückgeschickt wurde. Als Begründung: „Die Publikation enthält eine falsche Landkarte vom Königreich Marokko und der dargestellte Grenzverlauf des Landes entspricht nicht den geographischen Fakten". Natürlich kennt Herr Wolff den Streit zwischen Algerien und Marokko um die Westsahara. Er ärgert sich über die verlorene Zeit, die Kosten und die gescheiterte Planung. Warum hat man den Grafikdesigner nicht auf diese Kleinigkeit aufmerksam gemacht? Warum gab es keine Nachkontrolle? (Abb. 1.2 zeigt die offizielle Version des marokkanischen Staatsterritoriums in Marokko.)

---

[15] Es handelt sich in allen Fallbeispiele um reine fiktive und erfundene Namen.

Abb. 1.2 Die offizielle Landkarte Marokkos aus marokkanischer Sicht (eigene Aufnahme 2018)

Fallbeispiel 2: Fremde Buchstaben in Jordanien

Wolfgang Müller hat seine Präsentation an seinen Geschäftspartner in Jordanien gesendet. Ersterer soll einen Vortrag über die technischen Trainings halten, die seine Firma letztes Jahr für alle Mitarbeiter in der Region durchgeführt hat. Da er unter Zeitdruck steht, konnte er die Fußzeile nicht mehr auf jeder einzelnen Folie aktualisieren und bat deshalb seinen Partner, diese kleine Arbeit für ihn zu erledigen und die Fußzeile anzupassen. Kurz darauf bekam er eine Mail mit hoher Priorität von seinem Partner, in der es hieß, er müsse die Präsentation noch einmal vollständig überprüfen, da auf einigen Folien Buchstaben in einer fremden Schrift stünden, die die Diskussion möglicherweise in eine unerwünschte und wenig sachbezogene Richtung lenken könnten.

Fallbeispiel 3: Occupied Palestine

Während einer Konferenz über erneuerbare Energien hält Andreas Tscherner einen hervorragenden Vortrag über die vorhandenen Ressourcen im Libanon. An dieser Konferenz nehmen Repräsentanten aus Jordanien, Irak und Ägypten teil. Als Herr Tscherner seine Präsentation beenden will, zeigt er die Referenzen seiner Organisation auf einer Landkarte der Region. Er merkt irgendwie, dass sich Gestik und Mimik im Publikum verändern. Einige zeigen auf die Karte und murmeln leise etwas auf Arabisch. Er versteht nicht, was da gerade gelaufen ist. Er beendet die Präsentation und bedankt sich. Sein Gastgeber dankt ihm, schaut ins Publikum und spricht auf Arabisch. Herr Tscherner versteht nichts, hört nur mehrmals das Wort „sorry". Im informellen Gespräch möchte er wissen, was er falsch gemacht hat und fragt einfach einen Gast, der vor ihm am Buffet steht. Der Gast sagt, das sei ein toller Vortrag und nur ein kleiner Fehler in der letzten Folie gewesen, aber das könnte jedem passieren, der die Region nicht gut kennt. Herr Tscherner fragt noch, was genau der Fehler in der letzten Folie gewesen wäre. Der Gast antwortet, dass er ein anderes Land auf der Karte gezeigt habe und normalerweise zeige man auch „occupied Palestine" dabei und nicht nur dieses Land allein. Herr Tscherner wisse schon, worum es gehe! Das komplette Fehlen des Namens „Palestine" hatte für diese Diskussion gesorgt.

Die Botschaft aus diesen und ähnlichen Fallbeispielen ist für internationale Projekte im arabischen Ausland sehr relevant. Wegen der asymmetrischen Machtkonstellationen (Zulassungsbehörden und Ämter im jeweiligen Land) in solchen Situationen ist letztendlich die Anpassung an die Normen des jeweiligen Landes und dessen territorialen Selbstverständnisses dringend zu empfehlen, andernfalls sollte man genau überlegen, wie man Abweichungen rechtfertigen und kommunizieren kann. Im inländischen Kontext spielen solche Details untergeordnete Rollen, denn in diesem Fall gelten die deutschen Normen. Vor diesem Hintergrund argumentieren deutsche Geldgeber, wie z. B. die Gesellschaft für internationale Zusammenarbeit, warum sie diese Karte oder jene geographische Bezeichnung verwenden und warum sie eine bestimmte Erwartung des arabischen Geschäftspartners nicht erfüllen können.

1.3   Was macht die arabische Kultur aus?

In der Literatur herrscht weithin Einigkeit über die drei Fundamente der arabischen Kultur: die arabische Sprache, die islamische Religion und das Erbe einer langen Geschichte. Weitere gemeinsame Nenner sind die Sorge um die Zukunftsfähigkeit der arabischen Kultur in einer globalisierten Welt und die Angst vor einer vermeintlich bedrohlichen kulturellen Invasion, die diese kulturellen Fundamente auszumerzen versucht. Diese Sorgen sind substanziell ähnlich, egal, ob deren Träger liberal-nationalistisch oder islamisch-konservativ sind. Diese Haltung hat allerdings keine vereinende Kraft, da das Ziel einer vermeintlichen kulturellen Invasion unterschiedlich betrachtet wird. Islamisch-konservative Kreise sehen die islamische Gemeinschaft (*Umma*) und ihre Vergangenheit als Ziel der kulturellen Invasion, symbolisiert in der Verwestlichung der Lebensart und dem lockeren Umgang mit etablierten religiösen Dogmen, während die liberal-nationalistischen Strömungen die Nation (*dawla*) und ihre Zukunft als Ziel westlicher Intrigen sehen.

Was macht also die arabische Kultur aus? Es sind die drei Komponenten:

- Sprache,
- Islam und
- gemeinsame Geschichte.

1.3.1 Arabische Sprache

Die arabische Sprache ist die Muttersprache für ca. 380 Millionen[16] Menschen im Mittleren Osten und Nordafrika. Das heilige Buch der Muslime, der Koran, ist in arabischer Sprache offenbart worden und hat somit eine besondere sakrale Bedeutung bei allen Muslimen weltweit (ca. 1,8 Milliarde Menschen, 24 % der Weltbevölkerung).[17] In den täglichen fünf Gebeten muss jede Person muslimischen Glaubens auswendig gelernte Koranverse auf Arabisch zitieren, egal, ob er oder sie Arabisch versteht oder nicht. Arabische Sprache ist übrigens auch für die Christen

---

[16] Über die genaue Zahl von Menschen, deren Muttersprache Arabisch ist, gibt es einen echten Informationskampf. Die Zahlen variieren erheblich je nach Deutungshoheit. Tatsache ist, dass mindestens 400 Millionen Menschen in Ländern leben, die von der arabischen Kultur dominiert und durch die arabische Sprache sozialisiert sind. Beispiel für den Kampf um die Deutungshoheit: wikipedia.org/wiki/List_of_countries_where_Arabic_is_an_official_language [Abruf: 11.03.2019].

[17] Vgl. die Zahlen des Pew Research Center vom 06.04.2017: Why Muslims are the world's fastest-growing religious group https://tinyurl.com/ljennbg [Abruf: 21.01.2020].

innerhalb der arabischen Welt wichtig, denn die Gläubigen aus der arabischen Bibel zitieren, die seit dem siebten Jahrhundert ins Arabische übersetzt und über die Jahrhunderte mehrmals stilistisch angepasst wurde. Es gibt drei Varianten des Arabischen:

- **Klassisches Arabisch** als Sakralsprache der islamischen Gelehrten. Eine Person, die islamische Theologie oder Rechtswissenschaft studieren möchte, muss die Grundlagen der klassischen arabischen Sprache beherrschen, da dies als Voraussetzung für das Verständnis der seit Jahrhunderten überlieferten Texte gilt. Diese Variante ist allerdings nur für den Kreis der Religionsgelehrten, Philologen und Sprachspezialisten wichtig und weniger für die Allgemeinbevölkerung bzw. für die interpersonale Kommunikation. Jeder, der zum Beispiel „Arabistik" an der Al-Azhar Universität in Kairo studiert, kämpft über mindestens vier Jahre mit dem Erlernen der Morphologie, Syntax und Grammatik des Klassisch-Arabischen, um später als „Imam" (Vorbeter) oder Religionsgelehrter arbeiten zu dürfen.
- **Modernes Hocharabisch** ist die zweite Variante (international bekannt als MSA: Modern Standard Arabisch) und gilt als die Kultur- und Bildungssprache in allen Mitgliedsländern der Arabischen Liga. Modernes Hocharabisch ist eine von den sechs offiziellen Sprachen der UN. Es ist eine vereinfachte Form oder Abwandlung des Klassisch-Arabischen: Worte werden kaum grammatikalisch dekliniert und viele moderne Worte werden aufgenommen oder arabisiert (تلفاز, *telfaz*: Fernseher; فيديو كونفرتر: Video- Konverter). Nachrichtensender wie die katarische Aljazeera, die saudische Al Arabiya oder die emiratische Sky News Arabia übertragen ihre Berichterstattung, Dokumentarfilme und Interviews in Hocharabisch. Redner in Konferenzen, Gerichtshöfen, offiziellen Anlässen und amtliche Statements nutzen Hocharabisch. Und schließlich werden alle Lehrbücher, Verträge, Bedienungsanleitungen darin verfasst. Das heißt, die Gebrauchsanweisungen von IKEA in Marokko, Sony in Dubai oder BMW in Amman gelten für alle weiteren arabischsprachigen Länder. Die beiden Varianten Klassisch-Arabisch und modernes Hocharabisch heißen beide in arabischer Sprache nur *fusha*; فصحى. Um den Unterschied zwischen den beiden

Varianten für deutschsprachige Leser zu verdeutlichen, wäre Klassisch-Arabisch etwa vergleichbar mit dem Frühneuhochdeutschen (14.–16. Jahrhundert) und das moderne Hocharabisch etwa mit der heutigen Kommunikationssprache an Gerichtssälen oder im Bundestag.

- **Dialektarabisch** ist die dritte Variante. Es variiert von Land zu Land und selbst innerhalb desselben Landes. Wenn Araber miteinander sprechen, versuchen sie, eine verständliche Mischung aus dem eigenen Dialekt und (Medien)Hocharabisch zu finden, wobei die heutigen arabischen Generationen im Zeitalter des Satelliten-Fernsehers mehrere Dialekte verstehen. Einige arabische Dialekte, wie das Ägyptische und Libanesische, sind nach wie vor omnipräsent. Es gibt verschiedene Initiativen, um die Beschäftigung mit der Bildungssprache *fusha* so früh wie möglich zu ermöglichen, d. h., Kleinkinder sollen schon mit dem ersten Spracherwerb Hocharabisch lernen und praktizieren. So senden die TV-Sender Baraem TV (https://baraem.tv) und Jeem (www.jeemtv.net) aus Katar international bekannte Kinderprogramme wie „Der kleine Prinz", „Feuerwehrmann Sam", „Heidi" usw. in hocharabischer Synchronisation. Auch wenn die Araber dem Hocharabischen aufgrund der Verbindung zum Islam mehrheitlich einen höheren Stellenwert und emotionale Bedeutung beimessen, zeitigen diese Initiativen noch nicht den erhofften Erfolg. Im Grunde ist Sprachvielfalt ein Kennzeichen der arabischen Kultur, da jeder Mensch mindestens mit zwei Sprachvarianten aufwächst: dem daheim gesprochenen Dialekt und später, ab etwa dem fünften Lebensjahr, erfolgt die erste Beschäftigung mit der hocharabischen Bildungssprache. Diese arabische Sprachenvielfalt ist keine Erscheinung der Moderne, sondern existierte auch schon zu den ersten Zeiten der Islamentstehung: die sunnitisch-islamische Tradition kennt sieben verschiedene zulässige Lesarten (also Dialekte) des Korans! Es gibt übrigens mehrere Bezeichnungen für den Begriff „Dialektarabisch" in der arabischen Sprache: *amiyya* (in Mashriq) und *Darijja* (in Maghreb) sowie *mahkiyyah* (im Irak) und etliche weitere lokalen Bezeichnungen.

Sprachliche Randnotizen

Türkisch wurde bis 1928 im arabischen Alphabet geschrieben. Im Zuge der Reformen von Atatürk hat das lateinische Schriftsystem das arabische ersetzt. Persisch (ca. 75 Millionen) und Urdu (ca. 250 Millionen) sind zwei bedeutende nicht-arabische Sprachen, die die arabische Schrift verwenden.

Lange galt (und in manchen Kreisen gilt noch immer) der Mythos, dass Arabisch die Sprache der Paradiesbewohner sei. Diese Behauptung basierte auf einem Hadith (einer Überlieferung nach dem Propheten Mohammed): *„Liebt die Araber wegen dreierlei: Weil ich ein Araber bin, der Koran auf Arabisch ist und weil Arabisch die Sprache der Paradiesbewohner ist."* Diese Aussage gilt als *„mauḍu"* also gefälscht bzw. erfunden, da die Traditionskette (*Isnad*) nach den Anerkennungskriterien der Hadith-Wissenschaftler unzuverlässig ist. Dieser erfundene Hadith ist jedoch ein gutes Beispiel dafür, wie eine Religion ethnisiert werden kann.

Barbie und Fulla

Produktentwickler eines US-amerikanischen Spielzeugkonzerns, des zweitgrößten Spielzeugherstellers der Welt, fragten mich in einem Workshop in Athen nach Erfahrungen oder Empfehlungen für den arabischen Markt. Die bekannteste und meistverkaufte Puppe der Welt verkauft sich gut in der MENA-Region, nicht nur bei den reichen Bevölkerungsschichten in der Golfregion, sondern auch in den Oberschichten in allen arabischen Ländern. Ihre arabische Konkurrentin Fulla entwickelte sich zu einem Verkaufsschlager in vielen islamischen Ländern, vor allem bei den konservativen reichen Schichten. Fulla spricht und singt auf Hocharabisch,[18] das zwar kaum jemand im Alltag spricht, aber zu einem Phänomen geworden ist. Basierend auf Umfragen und Marktanalysen wurden viele Vorschläge, Ideen und Lösungen ausgearbeitet und ausprobiert. Mittlerweile singt die Puppe des amerikanischen Konzerns in Arabisch, und zwar in einem sehr interessanten Arabisch, das sich wie Libanesisch-Arabisch anhört[19] und höchst raffiniert umgesetzt wurde, ohne den Nationalstolz der saudischen oder ägyptischen Kunden zu verletzen. Eine sehr gelungene Umsetzung interkultureller Feinheiten!

---

[18] Vgl. Fulla – Traditions | فلة – الزي الشعبي verfügbar unter Youtube: https://www.youtube.com/watch?v=kTsgVSttKl8 [Abruf: 14.03.2019].

[19] Vgl باربي الاميرة ونجمة النجوم – النسخة الجديدة-انا بنت اليوم |) verfügbar unter Youtube https://www.youtube.com/watch?v=IBPD2d160kg [Abruf: 21.01.2020].

1.3.2 Islamische Religion

Die zweite Komponente der arabischen Kultur ist der Islam, der mit der Sprache eng verknüpft ist. Die Araber machen insgesamt 20 bis 25 % der Muslime weltweit aus. Der Anteil der Muslime in allen arabischen Ländern mit Ausnahme des Libanon beträgt ca. 90 % und in manchen Ländern wie Algerien oder dem Jemen sogar über 99 %. Die verschiedenen Formen des Islam sind in allen Ländern vertreten. Die Sunniten stellen die absolute Mehrheit in allen Ländern mit Ausnahme des Irak, wo die Schiiten ca. 70 % der Bevölkerung ausmachen. Was die Sunniten und Schiiten ursprünglich voneinander trennte, war der Streit um die Nachfolge des Propheten Mohammed (571–632), der vor seinem Tod keinen Nachfolger ernannt hatte. Die Schiiten (Schia Ali; also die Anhänger von Ali Ibn Abi Talib (601–661), einem Cousin und Schwiegersohn des Propheten Mohammed) betrachten ihn als den einzigen legitimen Nachfolger Mohammeds. Sie waren der Auffassung, dass nur der engste männliche Familienangehörige des Propheten – in diesem Fall galt das ausschließlich für Ali und seine Söhne, die Enkel Mohammeds – dessen Nachfolge übernehmen sollte. Die Sunniten, die sich auf die *sunna* (Lebensweise des Propheten) bezogen, forderten die Wahl eines Nachfolgers aus dem Stamme Quraisch aus Mekka, der nicht unbedingt ein Familienmitglied des Propheten sein musste. Abu-Bakr (573–634), der Vertraute und Schwiegervater Mohammeds, wurde 632 zum ersten Kalifen gewählt. Auf ihn folgten Umar Ibn al-Chattab (634–644) und Uthman Ibn Affan (644–656). Ali wurde als vierter Kalif 656 gewählt. Allerdings haben ihn wichtige Führungspersönlichkeiten in seiner Rolle nicht anerkannt. Schließlich wurde Ali während der Kämpfe um die Führung der Muslime 661 ermordet.[20] Aus Sicht der Schiiten waren die ersten drei Kalifen unrechtmäßig, da sie an die Vollkommenheit des Anführers (*imam*) glaubten. Da die Vervollkommnung und absolute Sündenfreiheit nur durch den Propheten Mohammed möglich war, der diese Vervollkommnung von Gott durch den Erzengel Gabriel erlangt hatte, durfte

---

[20] Eine sehr gelungene Dokumentation dieser unübersichtlichen Geschichte ist der Beitrag: „Mohammeds verfeindete Erben: Streit um die Nachfolge des Propheten". ZDF, Terra X, 09.04.2017.

die Führungsrolle nur in dessen Blutlinie existieren. Nach der Ermordung Alis 661 verzichtete sein Sohn Hassan zugunsten seines militärisch überlegenen, sunnitischen Kontrahenten Muawiya (661–680) darauf, die Nachfolge seines Vaters anzutreten. Der Streit entfachte sich erneut, als Muawiya, der Begründer der Umayyaden-Dynastie (661–750), seinen Sohn Yazid I (680–683) zu seinem Nachfolger bestimmte. Hussein, der zweite Sohn Alis, und andere Gruppierungen haben der von den Umayyaden eingeführten Erblichkeit des Kalifats nicht zugestimmt, doch die Umayyaden konnten ihre Position festigen und ihre Gegner besiegen. Am 10. Oktober 680 wurde Hussein in Kerbela im heutigen Irak getötet. Dieser Tag gilt bei den Schiiten als Tag der Trauer – *Aschura* Tag – und wird heute immer noch mit Trauerprozessionen und Selbstkasteiungen gefeiert. Nach dessen Tod entwickelte sich das Konzept der geistlichen Herrschaft durch einen Imam bei den Schiiten, die sich allerdings in der Anzahl der legitimen Imame unterscheiden. Die Zwölfer-Schia, die an zwölf Imame glaubt, bildet ca. 85 % aller Schiiten in der islamischen Welt. Die Mehrheit der Bevölkerung in Iran, Irak und Aserbaidschan gehören dieser Richtung an. Zentraler Glaubensbestandteil der Zwölfer-Schia ist die Lehre von der Verborgenheit *Ghaiba*, wonach geglaubt wird, dass der zwölfte Imam Mohammed al-Mahdi (869–941) nicht gestorben sei und seit seiner Entrückung im Verborgenen lebe. Die Zwölfer-Schiiten glauben an die Wiederkunft des verborgenen Imams als Retter (*Mahdi*) und Erneuerer des Islam. Er soll Mohammeds Werk vollenden und ein Reich der Gerechtigkeit auf Erden errichten. An die Wiederkehr dieser messianischen Endzeitgestalt hat der ehemalige iranische Präsident vor der UNO-Generalversammlung in New York am 26. September 2012 erinnert,[21] also in dem Jahr, in dem der Maya-Kalender einen vermeintlichen Weltuntergang vorhergesagt hatte.

Neben Sunnitentum und Schiitentum gibt es weitere Entwicklungen und Strömungen. Zum beispiel, gilt die fundamentalistische Richtung des Wahhabismus als Staatsdoktrin in Saudi-Arabien. Diese Bewegung wurde vom Gelehrten Mohammed ibn Abd al-Wahhab (1720–1792) in

---

[21] Vgl. Ahmadinejad UN General Assembly 2012 Live Transcript. https://www.latinospost.com/articles/4598/20120926/ahmadinejad-un-general-assembly-2012-live-transcript-united-nations-review-recap-video.htm [Abruf: 18.03.2019].

der kargen Nadschd -Region im Zentrum der arabischen Halbinsel gegründet. Politischen Einfluss erhielt diese Bewegung, als sie von der Saudi-Dynastie übernommen wurde. Nach Gründung des Königreichs Saudi-Arabien 1932 wurde daraus eine Staatsdoktrin. Der Wahhabismus beansprucht exklusiv, die islamische Lehre authentisch zu vertreten. So werden viele andere Muslime und Strömungen wie die Mystik oder Philosophie stark abgelehnt und zu Abweichlern erklärt. Schiiten werden in der wahhabistischen Lehre sogar zu Nichtmuslimen erklärt. Diese sunnitisch-puritanische Auslegung von Koran, Hadith und den alten Überlieferungen bildet die Quelle aller Strömungen des politischen Islamismus und der Salafismus-Bewegungen weltweit.

Den Muslimen weltweit gemeinsam sind die folgenden fünf Säulen:

1. das Glaubensbekenntnis (*shahada*: Anerkennung Allahs als einzigem Gott und Mohammed als seinen Propheten)
2. das tägliche Gebet (*salah*), das fünfmal am Tag Richtung Mekka vollzogen werden soll,
3. die Sozialabgaben oder Almosensteuer an Bedürftige (*Zakat*) in Höhe von 2,5 % pro Steuerjahr auf das Gesamtvermögen und zusätzliche freiwillige Ausgaben
4. Fasten (*saum:* Verzicht auf Essen, Trinken, Rauchen, Geschlechtsverkehr und überhaupt alle weltlichen Genüsse) zwischen Sonnenaufgang und Sonnenuntergang im Monat Ramadan, der sich nach dem islamischen Mondkalender richtet. Daher unterscheiden sich die Daten zwischen den islamischen und gregorianischen Kalendern um jährlich etwa 10 bis 12 Tage
5. die Pilgerfahrt nach Mekka (*hadsch*), die jede muslimische Person, die ökonomisch und physisch dazu fähig ist, mindestens einmal im Leben unternehmen soll.

Allen Muslimen gemeinsam ist die erste Quelle des Islam: der Koran. In dieser göttlichen Offenbarung stehen Erzählungen von den früheren Propheten und der göttlichen Schöpfung. Der Koran umfasst 114 Kapitel (*Sura*), die verschiedene Verse (*aya*) umfassen. Viele Muslime glauben, dass eine Übersetzung des arabischen Originals nur zum Verständnis dienen kann und beim Beten das Zitieren auf Arabisch erforderlich ist, wobei so eine klare Aufforderung nicht ausdrücklich im Koran steht.

Neben dem Koran stehen weitere Quellen der Erkenntnis im Islam: die Hadith und die Handlungsweisen des Propheten Mohammed *Sunnah*, der Gelehrtenkonsens *idschma* und schließlich die Normenfindung durch Analogieschluss *qiyas*. Einig sind sich alle Muslime aller Glaubensrichtungen, wenn zu einem bestimmten Thema eine klare Aufforderung im Koran steht, z. B. die Reinigungsrituale vor dem Gebet, die Verbote von Schweinefleisch und Alkohol, das Inzestverbot und das Verbot des außerehelichen Geschlechtsverkehrs. Die Uneinigkeit beginnt schnell bei den Interpretationen von unklaren Aufforderungen, z. B. bei der weiblichen Kopfbedeckung oder interreligiösen Ehen. Daher gibt es verschiedene Regulierungen durch unterschiedliche Rechtsschulen und Traditionen, die sich von Region zur Region in Einzelheiten unterscheiden.

Quiz 3: Und was ist mit dem Dschihad?

Jihad, auch Djihad oder Dschihad, ist ein Begriff aus dem Koran, der häufig missbraucht und als eine Art heiliger Krieg gegen den Westen propagiert wurde. Wofür steht das Wort Jihad tatsächlich?

a) Krieg gegen alle Ungläubigen
b) Anstrengung
c) Kampf gegen alle Feinde des Islam
d) Verwirklichung der Scharia

Wörtlich bedeutet Dschihad (جهاد) jegliche Anstrengung, Bemühung, Einsatz und auch Kampf. Im Wesentlichen meint dies den inneren moralischen Kampf gegen das Böse. Der Dschihad gilt als eins der Grundgebote des Islam und wird von manchen sunnitischen Gelehrten als sechste Säule des Islam betrachtet. Neben diesem Verständnis steht eine weit verbreitete Facette für den Dschihad als kriegerischer Einsatz zur Verteidigung oder Ausdehnung des islamischen Herrschaftsgebiets. Der Dschihad als Krieg kann nur vom muslimischen Machthaber bzw. Herrscher ausgerufen werden. Der Begriff Dschihad hat eine sehr facettenreiche Geschichte, nicht nur in der arabischen Kultur. Vielleicht erinnert man sich, wie das deutsche Kaiserreich 1914 versuchte, die Muslime zum „Heiligen Krieg" gegen Russland, Frankreich und Großbritannien aufzuhetzen, wobei das Wort „heilig" in Verbindung mit einem Krieg nirgendwo wortwörtlich im Koran zu finden ist.

Noch zwei Anmerkungen:
1. Dschihad ist ein sehr beliebter Name in vielen islamischen Ländern.
2. Dschihad als moralische Anstrengung (الجهاد الروحي) gilt auch als wichtiges Prinzip in der christlich-orthodoxen Kirche in Ägypten. Bis 2015 gab es in Ägypten eine karitative Organisation unter dem Namen „Organisation der orthodoxen Dschihad", die Schulen, Kindergärten, Kliniken und ein Wohnheim für Studentinnen zur Verfügung gestellt hatte. Abb. 1.3 zeigt ein Schild mit dem Namen dieser Organisation in der südägyptischen Stadt Assiut.

1.3.3 Gemeinsame Geschichte

Die Geschichtsträchtigkeit der arabischen Kultur springt jedem ins Auge, der irgendeine Einführungsveranstaltung in diese Kultur erlebt hat. Sich mit dieser Region zu beschäftigen bedeutet in erster Linie, sich mit ihrer langen und komplexen Geschichte auseinanderzusetzen. Jedenfalls ist die gemeinsame Geschichte das Identitätsmerkmal der arabischen Kultur seit dem 7. bzw. 8. Jahrhundert schlechthin. Das Manifest der arabischen Nationalisten, die während und nach dem Zerfall des Osmanischen Reiches die Einheit des arabischen Volks propagierten, begründete diese Einheit durch die gemeinsame Sprache, Geschichte, Traditionen und Religion. Diese Strömung findet man bei allen zentralen Figuren des arabischen Nationalismus wie Sati Al-Husri (1880–1968), Michel Aflaq (1910–1989) und noch deutlicher bei Zaki al-Arsuzi (1899–1968) und George Habasch (1926–2008). Die Vorstellung von einer gemeinsamen Geschichte verkörperte das Motto der Nationalisten in den 1950er- und 1960er-Jahren: das gemeinsame arabische Schicksal. Schüler in den arabischen Ländern in den verschiedenen Schulstufen werden die Facetten der gemeinsamen Geschichte und historischen Fakten über die arabische

Abb. 1.3 Namensschild der Organisation der orthodoxen Dschihad (eigene Aufnahme 2015)

Region als Wiege der Zivilisation gelehrt: Ägypten als erster Nationalstaat der Welt, die alten Zivilisationen im Irak der Sumerer, Babylonier und Assyrer, die Errungenschaften der Phönizier und deren Nachfolger, der Karthager, als stärkste Handels- und Seemacht im Mittelmeerraum oder die alten Königreiche im Jemen.

Mit dem Auftreten des Islam im 7. Jahrhundert beginnt ein wichtiges Kapitel in der Geschichte der arabischen Welt. Der Überlieferung nach wurde das heilige Buch, der Koran, dem Propheten Mohammed in klarer arabischer Sprache offenbart (Sure 42,7). Als der Prophet Mohammed 632 starb, war die arabische Halbinsel unter dem Banner des Islam vereint. Die Eroberung weiterer Gebiete begann in den Zeiten der Kalifen (Nachfolger des Propheten) zunächst mit dem Sieg über die byzantinischen Armeen in der Levante 633–639, dann Ägypten 641, Nordafrika 649–709, Irak 638 (und später über das ganze sassanidische Perserreich 642) und schließlich erfolgten die Vorstöße nach Zentralasien und

Europa unter den Umayyaden (661–750). Die Arabisierung der besetzten Gebiete begann mit dem Einsetzen des Arabischen als einziger Verwaltungssprache unter Abdul-Malik ibn-Marwan (685–705). Die Zeit der Umayyaden galt bei den arabischen Nationalisten als besondere Zeit der arabischen Nation, in der das arabische Volk völlige Souveränität besaß. Unter den Abbasiden (750–1258) wurde der Staat nach persischem und byzantinischem Vorbild umgestaltet und die arabische Stammeszugehörigkeit verlor an Bedeutung. Die Araber waren ein Volk in einem Vielvölkerreich mit Bagdad als Hauptstadt. Ab dem 9. Jahrhundert entstanden zahlreiche Dynastien (z. B. die Tuluniden 868–905 in Ägypten, die Aghlabiden 800–909 in Tunesien, die Idrisiden 788–985 in Marokko). Im 10. Jahrhundert gab es drei parallele Kalifate: die Fatimiden in Nordafrika (910–953) und später in Ägypten (953–1171), die Umayyaden in Cordoba (920–1031) und die noch herrschenden, aber schwächer werdenden Abbasiden in Bagdad. Der Kampf gegen die Kreuzzüge im 11. und 12. Jahrhundert gilt noch heute als historische Wunde im arabischen kollektiven Gedächtnis, genauso wie die Zerstörung Bagdads 1258 durch Hülegü, den Enkel Dschingis Khans, bis sie 1260 endgültig von den ägyptischen Armeen der Mamluken in der Schlacht bei Ain Djalut niedergeschlagen wurden. Ab Mitte des 13. Jahrhunderts wird die Geschichte noch unübersichtlicher, folgt allerdings einem ähnlichen Muster: Zahlreiche regionale Dynastien, die sich gegenseitig auflösten: die Mamluken (1259–1517) in Ägypten, auf der arabischen Halbinsel und in der Levante, die Hafsiden (1228–1574) in Tunesien und zeitweise in Teilen von Nordafrika, die Mariniden (1215–1465) in Marokko, die Rasuliden im Jemen (1228–1454). 1517 eroberten die Osmanen Ägypten und schrittweise alle arabischen Länder. Von 1517 bis 1798 dauerte die ununterbrochene Herrschaft des osmanischen Kalifats über alle arabischen Länder mit Ausnahme Marokkos. Die arabische Meinung zur Zeit der Osmanen ist ambivalent. Einerseits waren sie Besatzer, Unterdrücker und der eigentliche Grund für die Rückständigkeit, die bis heute noch in der arabischen Welt andauert, wie die Lesart der liberal-nationalistischen Strömungen meint. Anderseits gelten sie als Retter des Islams und Opfer westlicher Mächte, wie die islamistisch-konservativen Kreise meinen, die immer noch um den Zerfall des islamischen Reiches und die endgültige Abschaffung der Kalifats 1924 trauern.

Mit dem Feldzug Napoleons nach Ägypten und in die Levante (1798–1801) beginnt in den arabischen Geschichtsbüchern das Zeitalter der Moderne. Die Zeit von Mohammed Ali (1805–1840) in Ägypten ebnete die Moderne nach europäischem Vorbild: modernes Steuersystem, zentralisierte Bürokratie, Einführung allgemeiner Wehrpflicht, Aufbau einer moderneren Armee unter Beratung französischer Experten, Entsendung von ägyptischen Talenten zum Wissenserwerb nach Frankreich, Zurückdrängung des Einflusses der religiösen Geistlichkeit nach Auflösung ihrer Stiftungen. Diese Entwicklung mündete in einen bemerkenswerten Erfolg und 1839 konnte ein ägyptischer Vormarsch gegen das Osmanische Reich nur mit Unterstützung Englands und Russlands gestoppt werden. Die europäischen Mächte wollten mit allen Mitteln den kranken Mann Europas, „das Osmanische Reich", am Leben erhalten, um ihre Interessen und Ansprüche zu schützen. Dieses historische Ereignis dient in vielen Lehrbüchern in verschiedenen arabischen Ländern als Beispiel für westliche Verschwörungen, die den Fortschritt und die Wiedererstarkung der Region mit allen Mitteln verhindern wollten. Als historische Beweise werden häufig angeführt: die militärische Intervention im Zuge der Urabi-Bewegung zum Schutz der Ausländer und Christen in Ägypten und schließlich die britische Besatzung Ägyptens 1882, die französische Kolonialherrschaft in Nordafrika, das Sykes-Picot Abkommen 1916 und die darauffolgende Aufteilung des Nahen Ostens in Libanon, Syrien, Jordanien und Irak, die Balfour-Deklaration mit der Staatsgründung Israels 1948, Operation Ajax mit dem amerikanischen Eingriff in die iranische Innenpolitik und dem Sturz des demokratisch gewählten Premierministers Mossadegh 1953 durch einen Militärputsch, die Suezkrise 1956, die Invasion in den Irak 2003, um nur einige Beispiele zu nennen.

Blättert man in einem arabischen Geschichtslehrbuch, egal, in welchem Land, findet man alle diese Ereignisse, die von guten und schlechten Zeiten im Verlauf der Geschichte berichten. Bis zum 18. Jahrhundert waren die arabischen Gebiete Provinzen im Osmanischen Reich. Nach der allmählichen informellen Loslösung vom osmanischen Herrscher entwickelte sich so etwas wie eine lokale Identität, die ohne eine geistige Beeinflussung vom Westen nicht möglich geworden wäre. Die Nation als europäische Erfindung im 18. und 19. Jahrhundert hatte langsam mit dem Feldzug Napoleons 1798 begonnen, der in seiner Ansprache an das ägyptische Volk von einer „ägyptischen Nation" sprach. Die Bildung einer nationalen Identität braucht immer ein Narrativ und Geschichtslehrbücher sind Paradebeispiele dafür. Jeder Mensch in der arabischen Welt kennt dieses Narrativ, indem häufig historische Ereignisse aufgelistet werden, in denen sich die Geschichte zugunsten der westlichen Machtinteressen entschied. Manche sehen dahinter rein profitgesteuerte Interessen, andere sprechen von politischen Plänen zur Sicherung der westlichen Herrschaftsansprüche und wieder andere glauben an regelrechte Verschwörungen.

Das arabische Selbstverständnis: Letter to Hisham III

In einer Praxis eines syrienstämmigen Arztes in Köln habe ich im Sommer 2015 ein Bild gesehen, das von einer Korrespondenz zwischen einem englischen König namens George II und dem Kalifen von Cordoba Hisham III (1026–1031) berichtet. Darin bittet der englische König den muslimischen Kalifen, seine Nichte Prinzessin Dobant und eine Gruppe von Mädchen aus dem englischen Adel in seinem Königreich studieren zu lassen. Der englische Monarch habe vom großen Wissen, den Bildungseinrichtungen und Errungenschaften im muslimischen Königreich gehört und hoffe durch diesen Austausch, sein Land von der Dunkelheit und allumfassenden Rückständigkeit zu befreien. Er sendet ein Geschenk und unterschreibt mit „Ihr ergebener Diener George". Daraufhin antwortet Hisham III, dass er sich mit Beratern und Fachleuten besprochen habe und diese „Expedition" nun genehmige, die als Stipendium von öffentlichen Geldern finanziert werde. Das ist die ungefähre inhaltliche Übersetzung vom Inhalt dieser Korrespondenz, siehe Abb. 1.4.

Ob dieser Schriftwechsel eine historische Tatsache darstellt oder erfunden ist, bleibt umstritten. Jedenfalls hat dieser Brief Karriere gemacht. Viele arabische Beiträge im Internet, Schriften, Tweets und Ähnliches nehmen ihn als Beweis für die zivilisatorische Leistung der arabischen Kultur. Dabei bewundern die sich selbst reproduzierenden arabischen Beiträge die Leistung der arabisch-islamischen Kultur und betrauern den aktuellen Zustand massiv. „So waren unsere alten Herrscher. Was ist aber aus den heutigen geworden!" – so oder ähnlich lauten die Überschriften, die im Zusammenhang mit diesem Narrativ und ähnlichen Beispielen immer wieder erzählt werden.[22]

---

[22]Vgl. Ein Buch vom Ahmed Mohammed Attiyat, ‏احمد محمد عطيات ,,الأندلس من السقوط إلى محاكم التفتيش‎: „Al-Andauls vom Niedergang bis zur Inquisition" Das Buch ist unter Google Books fast komplett verfügbar. Andere Beispiele: http://www.makkahnews.net/4946094.html oder http://www.alriyadh.com/450126 [Abruf: 11.09.2018].

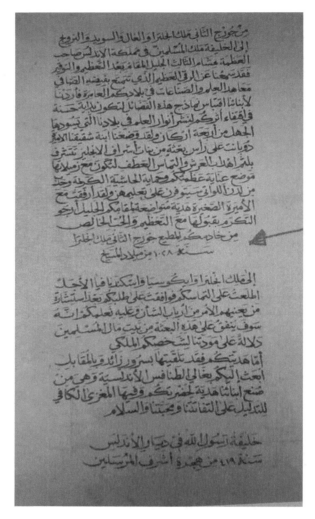

Abb. 1.4 Korrespondenz zwischen König George II und Kalif Hisham III (eigene Aufnahme, Köln 2015)

Abb. 1.4 zeigt ein Foto dieses angeblichen Schriftwechsels aus dem Jahre 1028. Dieses Bild habe ich sowohl in einer Parfümerie in Abu Dhabi als auch am Arbeitsplatz eines IT-Ingenieurs in Kairo gesehen.

Nationalisten in der arabischen Welt erzählen des Öfteren ein Narrativ von der Einheit der Araber seit der Zeit des Propheten bis ins spätere Mittelalter und von der führenden Rolle in der Welt. Die Einheit der „Nation" war der maßgebliche Grund für diese Führungsrolle. Was aber unter Einheit der „Nation" verstanden wird, bleibt unklar. Die Rede von der kontinuierlichen Einheit einer „arabisch-islamischen Nation" – unter einem einzigen Mann: dem Kalifen – kann angesichts der historischen Tatsachen sicherlich nur als reine Fiktion verstanden werden, da die arabische Geschichte faktisch betrachtet mehr von Abspaltungen und inneren Machtkämpfen als von Einheit geprägt war. Durch die symbolische Kraft solcher Narrative und erfundener Traditionen können kollektive Identitäten überhaupt entstehen und sich aufrechterhalten, wie Eric Hobsbawm und Terence Ranger (1992) sagen würde.

Was aber ist denn jetzt die arabische Welt? Reine Fiktion oder gibt es sie wirklich? Ist sie etwa vergleichbar mit dem Konstrukt „der Westen"? Vielleicht käme man mit einer derartigen Analogie der arabischen Welt näher, wobei zu berücksichtigen ist, was man unter dem „Westen" versteht und ob man dafür die Gedanken und Hypothesen von Samuel Huntington (2015), Francis Fukuyama (1992) oder Niall Ferguson (2011) übernimmt oder andere Autoren wie Kevin Reilly: *The West and the World* (1997) liest. Und genauso ist es mit der arabischen Welt auch. Im faktischen Sinne existiert sie durch die Sprache, gemeinsame Geschichte, Religion und vor allem durch die Auseinandersetzung mit sich selbst und mit dem Anderen, durch Bewältigungsversuche des Spagats zwischen Tradition und Moderne und schließlich durch die kollektive Selbstwahrnehmung einer ähnlichen „Mentalität", wenngleich der Begriff „Mentalität" meist wiederholte Stereotype und Pauschalisierungen hervorruft. Aber wenn man die erheblichen Unterschiede zwischen Marokko und Oman wahrnimmt, dann ist diese arabische Welt doch eine reine Konstruktion! – oder? Das entspräche etwa einem Vergleich zwischen Spanien und Polen – oder? Der arabische Nationalist empfindet wahrscheinlich (und vielleicht zu Recht aufgrund der gemeinsamen Amtssprache) mehr Gemeinsamkeiten zwischen Marokko und Oman als zwischen Polen und Spanien, obwohl Letztere mehr formelle bindende Gemeinsamkeiten besitzen (Europäische Union, NATO). Bei dieser argumentativen Naivität gerät man in eine endlose Schleife. Der einzige

Sprach- bzw. Kulturraum mit mehreren Nationalstaaten, der aber der arabischen Welt ähnelt, wäre das spanischsprachige Südamerika. Alle Länder Lateinamerikas, bis auf Brasilien und die kleinen ehemaligen Kolonien Surinam und Guayana, haben eine ähnliche Entwicklungsgeschichte, spanische Amtssprache und die identitätsstiftende katholische Religion. Das gleiche Muster findet sich in der arabischen Welt, allerdings mit zwei zusätzlichen arabischen Besonderheiten: die sehr lange Geschichte mit ähnlichem Musterverlauf, die so etwas wie eine gemeinsame Identität stiftet, und die arabische sozialistische und nationalistische Bewegung der 1950–1960er-Jahre, die noch bis heute dominierende Strukturen in Politik und Verwaltung hervorgebracht hat. Man kann vermuten, dass bei der Begegnung eines Argentiniers mit einem Mexikaner die Latino-Identität nicht unbedingt ihr Hauptgesprächsthema wird, denn es kann ja sein, dass diese Identität für beide überhaupt nicht existiert. Bei einem Treffen von einem Ägypter mit einem Syrer z. B. würde das Thema der Zugehörigkeit zur arabischen Welt und alle damit verbundenen Herausforderungen ihr Gespräch beherrschen oder steuern, übrigens unabhängig davon, ob sich beide damit identifizieren oder nicht. Und das ist eventuell diese „arabische Welt": Sie ist wie ein Flaschengeist eingesperrt in einer transparenten Flasche, allerdings mit Konturen, deren Wahrnehmung im Auge des Betrachters liegt.

1.4   Unterschiede innerhalb der arabischen Welt

Araber unterteilen die arabische Welt in die folgenden drei Regionen:

1. Maschriq (andere Schreibweise *Mashreq, Mashrek al-maschriq al-arabi* المشرق العربي, = *der arabische Osten*). Dieses Teilgebiet umfasst die heutigen Länder

   1. Israel (die palästinensischen Gebiete),
   2. Libanon
   3. Syrien
   4. Jordanien und

5. Irak.
6. Ägypten wird in vielen internationalen Berichten zu den Maschrik-Ländern gerechnet, obwohl die Ägypter selbst so eine klare Zuordnung keiner großen Bedeutung beimessen.

2. Arabische Halbinsel (*al-dschasira al-arabiya*, الجزيرة العربية), mit den reichen GCC-Ländern

1. Saudi Arabien
2. Kuwait
3. Oman
4. Katar
5. Bahrain und
6. die Vereinigten Arabischen Emirate (VAE) und
7. dem armen Jemen

3. Maghreb (al-Maghreb al-arabi, المغرب العربي = der arabische Westen). Diese Region umfasst die Länder

1. Libyen
2. Tunesien
3. Algerien und
4. Marokko.

In dieser Einteilung fehlen einige Mitglieder der Arabischen Liga:

1. Sudan
2. Mauretanien
3. Dschibuti
4. Somalia und
5. die Komoren.

Mit den GCC-Ländern (Gulf Cooperation Council – GCC; Golf-kooperationsrat) sind die sechs Staaten Saudi-Arabien, Kuwait, Oman, Katar, Bahrain und die Vereinigten Arabischen Emirate (VAE) gemeint. Andere bekannte Bezeichnungen sind: GCC-Staaten oder Golfstaaten. Diese internationale Organisation wurde 1981 gegründet, damit sich diese ölreichen Monarchien gegen die Islamische Revolution im Iran

1979 und den Ersten Golfkrieg 1980 schützen konnten. Die wichtigste praktische Leistung dieses Bündnisses war, die Einreisebestimmung für die lokalen Staatsbürger zu erleichtern (also eine Art Schengen-Abkommen), sodass z. B. die Bürger Saudi-Arabiens ohne Einreisevisum nach Dubai fahren konnten. Weniger bekannt in der Öffentlichkeit, aber von enormer Bedeutung für die Wirtschaftsaktivität ist die damals ebenfalls gegründete GSO (Gulf Standards Organization), die bestimmte Produkte wie Haushaltsgeräte, Kinderspielzeuge und Batterieladegeräte G-Mark-kennzeichnungspflichtig macht. Importeure brauchen eine vom Gulf Accreditation Center (GAC) akkreditierte Stelle, die ein Typprüfungszertifikat der Golfstaaten ausstellen kann. Andere Bestrebungen, wie die Einführung der Einheitswährung Khaleeji, sind wegen einiger innerer Grenzkonflikte und der Uneinigkeit zwischen Saudi-Arabien und den VAE über den Hauptsitz der Zentralbank gescheitert. Seit der Katar-Krise 2017 ist der Golfkooperationsrat faktisch handlungsunfähig.

Auf der sichtbaren Ebene des Eisbergs findet man Unterschiede zwischen den arabischen Ländern in den folgenden Bereichen:

Gesprochene Dialekte
Allein auf der arabischen Halbinsel existieren nach linguistischer Klassifizierung 11 Dialekte: Bahrani, Bareqi, Gulfarabisch, Najdi, Omani, Hejazi, Hadhrami, Shihhi, Dhofari, Yemeni, Tihami![23] Ägyptisch-Arabisch ist einer der wichtigsten und überall verstandenen Dialekte dank der Verbreitung ägyptischer Filme und TV-Serien, aber allein in Ägypten gibt es neun Hauptdialekte,[24] die sich voneinander unterscheiden. Mit Ägyptisch-Arabisch ist daher meistens der Kairo-Dialekt gemeint. Die Dialektunterschiede betreffen die Aussprache und den Wortschatz, aber auch das Sprechtempo. Anhand der Aussprache erkennt jeder arabische Muttersprachler in Kairo oder Tunis, ob ein Koran-Leser aus dem Irak oder dem Jemen stammt. Dialekte sind der erste wahrnehmbare Unterschied inner-

---

[23] Vgl. Ausführliche Beschreibung mit Beispielen sind im englischsprachigen Beitrag von Wikipedia: https://en.wikipedia.org/wiki/Varieties_of_Arabic [Abruf: 11.09.2018].
[24] Vgl. die einheitliche Klassifizierung der Sprachen der Welt des linguistischen Sammelwerks „Ethnologue": https://www.ethnologue.com/country/EG [Abruf: 15.09.2018].

halb der arabischen Welt, sowohl für die Araber selbst als auch für andere, die Arabisch sprechen. Die verschiedenen Dialekte sind ein Beispiel für die herrschende Ambivalenz innerhalb der arabischen Kultur: emotionale Bewertung und Sehnsucht nach einer überall gesprochenen Standardsprache, die einen höheren Stellenwert gegenüber den Alltagsdialekten hat, allerdings hat diese Standardsprache bei vielen Menschen fast den Status einer „Fremd(!)sprache". Das Ganze erinnert ein wenig an das Verhältnis zwischen Schwyzerdütsch und Hochdeutsch: für einige Menschen in der deutschsprachigen Schweiz ist Hochdeutsch fast wie eine Fremdsprache. Es gab und gibt verschiedene Versuche, die Dialektsprachen zu verschriftlichen und eigene Grammatiken und Lehrbücher dafür zu etablieren, z. B. die landesspezifische umgangssprachliche *„amiyya"* Literatur oder die Ägyptisch-Arabischen Wikipedia-Einträge, die allerdings keine ernsthafte Konkurrenz für die Standardschriftsprache des Hocharabischen darstellen können. Auch das hochgefeierte Arabizi-Phänomen (beim Schreiben von SMS, in Chats oder anderen Internet-Anwendungen) erlebt einen Rückgang, seitdem jeder ein Smartphone bzw. eine Tastatur mit arabischer Standard-Belegung besitzt.

Gründe für den überlegenen Status des Hocharabischen:

1. der begrenzte Wortschatz der Dialektsprache im Vergleich zum Hocharabischen. Man erkennt dies in den Talkshows, die im jeweiligen *amiyya*-Dialekt moderiert und durchgeführt werden, solange es um einfache alltägliche Themen geht. Eine Umstellung erfolgt allerdings automatisch zur *Fusha*-Bildungssprache, wenn fachspezifische oder abstrakte Themen behandelt werden. Es ist einfach absurd, in *amiyya* über komplizierte und abstrakte Themen wie die „Entkoppelung der Währung vom US-Dollar" oder die „längste Mondfinsternis des Jahrhunderts" sprechen zu wollen und jeglicher Versuch hört sich lustig an, vergleichbar einem deutschen Anwalt, der alle juristischen Termini bei einer Gerichtsverhandlung in Kölsch übersetzt.
2. Arabisch ist eine Konsonantensprache, in der nur drei lange Vokale im Schriftbild erscheinen. Versucht man einen arabischen Begriff in *amiyya* zu schreiben, bleibt das Schriftbild unverändert, optisch ist das hocharabische Wort identisch, d. h., sprachliche Varianten beim Lesen

des Worts entfallen. Arabische Modernisten wie Abdulaziz Fahmi Pasha (1870–1951) oder Salama Moussa (1889–1958) haben in den 1940er-Jahren vorgeschlagen, den ägyptischen Dialekt in lateinischer Schrift zu schreiben und das arabische Alphabet nach türkischem Muster neu zu gestalten, um dieses Problem zu lösen und eine sprachliche Vielfalt zu ermöglichen. Dieser Vorschlag wurde vehement von allen Seiten scharf kritisiert und hat sich in keiner Weise durchgesetzt. Arabisch in lateinischer Schrift zu schreiben wäre der endgültige Todesstoß für die gemeinsame arabische Sprache; denn in paar Generationen würden sich Marokkanisch, Omanisch, Najdi, Khaliji usw. (vgl. Abb. 1.5) zu selbstständigen Sprachen weiterentwickeln, genauso, wie sich Deutsch, Niederländisch oder die skandinavischen Sprachen aus der germanischen Sprachfamilie entwickelt haben. Die verschiedenen arabischen Dialekte markieren ein sichtbares Unterscheidungsmerkmal innerhalb der arabischen Kulturregion, gleichzeitig trennend und vereinend.

Wirtschaftliche Situation

Ein erster Blick auf die Zahlen und Indizes zeigt, wie unterschiedlich die wirtschaftliche Leistung und Einkommensverteilung in den verschiedenen arabischen Ländern sind. Zum beispiel, zeigen die Zahlen der Datenbank NUMBEO[25] (Lebenshaltungskosten-Index), wie unterschiedlich das durchschnittliche Nettomonatsgehalt in USD in den Ländern ausfällt: Katar 3566, VAE 3087, Saudi-Arabien 1656, Marokko 429, Ägypten 166 (zum Vergleich Deutschland: 2563). Die Zahlen (siehe Tab. 1.1) des jährlichen Pro-Kopf-Einkommens (PKE) belegen diese Unterschiede am deutlichsten. Der Index der menschlichen Entwicklung 2017 (Human Development Index, HDI)[26] zeigt einen einheitlichen Befund: die sechs reichen GCC-Länder Katar, VAE, Saudi Arabien, Kuwait, Bahrain und Oman verzeichnen die höchste Entwicklung, während ärmere Länder wie Ägypten, Marokko, der Sudan oder Mauretanien ex-

---

[25] Vgl. Die Daten und Indizien von Numbeo: https://de.numbeo.com/lebenshaltungskosten/startseite [Abruf: 11.02.2019].

[26] Der Index umfasst das Bruttonationaleinkommen pro Kopf, die Lebenserwartung und die Dauer der Ausbildung bezogen auf die Anzahl der Schuljahre, die ein 25-Jähriger absolviert hat.

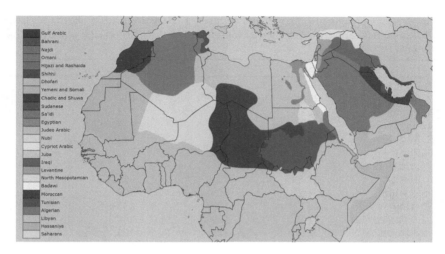

Abb. 1.5 Verteilung Arabischer Dialekte (Wikimedia Commons, CC BY 3.0, https://commons.wikimedia.org/w/index.php?curid=17758938)

treme Entwicklungsdefizite aufweisen. Der Wohlstands-Index[27] Legatum Prosperity Index (LPI) zeigt einen identischen Befund bei einigen Ländern. Die Zahlen der Menschen, die unter der Armutsgrenze liegen, zeigen ebenfalls die gleiche Tendenz: z. B. Ägypten 26 %, Tunesien 16 %.

Politisches System
Unterschiedlich sind die arabischen Länder in ihrer Platzierung im Demokratieindex. Dieser Index der Zeitschrift *The Economist* berechnet den Grad der Demokratie in 167 Ländern weltweit. Tunesien war diesem Index nach 2017 das einzige arabische Land, das den Status „unvollständige Demokratie" auf Platz 69 erreichte (Deutschland im Vergleich: Platz 13). Marokko (auf Platz 101), der Libanon (104), die Palästinensischen Autonomiegebiete (108) und der Irak (112) wurden als Hybrid-

---

[27] Der Legatum Prosperity Index (LPI) dient als Basis des jährlichen Länderrankings und vereint nach dem Selbstverständnis des Herausgebers, der „Legatum Institute Foundation", sowohl objektivn wie subjektive Indikatoren von Wohlstand und Wohlbefinden in einer Kennzahl.

Tab. 1.1 PKE (Pro-Kopf-Einkommen pro Jahr[a]), HDI (Wohlstandsindikator der UN, LPI Legatum Prosperity Index – die 22 Mitglieder der Arabischen Liga und Deutschland im Vergleich

	PKE USD 2018	HDI Rank 2017	Prosperity Index 2018
1. Algerien	4825	85	116
2. Bahrain	22.111	43	51
3. Komoren	769	165	121
4. Dschibuti	1579	172	112
5. Ägypten	2785	115	122
6. Irak	5545	120	143
7. Jordanien	3238	95	91
8. Kuwait	33.545	56	66
9. Libanon	7197	80	107
10. Libyen	7314	108	133
11. Mauritanien	1305	159	142
12. Marokko	3292	123	103
13. Oma	16.144	48	69
14. Katar	65.696	37	46
15. Palästina	1997	119	Keine Daten
16. Saudi-Arabien	20.796	39	86
17. Somalien	Keine Daten	Keine Daten	Keine Daten
18. Sudan	1959	167	145
19. Syrien	1700	155	Keine Daten
20. Tunesien	4303	95	102
21. VAE	41.197	34	39
22. Jemen	432	178	147
Deutschland	46.747	5	14

[a]Die Zahlen des jährlichen Pro-Kopf-Einkommens stammen aus: GDP per capita – TRADING ECONOMICS – https://tradingeconomics.com/forecast/gdp-per-capita [Abruf: 11.02.2019]. Andere Zahlen wie z. B. des Internationale Währungsfonds (IWF) oder der Weltbank weichen davon ab, wobei die Abweichung um +/- 10–15 % liegt

regimes bezeichnet. Diese illiberale Demokratie ist eine besondere Form der repräsentativen Demokratie, in der die Politiker zwar vom Volk gewählt werden, die Grundrechte aber effektiv eingeschränkt sind. Die restlichen Länder wurden als autoritäre Regimes bezeichnet: Jordanien (117), Kuwait (119), Komoren (121), Mauretanien (123), Algerien (128), Ägypten (130), Katar (133), Oman (143), Dschibuti (145), Bahrain (146), VAE (147), Libyen (154), Sudan (155), Jemen (156), Saudi-Arabien (159), Syrien (166). Innerhalb jeder Klassifizierung findet man verschiedene Regierungssysteme vor, zum Beispiel in den Hybridregi-

mem Marokko und Libanon: Marokko ist ein konstitutionelles Königreich, wo der König den vom Parlament vorgeschlagenen Premierminister
ernennt, das Parlament jederzeit auflösen und den Ausnahmezustand
verhängen kann, während der Libanon eine parlamentarische Republik
mit einem vom Parlament gewählten Bundespräsidenten darstellt.

Artefakte

Am Sichtbarsten für jeden Besucher der arabischen Welt sind die Unterschiede in der Architektur, Kleidungskonventionen oder bei den lokalen
Speisen und Getränken. So findet man Minarette mit rundem, quadrati-
schem oder polygonalem Grundriss. Die meisten Moscheen in der Maghreb-Region haben quadratische Minarette, während man im Rest der
arabischen Welt runde Minarette oder welche mit nadelförmigen Spitzen
aus der osmanischen Zeit findet.

Auch die Kleidungskonventionen stellen ein gutes Beispiel für Unterschiede auf Ebene der sichtbaren Artefakte dar. Die meisten im arabischen Kulturraum heute getragenen Gewandformen stammen allesamt
von der antiken römischen Tunika ab. Aus den vorrömischen Zeiten sind
andere Kleidungsarten überliefert:

- Dschallabija (جلابية): in Ägypten und Sudan (mit verschiedenen
  Schnitten, in Südägypten ohne Kragen)
- Djellaba (جلابة): in der Maghreb-Region und insbesondere in Marokko
  (mit einer spitzen Kapuze und mit einem engen, geraden Schnitt im
  Vergleich zur ägyptischen Dschallabija)
- Dischdascha (دشداشة): in Oman, Katar, Irak und Kuwait – bekannt
  auch als Kandura (كندورة) in den Vereinigten Arabischen Emiraten
  bzw. Thawb (ثوب) in Saudi-Arabien, meistens in weißer Farbe oder in
  Pastelltönen.

Die männliche Kopfbedeckung: erfundene Identitäten

Die Mehrheit der arabischen Männer trägt eine Kopfbedeckung (Abb. 1.6 zeigt ein Beispiel aus Saudi-Arabien) zum Schutz vor der Sonne oder dem Wüstensand. Dabei variiert die Bezeichnung von Region zur Region:

* In Syrien: *Keffiyeh*
* In Palästina: *Hatta*
* Auf der arabischen Halbinsel, in Jordanien und Irak: *Shemagh*
* In den VAE, Jemen, Kuwait, Bahrain, Katar: *Ghutra*

Dieser quadratische Baumwollschal wird auf dem Kopf mit dem Agal, einer dicken, schwarzen Schnur (eigentlich ein Seil) befestigt. Der *Shemagh* hat meistens ein rotes Muster, während die *Ghutra* meistens weiß und ohne Muster ist. In Palästina, im Irak und in Syrien herrscht meistens die Kopfbedeckung mit schwarzem Muster (sog. Palästinensertuch) vor.

Über die arabische Kopfbedeckung gibt es die exotischsten Erzählungen und es heißt, dass sie viel über den sozialen Status, die Laune, Stammeszugehörigkeit und den Beruf des Trägers offenbare. Heutzutage sieht man japanische Touristen oder koreanische Fußballfans in Katar oder Dubai, die sich mit dieser Kopfbedeckung bekleiden und es scheint, dass diese traditionelle Bekleidung einen ähnlichen Status wie die bayerische Lederhose auf dem Oktoberfest gewonnen hat.

König Salman von Saudi-Arabien sowie sein Sohn, der Kronprinz Mohammed bin Salman, sind häufiger mit dem roten Shemagh zu sehen, während sich der Außenminister manchmal mit dem Shemagh und manchmal mit der weißen Ghutra zeigt. Auch Sheikh Mohammed bin Rashid Al Maktoum, der Herrscher von Dubai, ist nicht konsequent in der Wahl seiner Kopfbedeckung. Manchmal sieht man ihn mit dem roten Shemagh und manchmal sogar mit einer safrangelben Ghutra. Das gilt auch für den König von Bahrain, der manchmal mit beiden Farben zu sehen ist und anderenorts in normalem Anzug mit Krawatte oder in voll dekorierter Militäruniform auftritt. Der jordanische König trägt sogar den roten Shemagh zu einem westlichen Anzug mit Krawatte! Von einem einheitlichen arabischen Stil kann man also nicht gerade sprechen. Ein deutscher Geschäftsmann berichtete, wie verwirrend es für ihn war, als sein saudischer Gast bei einem Deutschlandbesuch praktisch unkenntlich in seinem Poloshirt und mit Schiebermütze erschien. Er hatte fest damit gerechnet, dass saudische bzw. Menschen von der arabischen Halbinsel immer mit traditioneller Kleidung durch die Welt reisen.

Über die Herkunft der Kopfbedeckung ist man sich übrigens nicht einig. Während einige Nationalisten in Saudi-Arabien den Shemagh als ewiges Symbol der nationalen Identität wahrnehmen, berichten andere, dass der

Abb. 1.6 Männliche Kopfbedeckung in Saudi-Arabien (eigene Aufnahme, Riad 2012)

Shemagh ursprünglich aus England stamme und der Britische Offizier John Bagot Glubb[28] (bekannt als Glubb Pascha) diesen in den 1930er-Jahren als Teil der Uniform der neu gegründeten arabischen Legion eingeführt habe.

Neben den erwähnten sichtbaren Unterschieden zwischen den arabischen Ländern bleiben noch Anekdoten, Stereotype und unscharfe Generalisierungen, um vorhandene Unterschiede auf der Ebene des unsichtbaren Teils des Eisbergs zu erklären. Einer der einflussreichsten und wichtigsten Denker der arabischen Kultur – vielleicht in den letzten 500

---

[28] Zu diesem Thema gibt es die kuriosesten historischen Informationen. Ausführlich ist der Beitrag von der Zeitschrift Aramco World. Erreichbar unter https://www.aramcoworld.com/en-US/Articles/July-2018/Kufiya-Nouveau unter dem Titel Kufiya Nouveau, 2018, geschrieben von Mariam Shahin. Der Schatz der Zeitschrift Aramco World ist unter https://archive.aramcoworld.com seit 1960 als PDF archiviert und bietet einen einzigartigen Fundus an historischen Informationen über die arabische Halbinsel. Eine der besten Zeitreisen mit Bildern über die Region von über 70 Jahren!

Jahren – ist der marokkanische Philosoph Mohammed Abed Al-Jabri (1935–2010). Er hat sich mit der Frage der Unterschiede zwischen *Mashriq* und *Maghreb* beschäftigt und die Rationalität des Maghrebs und Emotionalität des Mashriqs postuliert und ideengeschichtlich begründet. Dieser Vorschlag wurde scharf kritisiert und der Ansatz erwies sich als unbrauchbar, um von der Philosophiegeschichte auf das Kulturverständnis im Alltag zu schließen. Möglicherweise war Al-Jabri von herrschenden Alltagsstereotypen beeinflusst, da es keine Seltenheit ist, in der Maghreb-Region auf Meinungen zu treffen, die die Irrationalität und Impulsivität der Bewohner vom Mashreq im Vergleich zur Besonnenheit und dem zurückhaltenden Charakter der Menschen im Maghreb betonen.[29]

Das oft in Kulturwissenschaften, Beratungen und im Coaching verwendete Eisbergmodell geht davon aus, dass weitaus größere Teil der Kultur (also die Normen, Werte, Glaubenssätze, Traditionen, Rollenbilder, Ideale usw.) „unter der Wasseroberfläche" verborgen liegt und nicht direkt wahrnehmbar ist. Diese Unsichtbarkeit der Tiefenstruktur der Kultur ist u. a. der Grund für Konflikte und Missverständnisse. Dieses Modell wird öfter in der interkulturellen Beratung eingesetzt, um kulturelle Unterschiede zwischen Deutschland und anderen Ländern oder bei Fusionen von Unternehmen mit divergenten Führungskulturen zu visualisieren. Dieses Modell setzt also existierende Differenzen voraus, die man leicht unter die Lupe nehmen kann. Man kann den unsichtbaren Teil des Eisbergs der deutschen Kultur im Vergleich zur japanischen oder arabischen Kultur insgesamt gut darstellen. Im Vergleich dazu fällt das Ergebnis aber sehr mager aus, wenn man einen Hamburger Eisberg mit einem Frankfurter oder Stuttgarter Eisberg vergleicht. Eventuell findet man Ergebnisse auf der sichtbaren Ebene, die Stereotype und Verallgemeinerungen eher hervorheben. Übertragen auf die arabische Kultur findet man das gleiche Muster. Viele arabische Befragten finden es sehr

---

[29] Für dieses heftig diskutierte Thema gibt es leider meistens nur arabischsprachige Quellen. Beispiel: Ein Beitrag von Sarah Zaaimi (‫سارة زعيمي‬, ‫"المشرق أصل والمغرب تقليد".. عُقدة تاريخ عمّقتها الجغرافيا‬) (Al-Mashriq ist das Original und Al-Magrib ist die Nachahmung: Ein historischer Graben vertieft durch die Geographie) https://www.maghrebvoices.com/a/mashreq-vs-maghreb/366152.html [Abruf: 17.05.2018].

schwierig, den unsichtbaren Teil des marokkanischen Eisbergs im Vergleich zum tunesischen oder ägyptischen inhaltlich zu füllen, wobei die gleichen Befragten die Besonderheit der eigenen Nation und Landeskultur betonen und dafür Beispiele aus dem sichtbaren Teil anführen (Bekleidungskonvention, traditionelle Speisen, Musikstil, Begrüßungsrituale, Dialekte). Methodisch funktioniert das Eisbergmodell gut, um Unterschiede zwischen Kategorien bzw. Gruppen höherer Abstraktionsebenen zu veranschaulichen (Deutsch vs. Arabisch); taugt aber weniger, um Unterschiede innerhalb der gleichen Kategorie aufzuzeigen.

Deutlich sind die Unterschiede innerhalb der arabischen Welt in den Wahrnehmungen europäischer Partnerschaftsprojekte, wie z. B. dem Programm der europäischen Nachbarschaftspolitik, das 2004 von der EU-Kommission aufgelegt wurde. Die Umfragen von 2017 zeigen, dass diese Partnerschaft in der Maghreb-Region anders als im Mashriq wahrgenommen und bewertet wird. 62 % der Maghreb-Befragten bewerten das Image der EU positiver im Vergleich zu 44 % im Mashriq. Insgesamt profitiert der Maghreb von der Partnerschaft mit der EU mehr als der Mashriq in den Bereichen Handel (37 % zu 18 %), Tourismus (33 % zu 16 %) und auch in der Demokratieförderung (19 % zu 14 %). Nur 8 % der Befragten in der Maghreb-Region geben an, dass die EU ein negatives Image hat im Vergleich zu 22 % im Mashriq.[30]

Das Wochenende in den arabischen Ländern

* Das Wochenende wurde immer wieder in verschiedenen arabischen Ländern angepasst und verlegt. Bis 2009 zum Beispiel haben Deutschland und Algerien nur drei gemeinsame Arbeitstage: Montag, Dienstag und Mittwoch. Das lokale Wochenende war am Donnerstag und Freitag.
* Auch in anderen Ländern, wie Saudi-Arabien und Ägypten war es auch nicht leichter, wenn es um gemeinsame Arbeitstage ging. Seit 2016 ist es besser geworden und einige Länder haben den Donnerstag als normalen Arbeitstag

---

[30] Vgl. EU Neighbours South – MAGHREB & MASHRIQ https://www.euneighbours.eu/sites/default/files/publications/2017-12/Factsheet%20Maghreb%20Mashrek%20ENG.pdf [abgerufen am 11.10.2018].

und dafür den Samstag als Wochenende festgelegt. Und nun hat man mindestens 4 gemeinsame Arbeitstage.

* Das Wochenende in Libanon, Tunesien, Marokko und Mauretanien ist Samstag und Sonntag.
* In allen anderen 18 Ländern fällt das Wochenende auf Freitag und Samstag. Das bedeutet: in diesen Ländern gilt der Sonntag als normaler Arbeitstag; eine banale Tatsache, die nicht selten für Missverständnisse in internationalen Projekten sorgt, vor allem, wenn gewisse Kommunikationsregeln missachtet werden.

Literatur

Brockhaus (2019): Mittlerer Osten. Hg. v. Brockhaus Enzyklopädie Online. NE GmbH | Brockhaus. Online verfügbar unter https://brockhaus.de/ecs/permalink/80F5D2CAA4C45724CCD7101D8D47018E.pdf, zuletzt geprüft am 05.09.2019.

Ferguson, Niall (2011): The West and the Rest. London: Allen Lane.

Fukuyama, Francis (1992): The End of History and the Last Man. New York: Free Press.

Hobsbawm, Eric; Ranger, Terence (1992): The Invention of Tradition. Cambridge UK: Cambridge University Press.

Huntington, Samuel P. (2015): Kampf der Kulturen. Die Neugestaltung der Weltpolitik im 21. Jahrhundert. München: Goldmann Verlag.

Levinson, Martin H. (2011): MAPPING THE PERSIAN GULF NAMING DISPUTE. In: *ETC: A Review of General Semantics* 68 (3), S. 279–287.

Reilly, Kevin (1997): The West and the World. A History of Civilization : From the Ancient World to 1700. Princeton: Markus Wiener Publishers.

2

Eine Brücke zwischen den Kulturen

Begriffe wie „kulturelle Verständigung" oder „Dialog zwischen den Kulturen" sind in der arabischen Welt geläufiger als andere etablierte Fachbegriffe in den westlichen Ländern, wie zum Beispiel „interkulturelle Kommunikation" und Ähnliches. Das „Sheikh Mohammed Centre For Cultural Understanding" (SMCCU) in Dubai ist ein Beispiel für mehrere Zentren in verschiedenen arabischen Ländern, die Aspekte der lokalen Kultur für ausländische Besucher darstellen, um lokale Sitten, Traditionen und Bräuche zu erklären. Das Kulturverständnis in der arabischen Welt gliedert die Bestandteile von Kultur zwei Ebenen: einerseits die Ebene der immateriellen Komponenten wie Religion, Glaube, Traditionen, Sitten, Sprache, Literatur, Künste und andererseits die materiellen Komponenten wie Kulturerzeugnisse, Werkzeuge und alle menschlichen Innovationen. Hauptaufgaben staatlicher Kultureinrichtungen sind in erster Linie die Erhaltung und Weiterentwicklung der letzteren Elemente. Die deutsche und arabische (und wahrscheinlich globale) Sichtweise von Kulturverständnis, Kulturaustausch oder Kulturprojekten ist also in dieser Hinsicht ähnlich: Es geht um gegenseitiges Kennenlernen der Bestandteile der jeweils anderen Kultur, wie Traditionen, Sitten, Künste usw., also um die Kultur im anschaulich-begreifbaren Sinne wie z. B. Kul-

© Springer Fachmedien Wiesbaden GmbH, ein Teil von Springer Nature 2022
A. Hussein, *Die arabische Welt verstehen*,
https://doi.org/10.1007/978-3-658-26409-3_2

tur im Museum oder in den „interkulturellen Wochen" und weniger um Kultur im „interkulturellen Sinne", also weniger um die Auswirkung kultureller Unterschiede auf die Interaktion in einer interkulturellen Überschneidungssituation (Thomas 2005, S. 46), wo der Kommunikationsstil oder das Rollenverständnis der Beteiligten die Interaktion wechselwirkend beeinflussen können.

2.1   Ein praktisches Kulturverständnis

Es ist bekannt, dass Cicero (106–43 v. Chr.) der erste Denker war, der den Begriff Kultur in seinen Schriften erwähnte. Kultur in seinem Sinne bedeutet „cultura agri", also Ackerbau bzw. „Pflege des Bodens", aber auch „cultura animi", also „Pflege des Geistes", womit ein anthropologisches Kulturverständnis im heutigen Sinne einhergeht.

Die meisten Kulturwissenschaftler vergessen jedoch, dass der arabische Sozialhistoriker Ibn Khaldun (1332–1406) der erste Kulturtheoretiker war, der Aufstieg und Fall der Reiche kulturtheoretisch erklärt hat (Ottmann 2004, S. 157), indem er die geschichtliche Dynamik und Entwicklung verschiedener Stadien der Gesellschaften entdeckte. Es ist auch bekannt, dass der koptisch-ägyptische Intellektuelle Salama Moussa (1889–1958) der erste arabische Denker war, der für den lateinischen Begriff „Culture" eine arabische äquivalente Entsprechung des Kulturbegriffs von Ibn Khaldun „ثقافة; *thaqafa*" in einem Artikel in der Kulturzeitschrift Al-Hilal 1927 gebraucht[1] hat. Kultur meint hier den anthropologischen Kulturbegriff: Die Gesamtheit der geteilten Denk-, Wahrnehmungs- und Handlungsmuster in einer beliebigen Gesellschaft. Das Kulturverständnis in diesem Buch folgt dem Kulturbegriff von Alexander Thomas:

> „Kultur ist ein universelles, für eine Gesellschaft, Organisation und Gruppe aber sehr typisches Orientierungssystem. Dieses Orientierungssystem wird

---

[1] Vgl. سلامة موسى: الثقافة والحضارة – مجلة الهلال القاهرة – ديسمبر 1927 – ص171. Salama Moussa: *Al-Thiqafa wa Al-Hadara* „Kultur und Zivilisation" in der Hilal-Zeitschrift, Kairo 1927. Dieser Beitrag gilt als die Geburtsurkunde des heutigen arabischen Verständnisses des Kulturbegriffs.

aus spezifischen Symbolen gebildet und in der jeweiligen Gesellschaft usw. tradiert. Es beeinflusst das Wahrnehmen, Denken, Werten und Handeln aller Mitglieder und definiert deren Zugehörigkeit zur Gesellschaft" (Thomas und Utler 2013, S. 41).

Der Kontrastierungsansatz des Kulturvergleichs durch Gegenüberstellung von kulturellen Verhaltensmustern, Werten und Normen ist ein sehr simpler Ausgangspunkt, um Kulturunterschiede sichtbarer zu machen und um eine kritische und reflektierende Perspektive auf die eigene kulturelle Prägung zu ermöglichen. Der Kulturvergleich ist auch eine notwendige Voraussetzung, um Kulturen überhaupt in ihrer Logik zu betrachten und zu verstehen. Öfter werden Sinn und Zweck solcher Ansätze verständlicherweise kritisiert und nicht selten auch falsch verstanden. Bei allen folgenden Tabellen und Angaben, wo immer von großer vs. geringer Machtdistanz oder Individualismus vs. Kollektivismus gesprochen wird, ist das Ziel, diese Unterschiede zwischen Deutschland und der arabischen Welt nicht zu zementieren oder Stereotype zu erzeugen, sondern unbekannte Unterschiede einfach sichtbarer und bewusster zu machen.

Um dies zu verdeutlichen, nehmen wir das Lichtspektrum als Metapher. Jeder kennt diesen Satz aus dem Lehrbuch: Was wir als Licht sehen, ist ein kleiner Ausschnitt eines breiten Spektrums elektromagnetischer Energie, das sich von den sehr kurzen Gammastrahlen bis zu den meilenlangen Radiowellen erstreckt. Für das menschliche Auge ist nur der Bereich zwischen den kürzeren Wellen des blauvioletten Lichts bis zu den längeren Wellen des roten Lichts sichtbar (Myers 2014, S. 245). Für UV- und Infrarotlicht brauchen wir also Spezialgeräte, um etwas zu erkennen. Wir müssen aber zuerst wissen, dass solche Unterschiede im Lichtspektrum überhaupt existieren. Doch selbst die Versuche, unbekannte Unterschiede bewusster zu machen, werden manchmal angegriffen und ihr Nutzen wird massiv in Frage gestellt. Das geschieht meiner Erfahrung nach aus mehreren Gründen. Ich nenne hier drei aus meiner praktischen Erfahrung:

- Nicht selten trifft man auf Personen, die eine Thematisierung von Kultur und kulturellen Unterschieden eher bewertend und reduktionistisch empfinden. Ihr Hauptargument: Kulturelle Unterschiede werden nicht selten missbraucht, um Abgrenzung zwischen den Gruppen (z. B. Deutsche vs. Migranten) zu begünstigen und somit Machtunterschiede und den Status quo aufrechtzuerhalten. Bei Fallbeispielen aus den verschiedensten Bereichen des Alltags und der Zusammenarbeit, wo leicht zu erkennen ist, dass Missverständnisse zwischen den Interaktionspartnern teilerweise durch den kulturellen Hintergrund der Interakteure zu begründen sind, werden die möglichen Einflüsse der Kultur verneint und eher der Situation oder der Person generell zugeschrieben. Es gibt verschiedene Gründe bei dieser Gruppe, warum kulturelle Unterschiede nicht im Fokus stehen sollen. Einer davon ist das Bedürfnis nach Zugehörigkeit zu der Gruppe, in der man sich gerade befindet. Man möchte als Individuum nicht wegen irgendwelcher Zuschreibungen als Angehöriger eines anderen Kulturkreises auffallen, man möchte genau wie jedes andere Individuum wahrgenommen werden und gleichberechtigten Zugang zu allen Ressourcen haben, genau wie die Mitglieder der Mehrheitskultur. Schließlich ist das Bedürfnis nach Teilhabe und Ausgleich von Machtunterschieden viel bedeutsamer als die Fokussierung auf Kulturunterschiede. Personen mit Migrationshintergrund der zweiten Generation, die beispielsweise in Deutschland sozialisiert sind und mögliche Kulturunterschiede zu den Ursprungsländern der ersten Generation nicht mehr kennen, stehen nicht selten der Thematik von Kulturunterschieden eher skeptisch gegenüber und beschreiben dies als kulturalistische Anhäufungen von Pauschalurteilen und Stereotypen. Aus Sicht dieser Personengruppen erzeugt die Auseinandersetzung mit den Kulturunterschieden eine automatische Kategorisierung: Deutsche vs. Migranten-Kultur bzw. deutsche und arabische Rollenbilder im Vergleich, was wiederum zu einem Majorität-Minorität-Dilemma führen kann, d. h. die Mitglieder der Minorität werden sich öfter anhören müssen, wie sie sich zu verhalten haben sollen und welche Leitkultur gilt. Aus dieser Reaktion wird öfter dafür plädiert, „Kultur" aus dem „Interkulturellen" komplett zu entfernen und den Blick eher auf diskriminierende Praktiken und rassistische Tendenzen im Alltag zu richten.

- Personen, die eher einen starken universellen Ansatz vertreten, halten Kultur grundsätzlich für theoretisch und nicht anwendbar. Gute Führung funktioniere schließlich überall und bewährte Ansätze sollten nicht geändert bzw. an das jeweilige kulturelle Umfeld oder sonstige Zielgruppen anpasst werden. Man müsse lediglich Verhaltensfehler vermeiden und mithilfe des gesunden Menschenverstandes werde ein gutes Miteinander zum Selbstläufer. Wenn ein Mitarbeiter mit offener Kritik nicht umgehen könne, dann sei das sein Problem und das habe nichts mit kultureller Prägung zu tun. Hinter dem Bedürfnis nach universellen Prinzipien und allgemeingültigen Regeln verbirgt sich hinter dieser Haltung häufig der Wunsch, den mit dem Phänomen der Diversität und kulturellen Unterschieden verbundenen Veränderungs- notwendigkeiten und Herausforderungen aus dem Weg zu gehen.

- Eine andere Perspektive ist der Auffassung, dass durch die Auseinandersetzung mit Kultur und Kulturunterschieden eine re- zeptartige Lösung vermittelt werden kann für die Art und Weise, wie Menschen aus anderen Kulturkreisen generell „ticken". Ein Individuum hat Charaktereigenschaften und genauso hat ein Volk eine Kultur. Diese Sichtweise versteht Kultur als ein Wesen von unveränderlicher Natur. Wenn also fremde Kulturen sich begegnen, stoßen sie sich wie Billardkugeln voneinander ab. Menschen seien demnach die Kulturträger und es gäbe eine Art von inkompatiblen Wertesystemen, Mentalitäten und Volkscharakteren, die man verstehen müsse und ob- jektiv sortieren könne, um die kulturelle Barriere zu überwinden und das eigene Ziel zu erreichen. Hier spricht man vom kulturalistischen Kulturverständnis bzw. von Kulturalisierung. Dieser tendenziell de- struktive Ansatz zeigt sich meist in der reflexartigen Abwehr anderer Erklärungsmöglichkeiten und attribuiert Missverständnisse und pro- blematische Situationen auf Kulturunterschiede, um letztendlich nichts am Geschehen ändern zu müssen, etwa nach dem Motto: „Das ist deren Mentalität, da kann man sowieso nichts machen". Damit wird die Wahrscheinlichkeit der Problemlösung und Situations- verbesserung doch eher geringer.

Natürlich gibt es nicht nur Unterschiede. Menschen zeigen in der Summe mehr Gemeinsamkeiten als Unterschiede, aber aus pragmatischen Gründen ist die Berücksichtigung der Unterschiede als unsichtbarer Einflussfaktoren sehr sinnvoll im Sinne von Effizienzsteigerung und Prozessoptimierung, wenn man sich der Managementsprache bedienen will. Wir Menschen à la homo sapiens stammen vom selben evolutionären Baum, aber dieser Baum hat im Laufe der natürlichen Evolution und kulturellen Entwicklung verschiedene Verästelungen hervorgebracht. Es ist wichtig zu wissen, ob die Äste stark genug sind, um ein Baumhaus zu tragen. Ich verzichte an dieser Stelle auf eine eigene Kulturdefinition und erinnere nur noch einmal daran, dass Kultur meist durch ein Gegenüber bzw. den Vergleich mit anderen verstanden werden kann, zumindest am Anfang der Auseinandersetzung mit dem Eigenen und dem Fremden. Wenn das Vergleichen aufhört, ist das ein Signal dafür, dass man in einen dritten Raum gelangt ist – den Interkulturellen, wo die Konturen des Eigenen und des Fremden verschwinden und zu einem neuen Ganzen, zu einer Einheit werden.

2.2 Unterschiede und Gleichheit

Ein bekanntes Denkproblem in der deutschen Sprache ist die synonyme Verwendung von Begriffen lateinischen und germanischen Ursprungs, z. B. „Unterschiede" und „Differenzen". Beide Begriffe sind nicht deckungsgleich: Man fragt „was ist der Unterschied zwischen Äpfeln und Orangen?", aber man fragt nicht nach den Differenzen zwischen beiden. Vielen ist es vielleicht nicht bewusst, dass eine enorme konzeptionelle Bedeutungsvielfalt existiert, wenn wir von „kulturellen Unterschieden in den Erziehungsstilen" bzw. von „kulturellen Differenzen in den Erziehungsstilen" reden. Mit „kulturellen Unterschieden" stehen die Vergleichbarkeit und Gegenüberstellung im Vordergrund. Man vergleicht den eigenen Kommunikationsstil oder das eigene Verständnis von Führungsrollen im Vergleich zu anderen Stilen in anderen Kulturen. Man möchte mit diesem Vergleich bestimme qualitative Unterscheidungsmerkmale kennenlernen und mehr über sich selbst reflektieren. Differenzen konnotieren eine semantische Nähe von Individualität, Singularität und markieren in gewisser Weise ein Besonderes, zu dem es kein Allgemeines mehr gibt (Ricken und Balzer 2007, S. 58). Differenz erzeugt gedanklich eine quantitative Vorstellung, deshalb fragt man „was ist die Differenz zwischen 9 und 3?", aber nicht nach dem Unterschied zwischen beiden. Differenzen markieren Konturen der Einzigartigkeit, zu der eine Gemeinsamkeitsherstellung per se sehr problematisch werden kann. Unterschiede konnotieren dagegen eine gemeinsame Basis, an der sich alle orientieren können. Die fehlende Trennschärfe resultiert womöglich aus der wörtlichen Übertragung des englischen Begriffs „cultural differences" ins Deutsche mit „kulturellen Differenzen", obwohl beide nicht das gleiche meinen. Eine andere mögliche Ursache liegt im oft gebräuchlichen Kulturverständnis, wonach kulturelle Unterschiede und die Qualität der Einflüsse von Kultur auf das individuelle Handeln als per se gegeben angenommen werden. Dieses Kulturverständnis (bekannt als primordial bzw. essentialistisch) betrachtet jede Kultur als eine Insel für sich und die verschiedenen Erziehungs- und Interaktionsmuster haben dazu geführt, dass sich Kulturen grundsätzlich fundamental voneinander unterscheiden und dass diese Unterschiede unter Umständen nicht harmonisieren und zum Ursprung von Problemen werden können. Die oft gebräuchlichen Redewendungen von „Brücken zwischen den Kulturen" oder „Leben zwischen den Welten" spiegeln daher nicht selten ein unbewusstes essentialistisches Kulturverständnis.

Kulturelle Unterschiede sind nicht naturgegeben wie die Dinge in der Welt der Physik, sondern eher eine Form von Vorstellungen oder Erwartungen, die erst durch konkrete Interaktion erfahrbar gemacht werden. Kulturelle Unterschiede ergeben sich aus den verschiedenen Gewichtungen der Denk-, Wahrnehmungs- und Verhaltensmuster. Im Grunde sind alle Gesellschaften mit den gleichen Grundproblemen konfrontiert, die für das Zusammenleben sehr bedeutsam sind. Für die Lösung dieser Probleme setzen sich bestimmte Präferenzen durch, die sich von einer Gesellschaft zur anderen unterscheiden. In manchen Kulturen herrschen bestimmte Verhaltensweisen vor, bei denen der Wunsch nach Unabhängigkeit, Freiheit und Selbstverwirklichung im Vordergrund steht (so genannte individualistische Kulturen), in anderen dominiert eher der primäre Wunsch nach Zugehörigkeit und Loyalität (so genannte kollektivistische Kulturen).

Unterschiede an sich gehören nach islamischem Verständnis zu den Zeichen Gottes:

> „Und zu seinen Zeichen gehören die Schöpfung der Himmel und der Erde und die Verschiedenheit eurer Sprachen und Farben. Hierin sind wahrlich Zeichen für die Wissenden." Koran: Sure 30, Vers 22

Diese Sure betont die Verschiedenheit der Menschheit. Insgesamt gibt es im Koran 35 Verse, die die natürliche Verschiedenheit des Universums und der Natur sowie die menschliche Verschiedenheit in Sprachen, Ethnien, Religionen allgemein thematisieren. Allerdings kann durch den allgemeinen Charakter der Ansprache an die ganze Menschheit und nicht spezifisch für Muslime daraus geschlussfolgert werden, dass sie als Appel zur Akzeptanz des jeweils anderen und als Botschaft gegen jedwede Diskriminierung verstanden werden sollen. Die letzten Worte dieses Verses betonen die Rolle des Intellekts bei der Wahrnehmung und Anerkennung des anderen in seiner Andersartigkeit als Gottes Zeichen. Das Gegenteil davon ist Unwissenheit und Ignoranz, die dazu führen, die Zeichen von Gottes Existenz nicht zu erkennen. Islamisch gesehen ist alles im Plural – außer Gott selbst:[2] Pluralität, Differenzen, Unterschiede und Verschiedenheiten zeichnen das Menschliche in der Menschheit aus, was noch deutlicher in Sure 11 Vers 118 wird:

> „Und wenn dein Herr wollte, hätte er die Menschen wahrlich zu einer einzigen Gemeinschaft gemacht. Aber sie bleiben doch uneinig". Koran: Sure 11, Vers 118

Diese Zeilen dienen als Gegenargument für weit verbreitete Annahmen – vor allem unter den Sozialisten und Marxisten der arabischen Welt in den 1960er-Jahren –, dass der Islam jegliche Form von Verschiedenheiten, seien es sprachliche oder ethnische, stark unterminiert hat, um maximale

---

[2] Vgl. Mahmoud Abdallah. Gesellschaftliche Pluralität als Zeichen Gottes. Koran erklärt. Ein Beitrag vom Deutschlandfunk vom 14.09.2018. Online abrufbar unter: https://www.deutschlandfunk.de/sure-30-vers-22-gesellschaftliche-pluralitaet-als-zeichen.2395.de.html?dram:article_id=424297 [abgerufen am 11.12.2018].

Gleichheit zu verwirklichen. Dieser Irrtum resultiert meistens, wenn Gleichheit und Verschiedenheit als Gegensätze betrachtet werden, als Pol und Gegenpol – ein Denkfehler, der wahrscheinlich in vielen Sprachen der Welt zu finden ist! Der Islam als Botschaft der Gleichheit richtete sich in seinen ersten Entstehungsjahren gegen soziale Ungleichheit und Ungerechtigkeit, nicht aber gegen Pluralität, Diversität und Verschiedenheit an sich, also nicht gegen die Natur der Menschheit – eine unvorstellbare Sache für eine pragmatische Religion, die gerade wegen ihrer stark handlungsorientierten Ausrichtung erfolgreich ist. Alle Muslime sind vor Gott gleich, sie verrichten die gleichen Rituale in gleicher Form, sind aber in ihrer Diversität als Individuen, Stämme, Gruppen, Ethnien mit verschiedenen Sprachen, Kulturen und Sitten zu respektieren und anzuerkennen.

2.3 Die arabische Welt: Perspektive der westlichen Studien des interkulturellen Managements

Das Thema interkulturelles Management gehört zum Kanon der MBA-Programme in vielen arabischen Universitäten. Arabische Zeitschriftenartikel, die sich damit beschäftigen, nehmen Bezug auf die gleichen Theorien und Ansätze, die in jedem internationalen Journal oder Fachbuch zum Thema zu lesen sind (Najm 2015; Abi-Raad 2019). Der einzige Unterschied besteht in der Ergänzung der internationalen Ansätze durch eine islamische Perspektive. Der bekannteste und meist zitierte Beitrag ist der von Abbas Ali: „Islamic Perspectives on Management and Organization" (Ali 2005). In den folgenden Abschnitten werden die am häufigsten zitierten Ansätze in der Literatur zum interkulturellen Management dargestellt und kommentiert.

2.3.1 Die Kulturdimensionen von Hofstede

Die am häufigsten zitierte Studie in der arabischen Sprache zum Thema internationales Management ist die weltweit bekannte IBM-Studie des

Tab. 2.1 Ländervergleich: Ausprägung der vier Kulturdimensionen nach Geert Hofstede – aus Hofstede (1993)

	PDI	IDV	MAS	UAI
Arabische Länder	80	38	53	68
Iran	58	41	43	59
Indonesien	78	14	46	48
Türkei	66	37	45	85
Pakistan	55	14	50	70
Malaysia	104	26	50	36
Deutschland	35	67	66	65
Österreich	11	55	79	70
Schweiz	34	68	70	58
Frankreich	68	71	43	86

niederländischen Managementforschers Geert Hofstede, publiziert 1980 (Tab. 2.1). Er versteht Kultur als mentale Software bzw. die nationale Kultur als kollektive Programmierung des Geistes, die Mitglieder einer Gruppe von einer anderen unterscheidet und die durch das Aufwachsen in einem bestimmten Land durch eine dominante Landessprache, gemeinsame Massenmedien und ein nationales Bildungssystem erworben wird (Hofstede et al. 2017, S. 521). Die IBM-Studie machte Hofstede zu einem der einflussreichsten Managementforscher des 20. Jahrhunderts. Entsprechend belegte er in einem Wall-Street-Ranking 2008 Platz 16 (Engelen und Tholen 2014, S. 31). Seine geniale Idee war, wie man nationale Kulturen anhand gleicher Fragestellungen, die für alle Individuen und Gruppen weltweit gleichermaßen von Bedeutung sind, wofür es aber verschiedene Lösungen gibt, messen und vergleichen kann. Er identifizierte durch die Befragung von 116.000 IBM-Mitarbeitern in 72 Ländern zwischen 1967 und 1973 vier Faktoren (auch als Kulturdimensionen bezeichnet, zu denen 1991 und 2010 weitere zwei Faktoren und Datenerhebungen aus vier weiteren Ländern hinzukamen), die den größten Teil der Unterschiede zwischen nationalen Niederlassungen erklären konnten (Lang und Baldauf 2016, S. 47):

1. Machtdistanz (Power Distance, **PDI**), also inwieweit untergebene Individuen hierarchische Unterschiede und Ungleichheit hinsichtlich Macht, Status und Privilegien akzeptieren,

2. Individualismus vs. Kollektivismus (Individualism/Collectivism, **IDV**), also die Stärke der Beziehung zwischen dem Individuum und der Gruppe und ob das Individuum mit seinen Bedürfnissen oder das Kollektiv im Vordergrund stehen,

3. Maskulinität vs. Femininität (Masculinity/Femininity, **MAS**), also inwiefern traditionell als maskulin (Geld, Karriere und materieller Erfolg) oder feminin betrachtete Werte[3] (Kooperation, Fürsorge und Bescheidenheit) kollektives Verhalten steuern sowie der Umgang mit den Geschlechterrollen und schließlich

4. Unsicherheitsvermeidung (Uncertainty Avoidance, **UAI**), also der Grad der Risikobereitschaft oder die Bedeutung des Sicherheitsbedürfnisses und inwiefern Unsicherheit als Bedrohung bzw. als Grund für Stress angesehen wird.

Die ursprüngliche Studie von 1980 mit den vier Kulturdimensionen umfasste sieben arabische Länder: Ägypten, Irak, Libanon, Saudi- Arabien, Kuwait, Libyen und VAE, die als „Arab Countries" bezeichnet wurden. Für die letzten Dimensionen Langzeit- vs. Kurzzeitorientierung (Long/ Short Term Orientation, LTO) von 1991 und Genussorientierung vs. Zurückhaltung (Indulgence/Restraint, IND) von 2010 gibt es keine erhobenen Daten aus den arabischen Ländern, sondern eine Auswertung der Daten der World Values Survey (WVS). Diese beiden Dimensionen wurden mittlerweile in der einschlägigen Literatur als fünfte und sechste Dimension aufgenommen. Langzeit- vs. Kurzzeitorientierung (**LTO**) bezieht sich darauf, inwiefern Kulturen darauf ausgerichtet sind, auf kurzfristigen Erfolg oder auf nachhaltige Lösungen zu setzen. Die letzte Dimension Genussorientierung vs. Zurückhaltung (**IND**) beschreibt, wie eine Gesellschaft mit der freien Auslebung der eigenen Bedürfnisse umgeht, wie z. B. Freizeitgestaltung, Umgang mit Sexualität, ob buntere Kleidung getragen wird und ob der Blick auf die Zukunft optimistisch oder pessimistisch ist.

---

[3] Die Wortwahl maskulin vs. feminin ist in der Tat unglücklich verlaufen und orientiert sich an bestimmten männlichen oder weiblichen Stereotypen. Diese Kritik ist bekannt und widerspiegelt eigentlich den damaligen Zeitgeist während der Entstehung des Forschungsprogramms von Hofstede in den 1970er- und 1980er- Jahren.

Arabische (sowie die meisten islamischen und Entwicklungsländer) zählen zu den kollektivistischen Kulturen, wo Gruppenzugehörigkeit, Harmonie und Loyalität gegenüber der sozialen Gruppe eine hohe Bedeutung besitzen, während Deutschland und die westlichen Länder eher zu den individualistischen Kulturen gehören, wo Selbstverwirklichung, Respekt vor Privatsphäre, Wertschätzung der individuellen Freiheit und Verantwortlichkeit im Vordergrund stehen. Es darf nicht vergessen werden, dass diese Zahlen und alle Angaben über Kulturen allgemein vorherrschende Tendenzen in normalen Zeiten darstellen und keine Vorhersage über das individuelle Verhalten treffen können. Es ist also tendenziell so, dass individuelle Werte in Deutschland im Vordergrund stehen, während in den arabischen Ländern mehr kollektivistische Werte zu finden sind. Solche Tendenzaussagen sollen auch ohne Wertungen verstanden werden, denn weder ist Individualismus mit Egoismus (moralisch schlecht) noch Kollektivismus mit Altruismus (moralisch besser) gleichzusetzen. Schließlich muss beachtet werden, dass steigender Wohlstand zu mehr Individualismus führt als umgekehrt. Zwischen einem IT-Ingenieur im Smart Village in Ägypten und einem Programmierer aus Zürich, Hamburg oder Wien gibt es wegen der berufsbedingten Sozialisation möglicherweise mehr Gemeinsamkeiten und ähnliche Werte auf der Individualismus-Skala als Unterschiede. Zunehmender Individualismus in diesem Sinne bedeutet zunehmende Strukturiertheit des Lebensstils und Lockerung der sozialen Gebundenheit, was wiederum zu einer größeren Tendenz zu Selbstverwirklichung und persönlicher Freiheit führt.

Kultur in normalen Zeiten
Welche Funktion hat Kultur überhaupt? Wozu braucht der Mensch eine Kultur? Egal, welcher Kulturbegriff vertreten wird –, kaum jemand wird bestreiten, dass Kultur ein regulierendes Programm für unser Leben darstellt, ohne dass wir uns bei jeder Gelegenheit neu über dem Sinn und Zweck einer Handlung verständigen müssen. Diese regulierende Funktion von Kultur behält ihre Gültigkeit in Friedenszeiten. In Kriegs- oder Notzeiten gelten andere Bedingungen, wie Überlebensmechanismen und schwer vorhersehbare Verhaltensweisen. Im Zusammenhang mit der Flüchtlingskrise seit 2015 war ein regelrechter Boom der Kulturdimensionen von den Herkunftsländern der Geflüchteten zu ver-

zeichnen. Man erhoffte sich durch die Erkenntnisse über den kulturellen Hintergrund der syrischen Geflüchteten z. B., Hilfestellungen oder Empfehlungen für den Umgang mit eklatanten Situationen in Notunterkünften zu erhalten. Der Denkfehler dabei ist, dass all diese Angaben aus normalen Friedenszeiten stammen und nicht aus Not- oder Kriegszeiten. Die Vorstellung, dass der Mensch seine Kultur mitschleppt und sich immer unabhängig von den situativen Bedingungen verhält, stellt eine kulturalistische Erwartungshaltung dar, die aus einem normalen Bedürfnis nach Kontrolle stammt. Das Bedürfnis nach Kontrolle und Orientierung gehört zu den universellen Grundbedürfnissen bei allen Menschen und nicht selten verleitet dieses Bedürfnis oft dazu, so zu handeln, als hätte man einen Einfluss auf Vorgänge, auf die der Mensch objektiv keinen Einfluss haben kann – dieses Phänomen wird als Kontrollillusion bezeichnet (Langer 1975). Diese Wechselwirkung zwischen dem Kontrollbedürfnis und der Kontrollillusion verdeutlicht das Dilemma einiger Erwartungshaltungen. Anders gesagt: die Ratlosigkeit in manchen Situationen verstärkt das Bedürfnis nach Kontrolle und Orientierung, was dazu führt, dass man nach irgendwelchen Angaben und Lösungsvorschlägen sucht, um die Kontrolle wieder erlangen zu können. Allerdings haben manche Angaben viel mehr die Kontrollillusion vermittelt als Kontrolle und Orientierung, vor allem, weil der Einfluss von Kultur auf das individuelle Verhalten gerade in Notsituationen schwer abzuschätzen ist, bis eine gewisse Normalität und Sicherheit im Alltag erreicht wird.

Die arabische Kultur im Sinne der Ergebnisse von Hofstede zeichnet sich durch folgende Eigenschaften aus:

a. Akzeptanz von Hierarchien und Statusunterschieden, auch wenn diese nicht durch eigene Leistung erworben, sondern von Tradition und Alter (Senioritätsprinzip) bestimmt sind. Beispielhaft stehen dafür Aussagen wie: „Jede Initiative im Unterricht sollte von den Lehrern ausgehen", „Respekt gegenüber Eltern und älteren Verwandten ist eine grundlegende Tugend" oder „Büroarbeit besitzt einen höheren Status als manuelle Tätigkeiten"; sie werden bejaht und kaum auf Ablehnung stoßen, was als Indikator für eine große Machtdistanz gilt. Diese Machtdistanz findet man allerdings in vielen nationalen Kulturen der Welt, z. B. in Frankreich, Russland, Japan, Indonesien (siehe auch Tab. 2.2). Die arabische Akzeptanz von Hierarchien bedeutet allerdings nicht die totale Anerkennung der Hierarchie als gott-

Tab. 2.2 Die 6 Kulturdimensionen nach Hofstede für ausgewählte Länder zum Vergleich mit einigen arabischen Ländern. – Quelle: hofstede-insights.com

	PDI	IDV[a]	MAS	UAI	LTO	IND[a]
Ägypten	70	25	45	80	7	4
Irak	95	30	70	85	25	17
Jordanien	70	30	45	65	16	43
Kuwait	90	25	40	80	–	–
Libanon	75	40	65	50	14	25
Libyen	80	38	52	68	23	34
Marokko	70	46	53	68	14	25
Saudi Arabien	95	25	60	80	36	52
Syrien	80	35	52	60	30	–
VAE	90	25	50	80	–	–
Arabic Countries (1980)	80	38	53	68		
Deutschland	35	67	66	65	83	40
Österreich	11	55	79	70	60	63
Schweiz	34	68	70	58	74	66
Frankreich	68	71	43	86	63	48
USA	40	91	62	46	26	68
China	80	20	66	30	87	24
Russland	93	39	36	95	81	20
Brasilien	69	38	49	76	44	59
Japan	54	46	95	92	88	42
Spanien	57	51	42	86	48	44
Polen	68	60	64	93	38	29
Schweden	31	71	5	29	53	78
Israel	13	54	47	81	38	-

[a]*IDV (Individualismus): Zahlen unter 50 können als das Gegenteil verstanden werden, also Kollektivismus, *IND (Indulgence), kleine Zahlen = Zurückhaltung, große Zahlen = Genussorientierung*

gegeben im Sinne eines Schicksals, das vom handelnden Individuum eine absolute Unterwürfigkeit gegenüber den Obrigkeiten und den Respekt gemäß einer strengen Rangordnung verlangt. Es gibt zwar einige Versen im Koran und andere Stellen in den islamischen Traditionen, die die hierarchischen Ordnungen in der Welt betonen (z. B. 6: 165: „Er ist es, Der euch zu Nachfolgern auf der Erde gemacht und die einen von euch über die anderen um Rangstufen erhöht hat, damit Er euch mit dem, was Er euch gegeben hat, prüfe"), genauso gibt es mehr Verse und Überlieferungen, die ebenso betonen, dass es eine der höchsten Stufen der Anstrengung (buchstäblich: des

Dschihad) ist, sich gegen die Unrechtsherrschaft zu erheben und einem Tyrannen die Wahrheit ins Gesicht zu sagen. Akzeptanz von Hierarchie und Statusunterschieden bedeuten im einfachsten Sinne eine rein zielgerichtete Duldsamkeit, um ein bestimmtes Ergebnis bzw. einen Status zu erreichen: Ein Student mag zwar gehorsames Verhalten gegenüber seinem Professor zeigen, indem er seine abweichende Meinung oder korrigierende Ansichten unterdrückt, um eine mögliche Konfrontation mit schweren Folgen zu vermeiden. Ein wichtiges Motiv dabei ist aber nicht die Akzeptanz der Hierarchie an sich, sondern die Vermeidung einer Konfrontation, die hinderlich für die eigene Zielerreichung sein kann.

b. In einer kollektivistischen Kultur wird deutlich zwischen „Ingroup" (Eigengruppe) und „Outgroup" (Fremdgruppe) unterschieden. Personen, die der eigenen Ingroup angehören, erhalten eine bevorzugte Behandlung. Ressourcen sollten grundsätzlich mit den eigenen Verwandten bzw. Mitgliedern der Eigengruppe geteilt werden. Das Sprichwort „Ich und mein Bruder gegen meinen Cousin, jedoch mein Cousin und ich gegen den Fremden" bringt die Unterscheidung zwischen Eigengruppe und Fremdgruppe auf den Punkt. In der arabischen Welt hat die Großfamilie eine besondere Bedeutung im Vergleich zu individualistischen westlichen Gesellschaften. Kleine Kinder lernen vom Anfang an, sich in die Kernfamilie, in die Großfamilie, ins Dorf und in die Gemeinschaft einzuordnen. Diese sozialen Gruppen bieten dem Individuum Geborgenheit, ökonomische und soziale Unterstützung. Nach dem Prinzip von „Geben und Nehmen" muss das Individuum dafür Loyalität, angepasstes Verhalten und Zurückstellung der eigenen Interessen (zumindest bis zum richtigen Zeitpunkt) gegenüber der Gruppe zeigen. Der Kommunikationsstil in Kulturen mit kollektivistischer Orientierung ist eher indirekt, implizit und „zwischen den Zeilen". Trotz der kollektivistischen Orientierung in der arabischen Kultur werden individualistische Konzepte wie Autonomie, Unabhängigkeit und Eigenständigkeit gar nicht abgelehnt, sondern als Ziel jeder normalen Erziehung verstanden. Allerdings werden extreme Ausprägungen von Autonomie und Selbstbestimmung als Unerzogenheit und Egoismus interpretiert und gesellschaftlich abgewiesen. Falsches Verhalten und unmoralisches

Handeln führen zu Gesichtsverlust und Beschämung, nicht nur für den Schuldigen, sondern auch für die Mitglieder der Eigengruppe. Die öffentliche Austragung von Konflikten und das Eingeständnis eigenen Fehlverhaltens gelten zudem als Verlust des eigenen Ansehens, was im Ganzen mit den individualistischen Rechtsnormen unvereinbar ist.

c. Die Ergebnisse von Hofstede zeigen außerdem, dass sich die arabische Welt fast auf der Mitte auf der Skala Maskulinität vs. Femininität befindet, mit einer Tendenz in Richtung Maskulinität. Es gilt normal und selbstverständlich in der arabischen Kultur, intakte zwischenmenschliche Beziehungen zu haben, Solidarität und Unterstützung für schwächere Mitglieder in der Gesellschaft zu demonstrieren (was obligatorisch durch die islamischen Grundpflichten der Almosensteuer vorgeschrieben ist) und bescheiden zu sein. Gleichzeitig sind die Geschlechterrollen klar getrennt und es herrschen maskuline Werte wie Erfolg und Ehrgeiz (s. o. FN 33). Gerade für die arabische Kultur würde man wegen der stark patriarchalischen Strukturen eventuell absolut höhere Zahlen auf dieser Skala erwarten, was allerdings empirisch nicht der Fall ist.

Die Arbeiten von Hofstede haben nicht nur Lob, sondern auch heftige Kritik geerntet, wie z. B. hinsichtlich der Repräsentativität der Daten, der Übertragbarkeit der Werte der IBM-Mitarbeiter auf die jeweilige Landesbevölkerung sowie der Gleichsetzung von Kultur und Gesellschaft mit der Nationalkultur. Die Hofstede-Studien haben in der arabischen Welt übrigens höchstes Lob und Würdigung erhalten, vor allem wegen der simplen Logik und einfachen Vergleichbarkeit zwischen den Ländern.

Die Ergebnisse der Erhebungen von Geert Hofstede können auf der Website (hofstede-insights.com) eingesehen werden (insgesamt 104 Länder). Dieses hilfreiche Instrument bietet einen raschen Überblick über die Unterschiede in den sechs Dimensionen, wobei die Zahlen und die daraus abgeleiteten Aussagen über ein bestimmtes Land nur als erste Orientierung zu verstehen sind. Angemerkt werden muss, dass sich die Zahlen in Tab. 2.1 aus den ursprünglichen Studien Hofstedes (1980) stammen, in denen die sieben Länder Ägypten, Irak, Libanon, Saudi-Arabien, Kuwait, Libyen und VAE als „Arabic Countries" zusammengefasst sind. In der Version auf hofstede-insights.com (Tab. 2.2) erscheinen 10 Länder: Jordanien, Marokko und Syrien sind hinzugekommen, wobei die methodischen Hintergründe für die Daten aus diesen Ländern nicht explizit erläutert werden.

Der größte Unterschied zwischen Deutschland und den arabischen Ländern ist eindeutig bei den Dimensionen Machtdistanz, Individualismus und Zeitorientierung zu erkennen: in Deutschland dominieren geringe Machtdistanz, eher individualistische Werte und Langzeitorientierung, während in der arabischen Welt das Gegenteil der Fall ist: hohe Machtdistanz, kollektivistische und Kurzzeitorientierung. Ähnlichkeiten zwischen Deutschland und der arabischen Welt finden sich in den Dimensionen Maskulinität und Unsicherheitsvermeidung, in beiden Kulturen dominieren maskuline Orientierung und eine starke Tendenz zur Unsicherheitsvermeidung. Keine Tendenz ist erkennbar dagegen bzgl. der 6. Dimension Genussorientierung (Indulgence/IND) vs. Zurückhaltung (Restraint), wo in Ägypten (4) und Irak (17) sehr starke Zurückhaltung (strenge soziale Normen und Vorschriften, die das Verlangen nach Genuss und Spaß kontrollieren sowie Tabuisierung von Sexualität und Unterdrückung von Intimität in der Öffentlichkeit) zu erwarten ist, während die Tendenz in einem sehr konservativen Land wie Saudi-Arabien (52! konträr zu allen Erwartungen) eher Richtung mittelmäßige Genussorientierung ausfällt, die sogar stärker ausgeprägt ist als in Deutschland (40) und Spanien (44)! Auch die Zahlen zum Marokko und Libanon (25, eher Richtung Zurückhaltung), Algerien (32) und für Jordanien (43, mehr Genussorientierung im Vergleich zu anderen Ländern zuvor) stimmen nicht mit den Erwartungen und Erfahrungen im Alltag überein. Es ist merkwürdig, wenn gerade diese Dimension für bereits bekannte soziale Repräsentationen als Erklärung herangezogen wird. Beispielsweise erklärte Michael Minkov, ein Professor für kulturvergleichende Studie und Schüler von Hofstede, dass es sich bei den Straftaten in der Silvesternacht 2016 um eine kulturelle Konfrontation handelt. In arabischen Ländern (eher hohe Zurückhaltung) denke man, dass die europäische Kultur dekadent sei und dass Frauen viele sexuelle Freiräume haben. Die deutsche Kultur wurde aus Sicht von einer sehr zurückhaltenden Kultur stammenden Menschen komplett missverstanden und im Zusammenhang mit Alkohol und Silvesterrausch wurde diese Freizügigkeit im Sinne von „hier ist alles erlaubt" interpretiert (Harss 2017). Mit Bezugnahme auf dieses dramatische Ereignis wollte Minkov eigentlich erklären, wie kulturelle Missverständnisse entstehen können und wie ein Miteinander gelingen kann, wenn die Bedürfnisse Anderer als die Grenzen der Eigenen verstanden werden können. Trotz der guten Absicht ist diese Vorgehensweise sehr fragwürdig wegen der Generalisierung auf eine Gesamtgruppe. Methodisch gesehen liegen für viele Länder überhaupt keine Zahlen auf dieser Dimension vor (z. B. keine Zahlen für Syrien, Afghanistan, Tunesien). Die Begründung ist also unzulässig und trägt vielmehr zur Reproduktion von Klischees und Verstärkung von negativen Urteilen bei.

2.3.2 Der Ansatz von Edward Hall

Einer der einflussreichsten Ansätze zur Erfassung kultureller Unterschiede stammt vom Anthropologen und Begründer der interkulturellen Kommunikation E. T. Hall (1959); Hall und Hall 1990 in dem er drei Dimensionen von Kultur auf der Mikroebene aufstellte: Kommunikation, Zeit und Raum. Mit seinem Konzept High- vs. Low-Context-Culture untersuchte Hall den Zusammenhang zwischen Kultur und Kommunikation. Mit Kontext sind die Informationen gemeint, die ein Ereignis umgeben, wie z. B. das Umfeld, die Beziehungen und die Art und Weise, wie Kommunikation abläuft. Die arabische Kultur ist eine „high context"-Kultur, in der es als unhöflich gilt, Kritik direkt oder offen zu üben und direkt zur Sache zu kommen, stattdessen wird vor allem bei kritischen Themen implizit kommuniziert. Der verbale Teil umfasst nur einen kleinen Teil der übermittelten Nachricht und wichtige Informationen werden zwischen den Zeilen und verschiedene Formen der nonverbalen Kommunikation (Gestik, Mimik, Körpersprache) vermittelt. Die Schweiz und Deutschland sind „low context"-Kulturen, wo man gern so genau und klar wie möglich kommunizieren möchte. Es herrscht eine Trennung zwischen beruflichen und privaten, persönlichen und sachlichen Aspekten, was eine sachliche Kritik möglich macht. Wegen der Vermischung dieser Aspekte in High-Context-Kulturen wird eine direkte Kritik persönlich genommen und als Gesichtsverlust gewertet.

High-Context vs. Low-Context Einladung

Dieser Kulturunterschied im Kommunikationsstil sorgt für viele Irritationen und Missverständnisse zwischen deutschen und arabischen Interaktionspartnern. Nach so vielen Jahren kann ich mich an eine Begegnung an einem Sommerabend in Kairo 1994 mit zwei deutschen Reisenden, Reiner und Elke, erinnern. Die beiden deutschen Touristen hatten mich eingeladen, um ihnen von den nicht touristischen Orten in Ägypten zu erzählen und wie überhaupt das wahre Leben im Land ist. Als Archäologiestudent damals habe ich mich auf diese Einladung sehr gefreut, da ich bis dato überhaupt keine Begegnung mit Menschen aus Deutschland hatte. Als ich ankam, fragte mich Reiner, was ich trinken möchte. Ich habe einfach danke gesagt und habe erwartet, dass er mich noch mal fragen wird, ob ich Kaffee, Tee oder sonst irgendwas trinke. So macht man das halt in Ägypten. Es ist unhöflich als Gast, eine Einladung gleich beim ersten Mal anzunehmen, sondern man erwartet, dass der Gastgeber die Einladung mehrmals wiederholt, bis der Gast etwas nimmt. Ich war total entgeistert, als Reiner und Elke dann nur für sich Getränke bestellt hatten und saß da mit viel Durst und Enttäuschung. Schlimmer noch: Elke schaute mich fragend an, denn wenn ich etwas trinken wollte, dann sollte ich es doch sagen!

Diese triviale Geschichte verdeutlicht, was unter dem Begriff „Kontext" zu verstehen ist. Der Kontext in diesem Beispiel bedeutet die Rolle, die die Interaktionspartner, also „Gast" und „Gastgeber" in dieser kommunikativen Situation spielen. In Low-Context Kulturen wie Deutschland hat die Rolle der Interaktionspartner wenig Einfluss auf die Arte und Weise der Kommunikation. Wenn jemand etwas trinken möchte, dann soll er das einfach klar und deutlich sagen. In High-Context Kulturen wie in den arabischen Ländern erwartet man, dass der Gastgeber gemäß seiner situativen Rolle die Einladung beliebig oft wiederholt, bis der Gast etwas annimmt bzw. die Gründe nennt, aus denen er dieses oder jenes Getränk nicht haben möchte. Es entsteht dadurch eine kommunikative Schleife, die sich beliebig oft wiederholen kann. Auf Personen mit stark ausgeprägtem Low-Context-Kommunikationsstil kann diese Art von Wiederholungen irritierend wirken. Ein hohes Maß an Geduld wird hier abverlangt. Die gleiche Irritation erleben aber auch Personen mit Neigung zu High-Context-Kommunikation, wenn derartige Wiederholungen (also diese kommunikative Schleife) komplett unterbleiben!

In vielen Ratgebern zur arabischen Welt wird auf Gastfreundschaft als ein Kulturstandard im arabischen Raum Bezug genommen. In der Tat kann das Gebot der Gastfreundschaft dazu führen, dass Einladungen aus Pflichtgefühl ausgesprochen werden. Wie man mit dem Dilemma Low-Context vs. High-Context umgehen kann, versucht folgende kulturelle Regel zu beschreiben:

> „Vor allem bei größeren Einladungen ist es üblich, die Einladung zu-
> nächst zurückzuweisen und erst, wenn der Gastgeber sie ein drittes
> Mal wiederholt hat, anzunehmen. Wird sie nicht zum dritten Mal
> wiederholt, so handelte es sich lediglich um eine höfliche Floskel. Die
> Dreimal-Regel findet auch beim Essen und Servieren Anwendung."[4]
> Die Behauptung der so genannten Dreimal-Regel ist an sich nicht
> falsch, wenn man sie als eine orientierungsstiftende Generalisierung
> annimmt und als Lösungsvorschlag aus Sicht eines Low-Context-
> Kommunikationsstils betrachtet, denn sie versucht ja, eine hoch kom-
> plexe kommunikative Interaktion auf eine mathematischere
> Handlungsformel zu vereinfachen. Die Handlungsempfehlung der
> Dreimal-Regel versucht also, High-Context-Logik in Low-Context zu
> übersetzen. Tatsächlich aber – oder leider – ist es so, dass diese Drei-
> mal-Kommunikationsschleife noch länger werden kann, und eventuell
> sogar bis zu Zehnmal …!

Eine zweite Unterscheidung trifft Hall zwischen monochronen und polychronen Kulturen. In monochronen Kulturen wie Deutschland, Schweiz und den USA wird das Leben sequenziell organisiert, alles nacheinander erledigt, Pläne und Pünktlichkeit besitzen hohen Stellenwert. Die arabische Kultur ist eine polychrone Kultur mit vielen parallel laufenden Aktivitäten und Sphären, ob im Gespräch oder in der Art und Weise der Planung.

Die dritte Dimension nach Hall ist die Proxemik, also welche räumliche Distanz während der Interaktion als kulturell angenehm und akzeptabel gilt. Ein unpassendes räumliches Verhalten (das heißt zu viel Nähe oder zu viel Distanz während eines Gesprächs) kann unbewusst ein befremdliches Unbehagen und Irritationen auslösen. Proxemisches Verhalten ist das klarste Beispiel für die Unbewusstheit kultureller Prägungen, die nicht selten zu Missverständnissen führen können. Nach Hall ist die Interpretation von zu viel Nähe bzw. Unterschreitung der persönlichen (45 bis 120 cm) oder sogar der intimen Distanz (15 bis 45 cm) immer vom kulturellen Hintergrund abhängig. Die in Deutschland und

---

[4] Deutsche Gesetzliche Unfallversicherung – Die arabischen Golfstaaten – Länderspezifische Infos – Länderprofil arabische Golfstaaten – Handlungshilfe für die Beratung – ausländisch geführter Unternehmen – https://www.dguv.de/medien/iag/publikationen/handlungshilfen/golf-staaten.pdf.

anderen nordischen Ländern bekannte und geschätzte Armlänge ist in kommunikativen Situationen in der arabischen Kultur kaum bekannt. Eine typische kommunikative Situation in der arabischen Kultur ist gekennzeichnet durch die Unterschreitung persönlicher und nicht selten intimer Distanz je nach Situation und Grad der Beziehung zwischen den Gesprächspartnern sowie Geschlecht und Status. Wegen des gemeinsamen kulturellen Hintergrunds enthält diese nonverbale Ausdrucksweise viele Codes: Sympathiebekundung, Hilferuf, Beeinflussungsversuch, Ausdruck von Hierarchie, emotionale Bitte, Aufforderung zur Kooperation, Zeigen von Respekt, Einverständnis und vieles mehr. Die Unterschreitung dieser Distanzzonen sorgte schon öfter für Irritationen und auch Eskalation (z. B. bei der Interaktion zwischen Sicherheitspersonal und Flüchtlingen in Notunterkünften), da sie aus deutscher Sicht als Machtdemonstration verstanden und damit falsch gedeutet wurde.

2.3.3 Das GLOBE-Projekt

Das GLOBE-Projekt von Robert House und Kollegen (House et al. 2004) gilt neben den Arbeiten von Hofstede als das wichtigste kulturvergleichende Projekt überhaupt. Die Forscher untersuchten den Einfluss der verschiedenen Gesellschaftskulturen auf das Führungsverhalten, in dem sie Praktiken (Ist-Zustand/reale Wahrnehmungen) und Werteorientierungen (Soll-Zustand/Wunschvorstellungen) in einer Gesellschaft anhand neuer Kulturdimensionen gemessen haben. Dabei wurden 17.370 mittlere Manager aus 951 Unternehmen in 62 Ländern mittels Fragebogen bezüglich kultureller Werte, kultureller Praktiken und Führungserwartungen befragt. Das Middle-East-Cluster dieser Studie umfasste die Länder: Ägypten, Marokko, Kuwait, Katar und die Türkei. Mittlerweile sind die Daten der einzelnen Länder auf der Projektwebseite https://globeproject.com/results#list verfügbar. Die neuen Dimensionen stammen aus der Ausdifferenzierung der Kulturdimensionen von Hofstede und anderen Forschern:

1. Machtdistanz (Grad der Akzeptanz ungleicher Machtverteilung),
2. Durchsetzung/Assertivness (Selbstdurchsetzung und in welchem Ausmaß ein bestimmtes konfrontatives Verhalten ausgeübt wird sowie Direktheit der Interaktion mit anderen),

3. Unsicherheitsvermeidung (Reduzierung zukünftiger Unvorhersehbarkeiten und Unsicherheit anhand von Regeln),
4. In-Group-Kollektivismus (Loyalität und Verbundenheit gegenüber einer Organisation oder Familie),
5. Institutioneller Kollektivismus (Gemeinwohlorientierung, kollektives Handeln sowie institutionelle Regeln und Praktiken, die eine kollektive Ressourcenverteilung festlegen),
6. Gender-Gleichheit (Bemühungen in der Gesellschaft zur Vermeidung von Ungleichbehandlung zwischen den Geschlechtern),
7. Zukunftsorientierung (vorausschauende Planungsaktivitäten, Verzicht auf Interessen zugunsten des Wachstums, Investition in die Zukunft),
8. Leistungsorientierung/Performance Orientation (Förderung und Belohnung von innovativen und individuellen hervorragenden Leistungen, Qualitätsverbesserung) und
9. Humanorientierung (Verstärkung fairen, altruistischen, großzügigen und freundlichen Sozialverhaltens sowie Fürsorge).

Der Datenvergleich (Tab. 2.3) zwischen Ägypten, Marokko und Kuwait sowie Deutschland zeigt folgende arithmetische Mittel nach gesellschaftskulturellen Praktiken (Ist) und gesellschaftskulturellen Werten (Soll) anhand einer 7-Punkte-Skala (1 = sehr gering, 7= sehr hoch).

Im Vergleich zu anderen Länder-Clustern zeigen die Daten des Middle-East-Clusters eine niedrige Ausprägung der Dimension Gleichberechtigung (d. h.: Geschlechtertrennung am Arbeitsplatz, höhere Analphabetenquote unter Frauen, Autorität liegt überwiegend in den Händen von Männern, Frauen genießen geringeren Einfluss in der Gesellschaft). Mit Ausnahme der Türkei (Ist: 2,89, Soll: 4,50) liegen die Wunschvorstellungen hinsichtlich der Geschlechter-Gleichberechtigung so viel niedriger im Vergleich zu den anderen Ländern, dass mit einer deutlichen Verbesserung der Gleichberechtigung zwischen Männern und Frauen in Zukunft nicht zu rechnen ist (Brodbeck et al. 2016, S. 108). Der niedrigste Wert bzgl. einer erstrebenswerten Verbesserung der Situation von Frauen im Vergleich zu allen Ländern wurde in Ägypten ermittelt (3,18 – internationaler Durchschnitt der Soll-Werte liegt bei 4,50)! Vergleichsweise herrscht in Deutschland (und noch mehr u. a. in den skandinavischen Ländern, Australien, Großbritannien,

Tab. 2.3 Ländervergleich für ausgewählte Länder aus dem Globe Project. – Quelle: globeproject.com

Dimension	Deutschland		Ägypten		Marokko		Kuwait	
	Ist	Soll	Ist	Soll	Ist	Soll	Ist	Soll
Machtdistanz	5,54	2,69	4,92	3,24	5,80	3,11	5,12	3,17
Selbstdurchsetzung/Assertivness	4,73	3,23	3,91	3,28	4,52	3,44	3,63	3,76
Unsicherheitsvermeidung	5,16	3,94	4,06	5,36	3,65	5,32	4,21	4,77
In-Group Kollektivismus	4,52	5,22	5,64	5,56	5,87	5,68	5,80	5,43
Institutionelle Kollektivismus	3,56	4,68	4,50	4,85	3,87	5,00	4,49	5,15
Gender-Gleichheit	3,06	4,90	2,81	3,18	2,84	3,74	2,58	3,45
Zukunftsorientierung	3,95	5,23	3,86	5,80	3,26	5,85	3,26	5,74
Leistungsorientierung / Performance Orientation	4,09	6,09	4,27	5,90	3,99	5,76	3,95	6,03
Humanorientierung	3,40	5,44	4,73	5,80	4,19	5,51	4,52	5,06

Daten sind erreichbar unter dem Menü 2004 Data oder im untersten Teil der Webseite unter 2004 Data Visualizations.
https://globeproject.com/results#list *(Zugriff 18.07.2019)*

Kanada, USA) eine hohe gesellschaftliche Erwartung an die Geschlechtergleichheit, was dazu führt, dass die verschiedenen Bemühungen zur Verbesserung der Frauensituation in der arabischen Welt zurzeit entweder gar nicht wahrgenommen werden oder deren praktische Ergebnisse extrem geringgeschätzt werden. Aus diesem Grund werden manche lokale Bemühungen zur Verbesserung der Gleichberechtigung, die z. B. von führenden Unternehmen in verschiedenen arabischen Ländern unternommen werden,[5] medial oder gesellschaftlich kaum beachtet, was wiederum zur Fossilierung dieser Diskrepanzen beiträgt.

Ein zweiter Befund aus den Daten zeigt, dass in allen Kulturen (mit Ausnahme Dänemarks) die tatsächliche erlebte Machtdistanz hoch bewertet wurde, wobei die Länder Katar, Kuwait und Ägypten die höchste Akzeptanz von Machtdistanz als Soll-Zustand zeigten. Das bedeutet, dass bestimmte Ausprägungen wie die Zurschaustellung von Autorität, der Gehorsam gegenüber Führungspersonen und ihre Entscheidungen bei Meinungsverschiedenheiten nicht infrage zu stellen weiterhin existieren werden. Bemerkenswert ist, dass in fast allen Dimensionen die deutschen und arabischen Daten das gleiche Muster zeigen: es herrschen bestimmte unbefriedigende gesellschaftliche Praktiken, die durch einen erstrebenswerten höheren Soll-Zustand verbessert werden sollen. Nur bei der Dimension Unsicherheitsvermeidung findet man das umgekehrte Muster: Regeln und Standards zum Umgang mit Unsicherheit werden in Deutschland stark wahrgenommen und der Wunschzustand geht eher in Richtung Verringerung von Regeln und Festlegung von Anforderungen und Standards, während der Wunsch im arabischen Cluster umgekehrt ist.

Zusammenfassend lässt sich aus den Daten der GLOBE-Studie folgendes sagen: Machtdistanz und Orientierung an Hierarchie, fehlende Gleichberechtigung zwischen Männern und Frauen sowie der Wunsch nach mehr Regeln und Normen kennzeichnen die arabische Kultur.

---

[5] Vgl. Saudi-arabischer Ölkonzern beruft Frau als Topmanagerin: https://www.faz.net/aktuell/wirtschaft/unternehmen/saudi-aramco-beruft-frau-als-topmanagerin-15566047.html [abgerufen am 11.12.2018].

2.3.4 Der Ansatz von Schwartz

Ein vierter Ansatz der kulturvergleichenden Forschung ist der Ansatz des israelischen Sozialpsychologen Shalom Schwartz: „Theory of Basic Human Values" (Schwartz 2006). Er untersuchte die Charakteristiken einer Kultur durch die Ermittlung ihrer wichtigsten Werte, indem er nach den individuellen Wertorientierungen von 60.000 Befragten aus 73 verschiedenen Ländern fragte (Helfrich 2019, S. 64). Schwartz ermittelte ein Kulturschema mit sieben Wertekategorien, die für das menschliche Handeln über alle Kulturen hinweg relevant sind. Die Kategorien (Wertedimensionen) können sich einem bestimmten Lebensbereich zuordnen lassen und gleichzeitig als eine Dimension mit zwei konträren Paaren betrachtet werden:

1. Der erste Lebensbereich betreffend die Beziehung zwischen Individuum und Gruppe ist die Dimension Autonomie versus Eingebettetheit. Hier wird zwischen intellektueller (Kreativität, Neugierde und Offenheit) und affektiver (Spaß, Lebensfreude, Abwechslung, Spannung) Autonomie unterschieden. Einzigartigkeit, Individualität und Selbstverwirklichung sowie Ausdruck der eigenen Vorlieben und Ideen sind zentral in autonomen Kulturen, wohingegen Aufrechterhaltung bestehender Zustände, Respekt gegenüber Traditionen, Sicherheit, Gehorsam, Weisheit und sozialer Ordnung bedeutsamer in Kulturen mit starker Tendenz zu Eingebettetheit sind.
2. Der zweite Lebensbereich bezieht sich auf die Gleichverteilung von Ressourcen, Macht und Rollen in einer Gesellschaft mit der Dimension Hierarchie versus Gleichheit. Soziale Macht, Autorität, Identifikation mit der Gruppe, Bescheidenheit und Wohlstand sind wichtig in hierarchischen Kulturen, während Freiheit, Verantwortung, Ehrlichkeit und soziale Gerechtigkeit wichtiger in Kulturen sind, die die Gleichheit betonen.
3. Die Dimension Harmonie versus Überlegenheit beschreibt, wie Menschen ihre Beziehungen zur natürlichen und sozialen Umwelt bewältigen. Akzeptanz der Welt, wie sie ist, Einheit mit der Natur und Weltfrieden herrschen in harmonischen Kulturen vor, während

Ehrgeiz, Erfolg, Unabhängigkeit und Beeinflussung der Welt durch Kontrolle wichtige Werte in Kulturen mit Tendenz zur Überlegenheit sind.

Für die arabischen Länder liegen Daten aus Ägypten, dem Jemen, Jordanien sowie Stichproben aus dem arabischen Bevölkerungsteil in Israel vor. Der auffälligste Befund sind die überdurchschnittlichen Werte in der Dimension Eingebettetheit und die sehr niedrigen Werte für die entgegengesetzte intellektuelle und affektive Autonomie. Der Datenplot der Clusteranalyse von Schwartz zeigt ähnliche Befunde wie die World Value Survey. Übereinstimmend finden sich in den Ländern Westeuropas (z. B. Deutschland, Schweiz, Frankreich, Schweden, Spanien) hohe Werte für die kulturellen Orientierungen Gleichberechtigung (Egalitarianism), intellektuelle Autonomie und Harmonie, während in islamisch-arabischen Ländern sowie in der Subsahara in Afrika hohe Werte für Eingebettetheit und Hierarchie auftreten. Wichtig sind aber die Variationen innerhalb dieser Ländergruppe, so zeigen die Daten aus Ägypten z. B. niedrige Werte in der Dimension Überlegenheit, während die Daten aus Jordanien hier eher höhere Werte zeigen.

2.3.5   World Values Survey

Der bekannteste Ansatz in der arabischen Welt zum Thema Werte und Kulturvergleich ist der World Values Survey WVS (http://www.worldvaluessurvey.org/wvs.jsp) von Ingelhart und Welzel, die seit 1981 und mit 257.000 Befragten in mittlerweile 100 Ländern durchgeführt wird (Inglehart 2018). Relevant für den Kulturvergleich sind die beiden bipolaren Kulturdimensionen, auf deren Grundlage die Länder in bestimmte Regionen unterteilt wurden:

1. Traditionelle versus säkular-rationale Werte und
2. Überlebenswerte versus Selbstentfaltungswerte.

Kulturen, in denen traditionelle Werte vorherrschen, betonen Gehorsam, das Einhalten von absoluten moralischen Standards, Achtung von Autoritäten und sind gekennzeichnet durch ein hohes Maß an Patriotismus und Nationalstolz. In Kulturen mit Tendenz zu säkular-rationalen Werten spielen religiöse Werte eine untergeordnete Rolle. Kulturen, in denen Überlebenswerte vorherrschen, betonen materielle Orientierungen und traditionelle Geschlechterrollen, d. h. grob gesagt, Männer gelten als kompetentere Politiker, während Kinder zu gebären bzw. Mutter zu sein zentral ist für die Rolle der Frau. Die wichtigsten Ergebnisse der WVS sind, dass Selbstentfaltungswerte zu einem Wunsch nach Demokratie führen und dass die seit 1968 propagierte Gleichberechtigung der Geschlechter einer der bedeutendsten Unterschiede zwischen dem Westen und anderen Kulturen dieser Welt ist.

In der veröffentlichen Version von 2015 liegen Daten aus den folgenden arabischen Ländern vor: Algerien, Bahrain, Irak, Jordanien, Kuwait, Libanon, Libyen, Marokko, Katar, Tunesien und Jemen. Die Position jedes Landes kann anhand der Ergebnisse der Stichproben und der statistischen Auswertung ermittelt werden, während die dargestellten Grenzen zwischen den Ländern (Clustering) eher subjektiver Natur sind (in Anlehnung an Huntingtons populäre Theorie der neuen Kulturkreise). Die Daten zeigen eindeutig, dass in den meisten arabischen Ländern Überlebenswerte und traditionelle Werte stark ausgeprägt sind, während die Daten für Deutschland (im Cluster Protestant Europe mit den skandinavischen Ländern sowie Schweiz und Niederlande) eher das Gegenteil zeigen. Bei Betrachtung der Daten der arabischen Länder im African-Islamic Cluster (Abb. 2.1) sollte man folgendes berücksichtigen:

1. Starke Variation der Länderposition in Abhängigkeit von der wirtschaftlichen Lage, wenn man z. B. Katar (eher Tendenz zu Selbstentfaltungswerten) und Libanon und Bahrain (eher Tendenz zu säkular-rationalen Werten) mit ärmeren Ländern wie Jordanien, Jemen und Marokko (mit stark ausgeprägten traditionellen Überlebenswerten) vergleicht.

2. Starke Verschiebung der Länderposition im Zeitverlauf, was deutlicher in einer Video-Visualisierung der Forschungsergebnisse zu erkennen ist (WVS 1981–2015: https://www.youtube.com/watch?v=ABWYOcru7js), was wiederum die dynamischen Aspekte von kulturellen Werteorientierungen noch bestätigt, auch wenn sich

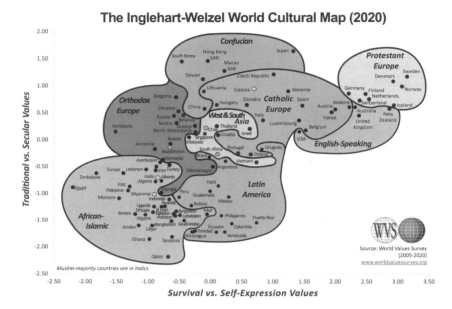

Abb. 2.1 Clustering der Kulturkreise nach dem Ansatz von World Values Survey. (Quelle: The Inglehart-Welzel World Cultural Map – Lizenzhinweis: CC BY-SA 4.0, https://www.worldvaluessurvey.org/photos/EV000190.JPG)

die Position der meisten arabisch-islamischen Länder im Vergleich zum konfuzianisch-asiatischen Cluster langsamer bewegt.

2.3.6 Populäre Ansätze: das Modell von Gesteland und das Lewis-Modell

Mit Ausnahme des Modells von Edward Hall basieren die Ansätze zur Beschreibung der Kulturdimensionen von Hofstede, dem GLOBE-Projekt, der Schwartz Value Survey und der World Values Survey auf empirischen Daten. Es gibt weiterhin sehr populäre Ansätze, die sich eher als Erfahrungswerte international tätiger Geschäftsleute einordnen lassen. Ein bekannter Ansatz ist der von Richard Gesteland (2012), der zwischen vier Typen im Geschäftsverhalten unterscheidet:

1. abschlussorientiert vs. beziehungsorientiert,
2. zeitfixiert vs. zeitoffen,
3. informell vs. formell und
4. expressiv vs. instrumental/reserviert.

Dieser Ansatz ist im praktischen Trainingskontext sehr bekannt und gilt neben anderen Modellen als Entwicklungsbasis verschiedener Tests und Selbsteinschätzungs-Tools zur Erfassung kultureller Orientierungen bei Auslandsentsendungen. Die arabische Businesskultur wird hier eher dem beziehungsorientierten, zeitoffenen, formellen und expressiven Typ zugeordnet, während Deutschland, die Schweiz (und fast alle nordeuropäischen Länder) eher das völlige Gegenteil darstellen. Dieses und ähnliche Modelle sind umstritten, weil sie mehr auf nationalen Stereotypen und weitverbreiteten Kategorisierungen basieren und weniger auf empirischen Daten, sie werden aber in der Praxis als komplexitätsreduzierende Hilfsmittel gerne angenommen.

Das einfachste Hilfsmittel bietet zudem der Lewis-Ansatz (2005), das die Welt in drei Kulturen einteilt:

1. Linear-Aktive (die überlegten, kühlen und planenden Typen wie Deutsche oder Schweizer),
2. Multi-Aktive (emotionale, impulsive und kreative Typen wie die Südamerikaner oder Italiener)
3. Re-Aktive (die harmoniebedürftigen und kompromissfreudigen Typen wie bspw. Koreaner, Japaner oder Vietnamesen).

Lewis ordnet die arabische Welt eher dem multi-aktiven Typ zu, d. h. impulsiv und emotional, doch auch mit leichter Tendenz in Richtung reaktiver Eigenschaften (Geduld, Freundlichkeit und Respekt gegenüber Hierarchie). Das Buch von Richard Lewis hat sich nach eigenen Angaben[6] über eine Million Mal in mehreren Sprachen verkauft. Dieser An-

---

[6] Vgl. die Angaben zum Lewis-Modell unter https://www.crossculture.com/about-us/facts-and-figures/ [Abruf: 07.05.2019]. Die Daten der Selbstvermarktung erscheinen unter dem selbstbewussten Titel: Daten und Fakten. Allerdings geht es hier nicht um eine wissenschaftlich untermauerte Datenerhebung zum Modell, sondern um die Darstellung der methodisch eher subjektiven Erfahrung der Firma.

satz ist übrigens der einzige mit einem derartigen Bekanntheitsgrad, der die Kulturunterschiede auf einer Weltkarte visualisiert hat, wobei die Zuordnung nur spekulativ und willkürlich auf Basis der nationalen Stereotypen erfolgte. Solche simplifizierenden Ansätze versuchen, ein komplexes Phänomen wie Kulturunterschiede mit einfachsten Mitteln zu veranschaulichen, was allerdings erscheint wie der Versuch, einen Elefanten mit einer Mausefalle zu fangen. Trotz dieser Kritik haben diese Ansätze aber auch eine gewisse Stärke. So wird deutlich, dass eine linear-aktive Orientierung nicht notwendigerweise ein Garant für den wirtschaftlichen Erfolg und Fortschritt eines Landes ist, wenn man die Daten des Human Development Index (HDI) als Vergleichskriterium nimmt. Unter den ersten 50 Ländern, in denen das Leben gemäß der UN-Kriterien als „sehr hohe menschliche Entwicklung" bezeichnet wird, gibt es sowohl Länder mit multi-aktiven als auch mit re-aktiven Orientierungen – in den verschiedensten Variationen. Vollständigkeitshalber darf an dieser Stelle auch der aktuelle Ansatz von Erin Meyer (2014) nicht fehlen. In ihrem weltweit sehr erfolgreichen Bestseller „Culture Map" hat sie ein Modell von acht Skalen entwickelt und dabei die zuvor genannten Dimensionen von Hofstede und GLOBE Study in anwendbarer Weise kombiniert, um kulturelle Unterschiede zu veranschaulichen und potenzielle Herausforderungen der internationalen Zusammenarbeit zu analysieren und daraus Strategien abzuleiten. Alle drei Ansätze sind ähnlich in der Vorgehensweise und auch in der Entstehung, denn sie alle auf den praktischen Erfahrungen der Autoren basieren und zur Beschreibung und Reduktion kultureller Komplexität beitragen möchten.

2.3.7 Der Kulturstandard-Ansatz von Alexander Thomas

Ein sehr bekannter und anwendungsorientierter Ansatz im deutschsprachigen Raum ist der Kulturstandard-Ansatz von Alexander Thomas. Kulturstandards sind die Arten des Wahrnehmens, Denkens, Wertens und Handelns, die von vielen Mitgliedern einer bestimmten Kultur als normal, typisch und verbindlich angesehen werden (Thomas 1996,

S. 112). Kulturstandards sind die Orientierungsmaßstäbe, Leitlinien und Selbstverständlichkeiten im Sinne ungeschriebener Spielregeln des sozialen Handelns, die durch die Sozialisation in einer bestimmten Kultur erworben werden und anhand derer beurteilt werden kann, ob ein Verhalten als unangemessen, fremd oder anormal abgelehnt wird. Kulturstandards machen keine Vorhersage über ein individuelles Verhalten und erlauben somit individuelle und gruppenspezifische Abweichungen innerhalb eines gewissen Toleranzbereichs, machen aber als orientierungsstiftende Normalitätserwartungen das Wesen einer Kultur aus. Viele Ratgeber, Trainingskonzepte und Handlungsempfehlungen im deutschsprachigen Raum basieren auf diesem Ansatz, der im arabischen Raum leider völlig unbekannt ist. Durch Kontrastierung der Eigen- und Fremd-Kulturstandards gewinnen kulturelle Unterschiede Konturen, was wiederum ein besseres Verständnis der Eigen- und Fremd-Logik einer interkulturellen Begegnung ermöglichen kann. Ohne auf die Kritik, die Entwicklungsgeschichte und methodischen Hintergründe des Ansatzes einzugehen, werden die deutschen und die arabischen Kulturstandards nachfolgend kurz erläutert:

Deutsche Kulturstandards

- Sachorientierung: die Sache, die berufliche Rolle und die Aufgabe stehen im Vordergrund. Sachliches Verhalten wird mit Professionalität gleichgesetzt. Der Kommunikationsstil ist durch Sachlichkeit bestimmt. Die Argumentation ist in der Regel zielorientiert, Schwachstellen werden meist offen benannt und es wird vorwiegend mit faktenbasiert argumentiert. Längere Höflichkeitsfloskeln sind nicht wichtig: Man „kommt schnell zur Sache" und „bleibt bei der Sache".
- Wertschätzung von Strukturen und Regeln: Vorschriften, Verordnungen und Regeln gelten für alle gleichermaßen. Ausnahmen sind eher selten. Man arbeitet gerne mit klaren Strukturen und standardisierten Abläufen. Handlungen werden normalerweise sorgfältig organisiert und bis ins kleinste Detail geplant, um potenzielle Fehlerquellen und Hindernisse im Voraus zu erkennen und ihnen vorzubeugen. Regelverletzung wird meist nicht toleriert und sanktioniert.

- Regelorientierte, internalisierte Kontrolle: Einhaltung von Regeln wird mit Zuverlässigkeit gleichgesetzt, Menschen sollen von sich aus die an sie gestellten Erwartungen erfüllen, man hält sich an die Regeln unabhängig vom Kontext, Verpflichtung gegenüber den Strukturen erleichtert das Zusammenleben und dient der Gerechtigkeit, Pflichtbewusstsein und Konzentration auf die Sache unabhängig von persönlichen Befindlichkeiten dominieren.
- Zeitplanung: Es gilt das Diktat der Uhr, Zeit als ein kostbares Gut. Zeitliche Zuverlässigkeit ist ein wichtiges Merkmal zur Bewertung der Vertrauenswürdigkeit einer Person. Terminplanung und Pünktlichkeit sind wichtig, Unpünktlichkeit wird von vielen Menschen als unhöflich und respektlos betrachtet.
- Trennung von Lebensbereichen sowie die interpersonale Distanz: Zuhause steht die Beziehung, bei der Arbeit die Sache im Vordergrund. Zur Distanzregulierung und zum Schutz des Privaten herrscht eine Trennung zwischen Rolle und Person, zwischen beruflich und privat, zwischen formell und informell, so können auch Konflikte sachdienlich gelöst werden. Die meisten Deutschen differenzieren ihr Verhalten je nach der Ebene, auf der sie es mit einer anderen Person zu tun haben. Trennung privater und geschäftlicher Angelegenheiten ist ein Kennzeichen für spezifische Kulturen, in denen die verschiedenen Lebensbereiche als spezifisch für sich voneinander ferngehalten werden.
- Schwacher Kontext als Kommunikationsstil (Direktheit der Kommunikation): Sagen, was man denkt, eindeutig und unverschlüsselt; Alles, was wichtig ist, wird mit Worten explizit formuliert, das „Was" ist wichtig, nicht das „Wie". Man kommt ohne Umschweife oder lange Umwege auf den Punkt und legt den Fokus der Kommunikation auf die Sachebene und den Inhalt, konstruktive Kritik, klares Nein und Äußern von Unzufriedenheit und Widerspruch sind keine Tabus, sondern gelten innerhalb bestimmter Parameter als förderlich und werden erwartet.
- Individualismus: Betonung des Einzelmenschen; die Unabhängigkeit einer Person von Gruppen oder anderen Kollektiven und Selbstständigkeit werden hoch geschätzt, alle Menschen sollen moralisch und gesetzlich gleich behandelt werden, Kinder werden frühzeitig zur Eigenständigkeit erzogen, sie erhalten früh ihr eigenes Zimmer, die Bedeutung von familiärer Herkunft ist nicht sehr wichtig, Jugendliche verlassen früh das Elternhaus und entscheiden

selbst über ihr Studium oder den Beruf, den Wohnort und wen und wann sie heiraten oder wann sie Kinder bekommen. Personalauswahl geschieht ohne Beziehungen, Privatsphäre ist wichtig, ebenso das Einhalten und Erwarten eines körperlichen Mindestabstands, des Briefgeheimnisses, viele Symbole für unabhängiges Verhalten.
Quelle: Schroll-Machl (2007), leicht ergänzt und modifiziert.

Informationen und Ratgeber für das Leben und Arbeiten in Deutschland, ob für Studenten,[7] Wirtschaftsleute[8] oder Zuwanderer stammen hauptsächlich aus diesem[9] und ähnlichen Konzepten.[10]
Abb. 2.2 zeigt eine Sammlung von Selbsteinschätzungen von Trainingsteilnehmern bzgl. der Kulturstandards Regelorientierung, Zeitplanung und Sachorientierung. Die Teilnehmer lasen die Beschreibung zu den Standards und wurden gebeten, sich selbst auf einer Skala von 0 bis 100 einzuschätzen. Um soziale Erwünschtheit und ähnliche methodische Probleme zu kontrollieren, wurde die Selbsteinschätzung als Einzelfragebogen beliebig in ähnlichen Formaten angeboten. Das Beispiel in der Abbildung zeigt ein Muster, das immer unabhängig vom Bundesland, Einkommen, Beruf, Position, Geschlecht oder Alter gefunden wurde. Anhand der Angaben von ca. 2000 Befragten lässt sich einigermaßen sicher feststellen, dass Regelorientierung, Zeitplanung und Sachorientierung eine abbildende Beschreibung der deutschen „Mentalität" repräsentieren und keine Stereotype von Ausländern gegenüber Deutschen darstellen.

---

[7] EU-Projekt MIG-KOMM Mehrsprachige interkulturelle Geschäftskommunikation für Europa EU-Projekt MIG. VGl. Die Deutschen und die Kultur. http://www.mig-komm.eu/node/344 [Abruf: 14.03.2019].

[8] Vgl. Aksana Kavalchuk (2012). Verfügbar als PDF Download unter: http://www.asprea.org/imagenes/GIZ-_How_to_do_business_with_Germans_Kavalchuk-angles-1359942678515.pdf [Abruf: 10.02.2019].

[9] Vgl. Ein Beitrag von Schroll-Machl: Flüchtlinge integrieren Interkulturelles Grundwissen http://www.altmuehl-jura.de/timm/download.php?file=http://www.altmuehl-jura.de/timm_dokumente/downloads/praesentation_interkulturelle_kompetenz_dr-schroll-machl.pdf [Abruf: 10.02.2019].

[10] Vgl. Orientierungshilfe: Tipps und Informationen für das Leben in Deutschland http://www.refugeeguide.de/de [Abruf: 10.02.2019].

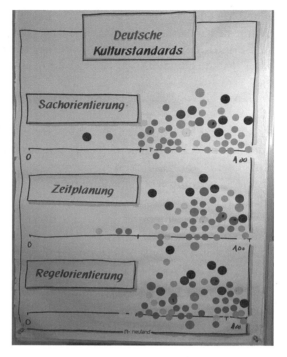

Abb. 2.2 Selbsteinschätzung von Trainingsteilnehmern auf drei Kulturstandards (eigene Darstellung)

Arabische Kulturstandards

- Gruppen- und Genderorientierung: Generell gilt die Abgrenzung zwischen der Innengruppe (Familie, Stamm) und Fremd- bzw. Außengruppe (alles, was nicht zur Innengruppe gehört). Ein Mitglied der Außengruppe wird anfänglich misstrauisch betrachtet, bis sich eine persönliche Beziehung etabliert hat. Lebensbereiche von Mann und Frau sind zum Teil getrennt. Öffentliche Plätze sind in der Regel eine Domäne der Männer und es existieren spezielle Einrichtungen für Frauen wie zum Beispiel eigene Bankschalter für Frauen.
- Personenorientierung bzw. „business is personal": Auch für geschäftliche Interaktionen gilt Einbindung in Beziehungsnetze, keine Trennung zwischen privaten und geschäftlichen Angelegenheiten, die subjektive

Einschätzung einer Person beeinflusst Entscheidungen, persönliche Kontakte und Netzwerke sind von großer Bedeutung, eine gute persönliche Beziehung ist Garant für eine gute geschäftliche Zusammenarbeit, der Fokus liegt zuerst auf die Beziehung und nicht nur auf dem Geschäft: GeschäftsBEZIEHUNG statt GESCHÄFTSbeziehung, wobei Kennzeichen einer guten Beziehung ist, einander zu helfen und Gefallen zu erweisen (Geben und Nehmen als Lebensprinzip), persönliche Beziehung und das gegebene Wort (und nicht der Vertrag) sind die wesentlichen Garanten für die Einhaltung von Vereinbarungen. Personenorientierung bzw. Verschmelzung privater und geschäftlicher Angelegenheiten ist ein Kennzeichen für diffuse Kulturen, in denen die verschiedenen Lebensbereiche diffundieren.

- Polychrones Zeitverständnis bzw. Gegenwartsorientierung: Zeit ist etwas Relatives, Zeit kann man nicht verlieren, flexible und zirkuläre Handhabung von Themen und Agenda, Erledigung mehrerer Dinge gleichzeitig, Geduld haben, auf den richtigen Zeitpunkt warten, persönliche Beziehung plus Grad der Wichtigkeitswahrnehmung eines Termins sind dafür entscheidend, ob er grundsätzlich eingehalten wird oder nicht, Gastfreundschaft und „das Gesicht wahren" haben Vorrang vor starren Zeitplänen, sehr kurzfristige Orientierung und kürzerer Planungshorizont im globalen Vergleich, Orientierung erfolgt am kurzfristigen Nutzen einer Handlung und weniger an langfristigen Potenzialen.

- Hierarchieorientierung: hierarchische Strukturen in Privat- und Geschäftsbereichen, Autorität und Respekt gegenüber Höhergestellten, Status- und Imagewahrung in der Öffentlichkeit, zentralisierte Führungsstruktur, autoritärer Führungsstil und Entscheidungsfindung im Unternehmen, Orientierung an Höhergestellten, die die Entscheidungsbefugnisse besitzen.

- Gastfreundschaft, Stolz, Ehre und Würde: Ehre und Würde sind ein gemeinsamer Wert, gute Behandlung von Gästen ist eng mit dem eigenen Ansehen verknüpft, persönliche Würde (*karama*) und Gastfreundschaft (*karam*) sind sehr nah beieinander, Gastfreundschaft als Tugend und Grundstein der sozialen Interaktion, es gilt eher Großzügigkeit als Sparsamkeit, Einladungen werden mehrmals wiederholt ausgesprochen, um die Ernsthaftigkeit der Einladung zu betonen (vgl. dazu das Beispiel in Abschn. 2.3.2).

- Starker bzw. Hoch-Kontext der Kommunikation: Vermeiden von Gesichtsverlust, Harmoniestreben und Vermeidung offener Konfrontationen, Vermeidung von Konflikten vor dritten Personen, indirekter Kommunikationsstil, es ist besser „Ja" als „Nein" zu sagen, obwohl eigentlich Nein gemeint ist, Negatives wird meistens zwischen den Zeilen geäußert.

Quelle in Anlehnung an Reimer-Conrads und Thomas (2009) und Amin (2007), modifiziert und ergänzt.

Folgende Ergänzungen sind an dieser Stelle sehr wichtig:

- Was den meisten Teilnehmenden an Trainings beim Vergleich von deutschen und arabischen Kulturstandards auffällt, ist die Schwammigkeit bzw. schwer fassbare Logik der arabischen Kulturstandards. Die meisten Menschen in Deutschland können mit der Beschreibung der Sachorientierung oder Individualismus etwas anfangen und sich damit identifizieren, aber andere Orientierungen, wie polychrones Zeitverständnis oder indirekte zirkuläre Kommunikation gelten als schwer fassbar und nebulös.
- Die Ausschilderungen zum Thema Genderorientierung beschränken sich eher auf sehr konservative Regionen (z. B. im Jemen, Saudi-Arabien) und sollten relativiert werden. Genderorientierung ist zudem sehr abhängig von den individuellen Erfahrungen, der Religiosität und den konservativen Einstellungen einer Person. Ein traditioneller Unternehmer mit wenigen Erfahrungen mit weiblichen Verhandlungspartnerinnen wird es möglichweise ablehnen, eine Geschäftsverhandlung mit einer Frau zu führen, da er sich von Anfang an psychologisch unterlegen fühlt, und wird eventuell nach einem männlichen Gesprächspartner verlangen. Die Genderorientierung erfüllt in diesem Sinne eine funktionale Erwartung und hat nichts mit Akzeptanz oder Stellenwert der Frau an sich zu tun! Der Kulturstandard Gruppen- und Genderorientierung unterscheidet sich von Land zum Land und ist aufgrund seiner Variabilität schwerlich auf alle arabischen Länder zu übertragen, lässt sich aber in allen Ländern mit den verschiedensten Nuancen finden!

Kulturstandards sind zeit- und generationsabhängig. Das wird deutlicher für das Verständnis von Klassensystemen in den arabischen Ländern. Die soziale Herkunft eines Individuums ist heute immer noch sehr wichtig für die eigene Position und die Einstiegschancen in der Gesellschaft, determiniert aber auf keinen Fall die individuellen Erfolgschancen oder die soziale Mobilität. Milliardäre und internationale Unternehmer wie Majid Al-Futtaim (VAE) oder Abdullah Al-Rajhi (Saudi-Arabien) gelten als Self-Made-Männer und stammen nicht aus königlichen oder traditionsreichen Stämmen. Die soziale Herkunft erleichtert aber den Weg und gilt weiterhin als ein Türöffner, reicht aber allein nicht mehr aus, um ein erfolgreiches Leben in einer modernen Welt zu führen und daher verliert ihre Rolle langsam an Dominanz. Für viele Brautfamilien war vor 30 Jahren (80er-und 90er) die soziale Herkunft des Bräutigams wichtiger als seine wirtschaftliche Situation oder Biographie. Heutzutage spielt die soziale Herkunft bei einem Heiratsantrag in großen Städten und Ballungsgebieten eine untergeordnete Rolle. Der Einfluss der sozialen Herkunft beschränkt sich weiterhin auf dörfliche Gebiete im konservativen traditionellen Süden von Ägypten oder in ähnlichen Strukturen in Marokko, Tunesien, Jordanien oder im Irak.

Deutsche Kulturstandards für Araber

Die Selbsteinschätzungen auf den drei Kulturstandards Regelorientierung, Zeitplanung und Sachorientierung zeigen einen Mittelwert von Punkt 80. Wie sieht es dann mit den arabischen Kulturstandards aus? Wurden ähnliche Ergebnisse bei arabischen Befragten so eindeutig gefunden? Die Antwort: leider nein. Der Grund: die meisten Befragten sind Mitarbeiter internationaler Unternehmen, die in den verschiedensten Kursen der Personalentwicklung lernen, sich entsprechend den internationalen Standards weiterzuentwickeln und nicht „polychron zu planen" oder „hierarchisch mit Untergeordneten umzugehen". Dieser Lerneffekt führt zur Verzerrung der Selbsteinschätzungen der arabischen Befragten, das heißt, selbst bei innerer Übereinstimmung oder Identifikation mit den arabischen Kulturstandards würden die Befragten sich gar nicht damit identifizieren wollen. Dieses Dilemma habe ich mehrmals zwischen 2009 und 2014 bei vielen arabischen Befragten erlebt. Für die berufliche Selbstentwicklung und eine internationale Karriere seien die arabischen Kulturstandards einfach hinderlich, sagte einmal ein Kursteilnehmer!

Würden sich dann die arabischen Befragten mit den deutschen Kultur-standards identifizieren? Klare Antwort: Ja. Und dazu habe ich mehrere Befragungen zwischen 2014 und 2018 durchgeführt. Allerdings mit einem kleinen Trick. Die drei Kulturstandards Regelorientierung, Zeitplanung und Sachorientierung wurden als „Erfolgsbedingungen internationaler Zu-sammenarbeit" betitelt. Anschließend sollten Befragte aus Ägypten, Ma-rokko, Saudi-Arabien, den VAE und neuerdings aus Syrien sich zu den drei Kulturstandards einschätzen (insgesamt 110 Personen). Das Ergebnis war 68, also nur 12 Punkte Unterschied zu den deutschen Befragten (80). Wie kommt dieser Unterschied zustande? Meine Beobachtung: die deutschen Befragten haben sich bei ihrer Selbsteinschätzung am Punkt 100 (maximale Punktzahl) orientiert. Das heißt, man geht auf der Skala von ganz rechts nach links und je nach subjektivem Empfinden wird ein Punkt gemacht. So ergibt sich eine Datenwolke um die Punkte 70–90 bei den deutschen Be-fragten. Bei den arabischen Befragten erfolgte die Orientierung nicht am Punkt 100, sondern genau in der Mitte. Die Befragten schauen sich die Mitte an (Punkt 50) und je nach Eigenempfinden haben sie ihre Selbstein-schätzung mit einem Punkt rechts davon markiert (aber erstaunlicherweise niemand unter 50) und aus diesem Grund erscheint eine Datenwolke um den Punkt 60–75.

Wie kommt dieser Unterschied in der Interpretation der Mess-Skala zu-stande? Eine mögliche Begründung lässt sich vermutlich durch die ver-schiedenen deutschen Tugenden, wie Ordnungsliebe und Zuverlässigkeit erklären lassen und vor allem im Perfektionsstreben. Personen, die alles perfekt machen wollen, legen ihre persönliche Messlatte einfach zu hoch (also am obersten Ende der Skala), auch ihre kulturellen Orientierungen, wie Zeitplanung und Regelorientierung. In den arabischen Traditionen ist das Wort „Perfektion" an sich quasi verpönt. Das Wort heißt auf Arabisch „kamal", etwas wie Vollkommenheit, Makellosigkeit oder Unübertrefflich-keit, also rein göttliche Attribute! Das Streben nach Perfektion ist jedenfalls kein kollektiv verbreitetes Phänomen im arabischen Denken und es gibt zahlreiche Traditionen, die die Tendenz zur Mitte – im Sinne von Be-scheidenheit und Mäßigung – loben und dafür werben. Man kann also spe-kulieren, dass ein Grund für diese unterschiedlichen Ergebnisse in ver-schiedenen Niveaus des Perfektionsstrebens liegt. Herausforderungen im Kontext der Zusammenarbeit können entstehen, wenn z. B. eine deutsche Qualitätsbeauftragte ohne Wenn und Aber 100–110 % genaues Einhalten von Prozeduren, Standards und Qualitätskriterien erwartet, während der Partner in Ägypten oder Jordanien zu 80–90 % tendiert und sich damit sehr zufrieden zeigt.

2.4 Die arabische Welt: die eigene Perspektive

Bei den meisten arabischen Schriften, die das Wesen der arabischen Kultur im Sinne von spezifischen arabischen Kulturdimensionen oder Kulturstandards behandeln, steht die religiöse Orientierung an erster Stelle. Religion, Religiosität, Glaube, Frömmigkeit, Spiritualität und alle Verhaltensweisen, die auf das Jenseits gerichtet sind, gelten als die wichtigsten Komponenten der arabischen-islamischen Kultur. Diese religiöse Dimension erhält Konturen durch den Vergleich mit dem Westen, wodurch in extremen Fällen eine dualistische Weltsicht entsteht: der materialistische, individuumszentrierte Westen und eine religiös-spirituelle, humanorientierte arabisch-islamische Welt. Diese Vergleichsperspektive kommt automatisch zustande, wenn Themen wie Globalisierung oder digital-vernetzter Informationsaustausch dazu Anlass geben. In den Schriften der wichtigsten arabischen Denker der letzten 30 Jahre über Charakteristika, Besonderheiten oder das Wesen der arabischen Kultur verselbständigt sich diese Vergleichsperspektive des Öfteren. Diese Vergleichsperspektive hat allerdings einen ambivalenten Charakter. Einerseits wird die westliche Kultur wegen des Vorhandenseins von Persönlichkeitsrechten, Respekt von Freiheit, Gleichberechtigung, der besten Bildungssysteme und der wissenschaftlichen und technologischen Fortschritte sowie Meinungs- und Pressefreiheit bewundert. Andererseits wird die westliche Kultur wegen des empfundenen Sittenverfalls und der abnehmenden Rolle der Religion und Frömmigkeit diffamiert und als inhuman wahrgenommen. Diese Vergleichsperspektive drückt auch den ambivalenten Kampf zwischen Moderne und Traditionen aus, der die arabische Kultur seit über zwei Jahrhunderten bestimmt und steuert. Jeder in Ägypten und in anderen arabischen Ländern kennt den Begriff: „*Uqdit al-Khawaga* – Ausländerkomplex" (El Feki 2013, S. 16), der an das Gefühl der Unterlegenheit gegenüber dem westlichen Kolonisator und die Angst, die eigene Identität für immer zu verlieren, erinnert. Diese Vergleichsperspektive, die immer nach dem gleichen Muster verläuft, hat ihren eigenen Namen somit verdient: Ambivalenz gegenüber dem Westen. Diese Ambivalenz findet man übrigens auch in vielen anderen Kulturen der Welt inklusive vieler gesellschaftlicher Strömungen auch im Westen und daher ist das keine arabische Besonderheit an sich. Aus diesem Grund gehört diese Ambivalenz nicht zum Wesen der arabischen Kultur (Religion, Sprache und Geschichte), gilt aber als ein Impulsgeber und Motor dieser Kultur.

Die arabische Perspektive versteht die eigene Kultur also als religionsorientierte bzw. glaubenszentrierte Kultur. Danach ist die absolut unfehlbare vollkommene Wahrheit im Koran offenbart worden, während jegliches menschliche geistige Erzeugnis fehlbar[11] ist. Diese Grundannahme liefert die Basis der islamischen Ethik und für jegliches Verständnis von Moral. Tugenden und Eigenschaften wie Fairness, Ehrlichkeit, respektvoller und freundlicher Umgang sowie Ablehnung von Gier und Egoismus werden in den Schriften zum islamischen Management ausführlich mit Belegen aus dem Koran und den islamischen Traditionen untermauert (Ali 2005). Die Nichteinhaltung dieser Regeln und Gebote, die Gott den Muslimen geschenkt hat, gilt als Grund für den Niedergang der arabisch-islamischen Welt. Dieses ausgesprochen islamistisch-konservative Verständnis hallt in verschiedenen Nuancen in allen erdenklichen Schichten der Gesellschaft nach.

Abgesehen von der religiösen Orientierung und der daraus resultierenden Selbstkritik gibt es sehr wenige Schriften, die versucht haben, die kulturellen Fundamente oder Elemente der arabischen Kultur umfassend zu untersuchen. Nur die Arbeiten von Halim Barakat (1993) und Mohammed Abed Al-Jabri sind an dieser Stelle erwähnenswert und können als echte Beispiele für die eigene arabische Perspektive betrachtet werden. 1993 veröffentlichte der syrisch-libanesische Soziologe Halim Barakat, der an den Universitäten in Harvard, Texas und Georgetown forschte und lehrte, eins der wichtigsten Bücher über die Fundamente der arabischen Kultur (Barakat 1993). In diesem Buch untersucht er den arabischen Nationalcharakter sowie die Wertorientierungen und nimmt Bezug auf lokal bekannte Eigenschaften in der arabischen Welt. In Ägypten

---

[11] Exemplarisch für diese Vorstellung ist der Beitrag von Abdulaziz Othman Al-Twaijri, dem Generaldirektor der Islamischen Organisation für Bildung, Wissenschaft und Kultur ISESCO: الثقافة العربية والثقافات الأخرى- منشورات المنظمة الإسلامية للتربية والعلوم والثقافة إيسسكو الطبعة الثانية : 1436 هـ / 2015 م Dieser Beitrag von 40 Seiten hebt die Besonderheit der arabischen Kultur im Vergleich zu anderen Kulturen hervor, nämlich aufgrund der Absolutheit der sakralen religiösen Elemente.

z. B. wird das sehr populäre Persönlichkeitsmerkmal „fahlawi" ambivalent kollektiv betrachtet. Fahlawi, was ursprünglich auf das altpersische
Volk der Parther zurückzuführen ist, ist eine Person, die alle Situationen
durch die Strategie des Durchwurstelns meistern kann. Ein Fahlawi ist
zudem eine humorvolle Person, die sich gegen alle Schicksalsschläge mit
Finten und Sarkasmus behaupten kann. Schwachstellen der Fahlawi sind
die übertriebene Behauptung der eigenen Person und die andauernde
Zurschaustellung des eigenen Könnens, auch, wenn er die nötigen Fähigkeiten dazu einfach nicht hat. Der Fahlawi ist zudem ein sehr pragmatischer und ergebnisorientierter Typ, der immer auf der Suche nach dem
kürzesten Weg ist, um sein Ziel mit den schnellsten Mitteln zu erreichen.
Diese stereotype Beschreibung ist in einem historischen Kontext verankert, nämlich im Anschluss an die vernichtende Niederlage der arabischen Armeen 1967 und kann als Selbstkritik verstanden werden. Auch,
wenn die grobe Charakterisierung der Fahlawi nichts anderes als über-
generalisierte Stereotype sind, nehmen viele arabische Autoren von Marokko bis zu den VAE noch heute im Rahmen der Selbstkritik Bezug
darauf. Fahlawi ist nicht mehr nur ein Persönlichkeitstyp, sondern ein
Way-of-Life geworden: die Fahlawa-Kultur, die der Ursprung für die
Rückentwicklung und Stagnation der arabischen Welt[12] sei. Fahlawa bedeutet in diesem Sinne, von der Hand in den Mund zu leben, ohne lang-
fristige Planung, sowie das persönliche Streben, den großmöglichsten
Gewinn in kürzester Zeit zu erreichen und jegliche Aufgabe zu meistern.
Man verlässt sich dabei nicht auf fundiertes Wissen oder Vorausplanung,
sondern eher auf die eigene Intuition und Auffassungsgabe, und wenn es
schiefgeht, wird versucht, jegliche Verbindung mit dem Ziel oder der
Handlung zu vertuschen. Die Ambivalenz von Fahlawa zeigt sich in den
verschiedensten Deutungen, einerseits ist Fahlawa quasi eine Art Gauner-
tum und daher sozial geächtet, andererseits bezeichnet sie eine notwendige
Flexibilität, um mit den schwierigsten ökonomischen Lebensbedingungen
zurecht zu kommen. Ein Fahlawi im arabischen Sinne ist daher wie ein
Schlawiner im Deutschen – eine Bezeichnung, die sowohl auf- als auch
abwertend sein kann.

---

[12] Vgl. Fahlawi in den VAE: https://www.albayan.ae/opinions/2009-06-25-1.447369 „الشخصية الفهلوية
الثقافية" Die kulturelle Eigenschaft des Fahlawi: [Abruf 22.03.2019].

Barakat kritisiert bekannte Stereotype über die Araber, die nicht selten als fatalistisch dargestellt werden. Die häufig benutzte Redewendung „in Shaa Allah" wird manchmal als Beleg für diese fatalistische Einstellung herangezogen. Als fatalistisch und unvernünftig wäre diese Haltung dann einzuordnen, wenn sie für den unerschütterlichen Glauben daran stünde, dass alles bereits festgelegt sei und dass das handelnde Individuum nichts mehr daran ändern kann, also im Sinne einer Prädestination. Wenn man „in Shaa Allah" allerdings als Ausdruck einer demütigen Haltung versteht, die davon ausgeht, dass der Mensch ohne Gottes Wille nichts vermag, dann ist das eine Sache der Überzeugung und des Glaubens und hat weniger mit Fatalismus zu tun. Barakat bezieht sich auf den Koranvers „Allah ändert nicht den Zustand eines Volkes, bis sie das ändern, was in ihnen selbst ist" (13:11), der zum Slogan der algerischen Revolution gegen die französische Besatzung wurde und nennt das als Beispiel für anti-fatalistische Einstellungen. Ein anderes Beispiel findet sich in der Überlieferung des Propheten Mohammed: „Binde dein Kamel an und vertraue dann auf Gott". Diese Überlieferung gilt als Beispiel für die Selbstverantwortung, die jeder für seine eigenen Handlungen trägt, vorbehaltlich und anerkennend auch, dass die Zukunft und alles, was der Mensch plant, dem Willen Gottes unterliegen. Schließlich steht die Formel „in Shaa Allah" dem christlichen Prinzip des Gottvertrauens und der Demutshaltung sehr nah und entspricht der lateinischen Redewendung „sub conditione Jacobaea", einer christlichen Devotionsformel aus dem Brief des Jakobus im Neuen Testament. Es wäre also falsch – so argumentiert Barakat – den Arabern eine fatalistische Einstellung als kollektive Werteorientierung zuzuschreiben (Barakat 1993, S. 191).

Die Geschichte hinter „in Shaa Allah"

Jeder in der muslimischen und arabischen Welt kennt die Geschichte aus der Sure 18 – ein Paradebeispiel für die Verquickung zwischen Religion, Kultur und Geschichte. Sure 18 ist eine Antwort auf eine Reihe von Fragen, die böswillige heidnische Mekkaner dem Propheten gestellt hatten, um ihn als Märchenerzähler bloßzustellen. Aus der Sure geht eine Lektüre hervor, in der dem Propheten beigebracht wurde, wie wichtig es ist, „in Shaa Allah" im Voraus zu sagen, wenn er etwas in der Zukunft tun wird. Islamische Überlieferungen erzählen diese Sure wie folgt:

Die Quraisch (Bewohner von Mekka) wollten nachprüfen, ob Mohammed tatsächlich ein von Gott gesandter Prophet war oder nicht. Zwei ihrer Männer wurden zu den jüdischen Rabbinern in Medina entsandt, um von Mohammed zu berichten. Die Juden – „Leute des Buches" wissen ja aus der Tora von den Propheten und ihren Geschichten und entsprechend würden sie ja feststellen können, ob Mohammed lügt oder die Wahrheit sagt. Die beiden Männer erzählten den Rabbinern einiges von dem, was Mohammed predigte. Daraufhin wurde Mohammed herausgefordert, drei Fragen zu beantworten. Wenn er sie beantworten konnte, war er ein von Gott gesandter Prophet, wenn nicht, dann wäre er ein Märchenerzähler. Bei den drei Fragen ging es erstens um die „Gefährten der Höhle", also die heiligen Siebenschläfer von Ephesus, zweitens um den Mann mit den zwei Hörnern, eine mysteriöse Gestalt, die des Öfteren mit Alexander dem Größen in Verbindung gebracht wurde, und dritens ging es um das rūḥ (Geist bzw. Lebensodem). Als sie Mohammed die drei Fragen gestellt hatten, sagte er, dass er die Antwort am morgigen Tage liefern werde und verließ sie, ohne „in Shaa Allah" zu sagen. Doch Mohammed blieb 15 Tage ohne Offenbarung zu diesen drei Fragen. In der Zwischenzeit begannen die Leute an ihm zu zweifeln und viele Verleumdungen über ihn machten sich breit. Mohammed war traurig, weil er sein Versprechen nicht einhalten konnte und war betrübt über das, was die Menschen in Mekka über ihn sagten. Nach 15 Tagen erhielt er doch noch die Offenbarung, die ihm die Antworten auf die drei Fragen gab. Die Lehre aus dieser Geschichte lautet, dass wir immer, wenn wir in der Zukunft etwas tun möchten, „in Shaa Allah" dazu sagen sollen. Die 15 Tage des Wartens auf die Offenbarung waren eine Erziehungslektüre für den Propheten (Guillaume 1967, S. 136–137). Die Geschichte schließt mit diesem Vers: „ Und sag ja nur nicht von einer Sache: „Ich werde dies morgen tun", außer (du fügst hinzu): „In Shaa Allah". Und gedenke deines Herrn, wenn du (etwas) vergessen hast, und sag: „Vielleicht leitet mich mein Herr zu etwas, was dem rechten Ausweg näher kommt als dies." (Koran: Sure 18, Vers 23–24) .

Beim TV-Duell zwischen Biden und Trump im September 2020 hat Biden diese Floskel übrigens benutzt, um sarkastisch auf Trumps fehlende Veröffentlichung der Steuerunterlagen zu reagieren. Als Trump mehrmals im Duell behauptete, seine Steuererklärungen bald veröffentlichen zu wollen, konterte Biden: „When? Inshallah …".[13] Das stark medienwirksame Ereignis bot mal wie-

---

[13] Vgl. „When? Inshallah"Ein Beitrag vom Moritz Baumstieger vom 30. September 2020, Süddeutsche Zeitung https://www.sueddeutsche.de/politik/biden-tv-duell-1.5050205 [Abruf 22.05.2021].

der eine Gelegenheit zur Diskussion über die verschiedenen Nuancen von Inshallah, das manchmal „hoffentlich" oder manchmal das unverbindliche „mal schauen" bedeuten kann, aber gleichzeitig die Demutshaltung ausdrucken möchte und die vollständige Akzeptanz, dass der Mensch letztlich dem Willen Gottes unterworfen ist. Ein sehr interessantes YouTube-Video zum Thema steht auf dem YouTube-Kanal des populären emiratischen Bloggers Khalid Al Ameri unter dem Titel: STOP SAYING INSHALLAH! Zu finden unter dem Link: https://www.youtube.com/watch?v=dnDX6famSFM.

Die westliche Beschreibung der arabischen Kultur als schamorientiert relativiert Barakat ebenfalls (Barakat 1993, S. 194). Auch im arabischen Denken schließt im Falle des Verstoßes gegen ein gültiges moralisches Gebot nicht nur ein Gefühl der Beschämung, sondern auch ein Schuldempfinden an. Elemente von Schuld und Scham sind in jeder Kultur miteinander verwoben und eine strikte Trennung der beiden ist unmöglich. Es kann jedoch sein, dass die kulturelle Werteorientierung (z. B. individualistisch oder kollektivistisch) die Ursache und die Stärke der Ausprägung von Scham- oder Schuldempfinden entscheidend bestimmt. Ein Araber wird möglicherweise ein starkes Scham- oder Schuldempfinden erleben, wenn er seine Eltern verlässt oder sie im Seniorenheim pflegen lässt, wohingegen dieses Scham- oder Schuldempfinden aufgrund der individuellen Selbstbestimmtheit in den westlichen Kulturen weniger ausgeprägt ist. Barakat versucht in seinem Buch, die arabische Kultur für die amerikanische Leserschaft so zu beschreiben, wie er sie als gebürtiger Araber kennt, im Gegensatz zu vielen Hollywood-Mythen und Klischees, die in der Zeit nach dem zweiten Golfkrieg (1990–1991) medial sehr präsent waren. Zu den Charakteristiken des arabischen Lebensstils und den allgemeinen Einstellungen nach Barakat gehören:

• Patriarchalische Traditionen der arabischen Familie, wo der Vater die Autorität hat, vor allem als Repräsentant der Familie nach außen,
• Prinzipielle Ungleichheit der Geschlechter und die Unterordnung der Frau,
• Omnipräsenz der Religiosität, aber auch ihre Vermischung mit dem Volksglauben (Glaube an Magie, Neid, Aberglaube),

- Konservative traditionelle Familienstrukturen, vor allem in ländlichen Gebieten und unterentwickelten Ländern und Regionen, wie Jemen und Sudan,
- Ambivalenz der Moderne vs. Tradition.

Werteorientierungen der arabischen Kulturen befinden sich in verschiedenen Spannungsfeldern im Kampf zwischen Traditionen und Moderne, zwischen Vergangenheits- und Zukunftsorientierung, zwischen Glauben und Wissen. Was die arabische Kultur kennzeichnet, ist nicht das Fortbestehen traditioneller Werte wie Stammeskultur, Familie und Hierarchie, sondern, dass sich die arabische Kultur seit über zwei Jahrhunderten in einer Übergangszeit befindet, die von einem fortlaufenden Kampf gegensätzlicher Wertorientierungen geprägt ist. Diese Übergangszeit gewann durch die zunehmenden Auseinandersetzungen mit dem Westen im Verlauf des 19. Jahrhunderts an Konturen. Der Islamwissenschaftler Thomas Bauer bezeichnete die arabische Kultur als eine Kultur mit einer hohen Ambiguitätstoleranz, wo Vielfalt und Mehrdeutigkeit in Recht und Religion, Sprache, Literatur und Politik nicht nur toleriert, sondern als notwendige Bedingung für die Bereicherung der eigenen Lebenswirklichkeit empfunden und bewusst erzeugt wurden (Bauer 2016). Diese Vielfalt musste allerdings im Zuge der Auseinandersetzung mit der westlichen Kultur und infolge der Kolonialisierung aufgegeben werden, da muslimische Intellektuelle aus defensiver Haltung die eigene Ambiguitätstoleranz als Zeichen für Schwäche oder als Ursache für den seit Jahrhunderten schleichenden „Niedergang des Islam" wahrgenommen hätten. Das Bedürfnis nach Eindeutigkeit statt Vielfalt war im 19. Jahrhundert überlebenswichtig für die Gesellschaft; eine entscheidende historische Entwicklung, die das gegenwärtige Religionsverständnis vieler Muslime massiv beeinflusst und immer noch bis heute auswirkt. Schließlich führt dieses Verständnis dazu, dass die Mehrheit der Muslime die Meinung vertritt, dass es einen einzigen richtigen Islam gibt, was wiederum Tür und Tor für Verabsolutierung und Dogmatisierung religiöser Inhalte öffnet. Im Grunde genommen stellt diese selbstkreierte absolute Haltung der moralischen Überlegenheit gegenüber anderen Kulturen und Religionen eine defensive Umkehrung der eigenen Schwäche dar. Die heutigen muslimischen Reformer und Denker kennen diese kollektive Haltung und daher basiert ihre Reformarbeit auf dem Prinzip der Vielfalt im Islam. Die absolutistische Vorstellung von einem einzigen wahren, eindeutigen Islam bleibt allerdings ein Massenphänomen vor allem in bildungsschwachen Schichten und Strukturen und ihre ideologische Fundierung wird weiterhin von den erzkonservativen dogmatischen Strömungen wie dem Wahhabismus oder dem politischen Islam angepriesen und vorangetrieben.

Der marokkanische Philosoph Mohammed Abed Al-Jabri (1935–2010) zählt zu den wichtigsten Denkern der arabischen Welt. In seinem vierteiligen Mammutprojekt „Kritik der arabischen Vernunft"[14] hat er drei Wissensordnungen bzw. kulturelle Wahrnehmungsmuster aus der arabischen Geschichtsschreibung und Philosophie herausgearbeitet, die die Erkenntnis im arabischen Kulturraum vorstrukturieren (Hegasy 2010).

- Die erste Wissensordnung ist die Wissenschaft der religiösen Auslegung (bayan: البيان), in der Unbekanntes immer und nur vom offenbarten bekannten Text abgeleitet werden kann. Diese Wissensordnung bildet die geistige Haltung der sunnitischen Traditionen und Überlieferungen.
- Die zweite ist die logische Beweisführung (burhan: البرهان), die auf der Empirie und den Methoden der Naturwissenschaft basiert.
- Die dritte und letzte ist eine irrationale Versenkung mystischer Inspiration (irfan: العرفان), die die Fundamente des Sufismus und des schiitischen Islam ausmacht.

Diese drei kulturellen Wahrnehmungsmuster haben das arabische Denken bestimmt und begründen mitunter die Stagnation des arabischen Denkens seit dem 13. Jahrhundert. Vor allem determiniert die Wissensordnung der religiösen Auslegung nach dem dualistischen Prinzip „richtig-oder-falsch" („entweder-oder") noch immer die Ausbildung der Religionsgelehrten in allen traditionellen Institutionen (z. B. in Al-Azhar, Mekka, Fes). Al-Jabri nennt zahlreiche Beispiele aus der bekannten

---

[14]Jabri (2009). Kritik der arabischen Vernunft. Übersetzung der Einführung. Die vier Bände erschienen auf Arabisch unter den Titeln: تكوين العقل العربي (1)(1982), بنية العقل العربي (2)(1986), العقل السياسي العربي (3)(1990)., العقل الأخلاقي العربي (4)

Geschichtsschreibung, wo zahlreiche integrierende Lösungen möglich waren, ohne dies als einen Kompromiss zwischen zwei Antagonisten zu verstehen, sondern als eine eigenständige vernunftgeleitete Komponente. Dies ist notwendig, um den geistigen Stillstand in der arabischen Welt zu bewältigen, was nur durch die Anerkennung der geistigen Urteilskraft eines jeden Einzelnen gelingen kann, Al-Jabri beruft sich öfter auf den andalusischen Denker Averroes „Ibn Rushd" (1126–1198), der von einer „doppelten Wahrheit" sprach: der religiösen Wahrheit des Koran und der wissenschaftlich-rationalen Wahrheit der Vernunft (genauer gesagt, von der Vereinbarkeit zwischen Religion und Philosophie bzw. zwischen Glaube und Vernunft). Die Fortsetzung des rationalistischen Erbes von Averroes durch das christliche Europa trotz der Brandmarkung und Verurteilung von mehr als 219 seiner Lehrsätze durch den Pariser Bischof Tempier 1270 (Ottmann 2004, S. 147) entzündete die ersten geistigen Entwicklungsschritte auf dem Kontinent, insbesondere in Italien sowie in England und fungierte als Grundsteinlegung der späteren Aufklärung.

Fazit

Zusammenfassend zur arabischen Perspektive hinsichtlich der kulturvergleichenden Ansätze und dem Verständnis von Interkulturalität insgesamt schließe ich dieses Kapitel mit folgenden Anmerkungen:

- Ein autochthoner Beitrag zur Ergänzung kulturvergleichender Ansätze aus arabischer innerer Perspektive mit eigenen Kulturdimensionen und Ähnliches existieren nicht. Es gibt viele Forschungsbeiträge von arabischen Forschern in internationalen Journals mit einem theoretischen Rahmen nach den bekannten Ansätzen des internationalen Managements. Besonders populär sind die Dimensionen von Hofstede, die eigentlich die Basis für die meisten Beiträge zum Thema in der Region ausmachen. Hinzu kommen weitere reduktionistische Ansätze, die in vielen übersetzten Bestseller-Ratgeber erscheinen. Kulturvergleichende Ansätze befinden sich in der arabischen Welt immer noch im Anfangsstadium und haben meist sehr exotischen Charakter. Als Begründung für die schwache Positionierung im Vergleich zu anderen Weltkulturen werden bestimmte Elemente, wie hohe Machtdistanz, Beziehungsorientierung und das polychrone Zeitverständnis häufiger genannt.

- Interkultur in der arabischen Welt befindet sich auf der Ebene der Oberfläche eines Eisbergs. Die meisten Schriften und Institutionen, die sich damit befassen, betrachten in der Regel die sichtbare Ebene der Kultur, d. h. die Begrüßungsrituale, Essgewohnheiten, Bekleidungsformen usw. Sehr populär und beliebt sind die Beiträge aus der Reiseliteratur. Die berühmtesten arabischen Beiträge zur interkulturellen Literatur wie zum Beispiel „Zeit der Nordwanderung" des sudanesischen Schriftstellers At-Tayyib Salih (1928–2009) oder „die Lampe von Umm Hashim" des Ägypters Yahya Hakki (1905–1992) gelten immer noch als aktuelle Referenz bei der Thematisierung des arabischen und westlichen Kulturkontakts.
- Ein Hauptmotiv der meisten arabischen Beiträge zur interkulturellen Verständigung ist von der Angst vor dem totalen Niedergang in der globalisierten Welt beschattet. Die Kernfrage der Beiträge zur arabischen Kultur im Zeitalter der Globalisierung ist: Unter welchen Bedingungen kann die kulturelle Eigenständigkeit bei gleichzeitiger Anbahnung von Fortschritt und Modernisierung bewahrt werden? Die kulturelle Besonderheit manifestiert sich im Trio „Religion-Sprache-Geschichte" im Rahmen zweier Komponenten:

1. Ambivalenz gegenüber dem Westen und
2. Historizität (Geschichtlichkeit bzw. Kontinuitätsdenken).

Die erste Rahmenkomponente zeigt sich omnipräsent fast in jeglicher Diskussion oder in den ernsthaften Bewältigungsversuchen und hat sich als eigenständiges Denkschema etabliert. Die zweite Komponente, Kontinuitätsvorstellung zeigt sich in einem deterministischen Verständnis der Geschichte. „Was wäre, wenn Hannibal im 2. Punischen Krieg etwas mehr Glück gehabt hätte und aus der Schlacht von Cannae 216 v. Chr. als Sieger über die Römer hervorgegangen wäre?". Bei diesen Fragen sind viele Menschen in Tunesien (und anderen arabischen Ländern) fest davon überzeugt, dass Europa in Nordafrika entstanden wäre. Das kulturelle Gewicht hätte sich grundsätzlich in den nordafrikanischen Raum verschoben, romanische Sprachen von Spanisch bis Rumänisch wären nicht entstanden, mit der Weltmacht Karthago hätte es Kaiser Konstantin sicher nicht gegeben und entsprechend hätte sich das Christentum nicht als Weltreligion verbreitet und eigentlich wäre die gesamte Kulturgeschichte ja auch anders verlaufen. Das gleiche Argumentationsmuster gilt auch für andere historische Ereignisse mit weitreichenden Folgen für die Weltgeschichte, wie der Sieg der Römer über Ägypten bei der Schlacht bei Actium 31 v. Chr., was der Weg für die Entstehung des römischen Kaiserreiches ebnete. Bei den beiden Ereignissen hat sich das Schicksal gegen Hannibal und Cleopatra (bzw. Letztere und Marcus Antonius) gestellt und das Rad der Weltgeschichte in eine andere Richtung gedreht.

Wenn das nicht so gewesen wäre, hätte sich die Region in eine ganz andere Richtung entwickelt. Dieses deterministische Kontinuitätsdenken zeigt sich in der eigenen Selbstdarstellung. Die ägyptische Marine z. B. gibt das Jahr 2500 v. Chr. als ihr Gründungsjahr an, für sie ist diese Kontinuität eine unbestreitbare Selbstverständlichkeit. In der Folge des Kontinuitätsdenken herrscht die Tendenz, sich sowohl auf individueller als auch auf organisationaler Ebene als fortwährende Linie zu verstehen, also quasi wie einen strömenden Fluss, der von außen viele Ein- und Zuflüsse bekommt, ohne die eigene Wesenhaftigkeit zu verlieren.

- Übergreifende Untersuchengen der arabischen Denktraditionen von Philosophen und Denkern wie bei Al-Jabri bilden die Ausnahme. Die Selbstbetrachtung kollektiver Eigenschaften ist geprägt von den negativen Charakteristiken, wie *„fahlawa"* (Schlaumeierei), *„wasta"* (Nepotismus, Vetternwirtschaft), *„al-baraka"* (Planlosigkeit, Abhängigkeit von einer überirdischen Segenskraft, Fatalismus). Für eine Selbstkorrektur scheint also kein Import aus anderen Kulturkreisen erforderlich, islamische Traditionen liefern selbst die Lösung (z. B. die Charakteristika des wahren Gläubigen). Das berühmte Zitat des vierten Kalifen Ali ibn Abi Talib (600–661):

  „Tue etwas für dein Diesseits, also, als ob du ewig leben würdest, und tue etwas für dein Jenseits, also, als ob du morgen sterben würdest."

  ist exemplarisch dafür. In der Volkstradition haben sich zudem unabhängig von den islamischen Werten kollektive positive Eigenschaften gebildet, die als Teil der Selbstkorrektur fungieren können, z. B., *„gad`ana"* (Mut, Tapferkeit), *„schahaama"* (Anständigkeit, Wohltätigkeit).

- Bei der arabischen Selbstbetrachtung wird des Öfteren auf die Wahrnehmung durch den Anderen Bezug genommen. Das negative Fremdbild des Arabers nimmt in vielen Produktionen einen Löwenanteil ein, vor allem durch Hollywood, den größten Geschichtenerzähler der Welt. Der US- amerikanische Medienwissenschaftler Jack Shaheen analysierte 2001 schon in einem in der arabischen Welt sehr beachteten Buch „Real Bad Arabs" über 900 Hollywoodfilme, in denen Araber eine Rolle spielen und fand heraus, dass die absolute Mehrheit alle dieser Filme (über 850) viele Klischees über Araber entweder als Milliardäre, Bauchtänzerinnen oder als fanatische Bande von Terroristen und Bombenlegern enthalten (Shaheen 2015). Nach den Ereignissen vom 11. September 2001 und im Zusammenhang mit den Golfkriegen gab es noch mehr dramatische Wende und die Darstellung der arabischen Bedrohung hat sich außerhalb von Holywood- Klischees ausgeweitet. Die Beiträge der arabisch-islamischen Zivilisation zur Erhaltung und Weiterentwicklung der menschlichen Errungenschaften von der Spätantike bis zur Renaissance fehlen in den meisten westlichen

Schulbüchern gänzlich. Die Beschäftigung damit ist immer noch exklusive Sache der Spezialisten und Fachexpertinnen. Der Versuch, diese informatorische Schieflage zu korrigieren, wird von gewissen Kreisen gar als „türkische Propaganda" bezeichnet.[15]

Die Ablehnung eines Kampfes der Kulturen und ein Plädoyer für kulturelle Verständigung beherrschen das Bild, wenn man grundsätzlich nach „Interkultur" sucht. Kulturen koexistieren, interagieren und befruchten sich gegenseitig mehr, als dass sie sich bekämpfen. Dieses humanistische Kulturverständnis, wie es einst Edward Said (2004) formuliert hat, führt zum Miteinander und zur gegenseitigen Anerkennung und hat so auch Jahrhunderte lang in Andalusien funktioniert. Sehr bekannt unter den Intellektuellen sind die Initiativen des interreligiösen Dialogs, dessen Vorbild das in Wien 2011 gegründete KAICIID (König-Abdullah-Zentrum für interreligiösen und interkulturellen Dialog) ist. Die Beiträge von KAICIID gelten als gutes Beispiel für kulturelle Verständigung und Interkulturalität aus arabischer Perspektive, bei der es im Grunde genommen um die Anpassung zwischen etablierten Traditionen und kulturellen Besonderheiten einerseits und der Moderne der globalisierten Welt andererseits geht.

Literatur

Abi-Raad, Maurice (2019): Western Organizational Theories: Middle Eastern Style: How much do you Know about the Culture? In: *The Journal of Organizational Management Studies.* DOI: https://doi.org/10.5171/2019.730213.

Ali, Abbas J. (2005): Islamic Perspectives on Management and Organization. New Horizons in Management. Cheltenham: Edward Elgar.

Amin, Abbas (2007): Ägypten. In: Alexander Thomas, Stefan Kammhuber und Sylvia Schroll-Machl (Hg.): Handbuch Interkulturelle Kommunikation und Kooperation. Band 2: Länder, Kulturen und interkulturelle Berufstätigkeit. Göttingen: Vandenhoeck & Ruprecht, S. 211–224.

---

[15] Vgl. die Beschreibung der sieben Folgen „Morgenland und Abendland", die auf ARTE 2012 gesendet wurden. http://www.pi-news.net/2012/09/morgenland-und-abendland-turkische-propaganda-bei-arte/ [Abruf 07.05.2019] Möglicherweise lässt sich der Link wegen der fehlenden SSL-Sicherheit nicht öffnen. Direkte Suche möglich mit dem Suchbegriff: „Morgenland und Abendland: Türkische Propaganda bei ARTE".

Barakat, Halim (1993): The Arab World: Society, Culture, and State. Berkeley: University of California Press.

Bauer, Thomas (2016): Die Kultur der Ambiguität. Eine andere Geschichte des Islams. 5. Auflage. Berlin: Insel Verlag.

Brodbeck, Felix C.; Kirchler, Erich; Woschée, Ralph (2016): Internationale Führung. Berlin, Heidelberg: Springer Berlin Heidelberg.

El Feki, Shereen (2013): Sex and the Citadel. Intimate Life in a Changing Arab World. London: Chatto & Windus.

Engelen, Andreas; Tholen, Eva (2014): Interkulturelles Management. Stuttgart: Schäffer-Poeschel.

Gesteland, Richard R. (2012): Cross-Cultural Business Behavior. A guide for global management. Copenhagen: Business School Press.

Guillaume, Alfred (1967): Ibn Isḥāq. The life of Muhammad, a translation of Ishāq's Sirat Rasul Allah. Karachi: Oxford University Press.

Hall, Edward T. (1959): The Silent Language. New York: Fawcett Publications.

Hall, Edward T.; Hall, Mildred Reed (1990): Understanding Cultural Differences. Germans, French and Americans. Boston MA: Intercultural Press.

Harss, Claudia (2017): Interkulturelles Führen. In: *Wirtschaft + Weiterbildung* (02), S. 19–23. Online verfügbar unter https://www.haufe.de/download/wirtschaft-weiterbildung-ausgabe-22017-wirtschaft-weiterbildung-396124.pdf.

Hegasy, Sonja (2010): Säkularisierung des arabischen Denkens. In: *Aus Politik und Zeitgeschichte* (24), S. 3–8.

Helfrich, Hede (2019): Kulturvergleichende Psychologie. Berlin, Heidelberg: Springer.

Hofstede, G.; Hofstede, G.-J.; Minkov, Michael (2017): Lokales Denken, globales Handeln: Interkulturelle Zusammenarbeit und globales Management. 6. Auflage. München: Beck.

Hofstede, Geert (1993): Interkulturelle Zusammenarbeit. Kulturen – Organisationen – Management. Wiesbaden: Gabler.

House, Robert J.; Hanges, Paul J.; Javidan, Mansour; Dorfman, Peter W.; Gupta, Vipin (Hg.) (2004): Culture, Leadership, and Organizations. The GLOBE Study of 62 Societies. Thousand Oaks: Sage.

Inglehart, Ronald F. (2018): Cultural Evolution. People's Motivations are Changing, and Reshaping the World. Cambridge: University Printing House.

Lang, Rainhart; Baldauf, Nicole (2016): Interkulturelles Management. Wiesbaden: Springer Fachmedien Wiesbaden.

Langer, Ellen J. (1975): The illusion of control. In: *Journal of Personality and Social Psychology* 32 (2), S. 311–328. DOI: https://doi.org/10.1037/0022-3514.32.2.311.

Lewis, Richard D. (2005): When Cultures Collide Leading Across Cultures. Leading Across Cultures: Leading, Teamworking and Managing Across the Globe. Boston, London: Nicholas Brealey International.

Meyer, Erin (2014): The Culture Map. reaking Through the Invisible Boundaries of Global. New York: PublicAffairs.

Myers, David G. (2014): Psychologie. Berlin, Heidelberg: Springer Berlin Heidelberg.

Najm, A. Najm (2015): Arab culture dimensions in the international and Arab models. In: *American Journal of Business, Economics and Management* 3 (6), S. 423–431.

Ottmann, Hening (2004): Geschichte des politischen Denkens Von den Anfängen bei den Griechen bis auf unsere Zeit. Band 2,2: Römer und Mittelalter. Teilband 2: Das Mittelalter – Kapitel Politische Philosophie des Islam (Al-Fārābī, Māwardī, Avicenna, Averroës, Ibn Khalūn). Stuttgart: Metzler.

Reimer-Conrads, Thomas, Thomas, Alexander (2009): Beruflich in den arabischen Golfstaaten. Trainingsprogramm für Manager, Fach- und Führungskräfte. Göttingen: Vandenhoeck & Ruprecht.

Ricken, Norbert; Balzer, Nicole (2007): Differenz: Verschiedenheit – Andersheit – Fremdheit. In: Jürgen Straub, Arne Weidemann und Doris Weidemann (Hg.): Handbuch Interkulturelle Kommunikation und Kompetenz. Grundbegriffe – Theorien – Anwendungsfelder. Stuttgart: Metzler, S. 56–69.

Said, Edward W. (2004): Humanism and Democratic Criticism. Columbia Themes in Philosophy. New York: Columbia University Press.

Schroll-Machl, Sylvia (2007): Die Deutschen-Wir Deutsche. Fremdwahrnehmung und Selbstsicht im Berufsleben. Göttingen: andenhoeck & Ruprecht.

Schwartz, S. H. (2006): A theory of cultural value orientations. Explications and applications. In: *Comparative Sociology* 5 (2/3), S. 137–182.

Shaheen, Jack G. (2015): Reel bad Arabs. How Hollywood vilifies a people. 3. rev. and updated ed. Northampton, Mass.: Olive Branch Press.

Thomas, Alexander (1996): Analyse der Handlungswirksamkeit von Kulturstandards. In: Alexander Thomas (Hg.): Psychologie interkulturellen Handelns. Göttingen: Hogrefe, S. 107–135.

Thomas, Alexander (2005): Das Eigene, das Fremde, das Interkulturelle. In: Alexander Thomas, Eva-Ulrike Kinast und Sylvia Schroll-Machl (Hg.):

Handbuch Interkulturelle Kommunikation und Kooperation. Band 1: Grundlagen und Praxisfelder. 2. Überarbeitete Auflage. Göttingen: Vandenhoeck & Ruprecht, S. 44–59.

Thomas, Alexander; Utler, Astrid (2013): Kultur, Kulturdimensionen und Kulturstandards. In: Petia Genkova, Tobias Ringeisen und Frederick T. L. Leong (Hg.): Handbuch Stress und Kultur. Wiesbaden: Springer VS, S. 41–58.

3

Typische Herausforderungen aus westlicher Perspektive

Mein erstes Training habe ich 2005 mit einer Gruppe von vier deutschen Auslandsmitarbeitern in der Sanitärbranche durchgeführt. Es ging um ein Projekt in Ägypten. Jeder Teilnehmer berichtete von seinen bisherigen Erfahrungen und schätzte ein, wie die Zusammenarbeit mit den ägyptischen Projektpartnern zu bewerten war. Es gab Kommunikationsschwierigkeiten, zeitliche Vorgaben wurden nicht eingehalten, die Qualität der Arbeit war aus deutscher Sicht nicht ausreichend und man machte sich Sorgen, ob die Produktion rechtzeitig stattfinden konnte wie geplant. Mittlerweile und nach 13 Jahren Zusammenarbeit mit über 10.000 Teilnehmenden aus unterschiedlichen Branchen, Positionen und Aufgaben im In- und Ausland hören sich derartige Erfahrungsberichte für mich an wie ein Déjà-vu. Die Zusammenfassung der Vorabfragen, die ich vor den Trainings zur Verfügung stelle, ergibt meistens ein fast identisches Bild. Es gibt gewisse Schwierigkeiten aus Sicht der deutschsprachigen Teilnehmenden (sie sind aber nicht allein, da 20–25 % der Befragten aus anderen westlichen Ländern stammen) bei den Themenfeldern Kommunikation, Zeitverständnis und Koordination der Arbeit. Ein Feedback aus der anderen Perspektive zu diesen Themen wäre sehr lehrreich. Ich habe arabische Teilnehmende in Kairo, Casablanca,

© Springer Fachmedien Wiesbaden GmbH, ein Teil von Springer Nature 2022
A. Hussein, *Die arabische Welt verstehen*,
https://doi.org/10.1007/978-3-658-26409-3_3

Amman, Dubai und Riad zu diesen Problembereichen befragt. Der größte Teil der arabischen Teilnehmenden zeigt ein absolutes Verständnis für diese negativen Erfahrungen, weil sie selber damit zu kämpfen haben. *„Das ist keine westliche Arroganz oder imperialistische Vereinnahmung"*, sagen die meisten arabischen Teilnehmenden. Weiter gibt es Kommentare wie *„Das ist absolut normal, eine produktive, effiziente und tolle Arbeitsleistung in Deutschland und in der westlichen Welt zu erzielen, denn alles läuft dort strukturiert, gut geplant und nach Regeln und Gesetzen, die für alle gelten. Bei uns ist es fast das Gegenteil. Wir müssen ständig improvisieren und gut mit der Zeit wirtschaften, damit alle parallel laufenden Projekte bedient werden können"*.

Bei derartigen Rückmeldungen denke ich allerdings an die These des Sozialpsychologen Thomas Pettigrew (1979): der ultimative Attributionsfehler. In der Theorie des Intergruppenkontakts heißt das, dass wir negative Erfahrungen und das Verhalten unserer Interaktionspartner aus einer Fremdgruppe eher der kulturellen Zugehörigkeit zuschreiben (schlechte Eigenschaften wie Rechthaberei und Besserwisserei), während positive Erfahrungen eher durch die Situationsbedingungen (Brown 2010, S. 90) zu erklären sind (Infrastruktur, Entwicklungsstand). Der ultimative Attributionsfehler soll uns daran erinnern, dass Menschen in extremen Konfliktsituationen dazu neigen, die Ursache für den Konflikt im kulturellen Hintergrund des Interaktionspartners zu suchen oder zu sehen. Das menschliche Verhalten ist allerdings sehr komplex und der kulturelle Hintergrund kann nicht alles allein erklären, da Situationsfaktoren und persönliche Eigenschaften und Erfahrungen manchmal ebenso gewichtige Rollen spielen. Dieser Relativismus bedeutet keinesfalls, den Einfluss der Kultur zu ignorieren, plädiert aber dafür, alle drei Erklärungsfaktoren Kultur-Person-Situation bei einer Fallbeschreibung zu berücksichtigen.

Die nächste Auflistung zeigt Beispiele aus Sicht von Teilnehmenden an meinen Trainings für Problemfelder aus deren Erfahrungen. Die standardisierte Frage in den Vorabfragebögen lautete: *„Bitte beschreiben Sie kurz eine Situation, welche Sie beim Kontakt zu Menschen aus den arabischen Ländern oft erlebt haben und welche Ihnen immer wieder problematisch erscheint!"* Im Folgenden erscheint die Zusammenfassung der Ergebnisse für den Zeitraum 2014–2018. Befragt wurden die Teilnehmenden ein bis zwei Wochen vor Beginn der Veranstaltungen. Es handelt sich dabei um Personen aus den verschiedensten Branchen, die von Deutschland aus ein Projekt in einem arabischen Land steuern oder im Rahmen eines internationalen Projekts in einem arabischen Land arbeiten. Voraussetzung für die Aufnahme war die konkrete Erfahrung, d. h., die Personen mussten für ihre problematische Erfahrung ein konkretes Beispiel nennen.

Problematische Erfahrungen in der internationalen Projektarbeit

- Keine Vorbereitung auf Besprechungen.
- Ständiger Zeitaufschub, wenn keine Fristen vorhanden sind.
- Keine Zielstrebigkeit und kein Bewusstsein für die Eilbedürftigkeit.
- Kollege bestätigt, die Thematik verstanden zu haben, was aber nicht der Fall ist. Meetings werden zugesagt, aber dann nicht wahrgenommen.
- Die Personen hören zu, wenn man Ihnen etwas erklärt. Auf Nachfrage sagen sie, sie hätten das Problem und dessen Lösung verstanden. Im Endeffekt ist es aber nicht so.
- Nicht-Einhalten von abgestimmten Abgabeterminen ohne vorherigen Hinweis, dass die Deadline nicht zu halten ist.
- Genaue Anweisungen gegeben, dass die Ware bei dem Lieferanten mit bestimmter Lieferadresse bestellt werden soll, wurde jedoch trotzdem nicht beachtet.
- Wiederholte Anfragen des Kunden zum selben Thema auf unterschiedlichen Kommunikationskanälen. Der Kunde versteht nicht, dass bereits an der Lösung eines Problems gearbeitet wird.
- Überzogene Forderungen vom arabischen Kunden („Ich will jetzt sofort ... haben").
- Preisverhandlung: Kunde gibt an, der Preis sei in Ordnung, möchte aber im Nachhinein immer weitere Rabatte/Ermäßigungen haben.
- Wenn Preise abgegeben werden, wird immer wieder diskutiert und nachverhandelt.
- Angebote werden nie beim ersten Mal akzeptiert. So kann ein Vorgang meistens erst nach Monaten abgeschlossen werden – wenn überhaupt.
- Anfragen an arabische Kollegen werden nur zeitversetzt und nicht komplett bzw. adäquat bearbeitet, d. h., eine Frage wird gar nicht, nur zum Teil oder an der Fragestellung vorbei beantwortet.
- Kollegen verlassen z. B. bei Anrufen laufende Meetings und kommen später wieder dazu ohne sicherzustellen, dass sie die relevanten Informationen aus dem Meeting erhalten (haben).
- Zusammen erarbeitete Vereinbarungen, Commitments werden nicht eingehalten. Es fehlt oftmals an der Nachhaltigkeit der vereinbarten Maßnahmen.

- Schwierige Verhandlungsmentalität: „Wir unterbreiten ein Angebot, machen uns viel Mühe bei der Detaillierung, aber am Ende wird alles über den Haufen geworfen und alles wieder neu verhandelt".
- Termine werden nicht eingehalten und Entscheidungen brauchen sehr lang.
- Deutsche Gepflogenheiten im Projektgeschäft, wie bspw. direkte Kommunikation und Ansprache von Problemen werden als Affront aufgefasst.
- Schwierigkeit, den Partner an den Tisch zu bekommen und einer Agenda zu folgen, stattdessen Besprechungen nur auf Smalltalk-Ebene.
- Es werden Termine vereinbart (z. B. für Besprechungen, Reisen), die dann fünfmal verschoben werden, es wird sehr kurzfristig geplant.
- Mitarbeiter niedriger Hierarchien äußern sich nicht, solange der Chef anwesend ist.
- Unrealistische Zeitplanung (es wird immer gesagt, dass es endlich in Kürze so weit ist, und dann passiert zwei weitere Jahre doch nichts ...).
- Ausbleiben jeglicher Reaktion auf E-Mail-Kommunikation.
- Informationen werden auf Nachfrage gegeben – aber es werden nicht „freiwillig" Informationen 'rausgegeben. So hat man oft nur minimales Wissen über die Vorgänge im Projekt.
- Rückfragen an uns sind meistens super dringend und müssen sofort beantwortet werden (fast schon penetrant). Im Gegenzug werden Rückfragen von uns oft nur sehr dürftig beantwortet oder ignoriert.
- Sehr auf die eigene Meinung fokussiert, andere Meinungen werden nur bedingt zugelassen, in Projekten werden oft Anforderungen erhoben, die keinen Sinn machen und unmöglich zu erfüllen sind.
- Der Vertreter trifft eine Aussage über Zeitpunkt und Ausgang einer anstehenden Entscheidung. Die Entscheidung wird dann aber nicht getroffen bzw. es ist unklar, ob diese Entscheidung wirklich ansteht.
- Problematisch ist, immer wieder zu erkennen, wann es wirklich „ernst" ist.
- Sprache wechselt auf Arabisch und man versteht nichts mehr.
- Anfragen werden oft unvollständig beantwortet. Man wartet häufig sehr lange auf eine Reaktion, wenn diese dann kommt, wurde oft nur ein Bruchteil der angefragten Dinge beantwortet/bearbeitet.
- Aufgrund der unterschiedlichen Rollenbilder zwischen den Kulturen frage ich mich, ob ich als Frau als Kontaktperson ernst genommen werde.
- Trotz existierendem Rahmenvertrag, der für den Konzern global gültig ist, werden regelmäßig Anfragen nach zusätzlichen Rabatten gestellt.
- Oft wird nicht auf alle Fragen in einer E-Mail eingegangen, sondern nur ein kleiner Teil beantwortet.
- Keine Rückmeldung, wenn eine Teilnahme zu einer Besprechung nicht möglich ist oder bei kurzfristiger Verhinderung.

Diese Auflistung bezog sich auf Erfahrungen in internationaler Projekt-arbeit, wo meistens Expats aus dem deutschsprachigen (bzw. westlichen) Raum mit arabischen Geschäftspartnern zusammenarbeiten. Wie sieht es dann aus Sicht von deutschen Mitarbeitern im Inland aus, die mit arabischen Expats zusammenarbeiten, d. h., mit Stipendiaten, Mitarbeitern in einem International Assignment oder Job-Rotation-Programm bzw. mit Managern eines arabischen Unternehmens mit Niederlassung in Deutschland (bzw. an-deren westlichen Ländern) usw. Hier ist eine ähnliche Auflistung für eine Stichprobe aus den Vorabfragebögen für den Zeitraum 2014–2018.

Problematische Erfahrungen von deutschen Mitarbeitern mit arabischen Expats in Deutschland

- Gäste mit arabischen Namen haben mehr Schwierigkeiten bei der Wohnungssuche.
- Sehr verhaltenes Auftreten. Zurückgezogenheit bis hin zu Scheu/Abwehr.
- Deutsche kommen schneller zum Punkt. „Orientalische Höflichkeit" führt manchmal zu Missverständnissen, da sie öfter Unnötiges erzählen.
- Im Alltagsleben empfinden arabische Gäste unsere säkularisierte und frei(zügig)e Gesellschaft manchmal als Affront.
- Manchmal Probleme beim Sprachverständnis, vor allem, weil Englisch für beide eine Fremdsprache ist.
- „Nein" wird nicht als „Nein" akzeptiert. Alles muss verhandelbar sein.
- Reagieren sehr empfindlich, wenn man ihre Autorität untergräbt. Titel sind wichtig und man muss unbedingt den Namen richtig aussprechen und darf keinen Teil des Namens weglassen, auch wenn der Name noch so lang ist.
- Personen aus diesem Kulturkreis, v. a. Männer, äußern selten, dass sie etwas nicht verstanden haben.
- Für deutsches Empfinden oftmals recht unfreundliches und forderndes Auftreten, manchmal auch arrogant.
- Teilweise wird Frauen nicht dieselbe Kompetenz zugestanden wie Männern.
- Religiöse Vorschriften harmonieren oft nicht mit dem Arbeitsablauf.
- Gastwissenschaftler nutzten die Einrichtungen des Instituts weiter, auch wenn ihre Zeit am Institut bereits beendet war und sie nicht mehr dazu berechtigt waren. Einwände dagegen wurden nicht zur Kennt-nis genommen.
- Bringen Begrüßungsgeschenke, die wir nehmen sollen, obwohl unsere internen Compliance Regeln das nicht erlauben.
- Für manche gläubigen Muslime sind die Gebetszeiten unantastbar. Man erwartet überall eine islamfreundliche Infrastruktur.

- Mitarbeiter aus diesen Regionen reagieren nicht gleich auf Anfragen, um beispielsweise erforderliche Unterlagen einzureichen.
- Im Schriftverkehr sind sie sehr fordernd und in meinen Augen sehr kühl und unhöflich. Sobald ich sie treffe, sind sie sehr freundlich und höflich.
- Einreichen wichtiger Unterlagen erfolgt erst nach mehrmaliger Aufforderung.
- Arrogantes Auftreten von arabischen Männern gegenüber deutschen Frauen.
- Einhaltung von Vereinbarungen. Man hat mit ihnen etwas vereinbart, um die Zusammenarbeit zu regeln, sie möchten jedoch alles später diskutieren und alles wieder ändern.
- Schon die Begrüßung ist oftmals eine für mich „unangenehme" Situation (gebe ich die Hand oder nicht?).
- In meinen Projekten erlebe ich immer wieder fehlende Verbindlichkeit, Termine werden nicht eingehalten, es gibt kein rechtzeitiges Feedback, um entsprechend reagieren zu können. Auch ist oft nicht klar, wer Entscheidungen letztendlich treffen kann bzw. dann auch trifft.
- Keine Antwort auf eMails, Vereinbarungen werden immer kreativ zum eigenen Vorteil ausgelegt.

Die Einhaltung von Regeln und Vereinbarung und das Problemfeld Frauenbild sind aus Sicht der Befragten in diesem Kontext besonders zu erwähnen. Bemerkenswert ist allerdings, dass der Effekt des „Nicht-ernstgenommen-Werdens" gänzlich verschwindet, wenn man in anderen Vorabfragebögen von chinesischen oder argentinischen statt arabischen Menschen spricht.

Wie sieht es dann mit den Erfahrungen mit Menschen mit arabischem Migrationshintergrund aus? Erleben die Befragten aus der deutschen Verwaltung und ähnlichen Institutionen (Jobcenter, Ausländeramt, Sprachschulen, Ausbildungsbetriebe) die gleichen Problemfelder: Kommunikation, Zeitverständnis, Koordination der Arbeit, Einhaltung von Regeln und Vereinbarungen und problematisches Frauenbild?

Hier ist die letzte Auflistung aus den 750 Vorabfragebögen für den Zeitraum 2014–2018. Teilnehmer waren Mitarbeiter verschiedenster öffentlicher Behörden und Verwaltungseinrichtungen.

Problematische Erfahrungen in deutschen Verwaltungseinrichtungen

- Schwierigkeiten beim Thema: Gleichstellung Mann – Frau.
- Frauen werden bei den männlichen Kunden aus diesem Kulturkreis oft nicht ernst genommen.
- Antrag auf Finanzierung des Führerscheins. Trotz deutlicher Absage sprechen die Kunden immer wieder mit derselben Frage vor.
- Abwertende Haltung gegenüber Frauen (wenn beratende Person eine Frau ist).
- Andere Art der Kindererziehung.
- Es herrschen traditionelle Rollenmuster, sodass die Mehrheit der Mütter mit arabischen Wurzeln lieber nicht arbeiten und stattdessen mehr Zeit für Familie und Kinder haben will.
- Frau zu sein, bedeutet Haushalt und Familie.
- Neuankömmlinge kommen meistens mit einem traditionellen Familienbild nach Deutschland.
- Eltern sind kaum interessiert, sich in den Alltag des Kindergartens oder der Schulen einzubringen.
- Sprachkursträger beklagen immer wieder, dass die Kursteilnehmer zu spät oder gar nicht erscheinen – trotz Warnungen und Sanktionen.
- Verstehen nicht, wie das deutsche Schul- und Bildungssystem funktioniert.
- Manche Angebote werden abgelehnt, wie Sport- oder Schwimmunterricht, da sie nicht geschlechtergetrennt sind.
- Viele Abweichungen von der Sache und Wiederholung von unnötigen Erzählungen.
- Mädchen machen alles, was die Familie von ihnen verlangt.
- Mangelnde Kooperationsbereitschaft der Sprachmittler, da sie nach Lust und Laune dolmetschen, manchmal sehr kurz und manchmal sehr lang.
- Umgang mit den Kindern ist ziemlich gewöhnungsbedürftig bis gesetzwidrig.
- Erziehung der Kinder ist eine Muttersache.
- Männer akzeptieren die Entscheidungen von Frauen nicht und man fragt immer nach dem Chef.
- Es werden viele Geschichten erzählt, die mit der Klärung des Sachverhalts nichts zu tun haben.
- Arrogantes Auftreten von Männern gegenüber weiblichem Personal.
- Fristen werden nicht eingehalten und wenn ja, dann meistens auf den letzten Drücker.
- Ablehnung der Frau als Beraterin von einem Kunden arabischer Herkunft.

Herausforderungen in den Verwaltungseinrichtungen sind sehr heterogen und wie man in dieser Stichprobe sieht, sind die wahrgenommenen und erlebten Herausforderungen vielfältig, sodass man nicht von einem einheitlichen Muster sprechen kann. Das hat primär zu tun mit dem Aufgabenbereich und inwiefern solche kulturellen Prägungen (oder Person- und Situationsfaktoren) die Interaktion beeinflussen. Für eine Mitarbeiterin der Bürgerdienste spielt wahrscheinlich das Auftreten des Bürgers eine besondere Rolle in der Interaktion und im Gesprächsverlauf und daher werden abweichende Verhaltensweisen verstärkt wahrgenommen, interpretiert und gespeichert, während für eine Vernehmungsbeamtin die Suche nach einer lückenlosen Erklärung und glaubwürdigen Aussagen des gleichen Bürgers eher im Vordergrund stehen. Das bedeutet, dass das Verhalten der gleichen Person je nach Aufgabenbereich und Interaktion mit Anderen verschieden bewertet werden kann: für die Mitarbeiterin der Bürgerdienste ist eher das arrogante Auftreten ein Problem, da die Interaktion von kurzer Dauer ist, wenn es nur um Erstellen und Übergabe von Urkunden und amtlichen Dokumenten geht, für eine Vernehmungsbeamtin oder den Amtsrichter stellen aber die Zirkularität der Kommunikation oder das nicht Einhalten von Terminen eine ernsthafte Herausforderung dar, da dadurch die Glaubwürdigkeit der Aussage und Zuverlässigkeit der Person infrage gestellt wird.

Trotz der Heterogenität der Herausforderungen in den Verwaltungseinrichtungen stellen auch die beiden Problemfelder Einhaltung von Regeln und das Frauenbild ein Problem aus Sicht der deutschen Befragten dar und verdienen eine ausführliche Thematisierung. Ohne kulturalistische Rezepte oder reduktionistische Schlussfolgerungen anzubieten gehe ich im Folgenden auf die vier Herausforderungen aus der Praxis und ihre Hintergründe ein: Kommunikationsstil, Zeitverständnis, Umgang mit Regeln und Frauenbild.

3.1   Der arabische Kommunikationsstil

Einer der wichtigsten Unterschiede zwischen den Kulturen ist der Grad der Direktheit in der Kommunikation. Man kann unterscheiden, ob Menschen dazu tendieren, Informationen direkt, explizit und fast ausschließlich verbal zu übermitteln oder ob Menschen in ihrer Kommunikation primär kontextuelle Hinweise berücksichtigen, wie zum Beispiel den Gesichtsausdruck des Gesprächspartners, die Umstände der Begegnung, die Vorgeschichte oder kulturell bedingte Höflichkeitsrituale. Im ersten Fall spricht man von Low-Context-Kommunikation und im zweiten von High-Context-Kommunikation. Der deutsche Kommunikationsstil ist bekanntermaßen direkt, explizit, hat einen niedrigen Kontextbezug und lässt nur wenig Raum für eigene Interpretationen (siehe „Deutsche Kulturstandards" in Abschn. 2.3.7).

Der arabische Kommunikationsstil ist dagegen eher indirekt und implizit. Folgende Merkmale treffen weitgehend auf diesen Kommunikationsstil zu:

- Beziehungsorientiert. Das Prinzip der Gesichtswahrung (d. h. das eigene Gesicht und das Gesicht des anderen zu wahren) ist der wichtigste Gestaltungsrahmen der Kommunikation. Kritik wird eher indirekt „durch die Blume", zwischen den Zeilen mithilfe von Umschreibungen, Floskeln und Metaphern gesendet, um die Beziehung zwischen den Beteiligten nicht zu gefährden.
- Direkte Ablehnung gilt als unhöflich. Es fällt vielen Menschen sehr schwer, ein „Nein" direkt, explizit, sachlich und emotionslos auszusprechen. Dahinter steckt kein individuelles psychologisches Bedürfnis wie die Angst vor Ablehnung oder Zurückweisung bzw. mangelndes Selbstwertgefühl oder Selbstvertrauen, sondern die Befürchtung, die Beziehung zum Gesprächspartner und die damit verbundenen Interessen zu stören und selbst keine Hilfe zu bekommen, wenn man sie braucht.
- Verhandlung ist Kommunikation. Es herrscht das Prinzip „Geben und Nehmen". Da man selten ein direktes „Nein" bzw. die verschiedenen Nuancen einer direkten Ablehnung hört, entwickelt sich aus der Kommunikation eine Art Verhandlung. Der sendende Gesprächspartner, der eine verbindliche Aussage erreichen möchte, wird mit dem anderen Gesprächspartner (Empfänger), solange kommunizieren und seine Botschaft mithilfe der verschiedensten kulturell akzeptierten Mittel und Taktiken wiederholen, bis ein Grad an Verbindlichkeit intuitiv erreicht wird. Diese „normale" Art der arabi-

schen Kommunikation hört sich allerdings für Menschen mit Tendenz zu Low-Context-Kommunikation an wie „feilschen", „nachver-handeln" oder wird manchmal als „zu penetrant" oder „kommunizie-ren wie auf dem Basar" empfunden und in der Folge wenig geschätzt.

• Zirkularität der Kommunikation. Unterbrechungen sind häufig und es ist durchaus üblich, jemanden beim Reden zu unterbrechen. Im Unterschied zum Deutschen, wo Unterbrechungen und der Sprecherwechsel tendenziell am Ende eines Satzes erfolgen, da das Verb als wichtigster Informationsträger am Satzende steht (Lüsebrink 2016, S. 39), erfolgt der Sprecherwechsel im Arabischen oft früher, was von Deutschen als unhöfliches „Ins-Wort-Fallen" interpretiert werden kann. In den arabischen Kommunikationstrainings unter-scheidet man allerdings zwischen positiver und negativer Unterbrechung. Positive Unterbrechung bedeutet, einen Rapport zum Gesprächspartner zu schaffen durch Ergänzung oder Fortführung sei-nes Satzes, seiner Gedanken oder sich gegenseitig verbal zu unter-stützen durch die Nennung von Beispielen und Erfahrungen. Das pas-siert meistens ohne strategische Überlegung und wegen der intuitiv empfundenen natürlichen Wirkung wird diese Art von Ge-sprächsführung nicht als unhöfliche Unterbrechung wahr-genommen, sondern als Art der effizienten Kommunikation. Das Ziel der arabischen Kommunikationskurse ist eigentlich, über die negative Unterbrechung zu reflektieren und Taktiken für den Umgang damit zu erlernen. Negative Unterbrechung bedeutet, lauter zu werden, immer das gleiche Argument mit steigernder Emotionalität zu wieder-holen, Augenkontakt mit dem Gesprächspartner zu vermeiden und die sachlichen Hintergründe aus den Augen zu verlieren. Wann je-mand eine Unterbrechung als positiv oder negativ empfindet, ist stark von der persönlichen Erfahrung mit unterschiedlichen Kommu-nikationsstilen sowie Präferenzen für eine bestimmte Art der Gesprächsführung abhängig. Unterbrechungen finden sich nicht nur in der Gesprächsführung, sondern auch in der erlebten Zirkularität der Kommunikation. Dies bedeutet, dass Themen nicht linear (A-B-C-D-E-F) abgearbeitet werden, sondern eher nach Aktualität, Wichtigkeit und Bezug (A-D-E-C-F-B), zudem werden mehrere Themen gleichzeitig angesprochen und manche Themenpunkte dominieren das Gespräch im Vergleich zu anderen Punkten. Dies zeigt sich öfter in den aus deutscher Sicht problematischen Erfahrungen, wenn Agenda und Tagesordnungen kaum eingehalten werden, obwohl man sie vorher gemeinsam erarbeitet hat. Auch die Strategie, eine früher angekündigte Tagesordnung während der Besprechung zu forcieren, führt manchmal nicht zum Erfolg, weil dadurch spontane aber vielleicht wichtige Beiträge unterdrückt werden. Abb. 3.1 zeigt eine schematische Darstellung der Unterschiede zwischen linearer und zirkulärer Kommunikation.

- Das Verstehen dieser Kommunikationsweise ist auch für die zuverlässige Wiedergabe von Tatsachen in Gerichtsverhandlungen und Vernehmungssituationen von Bedeutung. Der arabische Kommunikationsstil führt unter Umständen dazu, dass es den Befragten schwerfällt, Fakten singulär abzurufen. Die Tatsachen werden entsprechend in einem raumzeitlichen Gesamtgeschehen abgespeichert

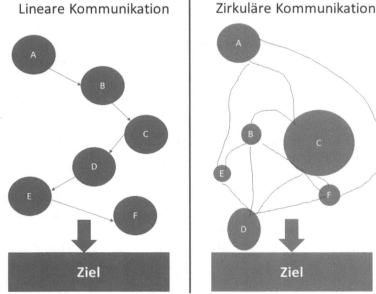

Abb. 3.1 Schematische Darstellung der Unterschiede zwischen linearer und zirkulärer Kommunikation (eigene Darstellung)

(übertrieben ausgedrückt: wie eine Erzählung oder Geschichte bzw. vollständige Episode). Für den Abruf der Fakten ist die ausführliche Darstellung des jeweiligen Gesamtgeschehens unerlässlich, was häufiger zu weitschweifiger Erzählweise und Darstellung von aus deutscher Sicht unwichtigen Ereignissen und/oder Details führen kann.[1] Für eine vollständige Ermittlung eines Sachverhalts im Rahmen dieses Kommunikationsstils ist es am günstigsten, sich auf das zirkuläre Kommunizieren einzulassen und am besten zu lernen, strategisch mit der Weitschweifigkeit bzw. Sprunghaftigkeit des Dialogpartners umzugehen, was für Low-Context-Geprägte eine enorme Geduldsprobe bedeuten kann.

Was bedeutet „Kommunikation" auf Arabisch?

In einem arabischen Wörterbuch hat das Wort „Kommunikation" zwei Bedeutungen:

1. Kommunikation im technischen Sinne, z. B. wie Telekommunikation. Der arabische Begriff dafür lautet *itisalat* (andere Schreibweise: etisalat – übrigens der Namensgeber für Etisalat; die staatliche Emiratische Gesellschaft für Telekommunikation, einen der größten Telekommunikationsbetreiber in der arabischen Welt und auf dem afrikanischen Kontinent).
2. Kommunikation im Sinne des zwischenmenschlichen Informationsaustausches bzw. „kommunizieren" heißt *tawassul* „تَواصُل". Darunter versteht man, eine Vereinbarung zu erreichen, in einer guten Beziehung zu sein, verschiedene Anhaltspunkte auszutauschen oder über etwas zu verhandeln. Daraus lässt sich schlussfolgern, dass es im Arabischen keinen Unterschied zwischen „kommunizieren" und „verhandeln" gibt. Jede Kommunikation ist auch eine Verhandlung!

Es ist ein seltener Zufall, dass zum arabischen Wikipedia-Beitrag über „*Tawassul*" nur eine einzige fremdsprachige Entsprechung existiert – und zwar der deutschsprachige Beitrag zum Thema „Verständigung". Darin wird Verständigung als die wesentliche Zielsetzung der Kommunikation mit anderen

---

[1] Vgl. Beitrag von Ünal Yalçin zur „Interkulturelle Kommunikation im Gerichtssaal" https://www.neuerichter.de/fileadmin/user_upload/fg_interkulturelle_kommunikation/FG-IK-2011-09_Yalcin_in_BJ.pdf [Abruf 17.03.2018].

Menschen definiert. Tawassul bzw. Verständigung bedeuten nichts anderes als gegenseitiges Verstehen (einander verstehen) durch Wahrnehmung und gedankliche Verarbeitung der Informationen durch Zuhören, Hinterfragen und Paraphrasieren.[2]

3.2   Zeitverständnis

In Deutschland und der Schweiz (sowie in USA, Kanada und weiteren nördlichen Ländern) herrscht ein fixiertes „monochrones", lineares Zeitverständnis. Einzelne Teilaufgaben werden auf einer Zeitlinie sukzessive abgearbeitet und es herrscht eine klare zeitliche Organisation der Arbeitsabläufe. Es wird von allen erwartet, vereinbarte Termine und Zeitpunkte präzise einzuhalten. Unpünktlichkeit wird mit Unzuverlässigkeit gleichgesetzt und gilt als unhöflich. Das Zeitverständnis in der arabischen Welt ist dagegen lockerer und folgt nicht unbedingt einem strengen Terminplan, vor allem kaum im privaten Alltag. Folgende Punkte sind hinsichtlich des arabischen Zeitverständnisses besonders erwähnenswert:

- Neben Kommunikationstrainings zählen Zeitmanagementkurse zu den meist gebuchten Angeboten im boomenden Weiterbildungsmarkt in der arabischen Welt. Die Teilnehmenden lernen Strategien, um sich von dem arabischen offenen „polychronen" Zeitverständnis auf eine monochrone Zeitauffassung umzustellen und stellen dabei fest, dass der Fortschritt eines Landes und die Positionierung im internationalen Vergleich bzw. der Erfolg eines Projektes grundsätzlich stark vom herrschenden Zeitverständnis abhängt.
- Anders als das westliche Zweitverständnis ist das arabische Zeitverständnis offen, polychron, zirkulär und ungebunden. Polychrones Zeitverständnis ist ereignisorientiert. Unpünktlichkeit wird grundsätzlich nicht als Problem betrachtet. Ereignisorientierung bedeutet, dass soziale Begegnungen und soziale Verpflichtungen

---

[2]Vgl. den Wikipedia Beitrag: https://de.wikipedia.org/wiki/Verst%C3%A4ndigung / Verständigung [Abruf 17.03.2018].

Vorrang haben. Mehrere Dinge gleichzeitig zu erledigen, Zeitpläne fle-
xibel zu ändern und Verspätungen werden nicht als Beleidigung wahrgenommen. Ein polychrones Zeitverständnis zeigt sich auch im geschäftlichen Geschehen, wenn ein arabischer Geschäftsmann während
eines Meetings die Tür offen lässt, etwas unterschreibt und andere
Besucher begrüßt oder mit Dritten telefoniert. Das Paradebeispiel für
die Unterschiede zwischen mono- und polychronem Umgang zeigt
sich am laufenden Fernseher. In Deutschland wird das laufende Gerät
höchstwahrscheinlich ausgeschaltet, wenn jemand zu Besuch kommt,
um sich auf den Besucher zu konzentrieren und höfliches Verhalten zu
demonstrieren, während bei vielen arabischen Familien das Gerät einfach unbeachtet weiterläuft oder die laufende Sendung sogar plötzlich
zum wichtigsten Gesprächsthema mit den Gästen wird. Das
Ausschalten des Geräts wäre hier sogar ein indirektes Zeichen dafür,
dass der Gast nicht willkommen ist!

- International tätige Unternehmen wie Aramco, Sabic, Emirates oder
  Qatar Airways orientieren sich an den globalen Standards, um wett-
  bewerbsfähig zu sein. Durch die Entwicklung und Kommunikation
  von Unternehmenskulturen zu internationalen Standards haben sich
  die Einstellungen und das Verhalten der Mitarbeiter und Partner massiv verändert, so dass man kaum Unterschiede zu den üblichen globalen Managementpraktiken bzgl. Planung und Organisation wahrnimmt. In den Golfstaaten und wegen der Lokalisierung des
  Arbeitsmarkts und der Beschäftigung von einheimischen Arbeitskräften
  erleben die dort tätigen internationalen Unternehmen die meisten
  Herausforderungen fast nur mit neu Eingestellten, die ihr polychrones, ereignisorientiertes Zeitverständnis mitbringen, bis auch sie die
  jeweilige Unternehmenskultur internalisiert haben.

- Paradoxerweise gibt es einerseits bekannte Sprüche wie „Ihr habt die
  Uhr, wir haben die Zeit" oder „Eile ist vom Teufel", die auf einen ge-
  lassenen Umgang mit der Zeit hindeuten, andererseits gibt es aber auch
  die islamischen Gebetszeiten, die sich nach fixen Zeitpunkten im
  Tagesverlauf richten und eine akribische Pünktlichkeit voraussetzen.
  In der Blütezeit der islamischen Kultur beschäftigten sich Astronomen
  und Mathematiker mit der Bestimmung der Zeit. Sie verfeinerten die
  Messmethoden und entwickelten äußerst genaue Instrumente, um die

Gebetszeiten exakt feststellen zu können. Es wurden Tafelwerke entwickelt, mit deren Hilfe die Gebetszeiten für jeden Tag des Jahres und für jeden beliebigen Punkt auf der Welt bestimmt werden konnten. Die Beschäftigung mit der Zeit und der Zeitmessung ist ein wichtiges Anliegen in der arabisch-islamischen Kultur. Heute zählen Apps für die Gebetszeiten (z. B. „My Prayer") oder entsprechende Webseiten (wie z. B. www.islamicfinder.org) zu den meistbesuchten Seiten im Internet. Der gelassene Umgang mit der Zeit hat also bestimmte Einschränkungen und gilt nicht für alle Sphären des Lebens.

- Das Zeitverständnis in einer Kultur – polychron oder monochron – ist abhängig vom Grad ihrer Industrialisierung und Modernisierung. Eine industrielle Revolution hat nie in der arabischen Welt stattgefunden und die wenigen im 20. Jahrhundert entstandenen industriellen Einrichtungen haben es nicht geschafft, das kollektive vorindustrielle Zeitverständnis umzustellen. Das Konzept „Zeit ist Geld" gilt nicht als kollektives Motiv. Zwar herrscht in großen Produktionsunternehmen im Großen und Ganzen ein monochrones Zeitverständnis, es erlaubt jedoch einen gewissen Grad an Flexibilität.

- Das Einhalten von Versprechen, Terminen und Vereinbarungen gilt im Islam als Tugend und es gibt viele Hadith (Überlieferungen nach dem Propheten Mohammed), die das ansprechen. Ein sehr bekannte Hadith lautet:

„Wenn ein Mu`min (Gläubiger) spricht, so sagt er die Wahrheit; wenn er etwas verspricht, so hält er es, und wenn man ihm etwas anvertraut, so veruntreut er es nicht."[3]

- Da Religionsstifter grundsätzlich bemüht waren, eine schiefe Soziallage oder negatives Verhalten zu verbessern, scheint die fehlende zeitliche Verbindlichkeit in der arabischen Lebenskultur schon seit vorislamischer Zeit ein relevantes Thema gewesen zu sein. Man kann auch weiterhin relativieren und darauf hinweisen, dass ein fixiertes Zeitverständnis in den meisten Kulturen der Welt nicht die Norm dar-

---

[3] Diese Überlieferung steht im Zusammenhang mit Hadithnr. 33 in Sahih al-Buchari. Erläuterung dazu in der Exegese von al-Qurtëubī, Vol. 18, Seite 122.

stellt mit Ausnahme der Bereiche, die von den betriebswirtschaftlichen Werten der Effizienzsteigerung und des Wirtschaftswachstums durchdrungen sind.

- Unter welchen Bedingungen sind Menschen pünktlich – unabhängig von ihren individuellen oder kulturellen Prägungen? Wahrscheinlich gibt es zwei Bedingungen, die überall transkulturell gelten:

1. Wertigkeit der Situation und
2. drohende Konsequenzen.

Dabei spielt die subjektive Einschätzung eine entscheidende Rolle. Die Wertigkeit der Situation fällt sicherlich höher aus, wenn jemand ein wichtiges Vorstellungsgespräch mit erfolgversprechenden Chancen vor sich hat. Die Wahrscheinlichkeit ist hier sehr hoch, dass diese Person (unabhängig von individuellen Gewohnheiten oder dem kulturellen Zeitverständnis) (über)pünktlich zum Vorstellungsgespräch erscheint. Genauso wird diese Person höchstwahrscheinlich pünktlich erscheinen, wenn sie auf eine Vorladung der Staatsanwaltschaft reagieren muss, da ihr ansonsten gesetzliche Konsequenzen und Strafen drohen.

Eine Landkarte der Zeit: Ereignisorientiertes Zeitverständnis

Der amerikanische Psychologe Robert Levine (1998) untersuchte das Gesamttempo in verschiedenen Kulturen und bezeichnet das polychrone Zeitverständnis als ereignisorientierte Zeit. In einer Ereigniszeit tut man nicht das, was in einem Terminkalender notiert ist, sondern das in diesem Moment Wichtigste. Levine bereiste 31 Länder und maß dabei die Geschwindigkeit, mit der Fußgänger in einer Innenstadt ca. 20 Meter zurücklegten. Außerdem maß er, wie lange Postangestellte brauchten, um eine Briefmarke zu verkaufen und prüfte die Genauigkeit öffentlicher Uhren an Bahnhöfen. Die Untersuchung von Levine zeigt, dass in der Schweiz, Irland, in Deutschland (Rang 3) und Japan das Leben am schnellsten getaktet ist. Levine fand einen Zusammenhang zwischen dem Wetter, der Bevölkerungsdichte, der Wirtschaftskraft und dem Lebenstempo: Wenn es wärmer wird, wird alles ein wenig langsamer, und je mehr Menschen zusammenleben und je höher das Pro-Kopf-Einkommen und die Kaufkraft sind, umso schneller ist das Leben insgesamt. Die beiden arabischen Länder in dieser Untersuchung von 31 Ländern waren Jordanien (Rang 26) und Syrien (Rang 27).

Eine Kursteilnehmerin an einem Kurs fühlte sich respektlos von jordanischen Kollegen und Kolleginnen behandelt, wenn sie sich mit ihnen zu einer bestimmten Uhrzeit verabredet hatte:

„Die Respektlosigkeit fand ich nicht in der Verspätung, sondern, dass die Leute zwischendurch andere Sachen machen. Ich war mit einigen Kolleginnen um 20:00 Uhr verabredet, ein Kollege kam 15 Minuten später und um 20:30 verschwand er und telefonierte nebenan fast ½ Stunde mit anderen Personen, die wahrscheinlich wichtiger waren, und danach unterhielt er sich mit anderen Tischnachbarn, die er kennt. Ein respektvoller Umgang für mich bedeutet, dass man sich Zeit nimmt und nicht, auf vielen Hochzeiten gleichzeitig zu tanzen."

Diese alltägliche Erzählung zeigt ein Beispiel für Unterschiede bzgl. des Umgangs mit der Zeit. Monochrones Zeitverständnis bedeutet, die Zeit einzuteilen, nur eine Sache in dieser Zeit zu machen und alles „eins nach dem anderen" zu erledigen. Das gilt für die Erledigung beruflicher Aufgaben, aber auch für private Verabredungen. Nach polychronem Zeitverständnis können allerdings und vor allem in informellen Kontexten mehrere Dinge parallel nebeneinander laufen und Planungen werden je nach Situation angepasst. Das Beispiel zeigt jedoch, wie schnell Missverständnisse entstehen können, wenn man erwarten würde, dass das Bekunden und Zeigen von Respekt in allen Kulturen identisch ist. Das Bedürfnis nach sozialer Eingebundenheit und Austausch mit anderen Menschen brachte viele Funktionen hervor, wie Respekt, höfliches Verhalten und Wertschätzung, die offensichtlich universelle Phänomene und Funktionen in allen Kulturen sind, deren Ausdruck (also das wie) sich allerdings von Kultur zu Kultur erheblich unterscheidet. Zum Glück ist das Umschalten von polychronem zu monochronem Zeitverhalten bzw. umgekehrt eine relativ gut erlernbare Fertigkeit, wie manche arabische Manager von ihren Erfahrungen in westlichen Ländern berichten.

3.3 Umgang mit Regeln und Vereinbarungen

Wertschätzung von Regeln und Strukturen ist ein Kulturstandard in Deutschland. Verbindliche Vorschriften, Strukturen und Regelungen werden über Situationen und Personen hinweg festgelegt und wenig hinterfragt. In der deutschen Sprache gibt es zahlreiche begriffliche Konzepte, die assoziativ unter dem Dachbegriff „Regeln" eng miteinander verknüpft sind: Vereinbarung, Übereinkunft, Übereinkommen, Abmachung, Abkommen, Verabredung, Absprache, Abrede, Einigung, Verständigung, Arrangement, Pakt usw. Reglementierungen findet jeder im Alltag: Hygienevorschriften, Hausordnung, AGBs, Selbstverpflichtung, eidstaatliche Versicherung, Vertragsbedingungen, Richtlinien usw. Für die entsprechende Übertragung solcher Synonyme und Begriffe ins Arabische brauchen viele Übersetzer und Dolmetscher meist viel Phantasie oder Begabung! Dies heißt aber nicht, dass es in der arabischen Kultur weniger Regeln und Vorschriften gäbe. Die Anziehungskraft des Islam (zumindest im konservativen Verständnis) lässt sich gerade mit den einfachen und klaren Regeln begründen, die viele den Islam als Katalog von Anweisungen und Verhaltensregeln verstehen lassen. Auch abgesehen von der Religion gibt es in den arabischen Ländern viele bürokratische Hürden, die meistens viel höher und unübersichtlicher sind als in den meisten Ländern der westlichen Welt. Die situative und personenspezifische Auslegung von Regeln und Vorschriften ist ein Grund für das verbreitete *Wasta*-Prinzip (Wasta; Beziehung, Vermittlung) in vielen arabischen Ländern. *Wasta* ist keine Vermittlung zwischen zwei Konfliktparteien (als Mediationsform), sondern ist meistens mit den eigenen Interessen (Bestechung sowie allen bekannten Erscheinungen in einer Vetternwirtschaft) verbunden. *Wasta* kann man auch als Vitamin B verstehen, das alle Menschen unabhängig vom kulturellen Hintergrund einsetzen, um gewisse Interessen und Ziele zu realisieren. Die Transparenz komplexer Regeln und Vorschriften in Deutschland (und in vielen westlichen Ländern) sowie deren Geltung für alle Parteien ernten höchste Bewunderung von den Arabern, seien es Flüchtlinge, Geschäftsleute, Studierende oder an Deutschland Interessierte. Zu diesem Punkt „Verständnis und Einhaltung von Regeln und Vereinbarungen" gibt es jedoch kulturelle Unterschiede. U. a. sind folgende Punkte besonders erwähnenswert:

- Wegen des gering kontextualen, direkten Kommunikationsstils in Deutschland werden viele Äußerungen als Zusage, Bestätigung oder Vereinbarung verstanden. Eine wörtlich formulierte Aussage wird als verbindliche Vereinbarung verstanden, an die sich beide Parteien zu halten haben. Diese regelfixierte Haltung führt auch dazu, dass meist nicht zwischen einer expliziten Äußerung und einer verborgenen (impliziten) tatsächlichen Bedeutung unterschieden wird (Münscher und Hormuth 2013, S. 145). Wenn ein Interaktionspartner sagt „der Bericht ist fertig", dann wird wegen der expliziten Äußerung davon ausgegangen, dass der Bericht zu 100 % fertig ist, wobei die verborgene Bedeutung vielleicht 70 % meinte. Übrigens: Die Transparenz von Regeln und die Zuverlässigkeit der Kommunikation (d. h. es gibt keine verborgene Bedeutung!) mit Deutschen werden von der Mehrheit der Araber als sehr positiv empfunden und hoch geschätzt!

- Kommunikation ist eine Verhandlung, die durch die Verhandlungsbereitschaft aller Kommunikationspartner bedingt ist. Dieses basale Verständnis für Kommunikation bedeutet aus arabischer Sicht, dass alles verhandelbar ist. Ein Zitat aus einem Hadith des Propheten Mohammed „Der Käufer und der Verkäufer haben immer solange die freie Entscheidung, bis sie sich voneinander trennen"[4] ist in verschiedenen arabischen Dialekten abgewandelt und spiegelt dieses kollektive Verständnis von Kommunikation als ständigem Verhandeln.

- Verhandelt man in der arabischen Welt die Gebührenordnung einer Behörde? Die Tendenz ist eher ja bzw. gilt dies nicht als tabuisiert oder als Grund, sich zu schämen. Zumindest versucht man mit allen möglichen Argumenten, den Interaktionspartner zu überzeugen oder zu beeinflussen. Der Toleranzbereich bzw. die Verhandlungsbereitschaft in Deutschland sind dagegen viel enger. Für viele Menschen in Deutschland gilt ein Festpreis als per se nicht verhandelbar und der Versuch, ihn zu verhandeln, wird negativ als peinliches Verhalten bewertet.

- Ein bekannter Ansatz im interkulturellen Management unterscheidet zwischen Kulturen, in denen die Einhaltung allgemeiner Regeln und Standards unabhängig von der Person und Situation im Vordergrund

---

[4] Die vollständige Überlieferung lautet: „Der Käufer und der Verkäufer haben immer solange die freie Entscheidung, bis sie sich voneinander trennen. ... Wenn sie miteinander wahrhaftig und ehrlich waren, so ist das zwischen ihnen abgewickelte Geschäft segensreich geworden und wenn sie etwas verschwiegen oder gelogen haben, so ist jeglicher Segen von ihrem Geschäft abgeschnitten." [Sahih al-Buchari, Kapitel 32/Hadithnr. 2079].

steht (universalistische Kulturen) und anderen, in denen die Beurteilung einer Verhaltensweise von den jeweiligen Situationen und Personen abhängig ist (partikularistische Kulturen). Dieser Unterschied Universalismus vs. Partikularismus zeigt sich in der Erwartungshaltung, ob Vorschriften und Vereinbarungen grundsätzlich als situationsübergreifend eingehalten werden sollten oder ob man mit den getroffenen Vereinbarungen flexibler umgehen kann (Trompenaars und Hampden-Turner 1997). Ein Beispiel: Die Verordnung über die Kehrung und Überprüfung von Feuerstätten mit festen Brennstoffen legt fest, dass der Schornsteinfeger zweimal pro Jahr kehrt. In universalistischen Kulturen wird wahrscheinlich niemand nach dem Sinn dieser Regeln fragen und die Rechnung des Schornsteinfegers ohne Rückfragen begleichen. Für Personen mit starker Tendenz zum Partikularismus ist viel Überzeugungsarbeit notwendig, um die Sinnhaftigkeit und Allgemeingültigkeit dieser Regelung zu verstehen: „Muss ich das wirklich bezahlen, obwohl ich drei von den vier Wintermonaten im Ausland war und meinen Kamin kaum benutzt habe …".

• Die Herausforderung „Nicht-Einhalten von abgestimmten Abgabeterminen ohne vorherigen Hinweis, dass die Deadline nicht eingehalten werden kann" resultiert aus der Interaktion zwischen mehreren kulturellen Dimensionen. Auf deutscher Seite ist die Erwartungshaltung geprägt vom Universalismus (Regel/Abgabetermin soll grundsätzlich situationsübergreifend eingehalten werden) und direkter, expliziter Kommunikation (Erwartung einer klaren Aussage/Feedback, wenn etwas nicht funktioniert). Auf arabischer Seite erkennt man die kulturellen Dimensionen Partikularismus (flexibler Umgang mit einer Vereinbarung je nach Situationsbedingungen) und auch das polychrone Zeitverständnis. Herausforderungen sind meistens durch mehrere Dimensionen und Faktoren verursacht und können nicht auf eine einfache Erklärung reduziert werden.

• Eine sehr ungewohnte Sache für viele Araber ist die Komplexität der deutschen Verwaltungsstrukturen (Bundesämter, Landesanstalten, Kommunalverwaltung usw.). Die Interaktion zwischen den Bürgern und den Verwaltungseinheiten in den arabischen Zentralstaaten dagegen ist im Vergleich zu Deutschland sehr beschränkt. Vorschläge wie die Taschengeldempfehlung des Jugendamts oder Vorgehensweisen wie

z. B. ein Erinnerungsschreiben wegen der kindlichen Früher-kennungsuntersuchung werden als amtliche Zwangsmaßnahmen bzw. Anordnungen empfunden, da die Erfahrungen mit dem Staat in den Herkunftsländern meistens von Repressionen und Willkür und weniger von Maßnahmen zum Wohl der Bürger geprägt sind. Dies verdeutlicht die Notwendigkeit der informierenden Aufklärungsarbeit, die ihre volle Wirkung entfalten kann, allerdings nicht nur durch Überreichung von Broschüren und schriftlichen Empfehlungen, sondern vielmehr durch persönliche Beratung und mündlichen Informationsaustausch.

• Transparenz und Verständnis sind die wichtigsten Voraussetzungen für die Einhaltung von Regeln und Vereinbarungen. Moderne arabische Verwaltungsinstitutionen (z. B. Smart Dubai Government) implementieren diese Bedingungen, um einfach lange Diskussionen bzw. Verhandlungsversuche zu vermeiden. Die notwendigsten Minimalbedingungen und die wichtigsten Unterlagen für die Erstellung einer Urkunde zum Beispiel werden durch alle medialen Möglichkeiten kommuniziert (Erklärfilm auf YouTube Kanal, TV-Werbung, Flyer usw.) und sind in der jeweiligen Behörde auf den ersten Blick zu erkennen. Dies signalisiert, dass man über solche Bedingungen nicht verhandeln kann und dass sie für alle maximale Gültigkeit beanspruchen. Gleichzeitig bedeutet dies aber auch für Dinge, die nicht so transparent kommuniziert werden, dass sie verhandelbar sein können!

Mit Gott verhandeln!

Jeder Muslim kennt die Nacht- und Himmelsreise (Isra and Mi'raj) des Propheten Mohammeds. Der Überlieferung nach wurde in dieser Nacht das fünfmalige tägliche Pflichtgebet auferlegt. Diese fünf Mal waren ursprünglich 50! Nach muslimischer Überlieferung berichtete der Prophet: „Bei meiner Rückkehr kam ich an Moses vorbei ... Er fragte mich, wie viele Gebete mir Gott auferlegt hat. Ich nannte 50, dann sprach er: Das Gebet ist eine schwere Last, und dein Volk ist schwach. Bitte deinen Herrn um Erleichterung. Kehre zurück zu deinem Herrn und bitte ihn, die Anzahl zu mindern. Ich tat es, und Gott zog zehn ab." Und so ging Mohammed noch einmal und noch einmal, bis Gott die Anzahl der Gebete auf fünf verringert hatte. Als Moses ihn ein weiteres Mal zurückschicken wollte, schämte sich Mohammed, Gott nochmals zu bitten und versprach dafür: „Jedem von euch, der diese fünf Gebete gläubig und ergeben verrichtet, werden sie wie

fünfzig Gebete vergolten werden."
    Auch Abraham hat mit Gott verhandelt![5] In 1. Mose 18,22–33 wird von Abraham berichtet, der Angst um seinen Neffen Lot und seine Familie hat. Abraham tritt kurz vor der Zerstörung der gottlosen, sündigen Städte Sodom und Gomorra vor Gott und bittet ihn, die Städte zu verschonen, wenn sich in ihnen 50 gerechte Menschen finden. Gott lässt sich darauf ein und verspricht, die Städte zu schonen und ihnen zu vergeben. Abrahams Bitte findet bei Gott Gehör. Dann beginnt er, richtig mit Gott zu verhandeln. „Wenn 50 Gerechte in Sodom wohnen, wirst du die Stadt dann trotzdem vernichten?", fragt Abraham. „Nein, um 50 gerechter Leute willen werde ich die Stadt nicht vernichten", verspricht Gott. „Und bei 45?" „Auch nicht." „Bei 40?" „Nein." Schließlich konnte Abraham ihn auf zehn Gerechte „herunterhandeln".
    Über die beiden Erzählungen kann man alle möglichen theologischen Abhandlungen und Interpretationen schreiben. Vor allem muss man klar festhalten, dass die Details des legendären Berichts und das Herunterhandeln der Gebete von 50 auf fünf nicht im Koran stehen, sondern aus den Überlieferungen (Hadith-Literatur und Koranexegese) der betreffenden Koranverse im frühen 8. Jahrhundert (fast 100 Jahre nach dem Tod des Propheten) ergänzt wurden. Allerdings belegen sie auch – zumindest im Volksglauben –, dass einfach alles verhandelbar ist! Selbst mit Gott, der höchsten Autorität, die Menschen sich vorstellen können.

3.4   Geschlechterrollen

Für die drei letztgenannten Herausforderungen lassen sich kulturelle Erklärungsmuster finden. Die Araber selbst finden das eigene Zeitverständnis und den Umgang mit Regeln als besonders herausfordernd. Die meisten haben allerdings Einwände, wenn undifferenziert über die Geschlechterrollen bzw. das Frauenbild gesprochen wird. Zwar hat keiner der Befragten behauptet, dass die arabische Kultur von Geschlechtergerechtigkeit und Emanzipation der Frauen geprägt ist. Umstritten ist vielmehr die gängige Vorstellung von der komplett fehlenden Gleichberechtigung der arabischen Frau. Überzogen hat diese Vorstellung ein Teilnehmer an einem interkulturellen Workshop in einem Jobcenter in einer kleinen Stadt in NRW so formuliert: *„Die weitverbreitete Idee in der*

---

[5]Vgl. Marius Knautz (2015). Gottvertrauen 1.Mose 18, 16–33. http://jungschar.de/fileadmin/img/material/werkbuch2015/2015-05-01.pdf oder der Beitrag Zehn Gerechte? https://www.bibelstudium.de/articles/3751/zehn-gerechte.html [Abruf 05.04.2019].

arabischen / islamischen Mentalität vom niedrigeren Stellenwert der Frau im Vergleich zum Mann ist ein Problem für uns. Diese Idee ist ein Teil der DNA der Menschen dort und nun kommen sie zu uns. Wie gehen wir damit um?". Es geht hier nicht darum, ob diese Vorstellung stimmt oder nicht oder woher sowie eigentlich stammt. Vielmehr geht es darum, dass so eine verzerrte Vorstellung uns möglicherweise dazu verleitet, eine falsche Frage bzw. eine unlösbare Aufgabe zu stellen. Auch wenn die meisten Teilnehmer ihre Vorstellung oder Überzeugung hinsichtlich der Geschlechterrollen in der arabischen Kultur nicht so eindeutig formulieren wie der Jobcenter-Mitarbeiter, bleibt dieses Problemfeld einer der schwierigsten Stolpersteine im Wege einer kulturellen Verständigung. Eine typische Aussage in meinen Vorabfragebögen lautet *„Aufgrund der unterschiedlichen Rollenbilder in der arabischen Kultur frage ich mich, ob ich als Frau als Kontaktperson überhaupt ernst genommen werde."* D. h., eine verzerrte Vorstellung von den Rollenbildern in der arabischen Kultur führt dazu, dass die betreffende Teilnehmerin eine Ungleichbehandlung antizipiert und Empfehlungen für den Umgang damit erwartet. Dieses Verhaltensmuster ist unabhängig vom Zielland des Kontakts, sei es Marokko, Saudi-Arabien oder Ägypten und erstreckt sich sogar auf Indonesien, Kasachstan oder den Senegal. Anders ausgedrückt: Sobald man an einen islamischen kulturellen Hintergrund denkt, wird automatisch eine besondere Geschlechterrolle assoziiert und erwartet. Es scheint also zunächst so zu sein, dass eine Verknüpfung zwischen „Islam" und „Frauenbild" dazu führt, dass dieses Problemfeld überhaupt Gestalt bekommt. Diese Assoziation ist übrigens ein weltweites Phänomen, denn egal, ob die Befragten aus Russland, Südafrika, China oder Brasilien sind, taucht dieses Problemfeld auf. Eine brasilianische Interviewpartnerin bezog sich zum Beispiel auf den Unterschied, wie sehr konservativ sich Frauen in der arabischen Kultur bekleiden im Vergleich zur bekannten Freizügigkeit in Brasilien. Das Beispiel zeigt aber auch deutlich, wie bestimmte Vorstellungen von Begriffen wie „Emanzipation", „Gleichberichtigung" und „Frauenrolle" anhand der Menge der Kleidungsstücke gemessen werden, die eine Frau trägt. Es gibt allerdings auch überraschend positive Erfahrungen bei manchen Teilnehmerinnen, die berichtet haben, dass sie sich auf mangelnde Akzeptanz seitens der arabischen männlichen Kontaktpartner eingestellt hatten und darauf, dass diese wohl nicht auf gleicher Augenhöhe mit ihnen interagieren würden, jedoch völlige Akzeptanz und Respekt erlebt haben.[6]

Der Thermomix-Effekt

Argumentationen mit Fakten sind nicht das beste Mittel der Wahl, um jemanden von einer vermeintlich falschen Überzeugung abzubringen, sondern können sogar zum Gegenteil führen und bewirken, dass die Person, die von etwas felsenfest überzeugt ist, noch mehr in ihren falschen Überzeugungen bestärkt wird und fester daran glaubt. Man spricht hier von einem bekannten Effekt in der Einstellungsforschung: Backfire-Effekt (Nyhan und Reifler 2010), der öfter bei sehr emotional beladenen Themen und identitätsstiftenden Überzeugungen zuschlägt und kaum andere Argumentationslinien zulässt.[7] In einer selbst erstellten ähnlichen Variante nenne ich das den Thermomix-Effekt. Diese Küchenmaschine erreichte bei der Stiftung Warentest 2015 Platz 4.[8] Die Thermomix-Fans waren mit diesem Testergebnis nicht einverstanden und reagierten darauf sehr empfindlich, von emotionalen Kommentaren bis zur Kündigung des Abos.[9] Diesen Backfire-Effekt (oder besser Thermomix-Effekt) erlebe ich öfter, wenn ich auf das Problemfeld Geschlechterrollen und Frauenbild in der arabischen Kultur eingehe. Alleine das Thema zu erwähnen und keine stereotypkonformen Erfahrungen zu nennen ist eine Herausforderung an sich!

Nicht vergessen kann ich die Kommentare von einigen Teilnehmenden aus verschiedenen Bereichen der Justiz. Auf einer Titelfolie meiner Präsentation war ein Bild aus einem marokkanischen Gerichtssaal zu sehen, das

---

[6] Ein Beispiel für eine solche positive Kontakterfahrung findet sich im Interview („Train the Trainer" THW Heidelberg). Im Beitrag geht es darum, wie ehrenamtliche THW-Kräfte aus Heidelberg jordanische Katastrophenschützer ausbilden. Das Interview beginnt mit der Frage „Wie waren die Jungs zu Euch? Seid Ihr akzeptiert als Frauen, als Führungskraft?". Die Befragte antwortete: „Gar kein Problem. Am Anfang waren sie ein bisschen schüchtern, weil sie das von sich nicht kennen und von der Kultur her halten Frauen und Männer ein bisschen Abstand voneinander. Aber nach dem ersten Tag war alles kameradschaftlich und entspannt, wie eigentlich immer, und ich hatte überhaupt kein Problem, mich durchzusetzen. Sie sind überfreundlich, sehr aufmerksam, fragen viel, gar kein Problem. Ob Mann oder Frau, das spielt bei uns keine Rolle", abrufbar unter https://vimeo.com/270095886 [abgerufen am 25.06.2021].

[7] In einem 5-minutigen Beitragt erklärt Harald Lesch, wie dieser Effekt zustande kommt und welche Rolle er bei Verständigung und Brückenbau spielen kann: https://www.zdf.de/dokumentation/terra-x/lesch-und-co-backfire-effekt-104.html [Abruf: 22.12.2019].

[8] Vgl. https://www.test.de/presse/pressemitteilungen/Kuechenmaschinen-mit-Kochfunktion-Thermomix-nur-auf-Platz-4-4948412-0/ [Abruf: 07.05.2019].

[9] Vgl. https://www.merkur.de/leben/genuss/schon-wieder-thermomix-verbrueht-frau-8802866.html [Abruf: 07.05.2019].

den Alltag der Teilnehmenden zeigen sollte. Auf mehreren Bildern waren Frauen als Richterinnen, Rechtsanwältinnen oder Staatsanwältinnen zu sehen. Diese Bilder haben ohne Absicht Wellen von Kommentaren aus- gelöst: *„Ich weiß nicht, ob die Bilder echt sind oder nicht. Die Software kann momentan alles machen", „Die Bilder sind unscharf. Ist das wirklich eine Frau?", „Das ist ja wohl die Ausnahme und Marokko ist ja sowieso ganz anders", „Eine Frau als Richterin in einem arabischen Land. Das glaube ich einfach nicht".*

Um das Thema „Geschlechterrollen" zu vervollständigen, möchte ich folgende Punkte erwähnen:

- - Der Bericht über den Frauenanteil am Arbeitsleben in der arabischen Region (Female labor force participation rate)[10] der Weltbank 2018 zeigt folgende Zahlen: Algerien 15 %, Bahrain 44 %, Ägypten 22 %, Jordanien 14 %, Kuwait 46 %, Libanon 23 %, Libyen 25 %, Marokko 24 %, Oman 30 %, Katar 57 %, Saudi-Arabien 22 %, Syrien 11 %, Tunesien 24 %, VAE 40 %, Jemen 5 % – zum Vergleich: Deutschland 55 %, Schweiz 62 %, Österreich 54 %). Der Mittelwert der gesamten Region liegt bei 20 %. Auf Basis dieser Zahlen lässt sich schluss- folgernd fragen: Jede fünfte arabische Frau nimmt demnach am Arbeitsleben teil. Fehlende Anerkennung bzw. das Gefühl des Nicht- ernst-genommen-Werdens ist kein nennenswertes Thema im Arbeitsalltag dieser Frauen. Die Jobsuchmaschine Bayt (bayt.com) hat sich als wichtigstes Forschungsinstitut für Arbeit und Per- sonalentwicklung in der arabischen Region mit den Herausforde- rungen beschäftigt, die berufstätige Frauen im beruflichen Alltag erleben. Die Ergebnisse zeigen eindeutig, dass arabische arbeitstätige Frauen keine Probleme hinsichtlich Anerkennung oder Wertschätzung erleben, vielmehr allgemeine Probleme, wie Vereinbarkeit zwischen Familienleben und der Arbeit, niedrigere Bezahlung, Schwierigkeit der Aufstiegsmöglichkeit und dass bedingt bestimmte Berufe eher

---

[10] Vgl. Die Daten „Anteil der Frauenerwerbsquote": Labor force participation rate, female (% of female population ages 15+) (modeled ILO estimate). Abrufbar unter https://data.worldbank.org/ indicator/sl.tlf.cact.fe.zs [Abruf: 05.04.2019].

als Männerjobs gesehen werden (z. B. in Ölraffinerien in der Wüste, handwerkliche Arbeit auf der Baustelle). Klischees von der absoluten Dominanz der arabischen Männer und deren Verfügungsmacht über die Frauen und dass diese Männer sich Nichts von einer Frau befehlen oder sagen lassen, sind aus diesen Zahlen und Erhebungen nicht zu lesen. Arabische Frauen sind seit sehr langer Zeit in Führungspositionen als Ministerinnen im Kabinett vertreten (z. B. 8 in Ägypten seit 2018, 6 in Marokko seit 2014, 9 in VAE seit 2017) als Richterinnen, als Universitätsrektorinnen, Schuldirektorinnen oder Verwaltungsleiterinnen.

• Die Erfahrungen, von denen manche Mitarbeiterinnen aus der Verwaltung berichtet haben, dass einige „orientalische" Männer sich von ihnen nicht beraten ließen und nach einem männlichen Kollegen verlangt haben, sind aus Sicht von arabischen Befragten schwer zu verstehen, weil dies bedeutet, dass diese Männer dasselbe Problem in ihren Herkunftsländern mit arbeitenden Frauen hätten (z. B. in Kontexten, wo gesetzlich vorgeschrieben ist, dass dort nur Frauen arbeiten dürfen, wie bspw. in Mädchenschulen oder in Kindergärten). Diese Kontaktverweigerung würde in einer arabischen Verwaltung oder Behörde nicht funktionieren und wird einfach nicht hingenommen oder akzeptiert. Arabische Teilnehmende in Casablanca, Kairo oder Ammann können sich nicht vorstellen, dass so etwas überhaupt passieren kann. Die normale Antwort auf so ein seltsames Verhalten wäre: *„Wir haben weder Männer noch Frauen hier, nur Angestellte."*

• Unterschiedliche kulturelle Gepflogenheiten bzgl. der Körpersprache und anderer Aspekte der nonverbalen Kommunikation können ebenfalls zu Missverständnissen führen. Während in Europa und im nordamerikanischen Raum direkter, offener Blickkontakt unabhängig von den Geschlechtern Aufmerksamkeit, Offenheit und Zugewandtheit symbolisiert, kann er in der arabischen Kultur (und im islamischen Kulturraum) falsch interpretiert werden. Der Blickkontakt zwischen Männern und Frauen hat nicht dieselbe Intensität wie in Deutschland und anderen nordischen Ländern. Während in Deutschland der fehlende Blickkontakt als Zeichen für Abneigung, Desinteresse und

Unehrlichkeit gegenüber dem Interaktionspartner interpretiert wird, weist dies hingegen auf ein konservativ-religiöses Verständnis des arabischen Gesprächspartners hin. Für einige Muslime basiert das so genannte Senken der Blicke (Ĝadd al-Başar) auf einem göttlichen Befehl sowohl für Männer als auch für Frauen (Sure 24, 30–31) und gilt grundsätzlich als religiöse Pflicht für ein tugendhaftes, keusches Verhalten. Auch in hierarchiebetonten Interaktionen, wie z. B. bei einem Gespräch zwischen einer Lehrerin und einem Schüler, wird die untergeordnete Person den direkten intensiven Blickwechsel mit der hierarchiehöheren Person eher vermeiden, denn durch die Sozialisation bedeutet ein direkter und unmittelbarer Augenkontakt gleiche Augenhöhe und wird als Aufsässigkeit, Herausforderung und Infragestellung von Hierarchie und somit als Respektlosigkeit und Unerzogenheit interpretiert.[11]

- Das Problemfeld „Geschlechterrollen" ist die komplexeste Herausforderung überhaupt. Es überlagert sich häufiger mit vielen anderen Assoziationen und Themenbereichen, die nicht selten zu kontroversen Debatten führen. Die Google-Suchergebnisse zu „Geschlechterrollen arabische Welt" zeigen beispielhaft diese Überlagerung und Verquickung, in denen es öfter zum einem Dominoeffekt kommt. Der Begriff arabische Geschlechterrollen löst dabei eine Assoziationskette von anderen Vorstellungen über Frauenbild, Frauenrechte, Kopftuch, Emanzipation und Menschenrechte im Islam und in der arabischen Mentalität aus. Seltsamerweise reicht dieser Begriff alleine aus, um eine scheinbar „wahrhafte" kulturelle Differenz zu untermauern. Folgt man diesem Assoziationsmuster und debattiert man über die Wahrhaftigkeit der Vorstellungen, wird in der Folge die Rede von den vermeintlichen Parallelgesellschaften und vom Kampf der Kulturen unvermeidbar.

---

[11] Vgl. Deutsche Islam Konferenz (2013). Abrufbar unter http://www.deutsche-islam-konferenz. de/SharedDocs/Anlagen/DIK/DE/Downloads/LenkungsausschussPlenum/20130423-geschlechterbilder-tradition-moderne.pdf?__blob=publicationFile S. C50–C51.

Fallbeispiel 4: Die Sekretärin und Sheikh Maamoun

Der international erfahrene Sebastian Franken, 46, leitet seit März 2018 die in Dubai neu gegründete Niederlassung seiner Firma, einer der weltweit führenden Hersteller von Abfüll- und Verpackungsanlagen für die Getränke-, Food- und Nonfood-Industrie. Im Rahmen ihrer Expansion in der MENA-Region hat das Unternehmen im Juni 2017 einen 40 %-Anteil des saudischen Investors übernommen. Das Vorhaben in der Region ist groß: künftig soll die neue gegründete Niederlassung den Vertrieb und das Marketing der neuen Produkte übernehmen und den Markt in Nordafrika, Indien und Russland bedienen. Franken leitet ein multinationales Team von sechs Personen, die die Produktions- und Servicestandorte in der MENA-Region betreuen und die Strategie umsetzen sollen. Franken hat direkten Kontakt zum saudischen Investor, Sheikh Maamoun, und zu dessen Projektteam. Wegen der umfangreichen Bürokratie und des unglaublichen Arbeitsvolumens hat Franken seinem Team empfohlen, den schnellen und direkten Kontakt mit dem entsprechenden Kontaktpartner auf saudischer Seite zu suchen.

Eines Tages bekam er eine ziemlich harsch-formulierte WhatsApp-Nachricht vom Sheikh Maamoun: Diese Art des Umgangs sei für ihn ungewohnt. Die Sekretärin habe ihn direkt kontaktiert und nach unterschriebenen Unterlagen gefragt. Er empfinde dieses Verhalten wie eine persönliche Herabwürdigung!

Bei der Problemanalyse in einem Workshop war der Fokus des Teams auf die Wörter „Sekretärin" und „Sheikh" gerichtet, was unvermeidbar zur intensiven Diskussion über Frauenrolle, Frauenrechte und Stellenwert der Frau in der arabischen Kultur führte. Dabei wird vergessen, dass diese als unfreundlich empfundene Reaktion unabhängig vom Geschlecht des Konfliktauslösers sein kann. Der Sheikh hätte genauso reagiert, wenn ein Sekretär nach diesen Unterlagen gefragt hätte. Wahrscheinlich hätte sich der Sheikh einen noch unfreundlicheren Ton gegenüber dem Sekretär direkt erlaubt, statt sich indirekt beim Vorgesetzten zu beschweren. Das Kontextelement Mann-Frau war hier sicherlich nicht der einzige Auslöser. Vielmehr waren wichtige Bedingungen davor entscheidender, wie z. B. der Grad der Beziehung zwischen den Beteiligten und der allgemeinen Zufriedenheit mit dem Projektfortschritt und der Zusammenarbeit.

Ganz anders als bei den ersten drei Problemfeldern, in denen man gewisse Skills trainieren kann, um z. B. Verbindlichkeit in der Kommunikation zu erreichen oder Gelassenheit und Flexibilität bei der Zeitplanung, ist das Problemfeld Geschlechterrollen von vielen anderen Ebenen und Assoziationen überlagert, was wiederum dazu führt, dass die eigentlichen Probleme aus dem Fokus geraten können. Man kann ja ein konkretes Problem mit einem Kollegen haben, der nicht pünktlich zum Meeting erscheint oder seine Aufgaben nicht rechtzeitig liefert. Für solche konkreten Probleme gibt es konkrete Lösungen, die untereinander ausgehandelt werden können. Verlagert man das konkrete Problem aber auf eine abstraktere Ebene höherer Ordnung, wird die Lösung irgendwann schwieriger und endet womöglich als Stolperstein der Verständigung.

Literatur

Brown, Rupert (2010): Prejudice. Its Social Psychology. Second Edition. West Sussex: Wiley-Blackwell.

Levine, Robert (1998): Eine Landkarte der Zeit. Wie Kulturen mit Zeit umgehen. München: Piper.

Lüsebrink, Hans-Jürgen (2016): Interkulturelle Kommunikation. Interaktion, Fremdwahrnehmung, Kulturtransfer. 4., aktualisierte und erweiterte Auflage. Stuttgart: J.B. Metzler.

Münscher, Robert; Hormuth, Julia (2013): Vertrauensfallen im internationalen Management. Berlin, Heidelberg: Springer Berlin Heidelberg.

Nyhan, Brendan; Reifler, Jason (2010): When Corrections Fail. The Persistence of Political Misperceptions. In: *Political Behavior* (32), S. 303–330.

Pettigrew, T. F. (1979): The ultimate attribution error: Extending Allport's cognitive analysis of prejudice. In: *Personality and Social Psychology Bulletin* (5), S. 461–476.

Trompenaars, Fons; Hampden-Turner, Charles (1997): Riding the waves of culture. Understanding cultural diversity in global business. London: Nicholas Brealey.

4

Stolpersteine der Verständigung

Kulturelle Verständigung kann auf zwei Ebenen gelingen oder scheitern: auf der obersten Abstraktionsebene zwischen den Kulturen (Kulturkreise, Orient vs. Okzident, der Islam und der Westen) und auf der untersten Interaktionsebene zwischen den Individuen bzw. Gruppen, die als Repräsentanten ihrer Kultur gelten oder als solche klassifiziert, wahrgenommen und erlebt werden. Die im Abschn. 3.4 beschriebene Bedrohung durch Stereotype ist ein Beispiel für das Scheitern auf der Interaktionsebene. Klischees, Stereotype und Vorurteile auf beiden Seiten sind grundsätzlich die größten Stolpersteine der kulturellen Verständigung. Und trotz des enorm beschleunigten Informationsaustauschs in unserer globalisierten Welt sind diese Stereotype nicht verschwunden, sondern werden tagtäglich reproduziert und neu erfunden, in sozialen Netzwerken, in Leserkommentaren oder zuhause konstruiert durch verschiedene mediale und soziale Narrative.

© Springer Fachmedien Wiesbaden GmbH, ein Teil von Springer Nature 2022
A. Hussein, *Die arabische Welt verstehen*,
https://doi.org/10.1007/978-3-658-26409-3_4

Teufelskreis der Klischees: Das IBM-Prinzip

Ein Seminarteilnehmer fragte mich, ob ich im Kurs auf das IBM-Prinzip eingehe. Er hatte von Kollegen gehört, dass es in der arabischen Kultur verschiedene Abstufungen für Verbindlichkeit gäbe, die sich in der Abkürzung
IBM widerspiegelten. Die Rede von einem arabischen Betriebssystem „IBM"
findet sich häufiger in der verfügbaren Literatur und Ratgebern zum Thema
interkulturelle Kommunikation. Demnach soll IBM heißen: I (Insha'Allah) =
so Gott will, B (Bukra) = Morgen, M (Malesh) = macht nichts! Wegen des
überwiegenden ägyptischen Dialekts in der Wortwahl kann man annehmen, dass dieses vermeintlich arabische Betriebssystem einen ägyptischen Ursprung hat. Die Wörter werden aber in der Alltagskommunikation
nie so in dieser Art verwendet, um verschiedene Stufen von Verbindlichkeit
auszudrücken, sondern werden einfach als Floskeln für Entschuldigungen
oder als Rechtfertigung ausgesprochen, genauso wie international bekannte Floskeln wie „never mind" oder „mañana". Insofern ist das kein
Betriebssystem, sondern eine Ansammlung von häufig benutzten Wörtern
im Alltag, um die persönliche Frustration spöttisch auszudrücken. Wahrscheinlich stammt diese Abkürzung aus einem 1988 erschienenen amerikanischen Ratgeber für Taucher und Touristen am Roten Meer (Hanauer 1988,
S. 50), als das IT-Unternehmen in den 1980er-Jahren den Zenit seiner weltweiten Machtstellung erreicht hatte. Mittlerweile hat sich das arabische
IBM als geflügeltes Wort gefestigt und kaum ein Ratgeber über die arabische Kultur und ihre Kommunikationspraktiken erscheint ohne Bezugnahme darauf.[1] Auch in der arabischen Welt ist diese Fremdwahrnehmung
angekommen und Selbstkritiker beziehen sich darauf, um ihren Frust
gegenüber der Bürokratie und ihre Schieflage zu äußern[2] – etwa vergleichbar mit der Frustration gegenüber dem sprichwörtlich bekannten deutschen Amtsschimmel!

   Diese Abkürzung ist ein Beispiel für die Langlebigkeit und Resistenz von
Klischees und Stereotypen. Nur mit drei Buchstaben kann man die eigene
Frustration erklären und rechtfertigen, warum etwas schief geht. Die Bedeutung von IBM ist zweischneidig: sie kann als positive Aufforderung zu
mehr Gelassenheit und Besonnenheit im Umgang verstanden werden, was
im interkulturellen Kontakt sehr förderlich ist, aber gleichzeitig kann sie
auch zur Passivität und Gleichgültigkeit verleiten und behindert damit eine
mögliche positivere Veränderung und Situationsverbesserung.

---

[1] Vgl. John P. Mason (2017). LEFT-HANDED IN AN ISLAMIC WORLD: An Anthropologist's
Journey into the Middle East. New Academia Publishing. Online abrufbar unter https://www.ara-
bamerica.com/ibm-inshallah-bukra-malesh-god-willing-tomorrow-no-matter/ [Abruf 06.12.2018].

[2] Vgl. معلش ..كرة.. إن شاء الله – محمود عمارة IBM. https://www.elwatannews.com/news/details/514115 [Abruf
06.12.2018].

4.1   Einseitiger Blickwinkel

Der differenzorientierte Blickwinkel auf den Islam stellt meines Erachtens einen der Stolpersteine der kulturellen Verständigung dar. Eine typische Vorstellung vom Islam, die von vielen Islamwissenschaftlern und Orientalisten in Deutschland vertreten wird, ist die, dass der Islam eine Lebensordnung sei. Der Islam regelt alles im Leben von Hygienevorschriften über die Eheschließung bis zu den Erbverhältnissen und durchdringt sämtliche Bereiche des menschlichen Lebens. Der Islam ist somit nicht nur eine Religion, sondern auch eine Gesellschaftsordnung und ein Wirtschaftsfaktor, der keine Trennung zwischen Staat und Religion erlaubt. Bei dieser Vorstellung wird der Einfluss des Islam als normgebender Instanz für alle möglichen Lebensbereiche der Gesellschaft extrem überschätzt. Diese islamwissenschaftliche Perspektive auf den Islam hebt insbesondere das Einzigartige – das Urislamische – hervor und fokussiert auf allgemeingültige Prinzipien, die exklusiv für diese Religion gelten und den Islam von allen anderen Religionen, Ideologien und Weltanschauungen absolut unterscheiden. Diese Perspektive untersucht wie jede andere differenzorientierte Betrachtungsweise das betrachtete Objekt und zielt auf Aufdeckung seiner wesenhaften Natur (Essenz), wobei mögliche Gemeinsamkeiten im Augenblick der Betrachtung verschwinden bzw. unterdrückt werden, um die auf die Differenz gerichtete Aufmerksamkeit nicht zu stören. Problematisch ist es allerdings, wenn diese differenzorientierte Perspektive alle anderen Betrachtungsweisen dominiert und daraus Konturen der absoluten Differenz entstehen. Der kritische Punkt hinter dieser Perspektive liegt in der Tatsache, dass sie den Islam nicht nur als Religion oder private Angelegenheit des Individuums betrachtet, sondern ihn auch als kollektive und verbindliche Gesellschaftsordnung für alle postuliert und somit eine absolute Homogenität des Islam und der Muslime suggeriert, was wiederum eine tiefgreifende Grenzziehung zwischen dem Islam und allen anderen Weltanschauungen und Glaubenssystemen ermöglicht und etabliert.

Der Absolutheitsanspruch des Islam als einzig gültiger Gesellschaftsordnung stammt ursprünglich von jenen Ideologien, die das säkuläre Gesellschaftsmodell und die Trennung zwischen Religion und Staat abgelehnt und stattdessen die Vorstellung vom Islam als staatsbildender Religion „*al-Islam Din wa Daula*" propagiert haben. Diese Art von Ideologien zielt auf die Errichtung der Gesellschafts- und Staatsordnung auf Basis des islamischen Rechts (Scharia) ab. Um zwischen dem Islam als Religion und den Ideologien als staatsbildende Vorstellung zu unterschieden, werden die letzteren als „islamistisch" bezeichnet. Die Darstellung der Islam als einer verbindlichen Gesellschaftsordnung übersieht alle Strömungen, die säkulare-pluralistische Gesellschaftskonzepte willkommen heißen oder die anderen Vorstellungen, die eine Verbindung zwischen den islamischen Traditionen und den Vorteilen der Moderne suchen. Der islamwissenschaftliche Topos – als Stellvertreter für alle differenzorientierten Topoi – vom Islam als Gesellschaftsordnung ist deckungsgleich mit den islamistischen Ideologien und ist quasi wie eine Einladung, den Islam aus der Moderne auszuschließen und rechtfertigt auch diese Exklusion: Der Islam durchdringt alles und toleriert keine anderen Weltanschauungen, Regierungssysteme oder Lebensordnungen, was wiederum die inkompatiblen Wertesysteme seiner Anhänger (Muslime) erklärt und somit eine Grenzziehung legitimiert.

Der Islam als Gesellschaftsordnung!

Der unpolitische Blick auf den Islam versteht ihn als ein göttliches Gefüge von Normen und Werten und als das vollkommenste Geschenk an die Menschen, das für jede Zeit und für alle Menschen gilt. Die Botschaft wurde im Koran, dem unverfälschten Wort Gottes, offenbart und ist für die Menschen über die Traditionen des Propheten verständlich. Diese Vorstellung ist unter Muslimen weit verbreitet und betrachtet den Islam als eine reine Privatangelegenheit, ohne ein politisch motiviertes Ziel zu vertreten.

Die politisch motivierten islamistischen Ideologien haben hingegen ein anders Verständnis: Der Islam gilt als ein in sich geschlossenes, praktisches und allumfassendes System von Normen, Verhaltensregeln und Werten, das eine Gestaltungsgrundlage sowohl für die individuelle Lebensführung als auch für die gesellschaftliche Ordnung, für Wirtschaft, Recht und lokale sowie internationale Politik bietet. Dieses Prinzip heißt *din wa dawla*; (Religion und Staat) und ist ein konstruiertes ideologisches Postulat aller islamistischen Gruppierungen im islamischen Orient, das auf der Fiktion der Untrennbarkeit der Religion vom staatlichen Handeln basiert. Diese Vorstellung ist nirgendwo in den primären Quellen des Islam zu finden und unter den 6236 koranischen Versen gibt es keinen Ansatz für irgendeine politische Theorie oder Regeln, wie das Regieren eines Staats funktionieren kann. Der Prophet Mohammed sah seine Botschaft eigentlich als eine spirituelle und ethische, nicht als eine juristische oder politische. „Ich wurde entsandt, um die Charaktereigenschaften der Menschen zu vervollkommnen.", so lautet eine Überlieferung nach ihm, die dieses Prinzip auf den Punkt bringt (Khorchide 2016). Islamistische Strömungen im Islam würden hier eine andere Meinung vertreten und bestimmte historische Ereignisse entsprechend auslegen, um diese Fiktion zu belegen.

Die Auseinandersetzung mit den Prinzipien der Trennung von Religion und Staat, demokratischen Verfahrensregeln, Gewaltenteilung, Säkularität ist an sich ein Ergebnis des Kulturkontakts und wurde durch die europäischen Kolonialmächte in der zweiten Hälfte des 19. Jh.s ausgelöst. Dieser Kontakt führte zu verschiedenen Entwicklungswegen. Einen dieser Wege markierten die Muslimbrüder (al-ikhwan al-muslimun), eine 1928 in Ägypten entstandene Bewegung, die als ein der einschneidenden Ereignisse in der chronologischen Entstehung aller islamistischen Ideologien angesehen werden kann. Der Gründer Hassan al-Banna (1906–1949) war der Erste, der explizit das Verständnis vom Islam als Religion und Staat vertrat. Man muss sich hier die historischen Umstände in der Region vergegenwärtigen, um die Wurzel dieser Ideologie zu verstehen: Ägypten war seit 1882 britische Kolonie und die Modernisierung des Landes vor allem unter dem Generalkonsul Lord Cromer (1883–1907) hatte einen maßgeblichen Einfluss auf das Bildungssystem, daher waren die Muslimbrüder in den ersten Jahren als Bildungs- und Wohltätigkeitsverein zu verstehen. Mit der Festlegung eines allgemeinen Programms begann das politische Verständnis der Muslimbrüder an Konturen zu gewinnen. Sie verstanden den Islam als in sich selbst ruhendes, totales System mit vollständigen widerspruchsfreien Verhaltensanweisungen, um jegliche ideologische Übernahme aus Europa auszuschließen. Ihr Anspruch war, dass der Islam überall und zu jeder Zeit anwendbar sei. Ihr Verständnis vom Islam als *dawla*, also als Staat im engeren Sinne, ist das umstrittenste, da daraus ein religiöser Anspruch auf politische Herrschaft abgeleitet wird, der mit den elementaren Prinzipien der Demokratie und modernen Regierung nicht vereinbar ist, vor allem, weil demokratische Staatstheorien von der Gleichheit der Staatsbürger unabhängig von ihrer Religionszugehörigkeit ausgehen. Islamische Herrschaftstraditionen haben aber zwischen Muslimen und Nicht-Muslimen unterschieden und Letztere verfügten nicht über die kompletten Partizipationsrechte.

Seit den 1970er-Jahren (nach dem Sechstagekrieg 1967) entwickelte sich ein Diskurs in der arabischen Welt über die Richtung, die die Gesellschaft nehmen soll. Es standen Bewegungs- und Beharrungsfaktoren

(Krämer 2015, S. 32) einander gegenüber: ein bewegungsorientierter Flügel, der voll auf den totalen Fortschritt setzte, auf Modernisierung und komplette Abkopplung von islamischen Traditionen, die mit den Prinzipien der Vernunft nicht vereinbar waren, und ein beharrungsorientiertes Lager, das fast das Gegenteil vertrat (die extremste Seite dieses Lagers manifestierte sich bei den wahhabistischen Salafisten mit Galionsfiguren wie dem saudischen Gelehrten Abd al-Aziz ibn Baz, der für viele bizarre Ansichten bekannt war, z. B. veröffentlichte er 1982 eine These – korrigierte sie aber später –, nach der jeder, der glaubte, die Erde sei rund, ein Ungläubiger[3] *Kafir* war). Mittlerweile schlägt dieser Diskurs andere Richtungen ein. Es geht nicht mehr um einen vermeintlichen Kampf zwischen Moderne und Tradition, sondern um die Integrationsfähigkeit beider. Modernisierung, Säkularisierung und Demokratisierung als Garanten für Rechtstaatlichkeit, Menschenrechte und Wohlstand sollen nicht das kulturelle Erbe und die kulturelle Identität verdrängen oder verschwinden lassen, sondern miteinander kombiniert werden. Vor 60 Jahren hat der amerikanische Soziologe Daniel Lerner auf dieses Phänomen hingewiesen: Mekka vs. Mechanisierung (1958). Die Mehrheit der Araber sieht das mittlerweile nicht mehr als entweder – oder, sondern fragt, wie es gelingen kann, eine traditionelle Lebensweise mit der Moderne in Einklang zu bringen. Die modernen Einkaufszentren in Dubai, Kairo oder Casablanca stehen als Erfolgsbeweis für die Integrationsfähigkeit beider Faktoren; zumindest werden die Gewinner der globalisierten Konsumwelt dies so sehen. Die Masse der Bevölkerung, die unter Perspektivlosigkeit leidet, erlebt diese Bewegungsfaktoren nicht und in ihren Augen ist das intellektuelle Schwadronieren über Menschenrechte und Wahlbeteiligung ein reines Luxusproblem. Für einige der radikalen Verlierer bleibt nichts anders als die Beharrungsfaktoren: der Islam als einzige Lösung!

---

[3] Vgl. Islamgelehrter über die Erde: Und sie dreht sich doch nicht. http://www.spiegel.de/panorama/saudi-arabien-islamgelehrter-sagt-dass-sich-die-erde-nicht-dreht-a-1018916.html oder den Wikipedia Beitrag: https://de.wikipedia.org/wiki/Abd_al-Aziz_ibn_Baz Überschrift [Abgerufen 13.03.2019].

Fallbeispiel 5: Traditionelle Einstellung in moderner Rolle

Sharaf arbeitet als Softwareentwickler in einem internationalen Unternehmen in München. Ein Headhunter hat ihn aus der Niederlassung eines IT-Globalkonzerns in Kairo für die deutsche Firma gewonnen. Sharaf ist sehr zufrieden mit der Entscheidung, mit seiner Familie nach Deutschland zu ziehen, und freut sich auf ein neues Kapitel in seinem Leben. Über mögliche Herausforderungen, die er in Deutschland erleben kann, hat er Einiges mitbekommen. Die größte Herausforderung, die für ihn und seine Familie ein NoGo bedeuten und sie zur Auswanderung aus Deutschland zwingen würde, ist die Frage, ob er und seine Frau ihre Kinder gemäß ihrer traditionellen Vorstellung erziehen können oder nicht. Muss seine Tochter z. B. einen Bikini tragen, wenn sie zum Schwimmunterricht geht? Er sei frei und offen für alle Lebenserfahrungen, aber bestimmte Thermen, wie z. B. Kindern bei den Hausaufgaben in Sexualpädagogik zu helfen, gehen ihm momentan zu weit. Er würde dies momentan nicht akzeptieren, aber in fünf Jahren könnte er vielleicht eine ganz andere Einstellung dazu haben.

Ganz ähnliche Erfahrungen hat Majid aus Jordanien gemacht. Er hat in Stuttgart Maschinenbau studiert und lebt und arbeitet seit sieben Jahren in Deutschland. Er und seine Frau wollten zunächst, dass ihre Tochter den Kindergarten wechselt, als sie von Freunden erfahren haben, dass dort eine homosexuelle Erzieherin arbeitet, die durch ihren auffälligen Kleidungsstil und Autoaufkleber bekannt ist. Als der Wechsel nicht möglich war, haben sie die Tochter jeden Tag akribisch nach dem Tagesablauf im Kindergarten ausgefragt und das Verhalten der Tochter unter die Lupe genommen. Doch am merkwürdigsten fand Majid den Lebensstil seines Vorgesetzten, der seit 25 Jahren in einer unehelichen Beziehung mit drei erwachsenen Kindern lebt. Warum heiraten sie denn nicht? Das ist doch egoistisch, wenn man nicht an die Reaktion der umgebenden Gesellschaft und nur an sich selbst denkt. Das ist unfair gegenüber den unehelichen Kindern! Mittlerweile weiß Majid, durch welche Brille er das Leben in seiner Umgebung gesehen hat. Er hat aufgehört, über andere Menschen zu urteilen, es fällt ihm aber immer noch schwer, die genannten Personen aus seinem Umfeld voll zu akzeptieren.

Beide Beispiele möchten verdeutlichen, wie es gelingen kann – oder eben auch nicht -, die traditionellen Einstellungen und Vorstellungen vom guten Leben mit den diversen Lebensformen und Rollen in einer pluralistischen modernen Gesellschaft in Einklang zu bringen. Es hängt zum größten Teil von der Toleranzfähigkeit der Akteure ab, ob und wie sie mit den diversen Lebensstillen und Rollen umgehen können und ob sie andere Verhaltensweisen, Überzeugungen und Vorlieben hinnehmen und tolerieren oder eben nicht. Intoleranz würde sich dann zeigen, wenn sie die diversen Lebensstile und alles, was Ihnen fremd ist und von Ihren Wertvorstellungen abweicht, als falsch abstempeln und sich weiterhin ablehnend den anderen gegenüber stellen.

4.2   Ehrverlust und Ehrverständnis

Neben dem einseitigen stereotypen Blickwinkel auf den Islam als Religion, die das ganze Leben durchdringt, alles für ihre Anhänger definiert und keine andere Möglichkeit toleriert oder zulässt, gibt es ontologische Etikettierungen bezogen auf das Verständnis von Ehre und Ehrverlust bei den Arabern! Selbst in Ratgebern und Schriften, die den arabischen Ehrbegriff erklären, findet man Zuschreibungen, die wegen der endlosen Reproduktion eine nicht hinterfragbare Identität bekommen und zur Eigentümlichkeit dieser Kultur werden. Solche Zuschreibungen führen zu der Annahme, dass verbrecherische Handlungen wie Ehrenmorde und Zwangsheiraten ein Ausdruck des autochthonen arabischen Verständnisses von Ehre sind.

Ein Beispiel[4] beschreibt das Verhältnis der Geschlechter im Islam wie folgt:

> „Das Verhältnis der Geschlechter wird von den drei Tugenden *karama* (die Würde), *sharaf* (die Ehre der Familie) und *ird* (der Anstand, d. h. die Keuschheit und Ehrenhaftigkeit der Frau) bestimmt. Der Frau kommt eine zentrale Stellung in diesem Gefüge zu, denn sie ist letztlich für den Erhalt aller Tugenden verantwortlich, d. h.: Verletzt eine Frau eine Regel, so fügt sie ihrer gesamten Familie, insbesondere ihrer Patrilineage (männliche Verwandtschaftslinie) Schande zu. Verhält sie sich falsch, verlieren auch die Männer ihrer Familie *karama* und *sharaf*, die Würde und das Ansehen in der Gemeinschaft". (Bose und Terpstra 2012, S. 112)

In den arabischen Traditionen wird karama (die Würde) nicht im Kontext der Geschlechterverhältnisse verwendet und hat einen anderen Bedeutungszusammenhang als sharaf (Ehre) und ird (Keuschheit der Frau). Wenn man nach dem arabischen Begriff *karama* كرامة sucht, dann kann schnell festgestellt werden, dass die meisten arabischsprachigen Ergebnisse eher dem deutschen ethischen und individualrechtlichen Würde-

---

[4] Um mögliche Missverständnisse zu vermeiden, ist an dieser Stelle hinzuweisen, dass es weder die Absicht ist, die Autoren der zitierten Texte noch andere Meinungen oder Gedanken zu diskreditieren. Dass es verschiedene Meinungen zum arabischen Raum und zu den Geschlechterverhältnissen gibt, als die hier zitiert werden, daran kann niemand zweifeln.

begriff ähneln als dem Ehrbegriff. Abgesehen von der Vermischung der drei Tugenden suggeriert dieser Text wegen des Absolutheitscharakters eine archaische Moralvorstellung, die mindestens 200 Jahre in der Vergangenheit zurückliegt und nicht mit dem modernen Verständnis von Freiheit und Menschenrechten vereinbar ist. Natürlich spielt der Ehrbegriff immer noch eine wichtige Rolle in der arabischen Kultur und das Ehrverständnis ist eng mit dem konservativen Frauenbild gekoppelt, allerdings muss man klar unterscheiden, von wem jeweils die Rede ist. Diese Beschreibung ist eventuell zutreffend auf ein Dorf im Jemen oder Mauretanien bzw. in Regionen, in denen die Modernisierung noch nicht alle Lebensbereiche erfasst hat. Würde man Männer und Frauen in diesen Regionen nach ihrem Verständnis von Ehre fragen, würden sie dem Text höchstwahrscheinlich zustimmen. In Kairo, Dubai oder Casablanca ist diese Zustimmung von anderen Merkmalen und Bedingungen abhängig: Lebensstil, Alter, Bildungsniveau, sozialem Milieu und dem Sozialkapital. Damit ist nicht gesagt, dass solche Verbrechen nur ein Problem der armen und ungebildeten Schichten sind, um sie zu relativieren, denn hier nützen keine Relativierungsversuche und ein Verbrechen zu relativieren ist auch ein Verbrechen. Sondern es geht mir darum, auf den Missbrauch des Ehrbegriffs aufmerksam zu machen, einerseits von Tätern, die ein traditionelles Ehrverständnis als Deckmantel und Begründung für ihre Verbrechen missbrauchen und andererseits von Beobachtern und Zuschreibern, die solche Verbrechen kulturell verorten und undifferenzierte Pauschalurteile und Übergeneralisierungen reproduzieren und zementieren, was letztendlich zu einer unüberwindbaren Stigmatisierung führt. Mittlerweile gilt das Thema Ehrenmord als Stigmatisierungsmerkmal Nr. 1 und ist ein wichtiger medialer Kampfbegriff geworden, um Grenzziehungen zu legitimieren, vor allem, wenn parallel weitere negative Schlagworte hinzukommen, wie weibliche Genitalverstümmelung, Zwangsehe, Kopftuch, Frauen im islamischen Erbrecht und darüber hinaus der Stellenwert der Frau im Islam insgesamt. Diese polemische Durchmischung verschiedener Phänomene erlebt man nicht nur in einer durchmedialisierten Welt, sondern auch im Alltag:

Fallbeispiel 6: „Bei Euch hätte man sie umgebracht!"

An einem Abendtreff und Gespräch zum Thema Integration und Leben in diversen Kontexten schilderte ein Teilnehmer den folgenden Fall. Der 42-jährige Mann stammt aus Jordanien, lebt mit seiner Familie seit mehr als 15 Jahren in Deutschland.

„Meine Kinder sind mit den Kindern von Michael, dem Dachdecker, sehr gut befreundet und sie spielen fast jeden Tag zusammen. Michael und seine Frau haben sich nach sechs Ehejahren getrennt und die Ex-Frau ist direkt nach der Trennung zu ihrem neuen Freund gezogen, der ein paar Häuser entfernt wohnt. Als Michael seine Kinder bei uns abholte, haben wir uns unterhalten, wie es ihm nach der Trennung gehe. Michael war sehr gefasst und meinte, dass die Trennung überfällig war und dass die Scheidung läuft. Während des Gesprächs äußerte er einen Satz, der mich richtig hingehauen hat: *„Wir sind in Deutschland. Ich kann sie nicht umbringen. Bei Euch hätte man sie umgebracht. Sie wäre schon längst im Grab."* Ich habe das nicht kommentiert und weiter mit ihm geplaudert. Ich habe mich danach lange gefragt, woher Michael denn weiß, was bei *„uns"* üblich ist. Warum ist er so sicher, dass ein Mord die übliche Strafe bei *„uns"* ist, wenn eine Frau mit einem anderen durchgebrannt ist? Er war nie in einem Land aus *„unseren"* Ländern. Er kennt die Welt nur aus den Geschichten des Baustellenradios!"

Diese Erzählung hat mich an ein Gespräch ca. vor 18 Jahren mit einem Nachbarn erinnert. Damals war ich sprachlich nicht in der Lage, argumentativ zu begründen, warum ich seine Meinung über den Stellenwert der Frau in Ägypten und in der arabischen Welt nicht teilen konnte. Er erzählte mir von Filmen und Romanen, die Zeremonien und Rituale der Tötung weiblicher Familienmitglieder zur Wiederherstellung der Familienehre zeigten, als ob diese Erzählung komplett den Alltag in Ägypten repräsentierten. Ich versuchte ihm klar zu machen, dass es erstens grundsätzlich keine „Ehre" in Ehrenmorden gibt und zweitens das Phänomen wenn überhaupt, dann meistens in ländlichen Gebieten und Gesellschaften mit bäuerlichen Strukturen auftritt, vor allem wegen eines archaischen Werteverständnisses, aber auch wegen der faktisch nicht vorhandenen Strukturen moderner Staatsgewalt in solchen Gebieten, sodass in diesen Regionen oft noch ein eigenes Rechtssystem existiert. Doch selbst in solchen Gebieten ist das Geschehen eines sogenannten Ehrenmordes niemals mit Zeremonien der Freude wegen der Wiederherstellung der Familienehre verbunden, sondern wird eher über Generationen als Schandfleck betrachtet. Eine Familie, die ein weibliches Familienmitglied zur Rettung der Ehre getötet hat, wird von anderen Familien heimlich verhöhnt, was dazu führt, dass die Kernfamilie die Ortschaft meistens verlässt und an einen neuen Lebensmittelpunkt umzieht, wo sie anonym bleiben kann. Mein Nachbar wechselte vom Thema Ehrenmord und fragte, warum erbt dann eine muslimische Frau nur die Hälfte des Vermögens, das einem Mann zustehen würde? Warum werden die Frauen in dieser Kultur diskriminiert und warum sie kein Auto fahren dürfen usw. Ich konnte tatsächlich nicht darauf antworten, weil das Wechseln und Vermischen der Ebenen und Themen mich sehr überrascht hat und ich mehr mit den Hintergründen hinter seinen Fragen beschäftigt war.

Diese beiden Erzählungen verdeutlichen die Rolle der sozialen Repräsentationen im zwischenmenschlichen Gespräch. Jedes Gespräch ist ein zirkulärer Prozess von gegenseitiger Beeinflussung und ist auch vom vorhandenen Wissen und sozialen Repräsentationen in der sozialen Umgebung abhängig. Soziale Repräsentationen umfassen alle gemeinschaftlich erzeugten und als selbstverständlich geltenden Vorstellungen, Wissensbestände, Alltagstheorien oder Interpretationssysteme zu bestimmten Sachverhalten, Ereignissen, Gegenständen, Gruppen und Handlungen. Sie erlangen den Status einer unbezweifelbaren Wirklichkeit und gestalten somit die Wahrnehmung und den Umgang mit der sozialen Wirklichkeit (Hoffman 2015, S. 40). Die Reproduktion von einem arabisch-islamischen Ehrverständnis führte dazu, dass diese Vorstellung zu einem Bestandteil der vertretenden sozialen Repräsentationen geworden ist und möglicherweise zu einem normalen Alltagsthema werden kann. Für das Verständnis und Miteinander im Alltag wäre die Empfehlung, sich mit den Bestandteilen der sozialen Repräsentationen auseinanderzusetzen, z. B. durch Ausdifferenzierung des Ehrbegriffs oder durch Vergleich mit anderen Kulturen und Kontexten. Das kann unter der Voraussetzung gelingen, dass man zuhört, andere Erfahrungen und Sichtweisen zulässt und nicht mehrere Dimensionen und Themen miteinander verwechselt.

Bei der Auflistung der arabischen Werte bzw. Fundamente der arabischen Kultur, die angeblich ihr besonderes Wesen ausmachen, findet man öfter Begriffe wie Status, Familie, Traditionen und Ehre. Etymologisch bedeutet das arabische Wort „شرف" [*Sharaf*; Ehre] in etwa eine höhere Position zu haben. Ehre ist stark mit dem Status eines Individuums oder einer Gruppe verbunden. Ein junger Mann bzw. eine junge Frau kann den sozialen Status ihrer Familie erhöhen, wenn er oder sie ein Medizinstudium erfolgreich beenden. Die Familie wird durch diese neue Positionierung in der Gesellschaft (soziale Mobilität) geehrt bzw. sie erhält einen neuen Status. Es ist die ungeschriebene Pflicht jedes Individuums, etwas zu leisten, um den sozialen Status der eigenen Familie zu erhöhen oder zumindest den Status quo aufrechtzuerhalten. Wer die Ehre seiner Familie verteidigt, ist quasi eine Person, die den Status der Familie schützt. Dieses traditionelle Verständnis von Ehre hat seine Ursprünge in vorislamischen Zeiten und ist gut dokumentiert in der altarabischen Poesie, genau wie andere Konzepte und Begriffe wie Stolz, Großzügigkeit, Mut und Lob des eigenen Stammes. Das Wort *Sharaf* ist nirgendwo im Koran zu finden. An einigen Stellen nennt der Koran so etwas wie „Ehre" (Sura 3 Vers. 26–27; Sura 70, Vers. 23–35), aber mit ganz anderem Bedeutungszusammenhang. Gemeint hier ist die Ehre, die Gott den rechten Gläubigen durch den Zugang zum Paradies nach dem Tod schenkt. Weder der Koran noch die islamischen Traditionen thematisieren Ehre im Sinne eines Ehrverständnisses archaischer Stammesstrukturen, wie es noch heute in den ländlichen patriarchalischen Bereichen vieler islamischer Länder zu finden ist.

Die mediale Darstellung der Ehrenmorde werfen jeglichen Beitrag zur kulturellen Verständigung um viele Schritte zurück. Dieses Thema ist der härteste Divergenzpunkt, an dem jegliche Verständigung scheitert und zwar vor allem deshalb, weil es nicht als das sehr seltene Phänomen dargestellt wird, das es ist, sondern so, als ob es ein normales alltägliches Geschehen in diesem Kulturkreis wäre. In manchen Aufklärungstexten und Beschreibungen bekommt das Thema außerdem einen islamischen Hintergrund. Die Verknüpfung mit bestimmten Assoziationen wie traditionellen Rollenmustern oder religiösen Geboten, die sich für die Mehrheit der Menschen im der westlichen Welt im 21. Jahrhundert wie weit entfernte Vergangenheit anhören, führt zur Aufrechterhaltung von Ressentiments und negativen Narrativen gegenüber Angehörigen aus diesem Kulturkreis. Solche Narrative erzeugen toxische Effekte, zementieren Überzeugungen und werden Bestandteil der sozialen Repräsentationen. Schließlich können sie ein normales Alltagsgespräch stark belasten und einem guten Miteinander im Wege stehen.

Toxische Repräsentationen!

„Ist bekannt geworden, dass eine Frau die Ehre der Familie verletzt hat, sind die Männer dieser Familie dazu aufgerufen, diese zu verteidigen oder wiederherzustellen. Ging es um ein eher geringes Vergehen – z. B. ein Gespräch eines Schulmädchens mit einem Jungen im öffentlichen Raum – wird die Tochter vielleicht eingesperrt oder geschlagen oder von der Schule genommen, um der Umwelt zu demonstrieren, dass Vater und Brüder die nötige Stärke besitzen, das Mädchen unter Kontrolle zu bringen. Die Frauen müssen der Gesellschaft gegenüber ihre Ehre beweisen, die Männer Stärke und Durchsetzungsvermögen." (Orientdienst 2013, S. 163)

> „In den meisten Fällen weicht die Frau vom traditionellen Rollenverständnis ab: Sie lehnt eine arrangierte Ehe ab, reicht die Scheidung ein, spricht mit anderen Männern oder strebt einen Beruf an. Missachtet sie das religiöse Gebot, nur einen Muslim zu heiraten, kann die Frau Opfer eines „Ehrenmordes" werden." (Die wichtigsten Fragen zum Thema „Ehrenmord" – rp-online.de)[5]

Die ägyptische Zeitung *„Almesryoon; die Ägypter"* gilt als Sprachrohr der konservativen Kreise in Ägypten. Eine sehr beliebte Seite ist der Kummerkasten bzw. die Alltagsberatung, wo Leser ihre Probleme schildern und von einer sehr bekannten Ratgeberin Empfehlungen bekommen. Passend zum Thema Ehrenmord ist die Story vom 20. Februar 2018,[6] wo eine Leserin ein Familienproblem unter der Überschrift *„Er hat meiner Schwester ihr Geld und ihre Jungfräulichkeit geraubt"* schildert. Es ging um die dritte Schwester in dieser Familie, deren Vater in einem der reichen Golfstaaten arbeitete. Die Schwester hatte eine Beziehung mit einem verheirateten Mann, der öfter Geld von ihr erhielt, um seinen verantwortungslosen Lebensstil zu finanzieren. Dieser Mann hatte „die Jungfräulichkeit der Schwester geraubt" und seitdem erlebte die ganze Familie eine unerträglich schwere Last. Die Ratgeberin empfiehlt der Leserin, das Gespräch mit diesem Mann zu suchen, bis er die Schwester heiratet, auch wenn nach kurzer Zeit eine Scheidung erfolgt. Hauptsache, die Schwester heiratet diesen Mann, selbst wenn der Mann schon mit einer anderen Frau verheiratet ist. So einem Rat kann selbstverständlich nur in Ländern gefolgt werden, in denen das Zivilrecht Polygamie erlaubt, was der Fall in den meisten arabischen Ländern ist – mit Ausnahme Tunesiens.

In der Tat gilt die Heirat als die pragmatischste und sozial geduldete Lösung bei zwischengeschlechtlichen unehelichen Beziehungen, die mit dem Verlust der Jungfräulichkeit einhergehen, Ich kann mich an einen Verwandten aus einem südägyptischen Dorf erinnern, der eine uneheliche Liebesbeziehung mit einer jungen Bäuerin aus einer Familie mit

---

[5] https://rp-online.de/panorama/die-wichtigsten-fragen-zum-thema-ehrenmord_iid-23668115#3 [Abruf: 29.01.2020].

[6] Diese Geschichte ist unter https://www.almesryoon.com/story/1151391 abrufbar bzw. direkt unter dieser Überschrift „سرق أموال أختي وعذريها.. فكيف أتصرف" [Abgerufen 13.07.2018].

niedriger sozialer Stellung hatte. Nach Feststellung der Schwangerschaft mussten sie heiraten. Von Mord als Lösung des Problems und zur Rettung der Familienehre war nie die Rede. Nach der heimlichen Eheschließung musste das Ehepaar das Dorf verlassen und auf dem Land leben, um der sozialen Ächtung zu entgehen. Fälle aus benachbarten Dörfern sind mir bekannt, in denen nach der Eheschließung die Ehepaare nach sehr weit entfernten Orten ausgewandert sind. Von „Ehrenmorden" an sich erfährt man nur durch Berichterstattung der Zeitungen oder lokalen Medien, wo ein Vater oder Bruder ein weibliches Familienmitglied zur Wiederherstellung der *Ird* und zur Reinigung des Schandflecks tötete. Die Begegnung mit dem Phänomen „Ehrenmord" war an sich nur im Rahmen dieser Berichterstattung möglich oder im Zusammenhang mit Filmen wie dem Klassiker „Nachtigallgebet; Doaa al-Karawan", einem Drama Film vom 1959 nach dem Roman von Taha Hussein. In diesem Film, der mehrmals im Jahr im TV gezeigt wurde, erzählt eine Mutter ihrer Tochter, dass die Schwester den Tod verdiene, weil sie die Familie entehrt habe, und wie ein Teufelskreis der Vergeltung entsteht.

Die „Ehrenmorddrohung" zur Einschüchterung pubertierender Mädchen wird bei Verdacht auf unsittliches Verhalten tatsächlich immer noch eingesetzt. Sätze wie *„dein Vater wird dir die Kehle durchschneiden"* sind öfter in streng formal-patriarchalischen Schichten zu hören. In modernen Zeiten, wo junge Frauen fern von zuhause studieren und arbeiten, haben diese Einschüchterungsversuche an Kraft verloren und die archaische kollektive Angst vor dem Verlust der weiblichen Keuschheit hält sich in Abhängigkeit von Bildungs- und Modernisierungsniveau in Grenzen. Auch, wenn die absolute Mehrheit der Araber Geschlechtsverkehr außerhalb der Ehe weiterhin für „unmoralisch" hält und die arabische und islamische Welt (und übrigens auch viele andere Kulturkreise weltweit) ganz weit von einer sogenannten sexuellen Revolution entfernt sind, sinkt die Zahl der Frauen, die bis zur Hochzeit jungfräulich bleiben. Übrigens: Moderne muslimische Gelehrte sind sich einig, dass plastische Chirurgie zur Wiederherstellung des Jungfernhäutchens unzulässig ist, wenn dessen Verlust durch einen gewollten und von beiden Partnern bewusst vollzogenen Geschlechtsverkehr verursacht wurde.

Übereinstimmend und zu Recht werden die patriarchalischen Einstellungen in der Gesellschaft insgesamt als der wahre Grund für die arabische Sexualmoral verantwortlich gemacht, die das Ehrverständnis mit der Sexualität der Frauen verknüpft. Diese Vorstellung ist mit dem Machismus-Glauben (Macho-Gehabe) an die grundsätzliche Überlegenheit des Mannes gegenüber der Frau verbunden. Wenn eine Frau eine außereheliche sexuelle Beziehung eingeht, muss der Mann (der Vater, ältere Bruder, Onkel, Cousin) gemäß seinen patriarchalischen Vorstellungen handeln, um seine Ehre wiederherzustellen. Der Mann muss der Gemeinschaft beweisen, dass er die Kontrolle über diese Frau hat, sonst wird er sozial geächtet und abgelehnt. Nicht selten sind es auch Mütter, die diesen abscheulichen Mord an ihren unverheirateten Töchtern verüben, um der Gemeinschaft zu beweisen, dass sie diesen archaischen Verhaltenskodex einhalten. In der Tat existieren zahlreiche Gesetzeslücken in verschiedenen arabischen Ländern, die diese patriarchalischen Strukturen in der Gesellschaft widerspiegeln, wie z. B. bis 2017 § 340 des jordanischen Strafgesetzbuches, demzufolge einen Mörder eine mildere Strafe erwarten konnte, wenn der Grund für den Mord war, dass er seine Frau oder eine andere heiratsfähige Frau beim Ehebruch bzw. Geschlechtsakt ertappt hatte. 26 Ehrenmorde in Jordanien haben 2016 einen gesellschaftlichen Diskurs ausgelöst und das jordanische Fatwa-Amt hat Ehrenmorde an Frauen als unislamisch geächtet.[7] Ein vom Königshaus gebildeter Ausschuss zur Modernisierung des Strafgesetzbuchs hat im August 2017 solche umstrittenen Paragraphen gestrichen. Genaue Statistiken über die Anzahl der Ehrenmorde sind in der Tat unbekannt und nach Schätzung der Aktivistengruppe (HBVA – Honour Based Violence Awareness Network) gibt es ca. 5000 Tötungsdelikte weltweit jährlich, die nicht nur in arabisch-islamischen Ländern stattfinden, sondern auch in Indien, wo jährlich etwa 1000 Ehrenmorde begangen[8] werden, meistens, weil Verwandte nicht mit geschlossenen Ehen einverstanden sind.

---

[7] Es gibt zahlreiche Fatwa bzw. Gutachten zu diesem Thema. Ursprüngliche arabische Version sind erreichbar unter: http://www.aliftaa.jo/Question2.aspx?QuestionId=3258 [Abgerufen 13.07.2018] , andere erreichbar unter diesen Suchbegriffen الشرف-بدعوى-النساء-قتل-تحرم-فتوى-الأردن (Jordanien verbietet Mord an Frauen im Namen der Ehre) oder Maßnahmen und Empfehlungen unter جرائم على القضاء إلى السبيل ما في الأردن؟ "الشرف".

[8] Vgl. https://www.fr.de/politik/verbrechen-ehre-willen-11130174.html [Abgerufen 13.07.2018].

Dietrich Oberwittler und Julia Kasselt (2014, 2011) haben die Ehrenmorde in Deutschland auf Basis von 78 Fällen für den Zeitraum 1996 bis
2005 analysiert und schätzen die Gesamtzahl der Ehrenmorde auf etwa
zwölf pro Jahr, davon drei Ehrenmorde im engeren Sinne. Diese Hoch-
rechnung umfasst Partnertötungen in einer Grauzone zwischen kollektiver Familienehre und individueller männlicher Ehre. Bei ca. 700 Tötungsdelikten pro Jahr in Deutschland sind derartige Ehrenmorde sehr seltene
Ereignisse.[9] Bei 25 % der 78 Fälle handelt es sich um Ehrenmorde im
engeren Sinn, ca. 40 % sind Grenzfälle zur Partnertötung, 35 % sind
Grenzfälle zur Blutrache und sonstige Mischtypen. Bei Ehrenmorden im
engeren Sinn steht in 80 % der Fälle eine unerwünschte Liebesbeziehung
der Frau vor, außerhalb oder nach ihrer Ehe im Mittelpunkt, während
ein „westlicher" Lebensstil nur in sehr wenigen Fällen der tatsächliche
Tötungsgrund war. Die Auswertung des Bildungs- und Berufsstatus der
Täter ergibt das eindeutige Bild einer homogenen Gruppe von bildungsfernen und niedrig qualifizierten Migranten. Es gibt keine Hinweise auf
eine starke Beteiligung von Migranten der zweiten oder dritten Generation. Von den rechtskräftig verurteilen Tätern wurden ca. 37 % wegen
Mordes, ca. 48 % wegen Totschlags und ca. 15 % wegen Körperver-
letzung verurteilt. Eine Vergleichsstudie belegt, dass Ehrenmörder von
deutschen Richtern härter bestraft werden als Beziehungstäter ohne Ehr-
hintergrund: Sie werden häufiger zu lebenslangen Freiheitsstrafen (38 %
vs. 23 % bei den Partnertötungen) und auch öfter zu langen Zeitstrafen
verurteilt. Dies gilt insbesondere für die Urteile ab dem Jahr 2002, in
denen Ehrenmörder in der Mehrheit der Fälle mit lebenslanger Freiheits-
strafe und damit der Höchststrafe im deutschen Strafrecht bedacht wurden. Hintergrund dieses Trends ist ein Urteil des Bundesgerichtshofs
vom Februar 2002, in dem entschieden wurde, dass Taten mit Ehrhinter-
grund in der Regel als Morde aus niedrigen Beweggründen zu bewerten
sind. Gegenüber vergleichbaren Tötungsdelikten gibt es in diesem Sinne
keinen „Rabatt" für Ehrenmorde,[10] sondern einen Strafaufschlag im

---

[9] Vgl. https://www.mpicc.de/de/forschung/forschungsarbeit/kriminologie/ehrenmorde.html [Ab-
gerufen 31.07.2018].

[10] Vgl.   https://www.gwi-boell.de/de/2018/11/01/fuenf-fakten-ueber-ehrenmorde   [Abgerufen
13.07.2018].

Gegensatz zu Meldungen, die darauf hinweisen, dass der kulturelle Hintergrund des Täters zu geringeren Strafen für „Ehrenmörder" führen kann.

Das Thema Ehrenmord ist ein Scheitelpunkt der Differenzen, wo eine vermittelnde Rolle nicht mehr funktionieren kann. „Ehrenmorde" existieren leider und diese bittere Tatsache kann nicht geleugnet oder wegdiskutiert werden, auch, wenn sie bekanntermaßen „unislamisch" oder nicht exklusiv der arabisch-islamischen Kultur vorbehalten sind. Es sind auch nicht nur Menschenrechtsaktivisten, die sich mit dem Thema beschäftigen, sondern vermutlich auch gewisse Kreise, die anti-muslimische Ressentiments bedienen und diese in der Öffentlichkeit verbreiten wollen. Von diesen Kreisen kursieren die gleichen Narrative in Bezug auf Kriminalität, islamische Gefahr, „Ehrenmorde", traditionelle Rituale, Parallelgesellschaft und sie versuchen, das Bild eines fremden Islams zu belegen, um Ängste zu begründen und schließlich Differenzierungslinien zu markieren. Diese Haltung ist kein Geheimnis und es reichen ein paar Suchbegriffe, um fündig zu werden. Aus Neugier habe ich bei Google die Suchbegriffe „honor killing sweden" eingegeben und direkt an der ersten Stelle erschien ein Artikel unter dem Titel *„Newly-Immigrated Muslim Women Honor Killed in Sweden"*[11] vom 02. Mai 2017 auf der Seite von Clarion Project, das wegen der Verbreitung anti-islamischer[12] Informationen international kritisiert wurde.[13] Das erste deutschsprachige Suchergebnis von Google nach dem Begriff „Ehrenmord" zeigt einen Blogbeitrag, der seit 2007 jährlich Ehrenmorde in Deutschland dokumentiert und anders als die Studie von Oberwittler und Julia Kasselt auf eine vierstellige Zahl pro Jahr kommt. Die Bloggerin spricht an vielen Stellen ihre Haltung zum Islam deutlich aus, z. B. *„das Kopftuch ist das Symbol der Unterwerfung der Frau unter den Mann und des Individuums unter die Gemeinschaft"*.[14]

---

[11] Vgl. https://clarionproject.org/newly-immigrated-muslim-women-honor-killed-in-sweden/ [Abgerufen 13.07.2018].

[12] Vgl. https://islamophobianetwork.com/organization/clarion-project/ [Abgerufen 08.04.2019].

[13] Vgl. https://www.splcenter.org/fighting-hate/extremist-files/ideology/anti-muslim [Abgerufen 08.04.2019].

[14] Vgl. https://www.achgut.com/artikel/was_das_kopftuch_bedeutet [Abgerufen 13.07.2018].

Die weitverbreiteten deutschsprachigen kriminologischen Informationen gehen von einem Muster bei Ehrenmorden aus, in dem ein Beschluss eines Familienrats immer eine Rolle spielt und der ausführende Täter meistens ein minderjähriges Familienmitglied ist. In den ägyptischen Zeitungen findet man fast jede Woche irgendeinen Zeitungsbericht über einen Mord an Frauen, diese lassen allerdings kein einheitliches Muster erkennen, weshalb die meisten Ehrenmorde eher als „Familiendrama" klassifiziert werden, vor allem, weil das entscheidende Kriterium für die Klassifikation als Ehrenmord fehlt, nämlich das Geständnis des Täters, dass es bei seiner Tat um die Rettung der Familienehre ging. In einer gemeinsamen Veröffentlichung des Familienministeriums und des BKA wurden im Jahr 2015 104.000 Frauen in Deutschland Opfer von Gewalt in der Partnerschaft. Davon wurden 331 Opfer eines Mordes oder Totschlags. Solche Fälle werden meistens mit weit weniger Medieninteresse als „Familiendrama" oder „Beziehungsgewalt" betitelt, da die Täter keinen muslimischen Migrationshintergrund haben. Der damalige Ministerpräsident von Nordrheinwestfalen und CDU-Kanzlerkandidat, Armin Laschet, räumte bereits Mitte 2008 – damals als Integrationsminister – eine gewisse Doppelmoral in den Medien ein: *Der Mord an der Frau eines Türken werde als „Ehrenmord" bezeichnet, während der deutsche Ehemann meist aus „Eifersucht" handele.*[15]

Man könnte mehrere Bücher über dieses Thema schreiben, über die Hintergründe von Ehrenmorden, ob irgendein Islamverständnis dabei eine Rolle spielt oder ob das Phänomen mehr mit Gewohnheitsrecht zu tun hat, ob es im Wertesystem der arabischen Kultur verankert ist oder ob es sich um ein soziokulturelles Randphänomen handelt. Man könnte aber auch den Kreisen, die dieses seltene Phänomen undifferenziert als massenhaft auftretende Realität des arabisch-muslimischen Kulturkreises verbreiten, negative diffamierende Absichten unterstellen und ihre Bemühungen als Aufwiegelung zu anti-muslimischen Ressentiments bezeichnen. All dies hilft nicht, weil wir es einerseits mit realen Verbrechen

---

[15] Abrufbar unter https://www.migazin.de/2009/01/08/der-feine-unterschied-zwischen-einem-%-E2%80%9Emuslimischen%E2%80%9C-ehrenmord-und-dem-%E2%80%9Edeutschen%-E2%80%9C-familiendrama/ : Ein „muslimisches" Ehrenmord und ein „deutsches" Familiendrama [Abruf 07.02.2019].

zu tun haben, unabhängig von deren Quantität oder davon, unter welchen Bedingungen und von welchen Tätergruppen sie begangen werden. Ein Mord ist ein Verbrechen gegen Menschenrechte und jegliche Vorstellung von Menschlichkeit. Die meisten arabischen und westlichen Institutionen und Organisationen, die eine Lösung für das Phänomen suchen, zielen darauf ab, entsprechende rechtliche Strukturen zu schaffen, Gesetzeslücken zu schließen und die allgemeine Aufklärung voranzutreiben. Das Wissen um die verschiedenen Motivationen und Zielerwartungen ist dann entscheidend, um sich auf mögliche Stolpersteine der Verständigung einzustellen.

4.3 Vorurteile gegenüber dem Westen

Der einseitige Blick auf den Islam und die unreflektierte Reproduktion von undifferenzierten Pauschalurteilen und Klischees sind meines Erachtens die schwierigsten Stolpersteine kultureller Verständigung. Solche sozialen Repräsentationen manifestieren sich von der höchsten Abstraktionsebene des Wissens bis zur Ebene der individuellen Interaktion und können zu Stolpersteinen werden. Das Paradebeispiel dafür ist die Vorstellung vom niedrigen Stellenwert der Frau im Islam und den dort dominierenden archaischen Rollenbildern. Solche abstrakten Repräsentationen können im schlimmsten Fall dazu führen, dass sich eine deutsche Sachbearbeiterin vom Auftreten eines arabischen männlichen Kunden nicht ernst genommen fühlt und sein Verhalten als typisch für den orientalischen Mann wahrnimmt, was wiederum dazu führt, dass auf Basis solcher Erfahrungen eine sichere Überzeugung entsteht, dass die Araber ein grundsätzliches Problem mit Frauen haben. Bestimmte medienwirksame Ereignisse und deren Rezeption führen letztendlich zur Zementierung dieser sozialen Repräsentationen. Für eine gewollte kulturelle Verständigung und für ein lohnendes Miteinander ist es unabdingbar für alle Akteure in diesem Prozess, die eigenen sozialen Repräsentationen zu reflektieren und ein Bewusstsein dafür zu haben oder wenigstens zu wissen, wie sie beim anderen ankommen.

Welche Klischees und Vorurteile auf arabischer Seite gegenüber dem Westen gibt es denn? Eine systematische Online-Recherche danach war allerdings mühsam und nicht so schnell verfügbar wie die westlichen Pauschalannahmen über die arabische Welt. Es gibt verschiedene Gründe für diese Asymmetrie, denn es mangelt ja nicht an kommunikativen Gelegenheiten und Anlässen: Nahost-Konflikt, Irakkrieg, Iran, Libyen und natürlich die Flüchtlingskrise sowie die verschiedensten soziopolitischen Komponenten, die für den Durchschnittsbürger ein gewisses Überforderungs- und Bedrohungspotenzial mitbringen: Demographischer Wandel oder die Integrationsfähigkeit von Zuwanderern aus muslimischen Ländern. Für die Mehrheit der Araber hat der Kampf gegen die steigenden Lebensmittelpreise, Korruption der Staatsbediensteten, die Arbeitslosigkeit und insgesamt gegen die widrigen Lebensbedingungen höchste Priorität. Außenpolitische Anlässe werden meistens von den korrupten Regimen ausgenutzt, um vom eigenen Versagen abzulenken. Eine Auseinandersetzung mit dem Westen ist eine Art Luxusbeschäftigung von arabischen Intellektuellen, Akademikern vom Fach oder Anhängern islamistischer Ideologien. Aus diesem Grund ist es naheliegend, zu vermuten, dass es dem westlichen Durchschnittsbürger leichter fällt, irgendetwas über den Stellenwert der arabischen Frau, die Menschenrechte und Demokratie in der arabischen Welt und ähnliche Themen zu sagen als einem Durchschnittsbürger in Ägypten, Algerien oder Saudi-Arabien. Das heißt nicht, dass diese „Durchschnittsbürger" keine Vorurteile gegenüber dem Westen hätten, sondern, dass sie andere Bedrohungspotenziale und kommunikative Anlässe erleben, was wiederum dazu führt, dass ihre Klischees und Vorstellungen gegenüber dem Westen nicht so präsent und abrufbar sind. Eine gewagte These, die – hoffentlich – irgendwann ein Gegenstand einer Untersuchung werden kann!

Setzt man sich mit den arabischen Vorurteilen gegenüber dem Westen auseinander, so lassen sich aus den verschiedenen Beiträgen einige Kategorien finden: Moralischer Niedergang, Egoismus, individuumszentrierte Menschenbilder, Materialismus, imperialistische hegemoniale Interessen und Messen mit zweierlei Maß. Drei Dinge sind allerdings dabei sehr wichtig:

1. Es ist entscheidend, ob der Begriff Westen die amerikanische Außenpolitik einschließt oder nicht. Wenn man von Europa statt vom Westen redet, dann fällt es dem durchschnittlichen Araber

schwerer, konkrete Vorurteile beim Namen zu nennen. Redet man nur von Deutschland oder Österreich, dann erzählen die Befragten meistens nur von der NS-Zeit, die sie eigentlich nur aus Hollywood-Streifen kennen. Die sehr informativen Dokumentarfilme von Sendungen z. B. bei Al-Jazeera oder die auf Arabisch synchronisierten Beiträge von National Geographic und BBC sind weiterhin nicht die primäre Informationsquelle der Masse.

2. Die jeweiligen Ereignisse bestimmen den öffentlichen Diskurs und wie über den Westen debattiert wird. Im Zuge der Irak-Invasion 2003 und die Mohammed-Karikaturen 2005 herrschte ein sehr negatives Bild im Vergleich zur Situation im Jahr der Flüchtlingskrise 2015, wo Deutschland und andere Länder die Geflüchteten aufgenommen haben. Die Aufnahme der Flüchtlinge hat in diesem Sinne das Image Westeuropas insgesamt sehr positiv beeinflusst.

3. Es macht einen großen Unterschied, von wem das Bild des Westens bzw. die Vorurteile gegenüber dem Westen stammen. Ein Journalist einer konservativen saudischen Zeitung wird möglicherweise eine ganz andere Meinung hinsichtlich der westlichen medialen Reaktion auf die Ermordung Jamal Khashoggis vertreten als ein saudischer Importeur deutscher Maschinenanlagen.

Arabische Stereotype und Klischees gegenüber dem Westen haben zwei Seiten: einerseits repräsentiert der Westen gänzlich demokratische rechtsstaatliche Regierungsprinzipien, Fortschritt, Freiheit und hohen Lebensstandard. Selbst die Extremisten in den anti-westlichen Lagern sprechen ihre Hochachtung und Bewunderung für diese Seite aus, wenn sie aktuelles Geschehen im Westen kommentieren. Ein Beispiel dafür ist der Vergleich zwischen dem in Frankreich verhängten Ausnahmezustand nach den Terroranschlägen in Paris 2015 und dem seit 1981 erklärten bzw. immer wieder verlängerten Dauerausnahmezustand in Ägypten und was das technisch und juristisch für die Polizei und die nationalen Sicherheitsapparate bedeutet. Als Beleg für die Rechtsstaatlichkeit wird z. B. Bezug auf den Einreisestopp per Dekret von Donald Trump im Januar 2017 genommen, nach dem kein Staatsbürger aus sieben mehrheitlich muslimischen Staaten in die USA einreisen durfte, und es Monate dauerte, bis das höchste US-Gericht Trump erst im Juni 2018 Recht gab, während ein Dekret eines arabischen Herrschers als Befehl göttlicher Macht verstanden und sofort langfristig umgesetzt wird. Andererseits gibt es arabische Intellektuelle,[16] die die Meinung vertreten, dass der Westen reine Machtinteressen in der Region hat. Es ginge also nicht um die hochgepriesene Demokratie und Freiheit, sondern ums Öl und um andere Ressourcen. Korrupte Regime, die ihr eigenes Volk und grundlegende Menschenrechte unterdrücken, gelten ihnen als Vertreter des Westens.

Neben der negativen Wahrnehmung westlicher Politik existieren weit verbreitete moralische Vorurteile gegenüber dem Westen. Das bekannteste ist die Assoziation des Westens mit Dekadenz und moralischem Niedergang. Dieses Vorurteil lässt sich durch die mediale Darstellung des westlichen Lebens begründen, wo körperliche Freizügigkeit, explizite Diskussionen über Sexualität und freier Alkoholkonsum Teile des öffentlichen Lebensstils sind. Die vermeintliche moralische Maßlosigkeit des Westens ist das arabische Pendant zum westlichen Klischee von der unterdrückten arabischen Frau. Wie das traditionelle orientalische Bild des Harems sind auch die arabischen Ansichten über die heutigen westlichen Frauen stark sexualisiert. In der Tat haben viele arabische Männer, und vor allem die mit wenigen Kontakterfahrungen zum Westen, Fantasien von westlichen Frauen. Der belgisch-ägyptische Journalist Khaled Diab beschreibt gängige Stereotype in *The Guardian*:[17] „In dieser Ansicht sind westliche Frauen übersexualisiert, promiskuitiv und Sex gilt als der einzige Hauptinhalt ihres Lebens. Ein typisch ägyptischer Mann glaubt fest daran, dass jede Frau aus dem Westen einfach zu haben ist und überhaupt nichts dagegen hat, Sex mit jedem Mann zu haben". Eng verbunden mit solchen sexualisierten Phantasien ist der Mythos der westlichen Aphrodite, die schreiende Sehnsucht nach einem „echten Mann" hat und als Beleg dafür wird auf die Orte des Sextourismus in Hurgahda, Hammamet oder Marrakesch hingewiesen. Nicht selten wird auch das Phänomen

---

[16] Um dies zu belegen muss man nicht langer suchen. Die Kolumnen auf der saudischen Zeitschrift Asharq Al-Awsat, der größten internationalen arabischsprachigen Tageszeitung sind ein Paradebeispiel dafür.

[17] Vgl. https://www.theguardian.com/commentisfree/2010/nov/10/arab-myth-of-western-women [Abruf 07.02.2019].

„Bezness"[18] als Beleg für die Existenz dieser männlichen Hyperpotenz verwendet, wobei sich der Begriff „Bezness" in den westlichen Medien auf die Perspektive der weiblichen Opfer bezieht und weniger die Machenschaften der Liebesbetrüger oder deren Beweggründe beschreibt. Die Sexualisierung der Machtlosigkeit in Form vom männlichen Wunschdenken des hyperpotenten orientalischen Mannes findet man übrigens auch in Meisterwerken der arabischen Literatur. At-Tayyib Salih[19] hat dies in seinem Meisterwerk „Zeit der Nordwanderung" verewigt. Sein Werk behandelt die Themenfelder Kolonialismus und Sexualität – aus der Perspektive eines sudanesischen Kolonialisierten. Sein hyperpotenter Protagonist Mustafa Said rächt sich an den britischen Kolonisatoren, indem er sich europäischen Frauen anbietet, um sie anschließend zu demütigen und zu vernichten.[20]

Ein prägnanter Bestandteil der arabischen sozialen Repräsentationen und Begründung für die Vorbehalte gegenüber dem Westen manifestiert sich rund um das Phänomen des Rassismus. Es werden dabei Beweise aus der Geschichte herangezogen, von der Dezimierung indigener Völker Amerikas bis zu den Sklavenschiffen aus Westafrika, vom Opiumkrieg bis zum Völkermord an den Herero und Nama, vom Kongogräuel bis zu den niederländischen Kriegsverbrechen in Indonesien, die Kolonialisierung der arabischen Länder der modernen Geschichte und sogar die Kreuzzüge aus dem 11. bis 13. Jahrhundert. Der arabische Diskurs schließt unter dem Dach des Rassismus auch verwandte Phänomene wie Islamophobie, Islamfeindlichkeit und diskriminierende Strukturen gegenüber Muslimen in Europa ein. So zählen dazu bestimmte medienwirksame Ereignisse, wie das Schweizer Minarett-Verbot von 2009 oder das französische Niqab-Verbot von 2011 auf öffentlichen Plätzen.

---

[18] Der Begriff „Bezness" setzt sich aus den Begriffen „Business" und „Beziehung" zusammen. Es handelt sich dabei um vorgegaukelte Liebesbeziehung. Die Opfer sind meistens europäische Frauen, die sich während ihres Urlaubs in einigen außereuropäischen Ländern in Männer verlieben und mit ihnen Beziehungen eingehen, wobei die Männer von Anfang an nur materielle Interessen verfolgen, z. B. eine Geldüberweisung zu erhalten oder das Land zu verlassen.

[19] Das Meisterwerk von At-Tayyib Salih erschien 1966. Zeit der Nordwanderung: Roman aus dem Sudan. Lenos; Auflage: Sonderausgabe vom 1. Juni 2010. Der aus dem Sudan stammende Salih gilt als der bedeutendste arabische Erzähler nach dem Nobelpreisträger Nagib Machfus aus Ägypten.

[20] Vgl. den Beitrag von Angela Schader in der Neue Zürcher Zeitung vom 19.2.2009: Ein Buch – ein Klassiker. https://www.nzz.ch/ein_buch__ein_klassiker-1.2038852 [Abruf 01.11.2017].

Der Rassismusvorwurf: eine Frage der kulturellen Wahrnehmung

Der Rassismusvorwurf ist ein Kandidat dafür, wie Repräsentationen auf der abstrakten Ebene zu Konfliktursachen auf der Ebene der interpersonalen Interaktion werden können.

Mit dem Begriff Rassismus kann allerdings nicht jeder arabische Durchschnittsbürger etwas anfangen, da der Begriff eher intellektuell oder akademisch angelegt ist. Stattdessen verwendet der Durchschnittsmensch Wörter wie Ungerechtigkeit oder Diskriminierung. Das bedeutet, eine arabischsprachige Person als Rassisten zu beschimpfen, wirkt nicht so schlimm, beleidigend und entehrend, sondern hört sich vielmehr wie „unfair" oder „ungerecht" an. Wegen der historischen Tatsachen hat das allerdings im deutschen Alltag ganz andere Dimensionen. Diese Diskrepanz in der Wahrnehmung führt unmittelbar zu Missverständnissen und sogar zu Konflikten.

Der Begriff Rassismus erlebt im Zusammenhang mit den syrischen Flüchtlingen eine Renaissance in den arabischen Medien, vor allem, weil öfter über diskriminierende Erfahrungen bei der Wohnungssuche[21] oder auf dem Arbeitsmarkt[22] berichtet wird und am intensivsten im Zusammenhang mit der restriktiven Flüchtlingspolitik der dänischen Regierung 2021.[23] Der Rassismus sei damit nicht nur gegen islamische Praktiken gerichtet, sondern stelle einen Versuch der totalen Ausgrenzung des Fremden dar, der sich niederlassen und Teil des westlichen Alltags werden möchte mit der Begründung, dass der Kulturfremde andere, inkompatible Wertesysteme mitbringe. Problematisch daran ist, dass der Rassismus als soziale Repräsentation alles umfassen und erklären kann. Man findet keinen Job, nicht nur wegen Über- oder Unterqualifizierung, sondern weil man eben ein Araber bzw. Muslim ist und weil die aufnehmende Gesellschaft rassistisch ist. Diese Unterwanderung von abstrakter (intergruppaler) zu interpersonaler Ebene habe ich bei meiner Zusammenarbeit mit einem jungen Syrer mittleren Bildungsniveaus erlebt, der mit abstrakten Konzepten wie Rassismus und

---

[21] Vgl. https://www.alaraby.co.uk/investigations/2018/7/8/ verfügbar unter العنصرية في ألمانيا... رفض طلبات إسكان العرب يخلق ظاهرة السمسرة والاحتيال (Rassismus in Deutschland. Vermieter wollen keine Araber haben und der Markt boomt von Maklern und Gauklern) [Abruf 31.01.2019].

[22] Vgl. https://www.dw.com/ar/ abrufbar unter التمييز العنصري يعكر صفو الحياة اليومية للمهاجرين في ألمانيا (Rassismus betrübt den Alltag der Migranten in Deutschland) [Abruf 31.01.2019].

[23] Vgl. Unterbringung in Drittländern: Dänemark stimmt für umstrittenes Asylgesetz. Ein Beitrag von zdf heute vom 03.06.2021. https://www.zdf.de/nachrichten/politik/daenemark-asylgesetz-drittlaender-migranten-100.html [Abruf 31.07.2021].

Wertesystem nicht so viel anfangen konnte. Erst als er sich durch den Integrationskurs mit solchen Begriffen auseinandergesetzt hatte, manifestierten sich die Repräsentationen und seine darauffolgenden Erfahrungen wurden durch die Rassismus-Brille interpretiert. Der Rassismusvorwurf war dann schnell am Zug, um seine widrigen Alltagserfahrungen zu erklären: *„Der Hausmeister verhält sich irgendwie hochnäsig und unfreundlich uns gegenüber, weil er ein Rassist ist!"* Ihm war allerdings nicht bewusst, welche beleidigende Wirkung dieser Vorwurf hat.

Die oft mit der Frontstellung „der Westen vs. die muslimische Welt" einhergehenden gegenseitigen Vorurteile lösen sich fast komplett auf, wenn nach einzelnen Ländern und Erfahrungen mit Menschen aus dem jeweiligen Land gefragt wird. Mit Deutschland und den Deutschen z. B. assoziiert man in den arabischen Ländern fast nur Positives. Da Deutschland dort nicht direkt als Kolonialmacht agiert hat und anders als England oder Frankreich an der historischen Demütigung der Araber nicht beteiligt war, besitzt Deutschland ein sehr positives Image im europäischen Vergleich. Bestätigung dafür fand die Studie des Instituts für Auslandsbeziehungen *ifa*[24] von 2006, in der 351 Journalisten über das Image Deutschlands im Maghreb sowie im Nahen und Mittleren Osten befragt wurden. 70 % der Befragten empfinden Deutsche als vertrauenswürdig. Die Deutschen werden als „innovativ", „offen für Veränderungen" und „multikulturell" beschrieben. Eine Mehrheit der befragten arabischen Journalisten sagte außerdem, Deutschland respektiere die Werte anderer Kulturen. Deutschland gelte als verlässlicher Partner bei der Lösung internationaler Konflikte und als wichtiger politischer Partner für ihr jeweiliges Heimatland.[25] Gelegentlich mischen sich in die überwiegend positive Betrachtung jedoch kritische Töne. Fast zwei Fünftel der arabischen Journalisten empfinden die Deutschen als „unsympathisch". Ähnliche Befunde zeigen die Befragungen des palästinensischen Zentrums für Politik- und Umfrageforschung (PCPSR)[26] von

---

[24] ifa (Hrsg.), Das Bild Deutschlands im Maghreb, im Nahen und Mittleren Osten, 2006.

[25] Vgl. Marion Hensel (2010): Abrufbar unter: https://www.ema-germany.org/media/publ/medi/ausg/2010/01/51_mediterranes_01_2010.pdf [Abruf 17.01.2019].

[26] Vgl. استطلاع ألمانيا حول الجمهور الفلسطيني وآراء انطباعات حول إستطلاع – 2014 (ديسمبر) كانون اول 3--استطلاع ألمانيا حول http://www.pcpsr.org/ar/node/599 [Abruf 09.04.2019].

2014, in der 1270 Personen aus dem Westjordanland und Gaza über ihr Deutschlandbild befragt wurden. 66 % der Befragten haben ein positives Deutschlandbild wegen des Fortschritts, Reichtums, der Stabilität und Demokratie. 33 % der Befragten bewundern deutsche Eigenschaften wie Weltoffenheit, Ehrgeiz und Fleiß, während 28 % die Deutschen für distanziert und verschlossen gegenüber anderen Menschen halten. Alle diese Befunde lassen sich auch durch die Erhebungen der Deutschen Gesellschaft für internationale Zusammenarbeit bestätigen, die in ihrer letzten Studie Interviews mit 154 Personen durchgeführt hat, darunter Teilnehmer aus Ägypten, Saudi-Arabien, Jordanien und Tunesien. Es herrscht bei den Interviewten große Einigkeit darüber, dass man Dinge in Deutschland sorgfältig plant, gezielt und mit großer Ernsthaftigkeit erledigt und auf Planänderungen etwas unflexibel reagiert (GIZ 2018, S. 62).

Selbstbild, Fremdbild und vermutetes Selbstbild

Das Selbstbild (alle Kognitionen und Emotionen, die ich mir selbst zuschreibe), das Fremdbild (alle Kognitionen und Emotionen, die ich fremden Personen, die nicht meinem vertrauten sozialen Umfeld angehören, zuschreibe) und das vermutete Selbstbild (alle Kognitionen und Emotionen, die vermutlich das Bild bestimmen, dass mein Gegenüber von mir hat) spielen eine wichtige Rolle in der interpersonalen Begegnung (Thomas 2016, S. 59). Eine sehr beliebte Übung in meinen Trainings ist das Selbstbild, Fremdbild und vermutete Selbstbild im interkulturellen Vergleich zwischen Arabern und Deutschen (bzw. anderen Nationalitäten je nach Zielgruppe) abzufragen.

- Ein Beispiel für eine Selbstbild-Aussage von deutschen Teilnehmenden ist: „Wir Deutschen stehen für Innovation, Pünktlichkeit, Ehrlichkeit, aber vielleicht sind wir auch distanziert und pedantisch."
- Ein Beispiel für ein Fremdbild über Araber ist: „Für die Araber sind Gastfreundlichkeit, Familie und Kinder sowie Hilfsbereitschaft besonders wichtig, aber sie sind unverbindlich, überempfindlich, können Kritik nicht akzeptieren."
- Das vermutete Selbstbild lässt sich so beschreiben: „Made in Germany, Land der Dichter und Denker sowie die deutschen Tugenden sind sicherlich unsere Pluspunkte bei den Arabern, aber vielleicht betrachten sie uns als geizig, fremdenfeindlich, unflexibel, kleinlich und kalt".

Bei den arabischen Teilnehmenden hing das Ergebnis sehr stark von der Auslandserfahrung und der konservativen Ausprägung des Befragten ab. Neuankömmlinge in Deutschland konnten die negativen Selbstbilder über die Deutschen überhaupt nicht bestätigen. Arabische Manager oder Fachpersonal, die mit Deutschen gearbeitet hatten, haben deutlich mehr positive Eigenschaften und Erfahrungen erlebt als negative. Das Ergebnis auf jedem Flipchart war fast immer asymmetrisch: auf der positiven Seite viele von den bekannten Repräsentationen über die Deutschen, wie Pünktlichkeit, Gründlichkeit, Innovation, Respekt, Ehrlichkeit, Fleiß und umfassende Planung. Vereinzelte negative Erfahrungen, wie „kalt" bzw. „unsympathisch" betrugen höchstens 10 % der arabischen Rückmeldungen und wurden äußerst vorsichtig mit ausführlichen Begründungen und Beschreibungen vorgetragen.

Wenn man beide Gruppen, also „Araber" und „Deutsche" aus Sicht eines Dritten beschreiben lässt, dann tauchen viele von den oben erwähnten Beschreibungen wieder auf. Ich bat eine Gruppe von Softwareentwicklern aus Indien, die sowohl mit deutschen als auch mit ägyptischen Kollegen zusammenarbeiteten, ihre Erfahrungen bzgl. der Zusammenarbeit mit der jeweiligen Gruppe zu beschreiben. Die indischen Softwareentwickler waren von der energetischen, passionierten Art der ägyptischen Kollegen sehr begeistert, wurden aber öfter wegen der mangelnden Qualität, unzuverlässigen Art und bezüglich Einhalten von Terminen enttäuscht. Deutsche Kollegen wurden wegen der Pünktlichkeit, Fachkompetenz und Zuverlässigkeit hochgeschätzt, aber in puncto Distanziertheit, Inflexibilität und fehlender Emotionalität negativ wahrgenommen. Aus dieser dritten Perspektive kann man schnell erkennen, dass sich beide Gruppen komplettieren können, was auf einer Seite fehlt, lässt sich durch die andere Seite gut ergänzen. Abb. 4.1 zeigt die Eindrücke und Erfahrungen der indischen Softwareentwickler mit ägyptischen (linke Seite im Bild) und mit deutschen Kollegen (rechte Seite im Bild).

Gegenseitige Zuschreibungen gibt es zuhauf! Allein schon die Gegenüberstellung „der Westen vs. die muslimische Welt" löst etliche Assoziationen aus. Es macht aber einen großen Unterschied, ob man von einem einzelnen Land (Ägypten, Marokko, den VAE) spricht oder von einer erweiterten Kategorie (Islam, Arabien, Morgenland). Es macht auch einen großen Unterschied, wie eine Information repräsentiert wird, ob man vom Griechenland der Finanzkrise oder von Griechenland als Mutter der Demokratie spricht, ob man vom Iran der islamischen Revolution oder dem Iran als Perserreich spricht und wahrscheinlich auch, ob man

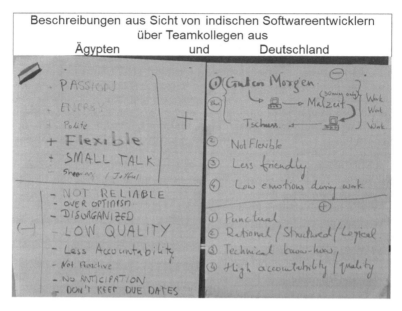

Abb. 4.1 Erfahrungen von indischen Softwareentwicklern mit Kollegen aus Ägypten und Deutschland (eigene Darstellung)

vom Saudi-Arabien des NEOM[27]-Technologieparks spricht oder dem Saudi-Arabien des Wahabismus! Bei der undifferenzierten Verallgemeinerung durch die Ausweitung des Radius entfaltet sich die toxische Auswirkung der Repräsentationen.

---

[27] „Neom" ist eine Verschmelzung aus dem griechischen Wort für neu, „neo", und dem arabischen, „mustaqbal", also Zukunft. Das Projekt wurde 2017 vorgestellt und nach den Visionen des saudischen Kronprinzen Mohammed Bin Salman soll darauf die sicherste, effektivste, zukunftsweisendste Mega-Stadt der Welt entstehen. 500 Milliarden $ soll das kosten! Vgl. https://www.faz.net/aktuell/wirtschaft/saudi-arabien-plant-megastadt-neom-fuer-500-milliarden-dollar-15271364.html [Abruf 30.01.2020].

4.4 Konspiratives Denken

Konspiratives Denken ist in den arabischen Medien das dominante Erklärungsmodell für nahezu alle Phänomene in der sozialen Wirklichkeit. Das ist keine arabische Besonderheit im engeren Sinne, sondern auch an anderen Orten weltweit anzutreffen,[28] zum Beispiel in Osteuropa und Amerika. Der Begriff „Verschwörungstheorien" als Synonym für konspiratives Denken gilt vor allem in Westeuropa weithin als Zeichen für geistige Unreife und wird häufig stigmatisierend zur Abqualifizierung des Verschwörers bzw. des Anhängers solcher verschwörerischen Ideen benutzt, was eine neutrale Verwendung des Begriffs unmöglich macht. Ob wir von konspirationistischen Ideen,[29] Verschwörungstheorien, konspirativem Denken oder „conspiracy ideation" sprechen, stets ist das gleiche damit gemeint. Diese Anschauungen gehören weiterhin zum Alltagsdiskurs und aufgrund ihrer starken Verfügbarkeit in einer durchmediatisierten Welt betrachtet man sie mittlerweile als „Weltreligion des dritten Jahrtausends".[30] Die Fülle von arabischen Synonymen und Begrifflichkeiten für Verschwörungstheorien erinnert mich an die deutsche Eigentümlichkeit bzgl. der vielen Wörter für Regeln, Vorschriften und Standards. Arabischsprachige Medienberichte mit Überschriften wie „Terrorismus in Syrien ist ein westlicher Plan", „Westlicher Plan für die Enteignung libyschen Vermögens", „Westlicher Plan für die Teilung Nordafrikas" sind ein Bestandteil des medialen Diskurses. Jüngst war dies präsent mit dem Mordfall des saudischen Journalisten Khashoggi, der am 02. Oktober 2018 im saudischen Konsulat in Istanbul vom saudischen Geheimdienst umgebracht wurde. Monatelang war die saudische Medienlandschaft fest davon überzeugt, dass dahinter eine angebliche Verschwörung stünde. Hinter den Vorwürfen, dass der Kronprinz am Mord beteiligt gewesen sei, vermutete sie eine bösartige Kampagne gegen

---

[28] Vgl. https://www.spektrum.de/wissen/das-internet-unterstuetzt-verschwoerungstheorien/1491655 [Abruf 15.01.2019].

[29] Vgl. https://www.forschung-und-lehre.de/zeitfragen/was-den-glauben-an-verschwoerungen-stark-macht-880/ [Abruf 18.01.2019].

[30] Vgl. https://www.cicero.de/innenpolitik/die-weltreligion-des-dritten-jahrtausends/48693 [Abruf 18.01.2019].

das Königreich und den Präsidenten Donald Trump. Demnach machten die US-Medien Stimmung gegen Saudi-Arabien, um das historische Bündnis zwischen den USA und dem Königshaus zu zerstören. Der Mordfall Khashoggi sei nur Mittel zum Zweck, damit Trump darüber stolpere oder gar, um den Wirtschaftsgipfel „Desert-Davos"[31] vom Oktober 2018 zu stürzen. Je nach Ansicht des jeweiligen Journalisten konnten dahinter die Türkei, die Muslimbruderschaft, Israel oder auch einflussreiche Homosexuelle aus dem Westen stecken.[32] 2004 tauchte eine der unglaublichsten Konspirationen auf, die Edward Snowden enthüllt haben soll: Der IS-Chef Abu Bakr Al-Bagdadi sei in Wirklichkeit der CIA-Agent Simon Elliott,[33] der von den amerikanischen und britischen Geheimdiensten und vom israelischen Mossad geschult und militärisch ausgebildet worden sei.[34] Angeblich bezogen sich diese Informationen auf *Veterans Today*, das vom als Verschwörungsideologen und Antisemiten geltenden US-amerikanischen Veteranen Gordon Duff[35] betrieben wird. Diese herausgeschleuderte Nachricht nahm in ihrem Verlauf keinen Bezug auf ihre primäre Quelle mehr, erreichte aber sehr seriöse arabische Zeitungen und sogar die TV-Nachrichten.[36] Das Ergebnis dieser unsauberen journalistischen Arbeit führte zu einer unerschütterlichen Verfestigung dieser absurden Falschmeldung. Der ägyptische Präsident Abd al-Fattah As-Sisi warnt häufiger in seinen Reden vor dem Krieg der vierten und fünften Generation,[37] einem Begriff, den man meistens in

---

[31] Vgl. https://edition.cnn.com/2018/10/23/business/saudi-davos-in-the-desert-speakers/index.html [Abruf 18.01.2019].

[32] Vgl. https://www.tagesschau.de/ausland/khashoggi-saudi-arabien-101.html [Abruf 18.01.2019].

[33] Vgl. https://www.dailystar.co.uk/news/latest-news/550882/conspiracy-ISIS-leader-Abu-Bakr-al-Baghdadi-Israeli-Intelligence-Agency-Mossad-spy [Abruf 18.01.2019].

[34] Vgl. mit diesen Suchbegriffen ["إليوت شبمون" واسمه الإسرائيلي للموساد عميل أمير :داعش موقع] [موقع أمريكي] gelangt man zu vielen arabischsprachigen Beiträgen, die immer wieder die gleichen Falschmeldungen reproduzieren. [Abruf 18.01.2019].

[35] Vgl. „Anti-Semite Gordon Duff Discusses Israeli Control of U.S. In Syria." Ein Beitrag der Anti-Defamation League vom 12.12.2014. https://www.adl.org/blog/anti-semite-gordon-duff-discusses-israeli-control-of-us-in-syria [Abruf 18.09.2020].

[36] Vgl. https://www.youtube.com/watch?v=HTkuV9scdG8 – بكر ابو نفسه هو شبمون إليوت الموساد وأميرها داعش حقيقة – https://www.youtube.com/watch?v=DpZgPDQ_AQo. مفصل تقرير –البغدادي.

[37] Vgl. http://www.shorouknews.com/news/view.aspx?cdate=06072015&id=17c54ab7-5612-4 14f-ba83-9a07862a9d13 أسلحتها أقوى بالأكاذيب الحقائق ومزج الإعلام :عسكريون ..«الخامس الجيل حروب «من السيسي تحذير بعد [Abruf 18.01.2019].

deutschsprachigen propagandistischen oder verschwörungstheoretischen Inhalten findet. Damit meinte As-Sisi, dass für den Umgang mit terroristischen Netzwerken und kriminellen Organisationen ein neues Verständnis von Kriegsführung notwendig ist, dass das alte Konzept der militärischen Front und des zivilen Hinterlands ersetzen soll. Stattdessen müssen die Mechanismen der Fake News und Medienpsychologie tiefgreifend analysiert werden: „Konspirative Strategien sind eine Wissenschaft für sich und Studierende der Militärakademien sollten das verstehen und ihre Expertise darin aufbauen". So sprach der Präsident vor den Studenten einer Militärakademie am 16. Dezember 2018. Wahrscheinlich bezog sich As-Sisi dabei auf die Ideologie der Konspirologie eines Alexander Dugins.

Die Anfälligkeit für konspirative Ideologien ist besonders stark bei vielen arabischen Generationen, bei denen das lineare Denken einfachster Kausalität stark sozialisiert ist, vor allem wegen des Fehlens pluralistischer Medienlandschaften und einer nicht existierenden Streitkultur. Beide Faktoren gehören zu den tragenden Säulen für jegliches Demokratieverständnis und sind Kennzeichen für eine nicht-totalitäre Gesellschaft. Verschwörerisches Denken gilt als das allgegenwärtigste Erklärungsmuster schlechthin. Selbst die Verneinung der Existenz einer Verschwörung gilt als Teil einer Verschwörung. Dieses konspirative Denken durchzieht die gesamte Medienlandschaft und die verschiedensten Denkrichtungen und Ideologien von den Panarabisten, Nationalisten, Sozialisten bis hin zu den Islamisten. Gemeinsamer Nenner all diesen Ideologien ist die Aufteilung der Welt in Gut und Böse, wobei das Böse den Lauf der Geschichte seit den Urzeiten bestimmt. Wenn irgendwo auf der Welt etwas Schlimmes passiert, werden automatisch irgendein Plan oder verschwörerische Absichten damit in Verbindung gebracht. Ein Paradebeispiel dafür ist ein Interview mit dem bekannten islamischen Denker und Wissenschaftler, dem Ägypter Dr. Zaghloul El-Naggar vom Juli 2020.[38] Er argumentierte, dass die weltweite Corona-Pandemie eine biologische Waffe westlichen Ursprungs zur Dezimierung der Erdbewohner sei mit

---

[38] Der Beitrag ist auf dem YouTube Kanal der Mekameleen TV unter dem Titel الدكتور زغلول النجار يثبت لـ سيد توكل كورونا هي مؤامرة دولية ولكن انقلب السحر على الساحر erreichbar. https://www.youtube.com/watch?v=gVYTtz4o4Zw [abgerufen: 14.12.2020].

dem Ziel, die Zahl der Menschheit unter 500 Millionen zu halten. Er bezieht sich dabei auf die Theorie der Überbevölkerung nach dem englischen Nationalökonomen und Sozialphilosophen Malthus von 1798 sowie auf besorgte Äußerungen reicher Kapitalisten wie Bill Gates und den Rockefellers, die sich wegen der Bevölkerungsexplosion sorgen. Schließlich seien all dies keine geheimen Pläne mehr, sondern stünden auf dem Stein gemeißelt. Hier bezieht er sich auf die mysteriösen Tafeln der Georgia Guidestones im US-Bundesstaat Georgia, rund 145 Kilometer östlich von Atlanta. Dort befindet sich seit 1980 ein Monument unbekannter Herkunft. Dessen 100 Tonnen schwere Tafeln enthalten 10 Regeln oder Gebote, welche an die Menschheit gerichtet sind. Eine von diesen Anweisungen, die in den acht der wichtigsten Sprachen der Erde in Granit gemeißelt sind, lauten: „Halte die Menschheit unter 500 Millionen in fortwährendem Gleichgewicht mit der Natur." Als er gefragt wurde, warum dann die meisten Opfer der Pandemie in den USA und anderen westlichen Ländern entfallen seien, antwortete er, dass dies passiert sei, weil die Beschwörer nicht in der Lage gewesen wären, jene Geister, die sie beschworen hätten, in den Griff zu bekommen, die Zauberer seinen also von ihrem eigenen Werk verzaubert worden! Es ist auch rätselhaft zu verstehen, wie ein Denker mit dieser Autorität auf dieses Argumentationsniveau gelangen kann, ein Denker, der für einen Dialog über Gemeinsamkeiten der Religionen eintritt und der zu den 500 einflussreichsten Muslimen im Zusammenhang mit der muslimischchristlichen Verständigung gehört.

Wie ist es zu dieser Ausbreitung konspirativen Denkens gekommen? Nach der arabischen Niederlage im Sechstagekrieg 1967 behaupteten Jordanien und Ägypten am Tag darauf, dass eine westliche Verschwörung stattgefunden hätte. Auf Geheiß Israels hätten die britische und amerikanische Luftwaffe die arabischen Armeen angegriffen. Diese Legende wurde von US-Präsident Johnson als „Big Lie" bezeichnet.[39] Arabische Generationen, die in den 1970er-Jahren geboren worden und aufgewachsen sind, hatten tagtäglich von dieser Verschwörung gehört und

---

[39] Der Sechstagekrieg 1967. Ursachen. Verlauf. Folgen. Deutsch-Israelische Gesellschaft e.V (2017) http://www.mideastfreedomforum.org/fileadmin/editors_de/Broschueren/dig_broschuere_1967_sw.pdf [Abruf 09.04.2019].

sie internalisiert, sei es via Radio, Tageszeitung oder am stärksten durch den Leistungskurs im Fach Geschichte im Schulunterricht. Ab der vierten Klasse beginnt der Geschichtsunterricht in Ägypten z. B. mit der Nationalkunde, wo Schüler in verkürzter Form Grundzüge einer nationalen Identität erlernen, in der fünften Klasse geht es weiter mit der islamischen und in der sechsten Klasse mit der modernen und zeitgenössischen Geschichte. Dieser Ablauf wiederholt sich noch zweimal, einmal von der sechsten bis zur neunten Klasse und für Gymnasiasten von der zehnten bis zur zwölften Klasse. In der neunten Klasse hat somit jeder ägyptische Schüler die Konzepte „Verschwörung" und Steuerung des Geschichtsverlaufs durch einen „Plan von außen" oft genug gehört, um mental die dafür notwendigen kognitiven Schemata zu bilden. Anhänger einer harten Kontinuitätstheorie beziehen sich häufiger auf historische Ereignisse und behaupten, dass es immer wieder Verschwörungen im Verlauf der langen Geschichte gab und gibt: von der Ermordung des zweiten Kalifen Umar ibn Al-Khattab 644 durch einen persischen Sklaven über den ersten islamischen Bürgerkrieg 656–66 bis hin zur Revolutionszeit und den Aufspaltungen im spanischen Al-Andalus 1009–1031. Präsenter und unabhängig vom Bildungsniveau allgemein bekannter sind die Ereignisse seit 1979: der Afghanistan-Krieg und westliche Aufrüstung, Ausbildung und Finanzierung islamistischer Mujahedin-Kämpfer, aus denen die nachfolgenden Terrorgruppen Taliban und Al-Qaida hervorgingen, die Rolle der USA im ersten Golfkrieg 1980–1988 und die verschiedenen Länder, darunter auch westliche, die Waffen und materielle Unterstützung für über 30 Milliarden Dollar an beide Kriegsparteien lieferten (der österreichische Noricum-Skandal oder die amerikanische Iran-Contra-Affäre), um nur einige zu nennen.

Orthodoxes und heterodoxes Wissen

Für eine gelungene kulturelle Verständigung ist die Unterscheidung zwischen orthodoxem und heterodoxem Wissen sehr wichtig. Bei orthodoxem Wissen geht es um gesellschaftlich gültiges Wissen, dass durch die Massen- und Netzwerkmedien sowie die verschiedenen Sozialisationsinstanzen der jeweiligen Gesellschaft in Schulen und Universitäten als richtig bzw. wahr reproduziert, verbreitet und abgesichert wird. Zu den orthodoxen Wissensbeständen im deutschsprachigen Raum gehört der

Gedanke, dass Verschwörungstheorien eine politische Gefahr darstellen, da sie den Nährboden für irrationale, politisch extreme Haltungen bieten, was dazu führt, dass der Begriff „verschwörungstheoretisches Denken" sich weitgehend zu einem delegitimierenden und stigmatisierenden Synonym für jegliche Deutungen entwickelt hat, die mit den orthodoxen Wissensbeständen kollidieren. Neben dem orthodoxen Wissen gibt es in allen komplexen Gesellschaften auch heterodoxes Wissen, das medial bekannt und reproduziert wird, allerdings gekennzeichnet mit dem Status des abweichenden Wissens. In der Wissenssoziologie wird dies „Pseudowissenschaft" genannt, was ebenfalls auf eine gewisse Werthaftigkeit hinsichtlich Anerkennung und Status hindeutet.

In der Erforschung von Verschwörungstheorien wird zwischen orthodoxen und heterodoxen Verschwörungen unterschieden. Bei Ersteren geht es um ein anerkanntes Überzeugungssystem oder Erklärungsmodell, das von der Mehrheit der Bevölkerung, den Leitmedien oder anderen gesellschaftlich legitimierten Deutungsinstanzen reproduziert und verbreitet wird. Das heterodoxe Erklärungsmodell dagegen sieht aktuelle oder historische Ereignisse und die gesellschaftliche Entwicklung insgesamt als Folgen einer Verschwörung, wobei die Existenz dieser Verschwörung von der Mehrheit der Bevölkerung und den anderen Deutungsinstanzen nicht anerkannt wird. Das bekannteste Beispiel in der arabischen Geschichte für eine orthodoxe Verschwörung ist das geheime Sykes-Picot-Abkommen 1916, in dem die Regierungen Großbritanniens und Frankreichs die Aufteilung der arabischen Provinzen des Osmanischen Reiches vereinbarten,[40] was als Initialzündung für den Nahostkonflikt[41] und viele der Konflikte gilt, die noch heute diese Region und die Welt beschäftigen. Keine Geschichtslektüre in der arabischen Welt kommt ohne die Erwähnung dieser historischen Tatsache als Beleg für die westliche Verschwörung aus. Für eine kulturelle Ver-

---

[40] Vgl. http://www.bpb.de/politik/hintergrund-aktuell/227750/sykes-picot-abkommen [Abruf 09.04.2019].

[41] Vgl. https://www.faz.net/aktuell/politik/der-erste-weltkrieg/100-jahre-sykes-picot-abkommen-wurzel-des-nahostkonflikts Ein Artikel von Rainer Hermann, 2016: Wurzel des Nahostkonflikts [Abruf am 22.02.2019] Der Dokumentarfilm von 2016 von arte (bei YouTube verfügbar) „100 Jahre Krieg in Nahost: Das Sykes Picot Geheimabkommen und seine fatalen Folgen" beschäftigt sich mit den Folgen des Abkommens.

ständigung ist also ein Stolperstein aufgrund der verschiedenen Ausgangspositionen vorprogrammiert. Denn aus Sicht der arabischen Beteiligten in diesem Verständigungsprozess gibt es keinen Grund zu zweifeln, dass es eine Verschwörung gab, während das Gegenüber allein schon die Verwendung des Begriffs „Verschwörung" als Zeichen geistiger Unreife betrachtet, was wiederum dazu führt, dass ein Dialog auf Augenhöhe nicht stattfinden kann.

Literatur

Bose, Alexandra von; Terpstra, Jeannette (2012): Muslimische Patienten pflegen. Praxisbuch für Betreuung und Kommunikation. Berlin, Heidelberg: Springer-Verlag.

GIZ (2018): Deutschland in den Augen der Welt. Ergebnisse der GIZ-Erhebung 2017/2018. Bonn.

Hanauer, Eric (1988): The Egyptian Red Sea. A Diver's Guide. San Diego: Watersport Publishing.

Hoffman, Edwin (2015): Interkulturelle Gesprächsführung. Theorie und Praxis des TOPOI-Modells. Wiesbaden: Springer Fachmedien Wiesbaden.

Khorchide, Mouhanad (2016): Staat und Religion im Islam Der Beitrag des Islam zur politischen Kultur der Demokratie. In: Uwe Hunger und Nils Johann Schröder (Hg.): Staat und Islam. Interdisziplinäre Perspektiven. Wiesbaden: Springer VS, S. 71–87.

Krämer, Gudrun (2015). In: Friedrich Jaeger, Wolfgang Knöbl und Ute Schneider (Hg.): Handbuch Moderneforschung. Stuttgart: Metzler, S. 27–37.

Lerner, Daniel (1958): The Passing of Traditional Society: Modernizing the Middle East. New York: Free Press.

Oberwittler, Dietrich; Kasselt, Julia (2011): Ehrenmorde in Deutschland 1996–2005. Eine Untersuchung auf der Basis von Prozessakten. Polizei + Forschung, Bd. 42, hrsg. vom Bundeskriminalamt. Köln: Wolters Kluwer.

Oberwittler, Dietrich; Kasselt, Julia (2014): Honor Killings. In: Rosemary Gartner und Bill McCarthy (Hg.): The Oxford Handbook of Gender, Sex, and Crime. Oxford: Oxford University Press, S. 652–670.

Orientdienst (2013): Islam unter christlicher Lupe. Theorie und Praxis kompakt dargestellt, christlich bewertet. Dortmund: Orientdienst e.V.

Thomas, Alexander (2016): Interkulturelle Psychologie: Hogrefe.

5

Umgang mit Konfliktsituationen

Sucht man nach arabischen Äquivalenten für Konflikt, Konfliktmanagement oder Konflikteskalation, findet man Ergebnisse, die mehrheitlich westlichen Ursprung haben und die den positiven Charakter von Konflikten als Chance oder als „reinigendes Gewitter" zu vermitteln versuchen. Kurse für Konfliktmanagement werden von Anbietern und Akademien angeboten ohne einen nennenswerten Unterschied zu den üblichen Inhalten, die man in Deutschland, USA oder Frankreich findet: Eskalationsstufen von Konflikten, Deeskalationstechniken, Harvard-Konzept usw.[1] Auch die verschiedensten Beschreibungen und Thematisierungen des Konzepts lassen sich kaum von der gängigen westlichen Konzeption unterscheiden.[2] Da Konflikte normal sind und weil sie seit Menschengedenken zu den gewöhnlichsten Sachen im menschlichen Leben gehören, würde man normalerweise auch autochthone arabische Beiträge zum Thema erwarten, die allerdings gänzlich fehlen. Die Begründung ist umso überraschender, wenn man feststellt, dass die Über-

---

[1] Beispiel ist das Angebot von Meirc Training & Consulting, einem der bekanntesten Seminaranbieter auf der arabischen Halbinsel. Erreichbar unter https://www.ar.meirc.com/training-courses/interpersonal-skills-self-development/managing-conflict-power-through-influence.

[2] https://www.aljazeera.net/specialfiles/pages/0af41534-e226-4538-8f40-0197cb1dbe93 erreichbar unter dem Titel أنواع الصراع ومفهومه.

© Springer Fachmedien Wiesbaden GmbH, ein Teil von Springer Nature 2022
A. Hussein, *Die arabische Welt verstehen*,
https://doi.org/10.1007/978-3-658-26409-3_5

setzung des lateinischen Begriffs „Konflikt" ins Arabische auf dramatische Weise fehlschlug. „Konflikt" heißt dementsprechend wortwörtlich so etwas wie, Kampf (صراع), Streit (نزاع), geht also extrem an dem vorbei, was man im Alltag unter „Konflikt" versteht, nämlich verschiedene oder widerstreitende Auffassungen und Interessen, die nicht lautstark verbal und keinesfalls durch Gewalt ausgetragen werden sollen.

Im arabischen ist der Begriff Konflikt mit der Vorstellung von „Streit" bzw. „Kampf" konnotiert. Meistens wird der Kampfbegriff im Arabischen im Rahmen politischer oder intellektueller Diskurse ohne Bezug auf die Alltagskonflikte der interpersonalen Interaktionsebene benutzt. Der Kampfbegriff löst eine Assoziationskette zumindest wegen der medialen Auseinandersetzung mit den Theorien von Samuel P. Huntington „Kampf der Kulturen:1996)" (صراع الحضارات) oder von Francis Fukuyama „Ende der Geschichte" (1992) aus, die Kampf und Gewalt als zwei Seiten derselben Medaille verstehen. Arabische Teilnehmer an Konfliktmanagementseminaren benutzen daher die englischsprachige Bezeichnung „Conflict Management" anstelle der arabischen Übersetzung wegen des impliziten Kampfcharakters im Konfliktbegriff. Übrigens findet man diese Übersetzungsproblematik bei fast allen Soft-Skills-Themen, die sich aus dem westlichen (genauer gesagt: amerikanischen) International Management ableiten lassen. Im Alltag benutzt man das Wort „Problem; *mushkila*; مشكلة" oder „Unterschied, verschiedene Ansichten; *Khliaf*; خلاف ", obschon damit alle Arten intra- und interpersoneller Konflikte gemeint sind. Wenn zwei Parteien unterschiedliche Interessen verfolgen, wird man im Deutschen einen Interessenkonflikt vermuten, begreifen, wahrnehmen oder unterstellen, auf Arabisch wird das als ein „Problem" und nicht als „Konflikt" aufgefasst. Diese unterschiedliche konnotative Bedeutungsdimension des Begriffs „Konflikt" kann somit leicht zu einem Missverständnis führen. Für einen gesunden Verlauf interkultureller Kommunikationssituationen wird im ersten Schritt vorausgesetzt, dass man sich mit den verschiedenen sozialen Bedeutungen eines Wortes und deren kulturspezifischen Bedeutungsdimensionen auseinandersetzt. Eine Prämisse des so genannten Linguistic Awareness of Cultures: LAC (Müller-Jacquier 2000) besagt, dass es nie eine Eins-zu-eins-Entsprechung zwischen dem Wort und seiner Übersetzung geben kann. Das arabische kulturspezifische Verständnis von Konflikt als eher politischem Begriff konfligiert also mit dem Alltagsverständnis im deutschsprachigen Raum. Die Reflexion der kulturspezifischen Wortbedeutungen ist keinesfalls trivial und dringend zu empfehlen, da die Erfahrungswerte aus vielen Situationen zeigen, dass viele Konflikte überhaupt erst aufgrund von Unterschieden hinsichtlich der Bedeutungsdimensionen zwischen dem Sender und dem Empfänger entstehen. Als zusätzliche Stelle für Missverständnisse und eventuelle Konflikte käme dazu eine kulturspezifische Wortbedeutung vor allem in Situationen, in denen beide Gesprächspartner in einer Fremdsprache kommunizieren.

Fallbeispiel 7: Linguistic Awareness of Cultures (LAC)!

Der deutsche Projektleiter Mark Rüster führt jede Woche eine Telco mit den Projektbeteiligten aus Dallas, Cairo und Dammam. Er spricht die hohen Fluktuationszahlen in der Produktion und die damit verbundenen Kosten an und welche Strategie die Muttergesellschaft in der Zukunft anstoßen muss, um die Fluktuationsrate zu verbessern. Als er seine Agenda vorgestellt hat und den ersten Punkt ansprach, meldete sich kurz darauf Alan aus Dallas verwundert: „Mark! When you talk about fluctuation, do you mean turnover?"

Dieses Beispiel zeigt, dass manchmal vermeintlich internationale Begriffe verwendet werden, die gar nicht so international sind und eventuell von Land zu Land bzw. von Kontext zu Kontext unterschiedliche Bedeutungen tragen. Man erinnert sich an das deutsche Wort „Konzept", worunter eine durchdachte und gut ausgearbeitete Planungsgrundlage verstanden werden kann, dagegen meint das französische „concept" eine vorläufige und unvollständige Diskussionsgrundlage (GIZ 2015, S. 135). Eine kulturgebundene Bedeutungsdimension suggeriert also eine gewisse Erwartungshaltung und an vielen Stellen der interpersonalen und interkulturellen Kommunikation können Interaktionspartner buchstäblich aneinander vorbeireden!

Bei Verwendung von emotional besetzten Begriffen wie „Heimat" oder „Integration" vergrößert sich der Kreis der Missverständnisse eventuell umso mehr. An dieser Stelle helfen metakommunikative Selbstverständlichkeiten: Entemotionalisierung, Versachlichung und die eigene Erwartungshaltung reflektieren!

MBA-Lerninhalte sind fast überall gleich, aber ein ägyptischer Business Development Manager, der in Kairo studiert hat, versteht unter „Opportunitätskosten" inhaltlich etwas ganz anderes als ein Österreicher, der in Linz studiert hat. Das bedeutet aber keinesfalls, alles neu definieren zu müssen, denn jeder weiß, was ein Meilenstein in einem Projekt bedeutet. Es gilt vielmehr, die eventuellen kulturspezifischen Bedeutungsdimensionen im Hinterkopf zu behalten und darüber zu reflektieren, um eben nicht aneinander vorbeizureden.

In Ratgebern grenzt man gern zwischen Problem und Konflikt ab, da sich die Lösungswege beider Themen erheblich unterscheiden können. Bei einem Problem geht es meistens um eine ungelöste Sachfrage oder Aufgabe, für die eine Problemlösung in einer bestimmten Zeit fehlt, die aber gefunden werden kann, während mit einem Konflikt eine Situation gemeint ist, in der Konfliktparteien unterschiedliche Zielvorstellungen und Interessen verfolgen oder wenn sie sich in ihrem Handeln an gegensätzlichen Werten orientieren. Diese vom amerikanischen Optimierungsgeist geprägte technische Vorgehensweise und zugleich objektivistische Analyse von Konflikten hinterließ ihre Spuren weltweit und prägte das weltweite Verständnis dafür, wie am besten mit Konfliktsituationen umzugehen ist.

5.1   Konfliktlösung auf Individualebene

Konflikte sind zwangsläufig eine notwendige Begleiterscheinung des menschlichen Zusammenlebens. Auf sechs verschiedenen Ebenen zwischenmenschlicher Beziehungen können sie stattfinden: auf intra- und interpersonaler, auf intra- und intergruppaler und auch auf intra- und internationaler Ebene (Pfundmair et al. 2017). Grundsätzlich kann man vom Konflikt sprechen, wenn angestrebte Ziele kollidieren oder wenn gegensätzliche Interessen, Ziele, Handlungen, Meinungen und Werte in einer interdependenten Situation (also mit wechselseitiger Abhängigkeit) aufeinander wirken. Dabei unterscheidet man zwischen Ursachen des Konflikts, Interaktion und Konsequenzen. Die Ursachen lösen emotionale Reaktionen aus und motivieren eine oder beide Parteien, woraus gewisse Verhaltensstrategien während der Interaktion entstehen, was schließlich zu verschiedenen Konsequenzen führt. Konflikte sind durch zwei verschiedene Verhaltensformen geprägt: durch kooperatives oder durch nicht-kooperatives Verhalten. Bei der subjektiven Wahrnehmung einer positiven Interdependenz, also bei Vereinbarkeit der Interessen und bei gleichzeitiger Abhängigkeit von der Zielerreichung entscheiden sich die Beteiligten für kooperative Strategien. Allerdings neigen die Menschen zur Reziprozität, was wiederum zur Nachahmung des Verhaltens eines nicht kooperativen Gegenübers in manchen Situationen führen kann. Eine Konfliktspirale kann auch durch persönliche Charaktereigenschaften entstehen, wie z. B. durch einen feindseligen Attributionsstil. Individuen mit diesem Attributionsstil, die gezielt nach Gründen für die Ursachen des Verhaltens einer anderen Person suchen, tendieren dazu, anderen Personen feindselige Absichten zu unterstellen, anstatt ihr Verhalten auf ein Versehen oder Achtlosigkeit zurückzuführen, auch wenn völlig unklar ist, ob die andere Person den Schaden versehentlich oder absichtlich verursacht hat (Jonas et al. 2014, S. 332).

Das Verständnis von der Dynamik der Konflikte und den involvierten Bedingungen ist unerlässlich für die Konfliktentschärfung, aber auch die mögliche Unterscheidung zwischen Problem und Konflikt. Probleme als Aufgaben oder Streitfragen sind meistens trotz Schwierigkeiten lösbar und man kann willentlich von einer unbefriedigenden Ausgangssituation mithilfe verschiedener Lösungsstrategien zu einer befriedigenderen Zielsituation gelangen. Unlösbarkeiten von Problemen zeichnen sich durch den Versuch aus, mehrere antagonistische Ziele in einer interdependenten Situation zu realisieren und nicht selten verbirgt sich hinter einem Sachproblem ein Beziehungs- und Wertekonflikt. Jeder kennt das vom sehr bekannten Eisbergmodell: bei Meinungsverschiedenheiten in einer Sachfrage wird die Sachebene (sichtbare Ebene) schnell verlassen und auf die Beziehungsebene (unsichtbarer Bereich des Eisbergs) gewechselt, was wiederum dazu führt, dass manche ungelösten Beziehungs- und Wertekonflikte stellvertretend durch Sachfragen thematisiert werden. Komplexer wird es, wenn manche Sachfragen stark in einen Werterahmen eingebettet sind. Bei solchen Situationen beeinflusst die Gruppenidentität den individuellen Umgang mit dem Konfliktgegenstand und steuert seinen Kurs. Das Thema „Beschneidung des männlichen Kindes", das vor der gesetzlichen Reglung durch BGB § 1631d für heftige Diskussionen sorgte – wie auch heute noch, ist ein exemplarisches Beispiel für die Durchlässigkeit zwischen Sach- und Wertethemen. Jede Sachargumentation eines muslimischen Teilnehmenden an einem Elternabend oder einer Bürgerdiskussion kann nicht isoliert ohne die dahinter liegenden religiösen und identitätsstiftenden Werte betrachtet werden. Auch wenn die betreffende Person sich vielleicht selbst gar als nicht religiös praktizierenden Menschen wahrnimmt, reagiert sie vermutlich genervt und unsachlich auf andere Argumente, deren Motive vielfältig sein können und die nicht unbedingt von einer anti-muslimischen Haltung gesteuert sind. Daher führt das Plädoyer für eine Versachlichung von Konfliktthemen manchmal zu nichts, wenn die Werte und Identitätshintergrunde nicht im selben Maße wie die sachliche Seite beachtet werden, vor allem, wenn Techniken der Entemotionalisierung nicht bei allen Konfliktparteien funktionieren, sei es aus kulturellen, situativen oder biografischen Gründen.

Kulturunterschiede in der Erziehung dienen als gutes Beispiel, um die Rolle unterschiedlicher Traditionen und Werte sowie deren Beitrag zur Entstehung von Konflikten zu verdeutlichen. Bei vielen Familien in Deutschland wird verbalen Fertigkeiten ein hoher Wert als Schlüssel zur individuellen Entwicklung und zur Selbstbestimmung beigemessen. So lernen Kinder in frühen Jahren zuhause, im Kindergarten und in der Grundschule, Probleme kommunikativ zu lösen. Ihnen wird vermittelt, was Respekt heißt, also die Grenzen des anderen zu wahren und dabei gleichzeitig die eigenen Interessen zum Ausdruck zu bringen. Dabei werden verbale Kommunikation, Sprechfreudigkeit der Kinder und Durchsetzungsvermögen gefördert, um die eigenen Interessen angemessen vertreten zu können.[3] Eine sozial verträgliche Erziehung in der arabischen Welt wird anders vermittelt. Um eine kulturalistische Differenzorientierung zu vermeiden und die Realität der modernen Erziehung zu berücksichtigen, sei an dieser Stelle allerdings darauf hingewiesen, dass

---

[3] Beispiel aus https://www.terminal-for-kids.de/uploads/Dokumente/Paedagogik/Paedagogik.pdf.

mittlerweile auch bei modernen arabischen Familien solche Basis-
kompetenzen der Autonomie und Selbstverantwortung als Bestandteil
der Erziehung in der globalisierten Welt verstanden und auch in privaten
Erziehungs- und Bildungseinrichtungen praktiziert werden. Es gibt aber
nach wie vor Familien in der arabischen und islamischen Welt, in denen
immer noch traditionelle, auf hierarchischen und patriarchalischen
Strukturen basierende Rollen- und Geschlechterbilder gelebt werden, die
Geschlecht und Alter zum Ausgangspunkt der jeweils spezifischen Rolle
im Zusammenleben machen (DIK 2013). Solche traditionalistischen
Vorstellungen von Erziehung kollidieren stark mit der Vorstellung
mancher Erzieherinnen in Deutschland. So werden häufig besonders
die Mädchen nicht als gleichrangige Sprech- und Kommunikationspartner gesehen und öfter angehalten, Vorgesprochenes zu imitieren
(Röhr-Sendlmeier 2017, S. 148), eigene Äußerungen werden entsprechend der sozialen Konventionen korrigiert. Mädchen lernen, sich
höflich und zurückhaltend zu benehmen, vor allem in Anwesenheit von
männlichen Erwachsenen. Es besteht also ein Unterschied in den arabischen Erziehungspraktiken zwischen Jungen und Mädchen, was Konfliktpotenzial mit sich bringt wegen der Unvereinbarkeit mit dem deutschen
(und westlichen) Verständnis von einer Entwicklung, die auf Selbstbestimmung und Individualität ausgerichtet ist. Solche Erziehungspraktiken und die daraus reproduzierten unterschiedlichen Rollen-
erwartungen und -vorstellungen können oftmals auch Auslöser von
Konflikten sowohl auf gesellschaftlicher Ebene als auch bei konkreten
Fällen innerhalb von Familien sein, wenn eine individuelle selbst-
bestimmte Lebensgestaltung stark von den Erwartungen des familiären
Umfelds abweicht.

Für den Konflikt kann man verschiedene Ursachen vermuten: patriarchalische Strukturen, traditionelle Geschlechterrollen, archaische Rollenbilder, alte Rollenmuster, Geschlechterstereotype, Männerdominanz,
fehlende Emanzipation, mangelnde Gleichberechtigung und eventuell
auch die Rolle der Frau im Islam insgesamt. Diese vielfältigen Ursachen
und Phänomene suggerieren einen gemeinsamen Entstehungsursprung
für die Unterschiede und werden zum Bestandteil der sozialen Repräsen-

tationen für die traditionellen Geschlechterrollen und fehlende Gleichberechtigung in der arabischen Welt. Vermittler zwischen den Kulturen
versuchen eben, solche Klischees abzubauen, indem sie über die neuen
Frauen in der arabischen Welt schreiben, über die Emanzipation im
Nahen Osten berichten oder die Biografien von Frauenrechtlerinnen wie
Nawal El-Saadawi oder Fatima Mernissi veröffentlichen. Diese Intervention versteht sich aus sozialpsychologischer Sicht als Versuch, die
wahrgenommene Homogenität der Stereotyp-Kategorie „Arabische
Frauen genießen keine Rechte" zu dekonstruieren bzw. in Frage zu stellen. Sind die traditionellen Geschlechterrollen in patriarchalischen Strukturen also die Ursachen für fehlende Gleichberechtigung der Geschlechter in der arabischen Welt? Liegt das Problem also im Zusammenspiel
zwischen Patriarchat und Tradition? Für diese Frage gibt es keine finale
Antwort, aber Konfliktpotenzial und Stolpersteine gibt es genug, nicht
nur in medialen Kulissen oder rhetorischen Pointen konservativer Politiker im Wahlkampf, sondern auch im Alltag (vgl. auch Abschn. 3.4).

Was ist dann überhaupt so schlimm an Geschlechterrollen in patriarchalischen Strukturen? Folgender Text bringt es auf den Punkt:

> Das Grundgesetz formuliert das Ziel einer partnerschaftlichen Rollenver-
> teilung von Mann und Frau, die auch tatsächliche Gleichberechtigung der
> Geschlechter fordert. Männer und Frauen sind jeweils so individuelle
> Wesen, dass sie nicht auf bestimmte Rollen in der Gesellschaft festgelegt
> werden dürfen. Rollenzwänge verletzen nicht nur die Menschenrechte der
> Betroffenen. Sie schaden auch der Gesellschaft insgesamt, wenn individu-
> elle Potenziale sich nicht entfalten dürfen. Das deutsche Recht fördert und
> schützt daher die Freiheit zur selbstbestimmten Lebensgestaltung.
> (DIK 2013)

Es ist also eine vorgeschriebene gesetzliche Aufforderung der Gesetz-
gebung, die Gleichberechtigung zwischen Männern und Frauen in
Deutschland weiterzuentwickeln. Rollenzwänge als Ergebnis traditioneller Geschlechterrollen sind also ein Verstoß gegen das Grundgesetz.
Wenn daraus im konkreten Fall eklatante Rechtsverletzungen resultieren,

wie z. B. Zwangsheirat und ähnliche Phänomene, dann wären solche Fälle beklagbare Rechtsverstöße. Diese Argumentation öffnet eine andere Perspektive auf den Konflikt und ermöglicht somit eine Verständigung auf der Mikroebene. Schließlich beziehen sich fast alle Menschen auf dieser Welt auf gesetzliche, rituelle, religiöse oder moralische Vorschriften und Instanzen, warum sie etwas tun oder nicht tun sollen und letztendlich richten sich alle Menschen nach den jeweils vor Ort geltenden Normen und Gesetzen. Kaum ein Mensch auf dieser Welt wird freiwillig und absichtlich Landesgesetze mit Füßen treten und in Konflikt mit einer Staatsmacht geraten, wenn auch abweichende Randgruppen von Individuen in jeder Gesellschaft existieren. Bei den meisten Rechtsverletzungen aufgrund eines traditionellen Rollenverständnisses verstehen oder wissen die Betreffenden gar nicht, dass sie etwas Rechtswidriges begehen oder begangen haben, zudem empfinden sich einige Personen aufgrund ihrer Gruppenidentität als Opfer von Zwangsassimilation fremder Staatsgewalten. Außerdem kann ein Konflikt aufgrund der verschiedenen Deutungen des Begriffs „Integration" und der damit verbundenen Erwartungshaltung entstehen. In den Sozialwissenschaften wird Integration übrigens als Aufrechterhaltung der eigenen Kultur und gleichzeitig Interaktion mit der Aufnahmegesellschaft verstanden, während Assimilation als Kontakt mit Aufnahmegesellschaft, jedoch nicht die Aufrechterhaltung der eigenen kulturellen Identität beschreibt (Berry 2016). Manchmal wird Integration erwartet oder vorausgesetzt, wo damit eigentlich „Assimilation" gemeint ist. Die Reflexion des eigenen Verständnisses über die Anpassungsfähigkeit und Integrationserwartung kann also dazu dienen, den ersten Schritt zum gelungenen Miteinander bewusster zu machen.

Wenn Neuankömmlinge, aber auch alle bereits hier lebenden Menschen die Werteorientierungen im Grundgesetz begreifen und warum der Rechtsstaat bestimmte Handlungen nicht toleriert, ist die Ausgangssituation eine ganz andere. Eine mögliche Umsetzung ist in den Lerninhalten der Integrationswerke gelungen, wo die zugelassenen Lehrwerke eine Art interkulturellen Lernens vermitteln, indem Kursteilnehmer grundlegende Werte des Grundgesetzes entsprechend des Sprachniveaus lernen und begreifen. Vor 20 Jahren, als ich Deutsch gelernt habe, war das nicht der Fall und offensichtlich dachte man nicht daran, solche Werte in der Unterrichtspraxis zu thematisieren. Stattdessen wurden viele Menschen ihrem Schicksal oder „Milieu" überlassen. Die rechtliche Basis der Einwanderungsgesellschaft basiert auf dem Grundgesetz und seinen grundlegenden Werten, die von der gleichen Würde und der gleichen Freiheit jedes Einzelnen ausgehen und deren Schutz sichern. Ein Leitbild wie dieses darf nicht fehlen und muss als Kompass für alle Mitglieder dieser Gesellschaft sichtbar, abrufbar und vermittelbar sein, um jedes „Problem" an der Wurzel zu packen, bevor es zum „Konflikt" wird.

Zum Thema Konfliktbewältigung gibt es eine Fülle von Ratgebern, Büchern und interdisziplinären Forschungsprogrammen. Für den Umgang mit Konflikten auf individueller Ebene ist also die Auseinandersetzung mit der eigenen Haltung, der Einstellung zu Konflikten, dem Konfliktlösungsstil unerlässlich. Entscheidend ist, ob ein ehrliches Interesse an Konfliktlösungen besteht und inwiefern ein Perspektivenwechsel gelingt. Zu diesen Grundfragen sind folgende Fragen aus interkultureller Perspektive mit möglichen Antworten sehr relevant, da sie zum einen die kulturellen Unterschiede bzgl. des Umgangs mit Konflikten sowie der Kommunikation in Konfliktsituationen berücksichtigen und zum anderen ein Konfliktverständnis aus der Metaperspektive betrachten. Inspiriert durch das Forschungsprojekt TRIM (Münscher und Hormuth 2013, S. 55) und die Untersuchung der interkulturellen Vertrauensentwicklung wurden die Fragen aus dem Handlungsfeld Konfliktmanagement modifiziert und dem arabischen Kontext angepasst:

- *Werden Konflikte offen und proaktiv gemanagt? Spricht der Interaktionspartner die Konflikte von sich aus an? Kann ich mit ihm darüber offen reden?*

  - Ein proaktives Herangehen gilt nicht als standardisierte Vorgehensweise und setzt Vertrauen voraus. Bestimmte Aspekte wie Gesichtsverlust, (über) optimistische Haltung und starke Prägung des Lernens durch Versuch und Irrtum erschweren den Weg einer proaktiven Vorgehensweise.

- *Ist mein Interaktionspartner bereit, seine Eigeninteressen zurückzustellen? Ist er bereit, bei Konflikten nicht ausschließlich sein Eigeninteresse, sondern auch meine Interessen zu berücksichtigen? Ist er auch bereit, die Interessen anderer Personen zu berücksichtigen?*

  – Wegen der kollektivistischen Orientierung kann man in der Regel erwarten, dass „Geben und Nehmen" bzw. Ausgleich der erfolgswirksamste Motivationsfaktor bei einer Konfliktlösung darstellt. Konfliktpartner fühlen sich verpflichtet, etwas zurückzugeben bzw. auf etwas zu verzichten, wenn sie selbst etwas bekommen. Man kann auch sagen, dass das ein menschliches Grundbedürfnis ist und nicht kulturspezifisch geprägt. Das Kulturspezifische daran wird allerdings durch Zusatzkomponenten wie Scham, Beziehungsorientierung und tief verwurzelte Gastfreundschaft verstärkt, sodass das Gefüge „Geben und Nehmen" emotional bindenden Charakter erhalten kann.

- *Bleibt mein Interaktionspartner sachlich? Kann ich davon ausgehen, dass er auf der sachlich-inhaltlichen Ebene bleibt, anstatt emotional oder laut zu werden?*

  – Die Erwartungshaltung, dass der Interaktionspartner auf der sachlich-inhaltlichen Ebene bleibt, ist Ausdruck einer kulturellen sachorientierten Prägung. Das ist übrigens genau das, was arabische Manager in Kommunikationskursen lernen: nämlich sachlich zu bleiben, effizient zu kommunizieren, Personen und Konfliktgegenstand zu trennen und strategisch vorzugehen. Kulturvergleichende Forschungen bestätigen kulturelle Unterschiede bzgl. der Emotionalität in Konfliktsituationen und inwiefern das Zurückhalten von Emotionen als Zeichen von persönlicher Reife gilt. Man unterscheidet hier zwischen heißen und kalten Konflikttypen. Eigene Emotionen deutlich zu zeigen, das Konfliktgespräch zu dominieren, Machtgebaren zu zeigen sind typische Muster des heißen Konflikttyps. Es wird öfter berichtet, dass im arabischen Kontext eher mehr mit dem heißen Konflikttyp zu rechnen ist. Blockade, Kontaktvermeidung, Glaube an Unlösbarkeit und tiefe Aversionen gegeneinander sind Merkmale des kalten Konflikttyps und gelten als Zeichen dafür, dass ein Konflikt höhere Stufen der Eskalation erreicht hat. In der Regel bedeutet das, dass eine Konfliktlösung nur noch durch Vermittlung oder Mediation gelingen kann. Kurz gesagt: Es ist eher mehr mit „emotional oder laut" zu rechnen als mit „sachlich-inhaltlicher Ebene". Das kulturspezifische Verständnis von „emotional oder laut" kann alleine zur Missinterpretation führen und selbst zum Konflikt werden, wenn sich z. B. Gestik und verbale Kommunikation widersprechen: wenn beispielsweise jemand mit lauter Stimme und wütendem Gesichtsausdruck sagt: „Ich bin ganz ruhig!".

• *Gesteht mein Interaktionspartner Fehler oder Schwächen ein, anstatt sie zu vertuschen? Gibt er es zu, wenn er auf Schwierigkeiten stößt bzw. etwas nicht so gut hinbekommt, wie geplant?*

– Eine pauschale Antwort auf diese Erwartung im Rahmen des Konfliktmanagements gibt es nicht, auch wenn bestimmte Ereignisse und Erfahrungen belegen, dass einen Fehler zu gestehen im arabischen Kontext noch ausbaufähig ist. Entscheidend dabei sind zwei kulturellen Faktoren: Der Grad des Vertrauens und die Direktheit/Indirektheit des Kommunikationsstils. Öfter ist der Rahmen der Kommunikation vom Grad der Hierarchie abhängig. Eine Interaktion zwischen einem Kunden und Lieferanten, einer Lehrerin und einem Schüler, einem Vorgesetzten und einem Mitarbeiter usw. sind Interaktionen mit verschiedenen hierarchischen Positionen. Aus Angst vor Sanktionen oder Konsequenzen und meistens auch wegen fehlender positiver Kommunikation bleibt dem schwächeren Glied in der Hierarchie nichts anders übrig, als Fehler und Schwächen zu vertuschen bzw. sie nicht direkt und explizit anzusprechen. Analyse der hierarchischen Verhältnisse und Etablierung positiver Kommunikationsstrukturen sind hier entscheidend für eine präventive Strategie.

• *Traut sich mein Interaktionspartner, auf Fehler bzw. auf Defizite aufmerksam zu machen, wenn sie vorkommen bzw. wenn ich sie mache?*

– Hier muss der Einfluss des Kulturfaktors Machdistanz berücksichtigt werden. Der normale Kommunikationsweg ist „von oben nach unten" und nicht umgekehrt. In der Konstellation Vorgesetzter-Mitarbeiter bringt ein Mitarbeiter sein Wissen, andere Ansichten und womöglich indirekte Kritik nur dann ein, wenn sein Vorgesetzter explizit danach gefragt hat. In der Alltagskommunikation, wo Machtdistanz eine geringere Rolle spielt (z. B. unter Nachbarn oder bei der Elternarbeit), ist das nicht der Fall. Auf Defizite aufmerksam zu machen gilt als Indikator für etablierte vertrauensvolle Beziehungen, in denen Scham und Gesichtswahrung eine untergeordnete Rolle spielen.

An dieser Stelle muss der relative Charakter der letzten Kommentare betont werden. Diese Kommentare und Empfehlungen lassen sich grundsätzlich nur aus den Ergebnissen der kulturvergleichenden Forschung und den Erfahrungswerten rechtfertigen. Konfliktlösung auf der Interaktionsebene muss diese kulturellen Aspekte berücksichtigen und zudem auch die selbstverständliche Erkenntnis, dass Kultur nicht alles erklären kann. Bei totaler kultureller Blindheit und Ignoranz kultureller Unterschiede kann ein Konflikt in eine unerwünschte Richtung eskalieren. Die Bewältigung von interpersonalen Konflikten ist zudem stark von der individuellen Haltung und Einstellung der Betroffenen abhängig sowie von den Kontextbedingungen der Interaktion.

Fallbeispiel 8: Arbeitserlaubnis für Masoud

Der libysche Staatsbürger Masoud Hamrousch, 28 J., ist im Januar 2018 nach Deutschland gekommen. Der Informatiker landete zuerst mit einem Touristenvisum in Paris, dann fuhr er mit dem Zug Richtung Köln, wo er sich später mit seinen Lebensfreunden traf. Wegen der chaotischen politischen Situation und des drohenden Bürgerkriegs in Libyen fiel die Entscheidung schnell: Er möchte in Deutschland bleiben und arbeiten. Als erfahrener Programmierer wird er sicherlich schnell einen Job in Deutschland finden. Weil die meisten Firmen eine Aufenthaltserlaubnis vor der Einstellung voraussetzen, empfehlen ihm seine Freunde, Asyl in Deutschland zu beantragen. Es gibt genug Gründe, warum er gute Aussichten dafür hat. Einige Landesleute aus Libyen haben es geschafft und erhielten eine Schutzform und Bleiberecht, sogar Menschen aus dem benachbarten, stabileren Tunesien können in Deutschland leben und arbeiten. Masoud hatte Glück mit seinem Antrag und schon nach vier Monaten bekam er den positiven Bescheid, allerdings als nationales Abschiebungsverbot! Das heißt, Aufenthaltserlaubnis für ein Jahr mit möglicher wiederholter Verlängerung. Für eine Beschäftigungsausübung ist in diesem Fall noch die Erlaubnis der Ausländerbehörde erforderlich.

Im ersten Gespräch spricht er mit der Sachbearbeiterin Frau Beate Mertens, die sich in diesen Sachthemen gut ausgekannt. Masoud erzählt Frau Mertens von der aus seiner Sicht falschen Entscheidung des BAMFs, dass er einen Anwalt damit beauftragt hat, sich um das Anliegen zu kümmern und er davon ausgeht, dass er einen Aufenthalt für drei Jahre bekommen wird. Er möchte eigentlich arbeiten und hat keine Zeit für viele Amtswege und bittet daher um Arbeitserlaubnis, möglichst unbefristet, wenn es geht. Frau Mertens lächelt innerlich und erklärt ihm, dass seine Vorstellungen unrealistisch sind und er erst einmal ausreichende Deutschkenntnisse nachweisen muss, erst danach kann man über eine Arbeitserlaubnis sprechen. Auf der Frage, wie er sich denn in Deutschland verständigen können soll, antwortet er, dass er als Programmierer dies nicht nötig hat und die meisten indischen IT-Kollegen, die er kennt, ebenfalls kaum Deutsch sprechen können. Frau Mertens sagt, dass diese Leute andere juristischen Voraussetzungen mitbringen und sie möchte nicht länger diskutieren. „Ich lege alle Unterlagen bei, damit Sie sich informieren, wie es weitergeht. Ich werde jetzt „Beschäftigung nicht gestattet" vermerken. Bitte wenden Sie sich an eine Beratungsstelle, um Ihre Sachlage zu klären." So spricht Frau Mertens und bittet Masoud, draußen auf seine Papiere draußen. Masoud verlässt den Raum mit unzufriedenem Gesicht. Ausreichende Deutschkenntnisse heißt, einen Sprachkurs besuchen, bis er mindestens B1 erfolgreich absolviert hat. Das heißt: zwei Jahre warten! Er wartet nicht auf die Papiere und verlässt die Behörde einfach!

Viele Konfliktursachen sind in der Tat durch Rahmenbedingungen diktiert, die manchmal den Weg erschweren, für Interakteure auf Individualebene eine Lösung herbeizuführen. Auch wenn der Handlungsfreiraum der Akteure in diesem Beispiel von gesetzlichen Bestimmungen und Vorschriften bestimmt ist, hätte ein lösungsorientierter Umgang von beiden Seiten wahrscheinlich die Situation in andere Richtung gelenkt, nicht aber die Ausgangslage komplett verändern können. Ein lösungsorientierter Weg wäre: Man hätte zuerst auf die Beratungsstellen und die Anlaufstellen für Asylbewerber sowie die verschiedenen Beratungsangebote der Hilfsorganisationen hinweisen sollen, damit Masoud er sich vor Erteilung des Beschäftigungsverbots informieren kann. Man kann einen lösungsorientierten Weg übrigens nicht nur aus pragmatischen Gründen empfehlen, sondern auch aus moralrechtlichen Argumenten. Rechte und Pflichten der Interakteure in diesem Beispiel stehen in einem korrelativen Verhältnis zueinander. Die Mitarbeiterin hat das Recht, die Verwaltungsvorschriften umzusetzen und das Beschäftigungsverbot zu erteilen, hat aber gleichzeitig die Pflicht zu informieren. Das gilt auch für die andere Seite: der Asylbewerber hätte sich auch vor dem Gespräch umfassend informieren sollen. Das Dilemma ist erkennbar: wer hätte seine Pflicht zuerst erfüllen sollen? Schließlich entstehen viele Konflikte, wenn Interakteure vergeltungsorientiert nach dem Prinzip „wie du mir, so ich dir" handeln.

5.2 Konfliktlösung auf Gruppenebene

Auf Gruppenebene scheinen Konflikte zwischen Gruppen eher schneller und früher zu eskalieren als Konflikte zwischen Individuen (Krahé 2014, S. 347). Die Theorie der sozialen Identität (Tajfel und Turner 1986) und die zahlreichen Replikationsstudien der Intergruppenforschung haben mehrfach bestätigt, dass die bloße Einteilung von Menschen in Gruppen zu Feindseligkeiten führen kann aufgrund des menschlichen Bedürfnisses, die Überlegenheit der Eigengruppe zu fördern, was notwendigerweise zur Abwertung der Fremdgruppe führt. Die Loyalität gegenüber der Eigengruppe und das schemabasierte Misstrauen gegenüber der Fremdgruppe stellen einen Risikofaktor in der Konflikteskalation dar, vor allem, wenn dadurch ein Prozess sozialer Ausweitung durch stellvertretende Vergeltung entsteht. Diese ereignet sich, wenn Unbeteiligte parteiisch in einen Konflikt eingreifen, wie z. B. die Ereignisse infolge der Mohammed-Karikaturen, die von der dänischen Tageszeitung Jyllands-Posten 2005 veröffentlicht wurden und zu Demonstrationen und gewalttätigen Ausschreitungen, diplomatischen Konflikten sowie einer weltweiten Diskussion über die Religions-, Presse-, Kunst- und Meinungsfreiheit führten und medial zu einem Sinnbild der Ost-West-Auseinandersetzung uminterpretiert wurden. Diese Form von Vergeltung als ein Beispiel für kollektive Gewalt verstärkt sich oft bei hoher Identifizierung mit der Eigengruppe und gleichzeitiger Wahrnehmung der Fremdgruppe als kohärenter einheitlicher Gruppe.

Als Beispiel von interkulturellen Konflikten kann es sich um Auseinandersetzungen zwischen Gruppen handeln, deren Erwartungen sich an unterschiedlichen Traditionen, Lebensformen, Identitäten oder Wahrnehmungsmustern orientieren. Vor dem Hintergrund einer wechselseitig unterstellten Gruppenzugehörigkeit interpretieren die Interaktionspartner ihr Verhalten dann und führen Konflikte auf solche Zugehörigkeiten zurück. Konflikte können in vielen Situationen Gruppenidentitäten generieren und daher steht eine konflikttransformative interkulturelle Kommunikation immer vor dem Problem, auf Gruppenidentitäten zu rekurrieren, diese damit aber gleichzeitig zu bestätigen und hervorzuheben. Auf diese Weise werden Konfliktstrukturen unter Umständen reproduziert statt transformiert (Bonacker und Schmitt 2007, S. 123). Neben diesen universellen Mechanismen für die Entstehung von Konflikten auf Gruppenebene gibt es interkulturelle Missverständnisse, die aus Fehlinterpretationen des sprachlichen oder nonverbalen Verhaltens und Handelns des Kommunikationspartners aufgrund von Unkenntnis oder fehlender Erfahrung resultieren.

Wie geht man mit Konflikten auf der Gruppen- bzw. Gesellschaftsebene um? Das Leitbild „Miteinander in Vielfalt" der Friedrich-Ebert-Stiftung für die deutsche Gesellschaft als Einwanderungsgesellschaft (2017) schlägt Aushandlungsprozesse vor, die auf Toleranz und Respekt gegenüber jeder und jedem beruhen. Es ist eine Aufgabe der Gesellschaft und dazu wird die Bereitschaft der Bürger gebraucht, sich an Konfliktlösungen zu beteiligen und verschiedene Interessen auf Augenhöhe miteinander auszuhandeln. Die Konfliktlösung auf der Makroebene kann möglicherweise gelingen, wenn man gewisse Voraussetzungen berücksichtigt, vor allem die jeweilige Wahrnehmung.

Basierend auf den Zahlen des Mikrozensus 2017 zeigen die Statistiken (Statistisches Bundesamt 2018), dass die Anzahl der Menschen mit Migrationshintergrund 2017 bei 23,4 % (19,25 Millionen) der Gesamtbevölkerung (81,74 Millionen) lag. Laut der Migrationshintergrund-Erhebungsverordnung schließt der Begriff alle Personen ein, die

- die deutsche Staatsangehörigkeit nicht besitzen sowie
- Personen, deren Geburtsort außerhalb der heutigen Grenzen der Bundesrepublik Deutschland liegt oder
- die nach 1949 zugewandert sind sowie

alle Personen mit mindestens einem Elternteil, der nach 1949 nicht in Deutschland geboren wurde.

Interessant ist die Zahl darunter für Männer und Frauen mit eigener Migrationserfahrung, die tatsächlich belegt, dass zwischen 2014 bis 2017 mehr ausländische Männer als ausländische Frauen nach Deutschland eingewandert sind:

- Männer (2014: 2.924.000), (2015: 3.256.000), (2016: 3.952.000), (2017: 4.221.000)
- Frauen (2014: 2.898.000), (2015: 3.131.000), (2016: 3.536.000), (2017: 3.716.000)

Konkreter werden die Zahlen (Tab. 5.1) bei zusätzlicher Berücksichtigung von Migrationsstatus, Altersgruppen und Geschlecht. Für die Altersgruppe von 15 bis 25 der männlichen Bevölkerung mit Migrationshintergrund gibt es folgende Zahlen nach Herkunftsland:

- Kosovo 37.000
- Türkei 229.000
- Marokko 14.000
- Ägypten, Algerien, Libyen, Tunesien insgesamt 12.000
- Irak 27.000
- Iran 11.000
- Syrien 99.000
- Afghanistan 37.000

Bei genauem Hinschauen erkennt man, dass es bei der Interpretation der Zahlen viel wichtiger ist zu wissen, unter welcher Klassifizierung oder Gruppierung die Zahlen erscheinen. So wird man sehen, dass die Zu-

Tab. 5.1 Bevölkerung 2017 nach Herkunftsland insgesamt

Personen ohne Migrationshintergrund	62.482.000
Türkei	2.774.000
Marokko	219.000
Ägypten, Algerien, Libyen, Tunesien (insgesamt)	174.000
Irak	249.000
Iran	197.000
Syrien	706.000
Afghanistan	233.000
Pakistan	97.000
Kosovo	433.000
Kasachstan	1.237.000

wanderer aus Kasachstan in den offiziellen Statistiken unter der regionalen Gruppierung „Naher und Mittlerer Osten" erscheinen. Insgesamt gibt es eine Bevölkerung mit Migrationshintergrund aus dieser Region von 2.951.000 Menschen:

- Irak 249.000
- Iran 197.000
- Syrien 706.000
- aber allein aus Kasachstan 1.237.000

Es liest und hört sich ganz anders an, ob von 706.000 syrischen Flüchtlingen die Rede ist oder von einem unaufhaltsamen Flüchtlingsstrom syrischer und arabischer Flüchtlinge. Mit anderen Wörtern: ein klügerer Umgang mit der Sprache ist eine der Grundvoraussetzungen für einen konstruktiven Deutungsrahmen in den zahlreichen politischen Debatten unserer Zeit, wie man aus dem politischen Framing schlussfolgern kann (Wehling 2016).

Sinus-Studie
Eine differenzierte Betrachtung zeigt eine Studie des Sinus-Instituts (2018), das Lebenswelten und Lebensstile von Migranten mit unterschiedlichem Hintergrund untersucht, ihre Werteorientierungen im Alltag, ihre Lebensziele, Wünsche und Zukunftserwartungen und typische Muster identifiziert, misst und modelliert. Menschen mit Migrationshintergrund, die mittlerweile fast ein Viertel der Gesamtbevölkerung ausmachen, wurden nicht als besondere ethnische Gruppe vorgefiltert und einem Segment zugeordnet, sondern in ihrer Vielfalt untersucht, differenziert je nach Lebensauffassung und ihren diversen Lebenswegen entsprechend der empirischen Realität. Aktuell existieren in Deutschland zehn Sinus-Milieus, die jegliche Vorstellung von Homogenität oder Unterscheidung nach ethnischer Zugehörigkeit massiv in Frage stellen. Besonders auffällig ist das „religiös verwurzelte Milieu" mit einem Anteil von 6 %, das von den Forschern als „das archaische, patriarchalisch geprägte, sozial und kulturell isolierte Milieu, verhaftet in den vormodernen Mustern und religiösen Traditionen der Herkunftsregion, mit deutlichen Rückzugs- und Abschottungstendenzen, pflegt die Familientraditionen

des Herkunftslandes" beschrieben wird (vhw-Migrantenmilieu-Survey 2018, S. 57). Allerdings darf man angesichts dieser Beschreibung der Versuchung widerstehen, sich darunter Scharen von bildungsfernen Migranten aus arabisch-muslimischen Ländern vorzustellen. In manchen SINUS-Erhebungen liegt die Zahl von Menschen muslimischen Glaubens innerhalb dieses Milieus bei gerade mal 54 %, was im Gegenzug bedeutet, dass in diesem „Problemmilieu" zu etwa 50 % auch andere Herkunftsländer und Religionen vertreten sind, darunter auch die christliche (Wippermann und Flaig 2009, S. 7). Es gibt also einen engen Zusammenhang zwischen Religiosität und traditionellen Familien- bzw. Rollenbildern, wobei dies nicht nur auf Muslime zutrifft. So bevorzugen Befragte mit christlich-orthodoxem Glauben ebenfalls patriarchalische Strukturen, die uneingeschränkt in diesem Milieu vorherrschen und breite Zustimmung für die Vorrangstellung des Mannes in weiteren sechs Milieus finden, wobei diese Zustimmung bei den modernen Milieus der Performer (10 %), der Kosmopoliten (13 %) und der Experimentalisten (10 %) gering ausfällt. Man kann daraus schlussfolgern, dass patriarchalische Strukturen als gesamtgesellschaftliches Problem lokalisierbar sind sowie deren prozentuale Anteile in der Gesamtstatistik. Eine ausdifferenzierte Wahrnehmung sowie eine konkrete wertfreie Benennung des Problems helfen definitiv, sachlich ans Problem heranzugehen und gemeinsam eine Lösung dafür zu suchen.

Ein weit verbreitetes Werkzeug der Konfliktanalyse (Abb. 5.1) stammt vom norwegischen Soziologen Johan Galtung (2007), einem Mitbegründer der Friedens- und Konfliktforschung. Abgeleitet aus seiner bekannten Konflikttheorie unterscheidet sein Konfliktdreieck zwei Ebenen: die sichtbare bzw. manifeste Ebene des Verhaltens der Konfliktparteien, die sich unmittelbar beobachten lässt, und die unsichtbare bzw. latente Ebene, die als eigentliche Ursache für den Konflikt gilt. Im interkulturellen Kontext kann diese latente Ebene aufgrund von unterschiedlichen Kommunikationsgewohnheiten und Konfliktbewältigungsstilen noch unklarer werden und für reichlich Missverständnisse sorgen. Der aufgeführte Unterschied zu Beginn dieses Kapitels bzgl. des kulturspezifischen Verständnisses von Konflikt und des Umgangs damit ist ein Beispiel der latenten Ebene. Neben diesen beiden Ebenen umfasst das

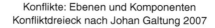

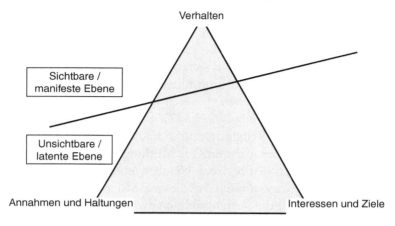

Abb. 5.1 Konfliktdreieck nach Johan Galtung (eigene Darstellung nach Galtung 2007)

Konfliktdreieck drei Komponenten. Die sichtbare Komponente „Verhalten der Konfliktparteien" fußt auf zwei unsichtbaren Komponenten: einerseits steuern Interessen und Ziele das Verhalten, andererseits Grundhaltungen und Annahmen. Aus diesem Grund können Konfliktparteien eine Sache unterschiedlich betrachten. Prägungen durch Vorerfahrungen, Charaktereigenschaften, Wertvorstellungen, Motive und Ängste formen das Filter- und Referenzsystem der menschlichen Wahrnehmung und beeinflussen und steuern so unsere Interessen und unser Verhalten.

Eine nachhaltige Konfliktbearbeitung bedarf einer intensiven Auseinandersetzung mit den unterschiedlichen Interessen und Zielen sowie den Annahmen und Haltungen der Konfliktparteien auf der unsichtbaren Ebene, denn ist es in der Regel nicht ausreichend, nur das Verhalten der Konfliktparteien (die Art und Weise der Kommunikation und des Umgangs miteinander) zu verändern. Konfliktlösung setzt voraus, Ziel- und Interessendifferenzen zu analysieren und über inkompatible Haltungen und Annahmen zu reflektieren. Analysen, Modelle und Strategien für die Konfliktbewältigung sind die Werkzeuge, um die Arbeit professioneller, effizienter oder nachhaltiger zu machen, aber die Arbeit selbst heißt nichts anders als zu kommunizieren, da sämtliche Konflikte zugleich Kommunikationsprozesse sind (Meyer 2011, S. 62). Auch sämtliche Bemühungen um eine Konfliktbearbeitung auf individueller oder Gruppenebene sind Kommunikationsprozesse und daher verwundert es nicht, dass im Zentrum aller Ratgeber und Kurse zur Konfliktbewältigung letztendlich lösungsorientierte Kommunikations- und Gesprächsführungstechniken, Deeskalationstechniken, konstruktive Konfliktgespräche und Ähnliches stehen. Im Grunde geht es also stets um die Aushandlung divergenter Erwartungen.

Äußerst wichtig ist auf Gruppenebene zudem die Auseinandersetzung mit den Komponenten der sozialen Repräsentationen und wie über Mitglieder der jeweiligen anderen Kultur kommuniziert, medial berichtet und inwiefern die gegenseitige Wahrnehmung und der Umgang davon bestimmt wird. Das kann gelingen, wenn man berücksichtigt, dass kein Dialog im sozialen Vakuum stattfindet. Jeder soziale Dialog wird ausnahmslos beeinflusst von den gegenseitigen sozialen Repräsentationen (Hoffman 2015).

Literatur

Berry, John W. (2016): Stress perspectives on acculturation. In: Sam, David L., Berry John W. (Hg.): The Cambridge Handbook of Acculturation Psychology. 2. Edition. Cambridge, UK: Cambridge University Press, S. 43–57.

Bonacker, Thorsten; Schmitt, Lars (2007): Konflikt und Gewalt. In: Jürgen Straub, Arne Weidemann und Doris Weidemann (Hg.): Handbuch interkulturelle Kommunikation und Kompetenz. Stuttgart: J.B. Metzler, S. 122–128.

DIK (Hg.) (2013): Geschlechterbilder zwischen Tradition und Moderne. Materialien der Deutschen Islam Konferenz zu Rollenbildern und aktuellen rollenbezogenen Fragestellungen. Geschäftsstelle der Deutschen Islam Konferenz: Bundesamt für Migration und Flüchtlinge.

Friedrich-Ebert-Stiftung (2017): Miteinander in Vielfalt. Leitbild und Agenda für die Einwanderungsgesellschaft. Berlin: Friedrich-Ebert-Stiftung. Online verfügbar unter http://library.fes.de/pdf-files/dialog/13185.pdf.

Fukuyama, Francis (1992): The End of History and the Last Man. New York: Free Press.

Galtung, Johan (2007): Frieden mit friedlichen Mitteln. Friede und Konflikt, Entwicklung und Kultur. Münster: Agenda Verlag.

GIZ (Hg.) (2015): Culture Cases Indonesien. Sich im Spiegel der Anderen fremd werden. Deutsche Gesellschaft für internationale Zusammenarbeit. Bad Honnef: Akademie für Internationale Zusammenarbeit. Online verfügbar unter https://www.giz.de/akademie/de/downloads/giz2016-culture-cases-indonesien.pdf.

Hoffman, Edwin (2015): Interkulturelle Gesprächsführung. Theorie und Praxis des TOPOI-Modells. Wiesbaden: Springer Fachmedien Wiesbaden.

Huntington, Samuel P. (1996): The Clash of Civilizations and the Remaking of World Order. New York: Simon & Schuster.

Jonas, Klaus; Stroebe, Wolfgang; Hewstone, Miles (Hg.) (2014): Sozialpsychologie. Berlin, Heidelberg: Springer Berlin Heidelberg.

Krahé, Barabara (2014): Aggression. In: Klaus Jonas, Wolfgang Stroebe und Miles Hewstone (Hg.): Sozialpsychologie. Berlin, Heidelberg: Springer Berlin Heidelberg, S. 315–356.

Meyer, Berthold (2011): Grundlagen. In: Berthold Meyer (Hg.): Konfliktregelung und Friedensstrategien. Eine Einführung. Wiesbaden: Springer VS, S. 27–100.

Müller-Jacquier, Bernd (2000): Linguistic Awareness of Cultures. Grundlagen eines Trainingsmoduls. In: Jürgen Bolten (Hg.): Studien zur internationalen Unternehmenskommunikation. Leipzig: Popp, S. 20–49.

Münscher, Robert; Hormuth, Julia (2013): Vertrauensfallen im internationalen Management. Berlin, Heidelberg: Springer Berlin Heidelberg.

Pfundmair, Michaela; Agthe, Maria; Aydin, Nilüfer; Frey, Dieter (2017): Konflikt und Konfliktlösung. In: Hans-Werner Bierhoff und Dieter Frey (Hg.): Kommunikation, Interaktion und soziale Gruppenprozesse, 745–772: Hogrefe.

Röhr-Sendlmeier, Una (2017): Familie. In: Ludger Kühnhardt und Tilman Mayer (Hg.): Bonner Enzyklopädie der Globalität. Wiesbaden: Springer, S. 139–153.

Statistisches Bundesamt (2018): Bevölkerung und Erwerbstätigkeit. Bevölkerung mit Migrationshintergrund – Ergebnisse des Mikrozensus 2017 –. Fachserie 1 Reihe 2.2. Wiesbaden: Statistisches Bundesamt. Online verfügbar unter https://www.destatis.de/DE/Publikationen/Thematisch/Bevoelkerung/MigrationIntegration/Migrationshintergrund2010220177004.pdf?__blob=publicationFile.

Tajfel, Henri; Turner, John C. (1986): The social identity theory of intergroup behavior. In: Stephen Worchel und William G. Austin (Hg.): Psychology of intergroup relations. Chicago: Nelson-Hall Publishers, S. 7–24.

vhw-Migrantenmilieu-Survey (2018): Migranten, Meinungen, Milieus. Menschen mit Zuwanderungsgeschichte in Deutschland – Identität, Teilhabe und ihr Leben vor Ort. Berlin: vhw – Bundesverband für Wohnen und Stadtwicklung e. V. Online verfügbar unter https://www.vhw.de/fileadmin/user_upload/07_presse/PDFs/ab_2015/vhw_Migrantenmilieu-Survey_2018.pdf.

Wehling, Elisabeth (2016): Politisches Framing. Wie eine Nation sich ihr Denken einredet – und daraus Politik macht. Köln: Herbert von Halem Verlag.

Wippermann, Carsten; Flaig, Berthold Bodo (2009): Lebenswelten von Migrantinnen und Migranten. In: *Aus Politik und Zeitgeschichte* (5), S. 3–11.

6

Zusammenarbeit mit Menschen aus der arabischen Welt

In den vorherigen Kapiteln wurden Beispiele für kulturelle Kommunikationspraktiken und Wahrnehmungsmuster in der arabischen Kultur beschrieben, die sich von den deutschen Normalitätserwartungen unterscheiden. Die Schlussbetrachtung zum Thema Umgang mit Konflikten mündet in die Aussage, dass jegliche Konfliktbewältigung einen funktionierenden Kommunikationsprozess voraussetzt. Kommunikation ist also der Schlüssel für Verständigung und Zusammenarbeit.

Beide können gelingen, wenn jede Konfliktpartei die jeweilige Logik und jeweiligen Denkprinzipien der jeweils anderen Kultur versteht bzw. sich darum bemüht. Der Mensch aus einer anderen Kultur kann dann nur ganzheitlich erfasst werden, wenn seine Denkprinzipien miteinbezogen werden (Schwarz 2014, S. 240). Was aber kann man tun, damit das gelingt? Gibt es konkrete Regeln, die man beachten muss ohne sich selbst aufzugeben? Wie kann man die eigenen Bedürfnisse und Absichten artikulieren, ohne den Partner zu brüskieren und den Kommunikationserfolg zu gefährden? Wie lässt sich interkulturell sensibles und kompetentes Verhalten beschreiben?

Interkulturell sensibles und kompetentes Verhalten findet auf drei Ebenen statt: der Ebene des Wissens und der Informationen (kognitive

© Springer Fachmedien Wiesbaden GmbH, ein Teil von Springer Nature 2022
A. Hussein, *Die arabische Welt verstehen*,
https://doi.org/10.1007/978-3-658-26409-3_6

Ebene), der Ebene der Emotionen (affektive Ebene) und der Verhaltensebene (Handlungskompetenzen).

- Die verstandesmäßige (kognitive) Ebene bedeutet Wissen um verschiedene kulturelle Wertesysteme und Orientierungen (Kap. 3).
Informationen über Landeskunde, Politik, Geschichte, aber auch das
Wissen um unterschiedliche Verhaltensnormen gehören dazu. Wissen
und Informationen beziehen sich nicht ausschließlich auf die andere
Kultur (z. B. die arabische Kultur in unserem Fall), sondern auch auf
das Wissen um die eigene kulturelle Orientierung. Das heißt, um die
arabische Kultur zu verstehen, muss man sich nicht nur mit den arabischen Kulturstandards befassen, sondern sich parallel dazu mit den
deutschen Kulturstandards auseinandersetzen, um die eigene kulturelle Vorgeprägtheit erkennen und reflektieren zu können.
- Die emotionale (affektive) Ebene beinhaltet ein Bewusstsein über die
eigenkulturelle Prägung von Werten und Verhaltensweisen und setzt
Verständnis und Wertschätzung bezüglich Logiken und Eigenarten
anderskultureller Systeme voraus (Barmeyer 2012, S. 86). Diese Ebene
bedeutet, zu reflektieren und sich zu vergegenwärtigen, warum man
von einem bestimmten fremdkulturellen Verhalten und in welcher
Form irritiert wird und sich dabei selbst zu hinterfragen, welche Rolle
die eigene kulturelle Brille dabei gespielt hat. Hier geht es nicht um
das bloße Wissen um die verschiedenen kulturellen Prägungen, sondern um den Grad der emotionalen Betroffenheit und Irritation.
- Die Verhaltensebene beinhaltet universale Fähigkeiten und Fertigkeiten
der interpersonalen Kommunikation und Problemlösekompetenzen,
wie die Fähigkeiten, aktiv zuzuhören, Fragen zu stellen, das eigene
Anliegen unmissverständlich zu äußern und gleichzeitig die Reaktion
des Gesprächspartners anzuerkennen. Diese kommunikativen Kompetenzen sind voraussetzungsreich und erfordern, Abstand zur eigenen
Rolle herstellen zu können und sich in die Perspektive des anderen
versetzen zu können und so eine gemeinsame Verständigung zu
ermöglichen.

6.1 Was man wirklich wissen muss

Muss man wirklich genau über Drusen, Jesiden, Assyrer und Aramäer Bescheid wissen, um die arabische Welt einigermaßen zu verstehen? Muss man wirklich den exakten Unterschied zwischen Aleviten und Alawiten sowie Imazighen und Kurden erörtern? Natürlich nicht. Es gibt allerdings aus arabischer Sicht wichtige Unterscheidungskategorien, wie ethnische, sprachliche, regionale und religiöse Unterscheidungsmerkmale, die öfter verwechselt und nicht ausdifferenziert verwendet werden (einen entsprechenden Überblick finden Sie im Abschn. 1.2).

Fallbeispiel 9: Bitte auf Details achten

Der Geschäftsführer eines weltweit führenden deutschen Unternehmens für Tunnelbohrmaschinen präsentiert vor großem Publikum in Abu Dhabi die Referenzprojekte seines Unternehmens in der Region. Alle sind begeistert von der Fachkompetenz und vom Know-how. Ein Mitarbeiter, der Arabisch versteht, bekommt von einem Nebengespräch mit, wie sich die Araber über den deutschen Weltunternehmer wundern, der sich wenig in der Region auskennt. „Die Deutschen sind eigentlich sehr genau, korrekt und achten auf alle Details", sagt der eine. Der andere kontert vehement: „Ja, sie achten vielleicht auf die Details in den Maschinen, aber kaum auf die Sachen, die uns beleidigen. Sie wissen nicht, wie unsere Region heißt!"

Aus arabischer Sicht ist es tatsächlich ein überraschender Fauxpas und im schlimmsten Fall ein unverzeihliches Fettnäpfchen mit kostspieligen Folgen, den arabischen mit dem, „persischen" Golf gleichzusetzen. Für die reichen arabischen Länder in der Golfregion ist das Thema (und eine korrekte Bezeichnung in ihrem Sinne) das identitätsstiftende Merkmal schlechthin. Für viele Menschen dort gilt die Bezeichnung „persischer Golf" als Provokation. In den Berichten und Präsentationen vor den dortigen Regierungsstellen sollte man daher unbedingt auf solche „Kleinigkeiten" achten. Auch, wenn man in Deutschland kein Aufhebens darum macht, wenn ein ausländischer Geschäftspartner „Baltisches Meer" statt „Ostsee" sagt, heißt das nicht unbedingt, dass alle anderen genauso ruhig und gelassen reagieren würden.

Also: kleine Details sind wichtig

1. weil man dadurch dem Geschäftspartner signalisiert, dass selbst auf kleinste Details geachtet wird,
2. weil dadurch auch gewisse positive Verallgemeinerungen und Erwartungen über die Deutschen und ihre „Perfektion" und „Genauigkeit" erfüllt werden, was ohnehin vertrauensfördernd ist und schließlich
3. weil man dadurch dem Partner beweist, dass man Zeit investiert hat, um sich mit der Region bzw. dem Land und den bekannten Fallstricken auseinanderzusetzen, was enorme positive Auswirkung hat.

Wissen um die korrekte Bezeichnung der Region, korrekte Landkarte, die sich ständig aktualisierende politische Situation und Informationen über den Einfluss der Religion und Werte auf die Zusammenarbeit gehören zur kognitiven Ebene des interkulturellen kompetenten Verhaltens. An manchen Stellen wird erwartet, dass genaue Verhaltensempfehlungen und konkrete Tipps zum Umgang miteinander gegeben werden. Ein Beispiel dafür entnehme ich dem Travel Guide von Lufthansa zu den Umgangsformen in Kairo.[1] Dort steht:

In vielen Gebräuchen spiegelt sich der islamische Einfluss wider. Die Leute sind höflich und gastfreundlich und erwarten ähnlichen Respekt von ihren Gästen. Zur Begrüßung gibt man sich die Hand, wobei Männer erst die Hand einer Frau schütteln, wenn diese sie ihnen anbietet.

Erfahrene Kairo-Kenner berichten, dass dieser „islamische Einfluss" überschaubar und berechenbar ist, wenn es zum Beispiel um konkrete Einschränkungen der Zusammenarbeit mit den Kollegen in Smart-Village geht, wo sich die internationalen Giganten der IT und Telekommunikation wie Microsoft, Vodafone oder Ericsson befinden. Konkret zeigt sich der Einfluss der Religion in folgenden Bereichen der Zusammenarbeit und Kommunikation:

---

[1]Vgl. https://www.lh-travelguide.com/li/de/kairo/#verhaltensregeln-fuer-aegypten-aegypten [Abruf 11.04.2019].

• Beispiel 1: Die lokalen Gebetszeiten. Es sind vor allem zwei Gebete, das Mittagsgebet (Zuhrgebet, ṣalāt aẓ-ẓuhr) und das Nachmittagsgebet ('Asrgebet, ṣalāt Al-'Asr), die die normalen Arbeitszeiten unterbrechen. Es ist wahrscheinlich, dass einige Mitarbeiter ein Meeting oder ein Telco fünf bis 15 Minuten lang zum Beten verlassen. Zusammenhängend damit sind der sehr laute Gebetsaufruf des *Muezzins* und die Waschungsrituale, die vor dem Gebet stattfinden. Also zwei Themen, die für eventuelle Überraschungen bei Nicht-Muslimen bzw. anderen Personenkreisen sorgen, die nicht zu festen Zeiten beten, nämlich die wahrnehmbare Lautstärke während der Nacht und die unangenehme Erfahrung mit nassen Toilettenböden, wenn einige Personen ihre Füße in den Waschbecken waschen und schlimmstenfalls nasse Böden hinterlassen. Tab. 6.1 zeigt die lokalen Gebetszeiten in Kairo mit Beispielen aus verschiedenen Monaten. Darin erkennt man, dass die Gebetszeiten nicht nach fixen Uhrzeiten stattfinden, sondern ja nach astronomischer Berechnungsmethode im Tagesverlauf variieren.

• Ein zweites Beispiel für den Einfluss der Religion zeigt sich im Fastenmonat Ramadan. Zwischen Sonnenaufgang und Sonnen-untergang (Maghrib-Gebetszeit in der Tabelle) dürfen Muslime nichts essen oder trinken und sollen auf jeglichen weltlichen Genuss ver-zichten. Demzufolge kann die Arbeitsleistung beeinträchtigt werden. In den meisten arabischen Ländern gelten deshalb während des

Tab. 6.1 Lokale Gebetszeiten in Kairo-Ägypten. Quelle: https://www.islamic-finder.org/

Datum	Fajr	Sonnenaufgang	Zuhr	'Asr	Maghrib	Isha
01.01.2020	05:18	06:50	11:58	14:47	17:05	18:28
01.02.2020	05:17	06:46	12:09	15:10	17:31	18:51
01.03.2020	04:55	06:21	12:08	15:26	17:54	19:11
01.04.2020	04:17	05:45	11:59	15:31	18:14	19:33
01.05.2020	03:37	05:12	11:53	15:29	18:32	19:57
01.06.2020	03:11	04:54	11:53	15:29	18:52	20:23
01.07.2020	03:12	04:56	11:59	15:35	19:01	20:34
01.08.2020	03:36	05:13	12:02	15:39	18:49	20:16
01.09.2020	04:03	05:31	11:56	15:30	18:19	19:39
01.10.2020	04:22	05:47	11:45	03:09	17:42	18:59
01.11.2020	04:41	06:08	11:39	14:46	17:09	18:27
01.12.2020	05:02	06:32	11:44	14:36	16:55	18:17

Abb. 6.1 Arbeitszeiten während Ramadan in den VAE, veröffentlicht auf dem Twitter Account der SOE (Gesellschaft der Emiratischen Ingenieure) @SOEUAE (SOEUAE 2019)

Ramadans andere Arbeitszeiten: Meistens zwischen 09:00 und 14:00 Uhr (Abb. 6.1 zeigt ein Beispiel aus den Vereinigten Arabischen Emiraten). Auf Baustellen und in anderen Projekten, die rund um die Uhr laufen sollen, werden die Kapazitäten und Personaleinsätze angepasst. Die meisten Restaurants in nicht touristischen Ortschaften sind während der Fastenzeiten geschlossen und machen wieder erst nach Sonnenuntergang auf. Lokale Ordnungsämter auf der arabischen Halbinsel achten darauf, dass die Restaurants und Shops diese Regel einhalten. Auch Besucher, die während Ramadan nicht fasten wollen oder können, sollen trotzdem nicht in öffentlichen Bereichen (Straßen, Metro, Bahn, Mall) essen, trinken oder rauchen. Für deutsche Besucher heißt das in klaren Worten: Essen und Trinken ja, aber nicht in der Öffentlichkeit und insbesondere nicht in Bereichen, wo das Ordnungsamt Zugriffsrecht hat. Der 1. Ramadan des Jahres 2021 war der 13. April 2021. Der 1. Ramadan 2022 wird wahrscheinlich der 02. April 2022 sein. Warum wahrscheinlich? Weil Ramadan sich nach dem islamischen Mondkalender richtet. Die Daten zwischen dem islamischen und dem gregorianischen Kalender unterscheiden sich um jährlich ca. 10 bis 12 Tage.

- Ein dritter Einflussbereich für die Religion zeigt sich in den islamischen Feiertagen: dem Fest des Fastenbrechens, aus dem Türkischen bekannt als „Zuckerfest" oder Eid al-Fitr (*Īd al-Fiṭr*) unmittelbar nach dem Ende des Fastenmonats Ramadan. Ungefähr 70 Tage danach folgt das Opferfest, Eid ul-Adha (*Īdu l-Aḍḥā*). Die beiden Feste gelten als offizielle Feiertage in allen arabischen Ländern, wobei die Länge von Land zu Land unterschiedlich sein kann (zwischen 3 bis 5 Tage). Mittlerweile ist es im Business üblich geworden, Glückwunschkarten zu den beiden Festtagen auszutauschen, unabhängig vom religiösen Hintergrund des Senders oder Empfängers. Abb. 6.2 zeigt ein Beispiel. Zusätzlich dazu gibt es in einigen arabisch-islamischen Ländern noch weitere Feiertage. Übrigens: das Senden von Grußkarten zu den beiden islamischen Feiertagen verläuft manchmal nicht ohne Fehler, denn es muss auf zwei wichtige Details geachtet werden:

1. Zu Eid al-Fitr hat sich in den letzten zehn Jahren die Tradition entwickelt, eine Grußkarte mit dem Motiv einer „Laterne" oder mit einem Halbmond zu versenden, während zum Opferfest Eid ul-Adha eine Grußkarte mit Motiven der Kaaba versandt wird, dem Gebäude im Innenhof der Heiligen Moschee in Mekka. Das dargestellte Beispiel in Abb. 6.2 ein Beispiel für eine Begrüßungskarte zum Fest des Fastenbrechens „Eid al-Fitr", das zum Ende des Monats Ramadan folgt.
2. Die Daten der Feiertage ändern sich von Jahr zu Jahr, weil sie sich am Mondkalender orientieren. Das heißt, das Islamische Opferfest Eid ul-Adha des Jahres 2021 begann am Montag, dem 19. Juli, und endete am Freitag, dem 23. Juli. Im Jahr 2022 muss man zehn bis

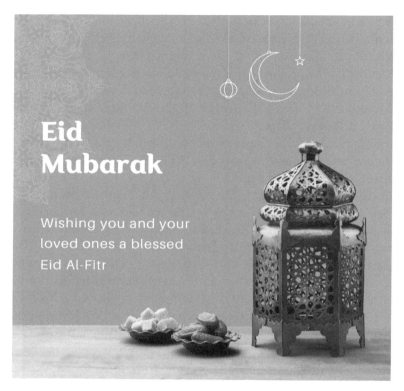

Abb. 6.2 Beispiel für eine Begrüßungskarte zum Fest des Fastenbrechens „Eid al-Fitr", das zum Ende des Monats Ramadan folgt (eigene Darstellung)

elf Tage vorwärtsrechnen und den Beginn am 9. Juli erwarten. Die Grußkarte wird meistens einen Tag vorher bzw. am selben Tag verschickt.

Die zuvor genannten drei Beispiele sind klare Manifestationen für den Einfluss der Religion im Geschäftsleben. Erfolgreiche Zusammenarbeit in der Region setzt voraus, dass diese Daten und Informationen in einer Projektplanung berücksichtigt werden. Projektleiter mit Erfahrung in der Region wissen, dass es nicht zielführend ist, während Ramadan nachmittags einen technischen Workshop mit schweren Inhalten zu planen, vor allem wegen der Konzentrationsprobleme. Es gibt natürlich weitere

Sphären und Lebensbereiche, in denen die Religion das Leben beeinflusst, wie die sichtbare Geschlechtertrennung in noch konservativen Regionen in Saudi-Arabien und gewisse Verbote, wie den Genuss von Alkohol und den Austausch von Zärtlichkeiten in der Öffentlichkeit. Allerdings und genauer gesagt spielt die Geschlechtertrennung im Geschäftsalltag eine untergeordnete Rolle. Viele Besucher waren z. B. in Kairo sehr überrascht, dass unter den Softwareentwicklern unerwartet viele junge ägyptische Frauen waren, die in manchen Projekten fast die Hälfte des Teams ausmachten. Ähnliche Erwartungen gelten übrigens für Tunesien, Marokko, Jordanien und den Libanon. Geschlechtertrennung ist aber immer noch ein Thema, vor allem in Saudi-Arabien und einigen konservativen Regionen auf der arabischen Halbinsel. Beispielsweise wurden dort Männer und Frauen in Schnellrestaurants getrennt bedient. Abb. 6.3 zeigt ein Beispiel für getrennte Bedienungsschalter. Allerdings haben solche Sachen in größeren Orten, wie Dubai oder Doha nur formelle Gültigkeit und werden in der Praxis nicht so genau beachtet oder streng umgesetzt.

Abb. 6.3 Beispiel für Geschlechtertrennung in einem Schnellrestaurant (eigene Aufnahme, Dubai 2012)

Das Thema Begrüßung zwischen westlichen Männern und arabischen Frauen oder umgekehrt gilt als Paradebeispiel für den Einfluss der Religion und auch für kulturelle Unterschiede auf der sichtbaren Ebene. In vielen Empfehlungen steht deutlich, dass das Händeschütteln zwischen Männern und Frauen ein kulturelles Tabu in der arabischen Kultur ist. So eine Schlussfolgerung ist allerdings diskussionswürdig, da sie an der Realität des modernen Geschäftslebens vorbeigeht. Natürlich berichten vereinzelt Personen von ihren Erfahrungen mit arabischen Gesprächspartnern, wo man ihm oder ihr den Handschlag verweigert hat. Ich persönlich habe diese Erfahrung mindestens dreimal in den letzten beiden Jahren gemacht. Besonders markant war meine Erfahrung, als ich zum Kursbeginn einer syrischen Seminarteilnehmerin die Hand zur Begrüßung entgegenstreckte, sie jedoch ihre Hand aufs Herz legte und mich nicht mit Händeschütteln begrüßen wollte. Für diese Peinlichkeit gibt es viele ähnliche Beispiele, etwa, als der iranische Ex-Präsident Ahmadinejad bei einem offiziellen Besuch in Indonesien einer Frau den Handschlag kopfnickend verweigerte, während sie mit ausgestreckter Hand dastand.[2] Auch dem König Abdallah von Saudi-Arabien ist das einmal passiert, als er eine Frau mit Handschlag begrüßen wollte, sie den Handschlag jedoch verweigerte.[3]

Eine angemessene Begrüßung entsprechend der protokollarischen Pflichten war zu sehen im Fall von Federica Mogherini, der Vertreterin der EU für Außen- und Sicherheitspolitik, als sie den iranischen Außenminister Zarif im Januar 2015 in Brüssel empfing, wo die Begrüßung nicht mit Händeschütteln erfolgte, sondern mit gegenseitigem mehrmaligem Kopfnicken.[4] Verallgemeinern kann man diese Vorgehensweise nicht, denn es gibt ja viele andere Situationen, in denen dieselbe Person, Federica Mogherini, männliche arabische Politiker mit Händeschütteln begrüßt.[5] Eine konkrete situationsübergreifende Empfehlung scheint

---

[2] Das Bild kann man unter Verwendung der Suchbegriffe: „Ahmadinejad on an official visit to Indonesia, refusing to shake hand with a woman" finden. Auch unter einem Blog-Beitrag: http://thespiritofman.blogspot.com/2006/05/iranian-president-again.html [Abruf 11.04.2019].

[3] Vgl. https://www.youtube.com/watch?v=Gqu2V4H4JJA. Verfügbar unter dem Suchbegriff „Begrüßung zwischen Mann und Frau in Saudi-Arabien" [Abruf 11.04.2019].

[4] Vgl. https://www.youtube.com/watch?v=0QCbJ7swpk8 [Abruf 11.04.2019].

[5] Vgl https://www.youtube.com/watch?v=26Dn0rHk9_U [Abruf 11.04.2019].

also aus diesen vielen Widersprüchen nicht möglich zu sein. Zusammenfassend kann man folgende Vorgehensweisen empfehlen:

- Hierzulande: Falls Sie andere Menschen immer mit Händeschütteln begrüßen, dann sollten Sie das hier im Inland auch mit arabischen Gästen (unabhängig vom Geschlecht) tun. Aber: vielleicht 5 von 100 Männern würden das Handgeben mit einer Frau verweigern. Das ist weder persönlich zu nehmen noch mit Respektlosigkeit gleichzusetzen: Manche Muslime glauben fest daran, dass das Berührungsverbot von Gott vorgeschrieben ist und orientieren sich an dieser Regel unabhängig von der Situation oder dem Ort.
- In einem arabischen Land könnten Sie Folgendes versuchen:

  1. nicht zu lange zögern, die Initiative ergreifen und einfach die Hand geben. Aber die Zahl der Verweigerer könnte sich erhöhen (vielleicht 20 von 100). Bitte auch nicht persönlich nehmen und nicht als Respektlosigkeit Ihrer Person gegenüber verstehen.
  2. beobachten, was die anderen machen und entsprechend reagieren.
  3. einfach niemandem die Hand geben und den Kontaktpartner mit Kopfnicken oder einer Hand-aufs-Herz-Geste begrüßen

Das Thema ist jedenfalls medial präsent und löst des Öfteren eine Debatte aus über die Integrationsfähigkeit der Muslime in der Moderne insgesamt. Ein gutes Beispiel dafür waren die Reaktionen, nachdem die CDU-Politikerin Julia Klöckner ein Treffen mit einem Imam im Herbst 2015 abgesagt hatte, nachdem dieser verkündet hatte, dass er ihr zur Begrüßung nicht die Hand reichen würde,[6] und sie daraufhin ein Integrationspflichtgesetz[7] forderte. In diesem Zusammenhang äußerte Birgit Collin-Langen, Mitglied des Europäischen Parlaments: „Wer Frauen nicht die Hand gibt, kann nicht auf unsere Toleranz hoffen[8]". Die

---

[6] Vgl. https://www.faz.net/aktuell/gesellschaft/menschen/warum-manche-muslime-den-handschlag-verweigern-14349129.html?printPagedArticle=true#pageIndex_0 [Abruf 11.04.2019].

[7] Beitrag der Allgemeinen Zeitung: Kein Händedruck: CDU-Landeschefin Klöckner verzichtet auf Gespräch mit Imam, 23.09.2015 https://www.allgemeine-zeitung.de/politik/rheinland-pfalz/kein-handedruck-cdu-landeschefin-klockner-verzichtet-auf-gesprach-mit-imam_16181357# [Abruf 11.04.2019].

[8] Vgl. ebd.

Gegenfrage ist, ob man nicht in einer offenen pluralistischen Gesellschaft auch mit von der Norm abweichende Verhaltensweisen leben kann. Ein sehr komplexer Bereich, in dem unterschiedliche Haltungen, politische Interessen, Ideologien, Normen und Werte aufeinandertreffen. Auch unter den Muslimen ist das Thema sehr umstritten und es herrschen verschiedene Auffassungen darüber, ob Händeschütteln zwischen Männern und Frauen erlaubt oder verboten ist. Häufig wird das Verweigern des Handschlags damit begründet, dass der Prophet Frauen nie die Hand gegeben haben soll. Anhänger der konservativen wahabistischen Islamauslegung beziehen sich auf eine Überlieferung in einer Hadith-Sammlung, in der steht: „Es ist besser, dass einer mit einem Eisenstachel in den Kopf gestochen wird, als dass er eine Frau berührt, die er nicht berühren darf." (Sahih Al-Jami', Nr. 5045). Der einflussreiche saudische Gelehrte Abd al-Aziz ibn Baz äußerte sich dazu, das Händeschütteln zwischen Männern und Frauen sei verboten, weil dies als nicht erlaubte körperliche Berührung zwischen Männern und Frauen zu handhaben sei, es sei denn, sie seien enge Verwandte oder Eheleute. Er argumentiert gemäß einer Aussage des Propheten Mohammed: „Ich gebe Frauen nicht die Hand" (Sahih Al-Jami', Nr. 2513).[9] Alle diese Verbote seien den Menschen von Gott auferlegt, um sie vor der Gefahr des Ehebruchs zu schützen. Der gleichen Argumentationslogik folgen die Anhänger der gemäßigten Al-Ahmadiya-Gemeinschaft[10] und verweigern das gegengeschlechtliche Händeschütteln, obwohl ironischerweise die Mehrheit der Muslime die Anhänger der Al Ahmadiya als Abtrünnige betrachtet.

Der konservative Gelehrte Yusuf al-Qaradawi leitet aus den genannten Überlieferungen kein allgemeines Handschlagverbot ab, sondern versteht diese als Empfehlung. Wäre es eine klare Verpflichtung wie das Alkohol- oder Schweinefleischverbot, dann wäre dies im Koran eindeutig als Klartext ohne Metapher und Gleichnis zu lesen. Al-Qaradawi erlaubt das Händeschütteln zwischen Männern und Frauen, wenn keine „sexuelle

---

[9] Die Hadithsammlungen von Muhammad Nāsir ad-Dīn al-Albānī erschienen in zwei Bänden 1988. Die Sammlung beinhaltet die authentisch eingestuften Überlieferungen. Seine Methoden wurden oft als zu dogmatisch und kontextlos kritisiert, gilt jedoch bei konservativen islamistischen Kreisen als der zuverlässigste Beweis schlechthin.

[10] Vgl. Are Muslim men and women allowed to shake hands with each other? https://www.youtube. com/watch?v=Ddm8nZDYZ1w [Abruf 11.04.2019].

Begierde" oder „Versuchung" mit im Spiel ist. Er empfiehlt aber, das Händeschütteln kurz zu halten, um jeden Zweifel abzuwenden. Für ein frommes Verhalten sei es aber besser, nicht damit anzufangen und selbst die Hand zu reichen, sondern nur antwortend die Hand zu geben, wenn eine andere Person sie reicht. Selbst dieser konservative Gelehrte bestätigt also nicht das Verhalten des Imams, der Frau Klöckner nicht mit Händeschütteln begrüßen wollte. Das ägyptische Fatwa-Amt[11] hat Stellung zu diesem kontroversen Thema bezogen und ist zu einer Empfehlung gekommen, die auch von manchen muslimischen Theologen in Deutschland vertreten wird: „Muslime in Deutschland sollten eine ausgestreckte Hand nicht in der Luft hängen lassen. Wenn Zeit bleibt, sich zu erklären und die Hand aufs Herz zu legen, bevor das Gegenüber die Hand ausstreckt, spricht auch dagegen nichts.[12]"

Man erkennt aus dieser Ausführung, dass es selbst zu einem vermeintlich so einfachen Thema wie dem Händeschütteln keine eindeutigen Regeln im Sinne von ja oder nein geben kann. Sicherlich ist es bei wenigen Themenbereichen wie dem Alkohol- oder Schweinefleischverbot leichter, von allgemeinen Verhaltenserwartungen zu sprechen. Das Thema Alkoholverbot gilt auch als *case-sensitive*: der Genuss vom Alkohol in der

---

Fallbeispiel 10: Ein weltoffener Mensch

Herr Markus Selmann war total überrascht vom Verhalten seines Gastes aus Bahrain. Herr Selmann hatte zu Ehren dieses Gastes einen großen Empfang in einem Luxushotel in einer Großstadt in Deutschland organisiert. Man wollte die bestehende Partnerschaft feiern und gemeinsam die nächsten Schritte besprechen. Der Gast aus Bahrain war der alleinige Lizenznehmer und exklusive Distributor des hochwertigen Büromaterials des deutschen Herstellers in der arabischen Welt, Afrika und Teilen Asiens. Der Mann aus Bahrain erschien mit zweien seiner Mitarbeiter, die Herrn Selmann und sei-

---

[11] Vgl. http://www.dar-alifta.org/ar/ViewFatwa.aspx?ID=12526&LangID=1&MuftiType=0 [Abruf 11.04.2019].

[12] Vgl. das FAZ-Interview vom – 21.07.2016 „Warum manche Muslime den Handschlag verweigern – von Leonie Feuerbach: https://www.faz.net/aktuell/gesellschaft/menschen/warum-manche-muslime-den-handschlag-verweigern-14349129.html [Abruf 11.04.2019].

nem Team bekannt waren. Herr Selmann bat seinen Gast zu Tisch und freute sich auf den schönen Abend. Als das Buffet eröffnet wurde, entschuldigte sich der Gast aus Bahrain bei Herrn Selmann, er komme in zehn Minuten wieder. Nach etwa einer Viertelstunde kam einer der beiden arabischen Mitarbeiter zurück und berichtete Herrn Selmann, dass der Gast aus Bahrain gehen müsse und sich auf die Fortsetzung des Gesprächs am kommenden Tag freue. Herr Selmann konnte nicht nachvollziehen, warum sein Gast einfach so verschwand. Das war ja unglaublich. Was war da passiert? Der arabische Mitarbeiter erklärte, dass es da ein kleines Missverständnis wegen des Alkoholgenusses gab. Die Gäste fühlten sich wirklich sehr wohl, aber der Chef sei ein sehr frommer Mensch und er halte sich immer an die Regeln, egal, ob im eigenen Land oder im Ausland. Herr Selmann wusste natürlich um das Alkoholverbot, war davon aber ausgegangen, dass sein Gast, der in allen möglichen verschiedenen Ländern und Kulturen unterwegs war und dessen Söhne in den USA studierten, die Regeln nicht so streng auslegte. So kann man sich irren!

arabischen-islamischen Kultur ist bekanntermaßen verboten, allerdings halten sich nicht alle Muslime an diese Regel!

Dieses recht „extreme" Fallbeispiel schildert ein Worst-Case-Szenario, das eintreten kann, wenn man auf so ein komplexes Thema wie den Umgang mit Alkohol nicht achtet. Gleichzeitig zeigt das Beispiel einen Denkfehler, der zu Missverständnissen führen kann, wenn man Weltoffenheit und modernen Lebensstil eindimensional betrachtet, denn es ist durchaus sehr wahrscheinlich, Menschen in der arabischen Welt zu begegnen, die auf sehr moderne Weise leben (die Welt bereisen, den modernen Luxus genießen) und gleichzeitig sehr religiöse und konservativ-traditionelle Einstellungen vertreten.

Um solche Extremsituationen zu vermeiden, ist es generell empfehlenswert, das Thema Alkoholverbot als *case-sensitive* zu betrachten. Nach regeltreuem Verständnis gibt es eine klare Überlieferung des Propheten, die lautet: „Wer an Gott und den Jüngsten Tag glaubt, darf nicht an einem Tisch sitzen, an dem Alkohol getrunken wird" (Sahih Al-Jami', Nr. 2801). Nach anderen Argumentationen gilt das Verbot nicht nur für den Tisch, an dem man sitzt, sondern betrifft den gesamten Ort. Dementsprechend sollte der Fromme also den gesamte Buffetraum vermeiden. Menschen, die sich an diese Regeln halten, würden grundsätzlich argumentieren, dass göttliche Verbote und Gebote von jeglicher Begründung oder Entschuldigung ausgenommen sind. Das heißt: Profane Attribute und Verhaltensweisen wie höfliches Benehmen, respektvoller Umgang oder gegenseitige Anpassung spielen eine untergeordnete Rolle, solange sie mit den göttlichen Verboten nicht konform sind. Auch wenn viele Muslime diesem Argumentationsmuster nicht folgen, bleibt das Thema Alkoholverbot sehr heikel. Eine klare Verhaltensempfehlung, grundsätzlich auf Alkohol zu verzichten, wenn man arabische Gäste zu Besuch hat, kann hier aber auch nicht gegeben werden.

Übrigens: Das Beispiel zeigt auch einen kulturellen Unterschied hinsichtlich der Wahrnehmung und Bewertung von Verhaltensfehlern. Wenn man Menschen in der arabischen Welt fragen würde, wie sie den Ausgang der geschilderten Situation beurteilen, würden sie darin ein peinliches Missverständnis erkennen, dass schnell vergessen wird. Es ging also nicht um ein Fehlverhalten des Gastes oder Fettnäpfchen vom Gastgeber. Ein frommer Muslim würde auch nicht erwarten, dass eine ganze Gruppe von Menschen wegen ihm auf Alkohol oder sonst irgendwas verzichten muss und sich komplett nach ihm richtet. Mit klaren Wörtern: wenn eine fromme Person sich an die Regeln halten möchte, dann ist das ihre ganz persönliche Sache, gemäß den Regeln zu leben, sie kann und wird aber niemals erwarten, dass andere Menschen diese Pflicht erfüllen müssen!

Es bleibt also eine Abwägungssache und eine Frage der Erfahrung, wie man jeweils konkret am besten mit diesem komplexen Thema umzugehen hat.

Informationen und Wissen über den Einfluss der Religion auf das Leben insgesamt und die Komplexität, die sich daraus ergibt, sind Beispiele für die kognitive Ebene der interkulturellen Kompetenz. Zu welchen Themen kann man noch Orientierungspunkte und Verhaltensempfehlungen aussprechen? Nun folgen zehn Elemente, die im täglichen Umgang und während der Interaktion eine besondere Rolle spielen können:

6.1.1 Anrede und Namensaufbau

- Die Anrede mit Nachnamen (Herr/Frau Krüger) ist in den meisten arabischen Ländern nicht bekannt, stattdessen spricht man einander eher mit dem Vornamen an. In stark hierarchischen Konstellationen wird der neue Chef/Chefin mit *Mister* oder *Miss* angesprochen: Mister Thomas oder Miss Daniela bzw. auch mit dem Doktorgrad (Dr. Sabine). Im französisch beeinflussten Nordafrika benutzt man öfter Monsieur bzw. Madame als Anrede. Das sollte nicht mit Duzen/Siezen verwechselt werden. Die arabische Sprache kennt keine eigenen Pronomen für Sie/Du, jedoch existieren verschiedene Höflichkeitsformen und Ehrentitel, z. B. Ustaz (für Männer) Ustaza (für Frauen), von der die spanischen Höflichkeitsform „*usted*" abstammt. Ustaz und Ustaza sind sehr verbreitete neutrale Höflichkeitsformen in östlichen arabischen Ländern. Um Ehrung und Respekt zum Ausdruck zu bringen, benutzt man in Nordafrika öfter die männliche Höflichkeitsform „Sidi" bzw. die Abkürzung „Si", was „mein Herr" bedeutet. Die weibliche Entsprechung ist „Lalla", also vergleichbar mit „My Lady".

- Die mehrsprachigen Höflichkeitsformen werden auch im beruflichen Kontext in der 3. Person verwendet, um Ehrung und Respekt gegenüber der hierarchisch höhergestellten Person zum Ausdruck zu bringen. In einem Teammeeting in Tunis zum Beispiel wird der tunesische Vorgesetzte mit „Si Karim" adressiert, der deutsche bzw. ausländische Vorgesetzte hingegen mit „Monsieur Florian".

- Die meisten arabischen Nachnamen auf der arabischen Halbinsel erkennt man am vorangestellten „Al". Anhand des Nachnamens kann man bei LinkedIn und anderen Verzeichnissen schnell erkennen, ob die Kontaktperson lokale Wurzeln im Land hat oder ein Zuwanderer aus anderen Regionen ist. Die meisten Nachnamen enden mit „i", z. B. Al-Dosari, Al-Ajmani, Al-Marzouki, Al-Afghani, woran man die Stammeszugehörigkeit, Rangstellung bzw. die Reputation, den Herkunftsort oder die berufliche Tätigkeit der Vorfahren erkennen kann.

- Der Namensaufbau in der arabischen Kultur ist für viele Deutsche ziemlich verwirrend. In der Geburtsurkunde und in offiziellen Dokumenten stehen meistens: Vorname, Vorname des Vaters, Vorname des Großvaters (väterlicherseits) und schließlich der Familienname. Zum Beispiel: Abdul Munim (Vorname) bin (Sohn von) Saif (Vorname des Vaters) bin Mohammed (Vorname des Großvaters) Al-Kindy

(Familienname). Abdul Munim ist kein Doppelname und im Arabischen gibt es auch keine Doppelnamen wie im Deutschen Gebrauch (z. B. Hans-Jürgen). Die im Englischen geläufige Abkürzung von Abdul-Karim zu Abdul[13] ist im Arabischen nicht bekannt.

- In vielen Kontexten hat sich die geläufige europäische Praxis mit einfachem Vor- und Nachnamen durchgesetzt. In unserem Beispiel also nur: Abdul Munim Al-Kindy. Verschiedene Varianten mit oder ohne Bindestrich sind auch möglich und somit auch viele Probleme für die Datensätze der CRM Systeme!
- Bestimmte Namenskombinationen wie „Ahmed Ali" sind sehr häufig. Es ist keine Seltenheit, mehrere Personen mit der gleichen Namenskombination in einem Team oder in einer Gruppe zu finden. Viele lassen sich je nach Kontext mithilfe verschiedener kreativer Arten der Namensgestaltung voneinander unterscheiden. Zum Beispiel werden verschiedene Beinamen hinzugefügt: Herkunftsregion, Beruf oder oft auch die Kennzeichnung durch die eigenen Kinder. Der offizielle Name „Ahmed Ali" wird dann z. B. mit dem inoffiziellen Beinamen „Abu Karam" ergänzt, also „Vater von Karam". Unser Beispiel würde dann heißen: Ahmed Ali (Abu Karam). Es gibt allerdings auch viele „echte" Familiennamen mit „Abu" (z. B. Abu-Naggar, Abu-Talib) bzw. mit „Bu" oder „Bou" in den nordafrikanischen Ländern (Bourguiba, Boumnijel)
- Es gibt sehr große regionale Unterschiede. Allerdings kann anhand einfacher Merkmale schnell erkannt werden, ob der Kontaktpartner einen muslimischen Hintergrund hat oder nicht. Bei den Namen Ahmed, Mohammed, Mustafa, Ali und Hassan handelt es sich beispielsweise um Namen mit muslimischem Hintergrund. Bei Namen wie „George Iskandar" oder „Nawal Saleeb" handelt es sich eindeutig um Menschen christlicher Abstammung.
- Viele Namen mit einem „a" am Ende sind weibliche Namen: Karima, Fatima, Samira, Hoda, Nora, Lamyaa, Zahra, Warda. Allerdings gibt es auch einige weibliche Namen, deren Geschlecht nicht sofort am Wortlaut erkennbar ist, z. B. Hind, Kawthar.

---

[13] Passend dazu der sehr empfehlenswerte Film Victoria & Abdul (2017) über die Freundschaft zwischen Königin Victoria und einem indischen Lehrer namens Abdulkarim.

• Es gibt mehrere lateinische Schreibweisen für den gleichen arabischen Namen. Für den Namen Mohammed gibt es mindestens folgende Schreibweisen: Muhammed, Mohammad, Muhammet, Mohamad, Muhamed, Muhammad, Muhamet, Muhamad oder Mehemet. 11 Schreibweisen für den gleichen Namen! Gründe:

1. im Arabischen gibt es keinen Unterschied zwischen „o" und „u"
2. es handelt sich bei „mm" um Schadda, also eine Verdopplung des Konsonanten, der in der arabischen Sprache zwar nur einmal geschrieben wird, dessen lateinische Lautschrift aber verdoppelt dargestellt wird und
3. bei der Variante „Mehemet" handelt es sich um die türkische Version des arabischen Namens.

• Wer sich als Sheikh bezeichnen lassen darf und wer nicht, ist ebenfalls regional unterschiedlich. In den Golfstaaten Bahrain, Katar, VAE und Kuwait ist der Titel Sheikh (männlich) bzw. Sheikha (weiblich) exklusiv den Mitgliedern der herrschenden Familien vorbehalten. Eine vollständige Titulierung wäre: H.H. (His Highness) Sheikh Mansoor bin Mohammed bin Rashid Al Maktoum. Diese Person wird mit „Your Highness" angesprochen. In Saudi-Arabien dagegen ist Sheikh ein Titel für jeden angesehenen Herrn, der (meistens) keinen akademischen Titel hat, z. B. Sheikh Fahd Al Obeikan. Die Selbstbezeichnung Sheikh ist ein Zeichen für die Wichtigkeit und Status der Person im hierarchischen Gefüge. Saudi-Arabien möchte allerdings den inflationären Gebrauch des Titels Sheikh eindämmen und seit 01.01.2017 gibt es gesetzliche Vorhaben, dass der Titel Sheikh nur noch von registrierten Stammesführern beim Innenministerium und von anerkannten Religionsgelehrten geführt werden darf.[14] In den anderen arabischen Ländern hat der Titel keine besondere Funktion. Meistens handelt es sich um eine religiös gelehrte Person. Ein Sheikh ist jemand, der mit Gottes Wort vertraut ist. Das Verb, von dem das Wort Sheikh stammt, heißt eigentlich nichts anders als „reif werden" bzw. „die Altersreife erreichen". Der Lebensabschnitt der Seniorität oder

---

[14] Vgl. ein Artikel aus dem saudischen Portal Okaz über diese gesetzliche Regeln von 2017 https://www.okaz.com.sa/local/na/1519059 [Abruf: 07.02.2020].

Altersreife beginnt in arabischen kulturellen Traditionen ungefähr mit dem Erreichen des fünfzigsten Lebensjahrs.

- Frauen behalten ihren Geburtsnamen nach der Eheschließung. Das heißt, verheiratete Männer und Frauen haben verschiedene Familiennamen. Söhne und Töchter tragen den Namen des Vaters. Der Name der Mutter steht in allen offiziellen Urkunden, wie z. B. im Reisepass oder in der Geburtsurkunde.

- Für die Anrede in der internationalen E-Mail-Kommunikation haben sich drei Muster je nach Intensität der Formalität durchgesetzt:

1. Dear Mr. Vorname und Nachname (Dear Mr. Karim Hamdy),
2. Dear Mr. Vorname (Dear Mr. Karim) und
3. Dear Vorname (Dear Karim).

- Diese drei Muster sind die am häufigsten verwendeten Anredeformen in der schriftlichen Kommunikation im arabischen Businesskontext. Eine sehr informelle und öfter verwendete Variante ist die Anrede einfach mit Vornamen (Karim), unabhängig davon, ob sich die Personen bereits gut kennen oder nicht. Diese verschiedenen Formen der formellen und informellen Anrede werden im arabischen Kommunikationskontext weder als störend noch als Zeichen für zu viel oder gar mangelnden Respekt empfunden.

6.1.2 Geburtsdatum und Geburtstag

- Der Geburtstag hat in den meisten arabischen Ländern anders als in Deutschland keinen besonderen Stellenwert. Den Geburtstag zu feiern ist immer noch ein unbekanntes Phänomen für die Masse der Gesellschaft und wird nur in der Oberschicht oder bei besonderen Gruppen der Gesellschaft gefeiert.

- In vielen Ländern wie Ägypten war es bis zu den 1990er-Jahren üblich, dass die Geburt nicht in Kliniken oder beim Gynäkologen stattfindet, sondern zuhause mithilfe einer Hebamme. In Regionen mit dörflichen Strukturen wurde der Umgang mit der komplexen Anmeldepflicht lockerer gehandhabt, so dass es sich in vielen Fällen beim angegebenen Datum nicht um das tatsächliche Geburtsdatum, sondern um irgendein fiktives Datum handelt. Dieses Phänomen wurde im Zusammenhang mit der Flüchtlingskrise in Deutschland 2015 bekannt: der 1. oder der 15. des Monats waren bei weitem die am meisten angegebenen Geburtsdaten!

- Geburtsdaten ab 2000 sind zuverlässiger, da die Prozesse um die Anmeldepflicht leichter wurden. Eltern mussten nicht mehr zu weit entfernten Anmeldestellen in der Stadtverwaltung eilen, sondern erhalten von der Hebamme oder von der Ärztin eine Geburtsbescheinigung mit den genauen Angaben, um die Anmeldung innerhalb einer Woche vorzunehmen. Mittlerweile erfolgt das in den meisten Fällen digital.

6.1.3   Rechte Hand, linke Hand

- Die linke Hand gilt in der arabischen und islamischen Kultur generell als unrein. Es gilt als Beleidigung, etwas mit der linken Hand zu nehmen oder zu geben. Denn die linke Hand wird für die Körperhygiene eingesetzt und daher als „unrein" abgewertet.
- Jemandem ein Geschenk, einen Gegenstand oder die Visitenkarte mit der linken Hand zu übergeben, gilt als Tabu und kann als Zeichen für Geringschätzung interpretiert werden.
- Geborene Linkshänder lernen in arabischen Kulturen von den ersten Lebensjahren an, sich diesen kulturellen Normen anzupassen.

6.1.4   Händeschütteln, Umarmung und Begrüßung

- Begrüßung mit Händeschütteln zwischen Männern und Frauen ist im arabischen Kulturraum insgesamt weniger verbreitet. Im Business-Kontext wird das allerdings im Vergleich zu anderen gesellschaftlichen Kontexten häufiger praktiziert, wobei das Thema immer noch sehr kontrovers ist (siehe dazu die Details am Ende von Abschn. 6.1.
- Die Begrüßung erfolgt meistens mit leichtem Händedruck und Blickkontakt. Dabei erkundigt man sich nach der Gesundheit und dem Wohlbefinden des Partners. Das Händeschütteln dauert deshalb etwas länger. Der deutsche feste Händedruck ist in den arabischen

Ländern ungewohnt und wird als irritierend empfunden. Die in manchen Kulturen gängigen Vorstellungen, dass anhand des Händeschüttelns der Grad des Selbstbewusstseins oder der Gemütszustand des Kontaktpartners gemessen werden können, sind im arabischen Kulturraum nicht so verbreitet. Das Ritual der aneinandergelegten Handflächen zur Begrüßung, wie es in manchen ostasiatischen Ländern üblich ist, ist eher unter den asiatischen Gastarbeitern auf der arabischen Halbinsel bekannt.

• Bei der Begrüßung beginnt man mit dem Händeschütteln mit der Person mit der höchsten Stellung. Diese Person wird als Erste auf Sie zugehen, wenn mehrere Personen im Raum anwesend sind. Meistens erkennen Sie die hierarchische Stellung durch die Position im Raum, die meistens in der Mitte ist. Ggfs. werden andere Personen Sie zu dieser Person begleiten.

• Männer bzw. Frauen, die sich gut kennen, begrüßen einander äußerst herzlich mit Umarmung und Wangenkuss, meistens dreimalig. Dies ist die bekannteste Form der Begrüßung innerhalb der arabischen Welt im Vergleich zum gleichgeschlechtlichen Händeschütteln, das meistens unter unbekannten Personen oder im formellen Kontext stattfindet.

• Neben den erwähnten Formen der Begrüßung durch die Hand-aufs-Herz-Geste, Kopfnicken, Händeschütteln oder Umarmung gibt es noch das sehr exotische Begrüßungsritual „Khash-Mak", also das Reiben der Nase bei Begrüßung. Dieser Brauch erfordert von den Gesprächspersonen, sich die Nasen zu reiben und dabei gleichzeitig die Hände zu schütteln. Diese Art der Begrüßung ähnelt dem Kunik-Ritual bei den Inuit auf Grönland.

6.1.5   Essen, Trinken, Einladungen

• Die üblichen Essenszeiten differieren in den meisten arabischen Ländern von denen in Deutschland (zum Beispiel erfolgt das Abendessen meist erst ab 20:00 Uhr)

• Großzügigkeit ist ein arabischer Kulturstandard. Ein sparsames Buffet mit wenigen Variationen kann als Zeichen für Geiz verstanden werden!

• Ein leerer Teller wird übrigens kulturell so interpretiert, dass man noch Hunger hat. Es wird daher mehr und mehr angeboten, wodurch eine lange Schleife des Anbietens und Ablehnens zwischen Gast und Gastgeber entstehen kann. Diese kommunikative Art gehört einfach dazu!

• Fleisch ist ein Hauptbestandteil dabei, meistens Hühnerfleisch, Lamm oder Rind. Meistens wird dem Gast das beste Stück Fleisch angeboten. Rein vegane und vegetarische Variationen gibt es aber auch reichlich: Baba Ganoush, Hummus, Bulgursalat, Falafel, Kushari.

• Wegen der Beliebtheit vieler Suppen-, Couscous- und Reisgerichte wird der Löffel häufiger benutzt als die Gabel. Selbstverständlich wird für alles nur von der rechten Hand benutzt. Die linke Hand hat auf dem Esstisch nichts zu suchen.

• Selbstverständliche Voraussetzung: Keine Speisen servieren, die Schweinefleisch und Alkohol enthalten.

• Geschäftsessen finden in Restaurants statt. Bevorzugt werden Restaurants, die Buffet-Gerichte anbieten.

• Die Ehrenseite ist immer die rechte Seite des Gastgebers. Normalerweise zeigt Ihnen Ihr Gastgeber den Platz, den Sie einnehmen sollen. Es ist auch keine Seltenheit, dass Ihr Gastgeber Sie an die Hand nimmt und Sie zu Ihrem Platz begleitet.

• Ergiebige Gespräche fehlen meistens beim Essen und stattdessen wird schweigend und in schneller Folge gegessen. Beim Essen sollte der Gast auf keinen Fall mit dem Reden über das Geschäft beginnen. Meistens beginnt der Gastgeber damit und signalisiert auch, wo und wie lange man darüber sprechen möchte. Die wichtigsten Geschäftsgespräche finden meistens nach dem Essen statt.

• Trinksprüche und Ähnliches gibt es nicht.

• Bei einer Einladung ist es möglich, dass weitere Gäste ohne Vorankündigung einfach dazukommen und sich der Gruppe anschließen. Dies wird nicht als Störung empfunden.

• Grundsätzlich wird empfohlen, den bei Gesprächen immer angebotenen Kaffee (bzw. auch Tee) anzunehmen. Ablehnung wird meistens als Zurückweisung der Gastfreundschaft interpretiert. Wenn Sie auf keinen Fall Kaffee trinken möchten oder können, sollten Sie gesundheitliche Gründe nennen und ein Alternativgetränk vorschlagen.

- Wenn Sie ihren Kaffee ausgetrunken haben und nichts mehr trinken möchten, sollen Sie Ihre Tasse seitlich schütteln. Ansonsten wird Ihnen weiter nachgeschenkt. Diese Art der nonverbalen Kommunikation ist weit verbreitet auf der arabischen Halbinsel.[15]

6.1.6 Geschenke

- Das Mitnehmen von Geschenken ist grundsätzlich zu empfehlen, solange das mit den jeweiligen Compliance-Regeln konform ist. Dies gilt für private und berufliche Kontexte.
- Es sollten Geschenke vermieden werden, die Alkohol oder Schweineprodukte enthalten. Es gibt mittlerweile viele Produkte, die mit „Halal" gekennzeichnet sind, also in deren Zutaten weder Schweinefleisch noch Alkohol enthalten sind, sowie andere Geschenke, die den islamischen Speisevorschriften nicht entsprechen. Übrigens: Viele Menschen verzichten auf den Konsum vom Schweinefleisch nicht, um religiöse Anweisungen zu erfüllen, sondern weil sie sich davor ekeln, denn für die meisten gilt das Schwein als Inbegriff des Ekels, also als ob man Hundefleisch essen würde.
- Als Ideen für besondere Geschenke im geschäftlichen Kontext, die gut ankommen und länger im Gedächtnis des Beschenkten bleiben, sind Folgende zu nennen:

1. Alles, was mit Fußball zu tun hat – wegen der Beliebtheit des Themas in der arabischen Kultur. Jeder kennt Bayern München, den BVB, Paris Saint German und Co., aber nicht jeder kennt den FC 96 Recklinghausen oder SpVgg Lindau. Ein meiner Kunden aus Norddeutschland erzählte mir die Geschichte seines jordanischen Geschäftspartners, der sich wie ein kleines Kind gefreut habe, als er ihm bei einem Geschäftsbesuch in Ammann das Trikot seiner Heimatstadt, VfR Neumünster, geschenkt hat. Der Jordanier habe das Trikot den ganzen Tag angehabt und sei äußerst dankbar wegen des unvergesslichen Geschenks mit dem personalisierten Namen

---

[15]Vgl. den Videobeitrag der AlArabiya TV vom 20.05.2017, der zeigt, wie ein saudischer Prinz Ivanka Trump diese Tradition erklärt. Erreichbar unter dem Titel „الأمير مقرن يشرح لإيفانكا فكرة هز الفنجان" https://youtu.be/TdnTUpgroXg [Abgerufen am 17.06.2022].

auf dem Trikot gewesen, so berichtete mein Kunde. Es scheint also, dass es viel mehr um die Rarität eines Gegenstandes als um dessen materiellen Wert geht.

2. Alles, was mit den lokalen Traditionen Ihrer Region verbunden ist. Klassische Kuckucksuhren aus dem Schwarzwald sind ein Paradebeispiel für eine solche handwerkliche Raffinesse, die immer gut ankommen. Es kann aber auch eine Figur, ein altes Stadtbild oder der Abguss eines markanten Zeichens Ihrer Stadt sein: die Bremer Stadtmusikanten, eine Coburger Veste oder etwas aus den Zechen des Ruhrgebiets.

3. Alles, was mit der Tradition und Geschichte Ihrer Firma oder Organisation verbunden ist, also z. B. das Logo Ihrer Firma vor 50 oder 100 Jahren, ein altes Motiv oder Bilderset aus dem Archiv.

4. Alles, was mit den Hobbys und Leidenschaften und Ihres Gegenübers zu tun hat. Hier sollten Sie sich auf jeden Fall überlegen, was Ihrem Geschäftspartner möglicherweise Freude machen könnte, was wiederum viele Detailinformationen über Ihren Partner voraussetzt. Mit den Kenntnissen dieser kleinen Detailinformationen signalisieren Sie dem Partner Ihr genuines Interesse und bauen Sie echtes vertrauensvolles Verhältnis auf.

5. Geschenke müssen übrigens nicht materieller Natur sein. Es kann auch eine Kontaktvermittlung zu einer wichtigen Person sein, also zu einem Türöffner oder einer Schlüsselperson.

- Im privaten Kontext gibt es bestimmte Präferenzen für Geschenke, die dem jeweiligen Anlass entsprechen sollten. Bei Hochzeiten und Kindergeburtstagen, die bei den Oberschichten zur Mode geworden sind, schenkt man meistens Geldbeträge, Gutscheine oder Schmuck.

- Wegen der klimatischen Bedingungen sind Blumen als Geschenk eher unüblich. Das heißt nicht unbedingt, dass sie unerwünschte Geschenkobjekte sind. Bei Geburt eines Kindes und bei Krankenbesuchen, Hochzeiten usw. kann man wohl Blumen mitbringen, allerdings nicht für die Vase, sondern als Blumenstrauß für den Tisch. Als Gastgeschenk bei einer normalen Einladung sind eher Teller mit Süßigkeiten üblich sowie Kinderspielzeuge.

- Gewöhnlich öffnet der Beschenkte das Geschenk nicht direkt in Anwesenheit anderer und insbesondere nicht vor dem Geschenkgeber.

Das Geschenk wird einfach beiseitegelegt. Manchmal wird aber auch der Geschenkgeber um Erlaubnis gebeten, ob man das Geschenk direkt öffnen darf. Jedenfalls sollten Sie nicht erwarten, dass das Geschenk direkt nach dem Überreichen des Geschenks geöffnet und zum Smalltalk-Thema wird. Das Geschenk wird sowieso bei der nächsten Gelegenheit zum wichtigsten Smalltalk-Thema.

6.1.7 Schweigen und Reden

• Rechnen Sie grundsätzlich mit Unterbrechungen Ihres Redeflusses. Es ist üblich, jemanden beim Reden zu unterbrechen, um Interesse am Gesagten zu signalisieren. Der Sprecherwechsel erfolgt oft früher (siehe dazu Details im Abschn. 3.1), selbst wenn das Gespräch auf Englisch abläuft.

• Schweigen entsteht meistens, weil der Gegenüber über das Gesagte nachdenken oder es verarbeiten möchte. Wegen der Pflicht der Gastfreundschaft spielt der Gastgeber manchmal die Rolle des Unterhalters und bricht die Pause des Schweigens. Dadurch schweift er möglicherweise komplett vom Thema ab, bestellt etwas zum Trinken, verlagert das Gespräch an einen anderen Ort oder beginnt einfach mit einem anderen Thema, das überhaupt nichts mit dem Kernthema zu tun hat. Der Themen- oder sogar Ortswechsel verläuft intuitiv ohne strategische Vorüberlegung. Damit möchte der Gastgeber seinem Gast indirekt mitteilen, dass er ein bisschen Zeit benötigt, um eine Entscheidung treffen zu können und das richtige Wort zu finden.

• Falls Schweigen entsteht und Sie merken, dass es ungewöhnlicherweise länger dauert, sollten auch Sie das Schweigen als strategisches Instrument nutzen, aber unbedingt ohne direkten Augenkontakt! Sie sollten während des Schweigens keine weiteren Argumente oder Vorteile nennen, um den Partner zu überzeugen. Dies wird als Zeichen für fehlende Selbstsicherheit verstanden und schafft Misstrauen.

• Auf den richtigen Moment zu warten ist die richtige Strategie, die Ihnen helfen kann, den wahren Grund hinter dem Schwiegen zu ermitteln. Angenommen, Sie fühlen sich meilenweit entfernt von Ihrem eigentlichen Kernthema durch das Wechseln des Themas und diese

Art der High-Context-Kommunikation (vgl. Abschn. 2.3.7). Wie können Sie zurück zum Thema? Wie können Sie das Anliegen ansprechen? Hier kann Ihnen die Mitschwingen-Strategie helfen, um Ihrem Partner bei der Entscheidungsfindung zu helfen. Mitschwingen bedeutet, sich vom Kernthema abbringen lassen, um den Moment der Entspannung zu nutzen, um Fragen zu stellen, die Ihnen helfen können. Die Frage, warum der Partner vom Thema abgewichen ist und ob er Einwände hat, sollte selbstverständlich vermieden werden. Stattdessen sollte man eine neue Option anbieten, Lösungsvorschläge ansprechen oder eine Geschichte von einem ähnlichen Projekt erzählen, um zu zeigen, wie Ihre Firma, Ihre Produkte bzw. Sie persönlich damit umgegangen sind. Diese Methode des „Story-Telling" ist übrigens in vielen kommunikativen Situationen nützlich, wenn die Kommunikation stockt.

6.1.8   Augenkontakt, nonverbale Kommunikation und Körpersprache

• Der Augenkontakt hat im arabischen Kulturraum unterschiedliche Bedeutung:

1. Ein intensiver Augenkontakt mit wechselnder freundlicher Mimik ist ein direkt wahrnehmbares Zeichen für Interesse an der Kommunikation,

2. Ein intensiver Augenkontakt mit starrer Mimik ist ein Zeichen dafür, dass man kein Interesse am Thema hat und lieber über was anders sprechen möchte,

3. Augenkontakt mit wechselnder Blickrichtung ist auch öfter zu erleben in hierarchiebetonten Interaktionen, also vom Mitarbeiter zum Vorgesetzten

4. Der direkte Augenkontakt fehlt meistens auch in Situationen, in denen man eine schlechte Nachricht übermitteln möchte, Kritik äußert oder wenn jemand einfach sein Gefühl des Unbehagens oder der Unsicherheit mitteilen möchte.

- Eine extrem entspannte Körperhaltung mit zurückgelegtem Kopf bei fehlendem Augenkontakt ist ein Zeichen für fehlendes Interesse an den Details oder sogar eine Aufforderung, das Meeting zu beenden. Hier sollte man sich kurz und knapp fassen und einen Folgetermin vorschlagen.
- Es wird viel über die Körpersprache und Körperhaltung kommuniziert. Wenn Sie intuitiv zu der Schlussfolgerung kommen, dass die Körpersprache nicht mit dem gesprochenen Wort übereinstimmt, dann sollten Sie der Körpersprache mehr glauben. Sie sollten allerdings Ihre Wahrnehmung und Skepsis nicht zum Gegenstand des Gesprächs machen, sondern stattdessen um Vorschläge oder andere Ideen bitten, also statt „Ihre Körperhaltung sagt etwas anders als das, was Sie sagen", können Sie beispielsweise fragen „Welche Idee dreht sich gerade durch Ihren Kopf, Herr/Frau ..?", oder „Du rechnest und rechnest. Zu welchem Ergebnis bist du gekommen?". Die Art und Weise der Frage hängt selbstverständlich vom Vertrauensniveau und der Beziehung zum Gegenüber ab. Anhand der Antwort erhalten Sie möglicherweise einen wichtigen Input und dann werden Sie merken, ob Ihre Skepsis berechtigt war oder nicht. Eine destruktive Vorgehensweise wäre, dem Gegenüber immer zu betonen: „Ihre Körpersprache sagt aber was anderes!"
- Es gibt lediglich zwei Gesten, die wenig geläufig sind und möglicherweise (sehr) falsch verstanden werden können:

  1. Die angelsächsische „Okay"-Geste (also Daumen und Zeigefinger bilden einen Kreis mit gestreckten übrigen Fingern),
  2. Das Thumbs-up-Geste.

- Das Victory-Zeichen (V-Zeichen mit gespreiztem Zeige- und Mittelfinger) ist sehr verbreitet und erlangte noch mehr Bekanntheit im Zusammenhang mit dem arabischen Frühling. Diese Geste steht als Zeichen für den Sieg, aber auch für Zuversicht und Optimismus. Der einzige mögliche Unterschied zur bekannten internationalen Variante ist, dass man dabei niemals die linke Hand benutzt und dass die Hand nicht ganz gerade steht, sondern leicht nach links geneigt wird.
- Es gibt zwei Gesten, die manchmal falsch verstanden werden. Beide Gesten sind in Abb. 6.4 zu sehen:

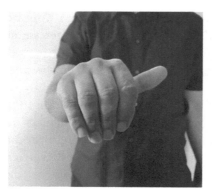

Einen anderen heranwinken,
damit er näherkommt

Einen anderen zum Vorzeigen oder
Übergeben einer Rechnung oder
Fahrkarte auffordern

Abb. 6.4 Beispiele für Missverständnisse der nonverbalen Kommunikation (eigene Aufnahmen bzw. Darstellung)

1. Beim Herbeiwinken: Um jemanden mit herbeizuwinken, richten die Menschen in Deutschland und in vielen europäischen Ländern die Handfläche nach oben und signalisieren dem Gegenüber mit schwenkender Handbewegung, näher zu kommen. Im arabischen Kulturraum richtet der Fordernde die Hand dagegen nach unten und winkt so die gewünschte Person heran, was aus Sicht der Deutschen das Zeichen zum Weggehen statt zum Näherkommen ist (siehe linkes Bild in Abb. 6.4).
2. Um ein Dokument (Reisepass, ID), eine Rechnung oder eine Fahrkarte vom jemanden zu fordern, streckt der Fordernde die offene rechte Hand und schwenkt dabei die die untere Kante der linken Hand auf die Handfläche der rechten Hand herunter (siehe rechtes Bild in Abb. 6.4).

6.1.9 Männer und Frauen

• Das Vermeiden von Augenkontakt zwischen Männern und Frauen gilt grundsätzlich als Zeichen für tugendhaftes und keusches Verhalten. Westlichen Frauen wird es empfohlen, einen intensiven Augenkontakt mit Männern zu vermeiden, da dies als Zeichen für Interesse an der Person verstanden werden kann. Genauso wichtig ist hier daran zu erinnern, dass konservative arabische Männer den intensiven Augenkontakt mit weiblichen Geschäftspartnern vermeiden. Stattdessen richten sie ihren Blickkontakt auf männliche Kollegen, um kein falsches Zeichen zu setzen (vgl. dazu das Thema „Senken der Blicke" in Abschn. 3.4).

- Belästigung durch Catcalling, also Hinterherrufen und Nachpfeifen durch Männer gegenüber Frauen ist in manchen Regionen und vor allem in touristischen Gebieten eine verbreitete Methode unter Jugendlichen, um auf sich aufmerksam zu machen. Interesse an einer Person signalisiert man meistens mit intensiven Augenkontakt, was sich anfühlt, wie von jemandem angestarrt zu werden. Dies einfach zu ignorieren, ohne sich davon einschüchtern zu lassen, ist die ratsamste Empfehlung.

- Einen Ehering zu tragen, kann präventiv zahlreiche sonst praktisch unvermeidbare Heiratsangebote verhindern. Alleinreisende Single-Frauen sollten zunächst ihren Status maskieren, um vielfaches Begehrtwerden jeglicher Art zu vermeiden. Arbeitskollegen oder vertrauten Personen sollte der wahre Status selbstverständlich trotzdem anvertraut werden.

- Frauen sollten grundsätzlich im hinteren Teil des Autos und niemals vorne neben dem Taxifahrer sitzen. Nur in Begleitung mit einer Taxifahrerin ist es unproblematisch, auf dem Vordersitz zu sitzen.

- In einigen Ländern auf der arabischen Halbinsel herrscht noch Geschlechtertrennung vor, also z. B. Frauenwaggon, Aufzüge für Frauen und Freizeitparks nur für Frauen. Alleinreisende Männer haben hier nichts zu suchen.

6.1.10 Tabus

- Das Zeigen der Schuhsohle gilt als das größte Zeichen für Respektlosigkeit und Verachtung der anderen Person gegenüber. Ganz anderes als im Aschenputtel-Märchen, wo der Schuh als Symbol für Schönheit und Reichtum steht, gilt der Schuh als Symbol für Dreck und Schmutz. Schon im 10. Jahrhundert hat der Dichter al-Mutanabbi die niedrigste Stellung des Schuhs in der arabischen Kultur in einem Vers verewigt:

Das ist so ein niedriges Volk – selbst, wenn du ihnen den Schuh ins Gesicht wirfst, wird sich der Schuh maßlos darüber beschweren, dass er so ein niedriges Gesicht berühren musste! (Al-Yazigi 1964)

- Wenn Sie Atheist sind oder keiner Religion angehören, sollten Sie dies für sich behalten. Die Frage nach der Religionszugehörigkeit gehört manchmal zum Smalltalk und wird nicht als private Angelegenheit betrachtet. Für konservative Muslime ist es schwer vorstellbar, dass ein Mensch moralische Werte hat, wenn er Atheist oder religionslos ist. Aus Pflichtgefühl fühlen sich gläubige Personen dann verpflichtet, Sie zu missionieren und auf den richtigen Weg zu bringen. Dadurch können das Thema Religion und die Glaubenssysteme an Gewicht gewinnen und das Gespräch dominieren. Eine diplomatische Antwort wäre: „Ich bin in einer christlichen Familie aufgewachsen". In der Regel ist es ausgeschlossen, dass Sie bei der ersten Begegnung in so ein Gespräch geraten. Bei nur flüchtigen Geschäftskontakten redet auch im arabischen Kulturraum niemand über die verschiedenen Religionszugehörigkeiten, sonst hätten die konfessionslosen Chinesen und die bekanntermaßen in vielen ehemaligen kommunistischen Ländern zu Atheisten Erzogenen überhaupt keine Geschäftschancen in der Region. Wenn Ihr Gegenüber dennoch darauf beharrt, Ihre Religion zu erfahren, dann ist das in der Tat ein echtes Interesse an Ihrer Person. Durch das Austauschen von Argumenten und Gegenargumenten kann eine Freundschaft entstehen. Keine Religion zu haben ist an sich kein Tabu, aber dies von sich heraus beim ersten Kontakt mit einer unbekannten Person zu offenbaren, wäre jedenfalls unklug.
- Niemals laut oder ungehalten werden! Wut nicht mit Wut bekämpfen.
- Eine der größten Beleidigungen ist es, wenn Sie einen Muslim oder eine Muslima als Mohammedaner(in) oder Muselmann bezeichnen. Muslim (bzw. die andere veraltete Schreibweise Moslem) bezeichnet laut dem Koran die Anhänger des Islams und bedeutet wortwörtlich: „der sich Gott ergibt". Die Bezeichnung „Mohammedaner" wird von

den Menschen islamischen Glaubens abgelehnt und gar als diffamierend empfunden, weil sie auf die Verehrung eines sterblichen Menschen (wenn auch eines Propheten) hindeutet und sich der so Bezeichnete damit in seiner religiösen Identität vollkommen missverstanden und dies für sich und seine Religion als völlige Degradierung empfindet. „Sarazener", „Mohammedaner" und andere veraltete Begriffe werden überdies gern in einschlägigen islamfeindlichen Blogs verwendet und haben meistens eine subtile abwertende Funktion.

- Der letzte Punkt, der für große Missverständnisse sorgen kann, ist alles im Zusammenhang mit dem Sexualverhalten, sexueller Identität und Sex insgesamt. Darüber spricht man wirklich nur in sehr vertrauten Kontexten mit sehr vertrauten Personen und nicht in einer öffentlichen Runde. Witze über die Prostitution in Dubai oder Manama können Ausländern zum Verhängnis werden. Das Offenbaren eigener Homosexualität kann sogar strafrechtliche Konsequenzen nach sich ziehen.

Eigentlich sollte es weniger Missverständnisse und Konflikte in der Zusammenarbeit geben, denn es mangelt ja nicht an „Dos and Don'ts". Jeder, der mit Arabern arbeitet, hat schon von der verbotenen linken Hand gehört, und dass Schweinefleisch und Alkohol verboten sind, gilt gewissermaßen als selbstverständlich. Offensichtlich scheint also der wahre Grund hinter einer gescheiterten Zusammenarbeit oder Kommunikation nicht nur in den begangenen Fettnäpfchen auf der Verhaltensebene zu liegen, sondern lässt sich vielmehr durch die voneinander abweichenden Wertevorstellungen, Haltungen und Ideale begründen, was man auch aus dem Galtung-Dreieck (siehe Abschn. 5.2 und Abb. 5.1) leicht erkennen kann. Wer also eine genuine interkulturelle Verständigung und nachhaltige Zusammenarbeit beabsichtigt, sollte sich also viel mehr auf die Tiefenstruktur von Kultur als nur auf ihre sichtbare Verhaltensebene konzentrieren. Damit ist keine Auf- oder Abwertung der verschiedenen Ebenen von Kultur gemeint, sondern eine Erinnerung: Bloßes Vermeiden von Verhaltensfehlern und Orientierung an klaren Verhaltensregeln, sei es wegen individueller Präferenzen oder als Resultat kultureller Prägung, wird ein Problem (oder einen Konflikt) nicht lösen und die Zusammenarbeit nicht zum erhofften Erfolg führen. Dies kann nur echte Kommunikation auf gegenseitiger Augenhöhe leisten.

6.2   Kommunikation als Lösung

Mit Hilfe von Kommunikation können Probleme gelöst werden, die sich nicht von alleine lösen können. Mittlerweile liefern die gut erforschten Kommunikationstheorien einen Fundus an Erkenntnissen und Empfehlungen, die zusammen mit den Ergebnissen kulturvergleichender Forschung einen Beitrag zur interkulturellen Verständigung leisten können. Zu den kulturbedingten Einflussfaktoren auf die Kommunikation gehören zum Beispiel Aspekte des direkten oder indirekten Kommunikationsstils, high vs. low context, Linguistic Awareness of Culture sowie Machtdistanz und Grad der Beziehung zwischen den Beteiligten. Ich werde nicht auf die Kommunikationsmodelle eingehen, da die meisten Modelle mühelos gefunden und nachgelesen werden können. Für meine Überlegungen waren die bekannten Axiome des Therapeuten und Kommunikationspsychologen Paul Watzlawick (2017) sehr hilfreich, vor allem sein erstes Axiom „Man kann nicht nicht kommunizieren". Jegliches Verhalten und Handeln ist Kommunikation mit einem Mitteilungscharakter. Auch Nichthandeln, Nichtbeachtung oder Schweigen in sozialen Situationen sind Kommunikation. Der Mensch kommuniziert auch nonverbal und unbewusst. Es ist also unmöglich, auf irgendeine Weise nicht zu kommunizieren. An dieser Stelle erwähnenswert ist das Vier-Seiten-Modell (Kommunikationsquadrat) von Schulz von Thun (2010) mit den vier Botschaften einer Nachricht:

- Sachinformation: worüber ich informiere (Inhalt der Nachricht). Hier geht es um die Sachinformationen, die die sendende der empfangenden Person mitteilen möchte (z. B. zu erklären, was ein Sachinhalt ist).
- Selbstoffenbarung: was ich von mir selbst zeige. Jede Nachricht enthält auch Informationen über den Sender, z. B. intendierte Selbstdarstellung (z. B. um zu zeigen, dass man sich in einem bestimmten Thema gut auskennt) oder auch unbeabsichtigte Selbstenthüllung (z. B. zittrige Stimme als Zeichen von Aufregung oder Nervosität).
- Beziehung: was der Sender vom Empfänger hält und wie sie zueinander stehen. Die Art und Weise, wie ein Mensch angesprochen wird, bringt

zum Ausdruck, wie die Beziehung zwischen dem Sender und dem Empfänger ist.

- Appell: was der Sender mit seiner Botschaft beim Empfänger erreichen möchte. Mit einer adressierten Nachricht möchte der Sender, dass der Empfänger bestimmte Dinge tut oder unterlässt.

Diese vier Seiten einer Aussage sind Kernstück des erstmals 1981 vorgestellten Modells. Bekannt sind sie auch als die „vier Schnäbel" (auf Seiten der sendenden Person) und „vier Ohren" (auf Seiten der empfangenden Person) (Röhner und Schütz 2016, S. 23). Wenn zwei Menschen miteinander reden, sind auf beiden Seiten jeweils vier Schnäbel und vier Ohren beteiligt. Alle nehmen aktiv am Kommunikationsprozess teil, die „Schnäbel" durch Formulieren und Senden, die Ohren durch selektive Wahrnehmung und vorstrukturierte Kognition der sozialen Repräsentationen. Das heißt, Kommunikation ist kein linearer Datenfluss, sondern eine dynamische Interaktion und mehrschichtige Einflussnahme.

Das sehr beliebte Modell von Schulz von Thun hat es sogar bis ins Museum geschafft (siehe Abb. 6.5), wo Besucher des Museums für Kommunikation in Nürnberg die vier Seiten einer Nachricht testen und ausprobieren können. Im interkulturellen Kontext kann man allerdings von asymmetrischen vier Seiten des Quadrats ausgehen, da die Gewichtung einer Seite (Sachaspekt oder Beziehung) je nach kulturellem Hintergrund anders ausfällt. Man kann dann insbesondere im Kontext der arabischen Kommunikation erwarten, dass viel auf der Beziehungsebene und Appel-Seite kommuniziert wird im Vergleich zur Sachebene. Beide Aspekte zeigen sich insbesondere in der Tonalität während der Kommunikation. Die mehrmalige Wiederholung einer Botschaft mit unterschiedlicher Gestik und Mimik ist das klarste Beispiel für die Kommunikation auf der Appel-Seite. Dadurch möchte der Sender den Empfänger auffordern, sich etwas anders zu überlegen, anders zu entscheiden, ihm zu helfen oder einfach die Kommunikation offen zu halten.

Wie lassen sich Kommunikationsprobleme lösen? Und was ist das Besondere im arabischen Kommunikationskontext? Am deutlichsten wird dies anhand eines konkreten Beispiels:

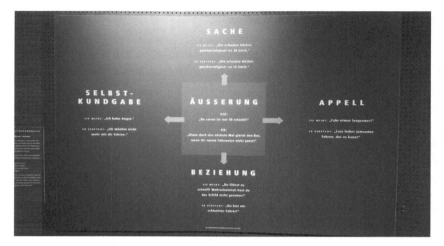

Abb. 6.5 „Das Kommunikationsquadrat nach Schulz von Thun" im Museum für Kommunikation in Nürnberg (eigene Aufnahme, Nürnberg 2017)

Fallbeispiel 11: Schnell beleidigt ohne Grund!

„Mein Name ist Detlef Leitner, 56 Jahre alt. Ich betreue als Bauingenieur ein Projekt eines unserer Großkunden in Maskat, Oman. Ich vertrete unser deutsches Unternehmen und bin für den gesamten Ort zuständig. Kulturelle Unterschiede für mich zeigen sich in der Art und Weise, wie Mitarbeiter aus anderen Kulturen mit Sicherheitsvorschriften umgehen. Wir arbeiten zusammen mit einem lokalen Lieferanten, der uns den nötigen Baustoff und Materialien aller Art liefert. Es gab mehrere Male Auseinandersetzungen mit diesem Lieferanten und seinen Mitarbeitern.

Eines Tages hat unser omanischer Lieferant die Stahlträger in unzulässiger Weise am Rande der Straße gelagert und war mehrfach nicht bereit, diese umzulagern, damit die Qualität überprüft werden konnte. Er hat das mit Platzmangel und fehlenden Kran-Kapazitäten sowie mit vielen anderen Ausreden begründet. Ich habe darum gebeten, irgendeine Lösung zu finden und die Stahlträger woandershin umzulagern und sie nicht so einfach auf der Straße liegen zu lassen. Er sagte: „Don't worry, I do my best" und verschwand. Eine Woche später war der projektleitende Ingenieur von der Lieferantenseite da. Nach längerer Vordiskussion mit ihm habe ich ihm gesagt, dass er die Träger sortieren und von der Straße entfernen muss, weil damit ein großes Sicherheitsrisiko verbunden ist. Er sagte, dass das auf keinen Fall ginge, da sie ja auf der Straße arbeiten müssten. Ich

> sagte, ich sehe da überhaupt kein Problem. Es ist ja auch nicht unüblich, auf der Straße in Oman zu arbeiten. Der Ingenieur hat laut schimpfend die Besprechung abgebrochen und hat den Vorfall als persönliche Beleidigung und als Beleidigung des omanischen Volkes seinem Vorgesetzten gemeldet. Dieser hat sich über mein Verhalten bei meinem Vorgesetzten beschwert."

Dieses Beispiel stammt aus einer Fallbesprechung mit einem Seminarteilnehmer. Ziel dabei war, durch verschiedene Methoden wie kollegiale Fallberatung oder Gruppenarbeit mit dem Fallgeber über neue Ansichten und Empfehlungen zu reflektieren. Leitende Fragen waren:

1. Wie würde ein Außerirdischer (aus neutraler Perspektive) das Verhalten der Akteure beschreiben?
2. Was ist schiefgelaufen?
3. Was war der Auslöser für den Konflikt?
4. Was ist die zugrundeliegende kulturelle Prägung und Erwartungshaltung der Interakteure?
5. Wie könnte man so einen Konflikt künftig lösen?

Diese Fragen sind in der interkulturellen Fallarbeit elementar. Grundsätzlich möchte man damit ermitteln, wie Kommunikationsstörungen allgemein entstehen, wie es im spezifischen Fall des deutsch-arabischen Miteinanders zu Kommunikationsstörungen kommt und wie Konflikte unter Berücksichtigung der jeweiligen kulturellen Besonderheiten kommunikativ gelöst werden. Mithilfe von allgemeinen Kommunikationsmodellen versucht man, das Fallbeispiel aus einer neutralen Perspektive wahrzunehmen. Aus den Axiomen von Watzlawick ist zum Beispiel bekannt, dass der Beziehungs- den Inhaltsaspekt dominiert. Die Inhalte der Kommunikation können also so lange auf einer wertfreien Sachebene bleiben, wie die mitgesendeten Beziehungsaspekte positiv oder zumindest neutral sind. Wird einer dieser Beziehungsaspekte von einem Interakteur nicht so akzeptiert oder anders interpretiert, kommt es zu Störungen in der Kommunikation. Widerstand, Reibereien und andere Unstimmigkeiten sind unvermeidbar, wie das Fallbeispiel zeigt.

Von entscheidender Bedeutung ist es auch zu verstehen, wie der Sender (in unserem Fall Herr Leitner) seine Nachricht verpackt hat und wie sie vom omanischen Empfänger entschlüsselt wurde. Herr Leitner möchte den Empfänger in Kenntnis darüber setzen, dass die gelieferten Stahlträger umzulagern sind, damit die Qualitätskontrolle vorschriftsmäßig vorgenommen werden kann (Sachinhalt). Der Sender übermittelt allerdings zugleich seine Unzufriedenheit mit der Art und Weise, wie wenig gewissenhaft Vorschriften und Sicherheitsmaßnahmen auf Baustellen und Projekten im Einsatzland berücksichtigt werden (Selbstoffenbarung). Aus der Situation geht hervor, dass er den Empfänger bittet, irgendeine Lösung zu finden und somit signalisiert er seine Beziehungsbotschaft, seine Haltung zum Empfänger, nämlich, dass Letzterer verpflichtet ist, das Problem zu lösen. Mit seinem Appel fordert er den Empfänger auf, das Problem zu lösen, egal, wie und wo. Die Kommunikation wird gestört, wenn dem Sender einer der vier Aspekte besonders wichtig ist und dies besonders betont, wobei eine Diskrepanz zwischen Sender und Empfänger entsteht. Im Fallbeispiel war der Appell (Wunsch nach Veränderung) besonders ausgeprägt, jedoch ins „falsche" Beziehungsohr des Empfängers geraten. Der Empfänger hat den Appel als Herabwürdigung des eigenen Status interpretiert: Er müsse ja eigenhändig auf der Straße arbeiten. Somit haben beide Interakteure die Sachebene komplett verlassen und aneinander vorbeigeredet. Hinzu kommen natürlich andere Aspekte der verbalen und nonverbalen Gesprächsführung sowie die Vorgeschichte, das Stresserleben und andere Details, die im Fallbeispiel nicht ausführlich dargestellt sind.

In diesem Fallbeispiel treten auch viele Facetten kulturell geprägten Verhaltens der Interakteure zutage. Zur Vereinfachung kann man dies anhand einer tabellarischen Gegenüberstellung (Tab. 6.2) zeigen.

Durch die Gegenüberstellung der Verhaltensaspekte der Interakteure können die zugrundeliegenden, kulturell geprägten Diskrepanzen ermittelt werden. Im Fallbeispiel sind es zwei voneinander abweichenden Orientierungen, die möglicherweise zu Diskrepanzen in den Motivationen und Erwartungen zwischen den Interakteuren geführt haben. Herr Leitner orientiert sich an den Vorschriften und Regeln zur Vermeidung oder Minimierung möglicher Sicherheitsrisiken. Sein Kontrahent versteht das sicherlich, aber wegen des mangelnden Platzes und aus anderen

Tab. 6.2 Gegenüberstellung der kulturellen Prägungen im Fallbeispiel 11

Verhaltensaspekte	Herr Leitner	Der omanische Lieferant
Kulturdimension	Universalismus *(Regel ist Regel)*	Situationsorientierung *(Situationsbedingungen rechtfertigen eine Ausnahme)*
Kulturdimension	Niedrige Hierarchie *(Eine Aufgabe muss erfüllt werden, egal, von wem)*	Hierarchieorientierung *(Jeder macht seine Aufgabe entsprechend seinem Status)*
Motivation	Sicherheitsvorschriften	Konfliktvermeidung
Erwartungen	Problem lösen	Mehr Zeit geben

Gründen und in der Situation nicht genannten Details agiert er situationsorientiert, schließlich ist aus seiner Sicht nichts Gravierendes passiert. Diese Abweichung auf der Dimension Universalismus vs. Partikularismus diktiert selbstverständlich eine gewisse Erwartungshaltung. Das Bedürfnis nach Einhaltung von Sicherheitsregeln motiviert Herrn Leitner, das Thema mehrmals anzusprechen und dafür eine Lösung zu finden. Dieses Bedürfnis kommt besonders in seinem Appell zum Ausdruck und überbetont die anderen Aspekte der Kommunikation. Der omanische Lieferant hat das Problem zwar auch erkannt. Eine mehrmalige Ansprache und Wiederholung des gleichen Themas bedeuten für ihn, dass das Thema sehr wichtig ist und an die oberste Stelle der Prioritätenliste gehören soll. Er weiß aber auch, dass es Zeit braucht, um das Problem endgültig zu lösen. Herr Leitner möchte jedoch, dass das Problem so schnell wie möglich und sachgerecht gelöst wird. Seine Argumentation ist auf den Sachaspekt der Kommunikation fokussiert und für ihn steht das Anliegen „Einhaltung von Sicherheitsregeln" losgelöst im Vordergrund, ungeachtet dessen, wer das wie macht. Sein Kontrahent liefert eine beziehungsorientierte Argumentation, nämlich, dass sie auf der Straße arbeiten und damit etwas unter ihrer Würde machen müssten. Auf diese Beziehungsbotschaft ist Herr Leitner nicht eingegangen, womöglich hat er sie gar nicht wahrgenommen, denn aus Sicht von Herrn Leitner ist es weder eine Erniedrigung des eigenen Status noch eine persönliche Herabwürdigung, eine Arbeit auf der Straße zu erledigen oder sich eigenhändig zu betätigen. Schließlich macht er selbst das ja jeden Tag, obwohl er der Standortleiter ist. Mit dem Vokabular der interkulturellen Kommunikation geht es hier um die kulturellen Unterschiede in der Wahrnehmung der Rolle in der Hierarchie und des eigenen Status. Bei seinem Kontrahenten ist es das komplette Gegenteil: eine starke Hierarchieorientierung, in dergroße Statusunterschiede zwischen White-Collar- und Blue-Collar-Jobs bestehen (Hofstede et al. 2010, S. 76). Die Hierarchieorientierung spielt eine sehr bedeutende und steuernde Rolle im Verhalten des omanischen Gesprächspartners und der Verlauf der Interaktion lässt vermuten, dass genau dieser Unterschied alle darauffolgenden und überlagerten Erwartungen seine Kommunikation und Handlungen bestimmt haben. In der Situation erkennt man, dass es zwischen Interakteuren Diskrepanzen bzgl. der Gewichtung der kommunikativen Aspekte (Appell vs. Beziehungsaspekte) einerseits und auch bzgl. der kulturell geprägten Motivationen und Orientierung (Universalismus vs. Hierarchieorientierung) gibt.

Wie kann das Problem nun konkret gelöst werden? Wie soll Herr Leitner künftig mit seinem omanischen Lieferanten kommunizieren? Wie kann das Problem der unverbindlichen Kommunikation grundsätzlich gelöst werden? Die oben genannten Aspekte analysieren, kultursensibel kommunizieren und eine der Kommunikationstechniken anwenden, könnte man grundsätzlich sagen. Und was ist dann mit der kulturellen Befangenheit des Denkens, Fühlens und Handelns? Wenn es zutrifft, dass alles kulturell geprägt ist und dass Interkulturalität ein Querschnittsthema in allen Lebensaspekten darstellt, dann sind die aufgeführten Antworten nichts anderes als monokulturelle Lösungswege oder kulturell geprägte Empfehlungen. Man käme also aus der endlosen Regression nie heraus, wenn man im Sinne eines konsequenten Kulturrelativismus denkt und handelt! Um der monokulturellen Blindheit zu entkommen, wäre jedoch interessant zu wissen, wie ein arabischer Projektmanager bei einem Rollentausch den Fall von Herrn Leitner lösen würde.

Um das zu erfahren, habe ich einfach genau diesen Fall meinen arabischen Teilnehmenden vorgestellt und bat um eine konkrete Lösung. Dabei hatte ich den Namen geändert: Aus Herrn Leitner war ein Herr Mustafa Sarhan geworden. Das Interesse war darauf gerichtet, zu ermitteln, ob die gleichen Empfehlungen ausgesprochen würden oder ob die arabischen Befragten völlig neue Lösungswege einschlügen? Die verschiedenen Anläufe

haben erwartungsgemäß einige erweiternde Empfehlungen hervorgebracht, die sich um den Punkt „Festigung der Beziehungsnetzwerke"
bzw. „vorausschauendes Nachhaken" drehen. Ein aus dem Libanon stam-
mender Ingenieur hat dabei eine grundsätzliche Frage gestellt, nämlich:
„Unter welchen Bedingungen lassen sich die Menschen allgemein verpflichten?". Seine Vorgehensweise folgt einem Muster:

1. das Problem genau definieren. Der Fall von Herrn Mustafa Sarhan
   beinhaltet ja ein objektives Problem, nämlich das Committment, das
   Einhalten von Absprachen und Vereinbarungen, und dann
2. grundsätzlich zu fragen, welche Bedingungen vorhanden sein müssen,
   damit sich ein Mensch dazu verpflichtet, etwas zu tun. Konkreter formuliert: Welche Bedingungen müssen in der Kommunikation berücksichtigt werden, damit Vereinbarungen eingehalten werden?

Der Lösungsvorschlag des libanesischen Ingenieurs versteht sich natürlich als monokulturell, denn die Instruktion und Fallausschilderung
zielte darauf, kulturelle Unterscheidungskategorien auszuschalten, um
womöglich einen autochthonen Lösungsvorschlag aus dem kulturellen
Hintergrund der Befragten zu ermitteln.

Um diese Logik zu verdeutlichen, wurde ein Kommunikationsraster
entwickelt und in verschiedenen Rollenspielen getestet, um zu prüfen, ob
damit konkrete Probleme kommunikativ gelöst werden können. Zur Erinnerung: die Ausgangslage war das Problem des fehlenden Committ-
ments. Ein konkretes Problem, das gelöst werden muss, ist keine Frage
der abstrakten Rhetorik oder Tugendethik, sondern bedarf immer einer
konkreten Situation. Dazu ein kleines Gedankenexperiment:

Was heißt Committment für mich?

Bitte ergänzen Sie den folgenden Satz und nennen Sie drei Punkte. Denken
Sie dabei an eine konkrete Situation, beruflich oder privat, z. B. die Be-
richtszahlen einem Kollegen zu mailen, einen Vorsorgetermin beim Arzt
wahrzunehmen, an einem Elternabend in der Schule teilzunehmen, einen
Wartungstermin für die Heizung zu bestätigen, an einer Online-Umfrage
teilzunehmen:

> Ich sage verbindlich etwas zu und ich verpflichte mich, dies 100 %ig zu erfüllen, wenn ich …
>
> a. ....
> b. ....
> c. ....
>
> Sie haben bestimmt bemerkt: Je mehr Relevanz Sie einer Sache beimessen, umso leichter und umso mehr Argumente fallen Ihnen ein.

Viele Befragten würden nun einwenden, dass die Antwort von der Situation abhängig ist. Das ist natürlich richtig. Es geht hier allerdings darum zu ermitteln, unter welchen Bedingungen und Voraussetzungen sich Menschen zu etwas verpflichten und sie diese Pflicht dann auch erfüllen. Folgende Auflistung zeigt die am häufigsten sechs genannten Bedingungen unabhängig von kulturellem Hintergrund, Beruf, Alter und Geschlecht. Befragt wurden ca. 1300 Teilnehmende in verschiedenen Ländern (65 % aus Deutschland, 18 % aus arabischen Ländern) im Zeitraum von 2012 bis 2021. Diese Auflistung ist willkürlich ohne Rangordnung nach Wichtigkeit. Einzige Voraussetzung für die Aufnahme in die Auflistung war, dass eine Aussage mindestens zehnmal vorkommt.

Committment: gesendete Botschaft
Ich sage verbindlich etwas zu und ich verpflichte mich, dies 100 %ig zu erfüllen, wenn ich …

a. klar verstehe, warum ich das tun muss und warum das überhaupt wichtig ist.
b. klar meinen eigenen Nutzen daraus erkennen kann.
c. klar mögliche Verluste daraus erkennen kann.
d. keine Argumente mehr dagegen habe.
e. erkenne, dass mein Gegenüber mich mit Respekt, Anerkennung und Wertschätzung behandelt.
f. mein Wort dafür gebe und zur Rechenschaft dafür gezogen werde.

Bemerkenswert ist, dass die häufigsten Nennungen in Deutschland:

* a (klar verstehe, warum ich das tun muss und warum das überhaupt wichtig ist),
* b (klar meinen eigenen Nutzen daraus erkennen kann) und
* e (erkenne, dass mein Gegenüber mich mit Respekt, Anerkennung und Wertschätzung behandelt)

sind! Das Ergebnis zeigt, dass Respekt, Anerkennung und Wertschätzung (Aussage e) wichtige Bedingungen für den Kommunikationserfolg auch in den leistungsorientierten, sachlichen Kulturen wie Deutschland relevant sind. „Der Ton macht die Musik" scheint also die Grundkonstante der zwischenmenschlichen Kommunikation zu sein. Die Aussage „e" bekam sogar bei manchen Befragten im Verwaltungskontext den Rangplatz 1 als wichtigstes Kriterium für Kommunikationserfolg und Zusammenarbeit.

Bei den arabischen Befragten waren die Aussagen „a" und „b" genau wie bei den deutschen Befragten am häufigsten zu finden. Der einzige Unterschied war tatsächlich bezogen auf Aussage „f". Damit sind nicht das „orientalische" Ehrenwort bzw. der Handschlag gemeint, sondern die Tatsache, dass man sich zu etwas verpflichtet und dies der anderen Person rückbestätigt hat. Bei Nichterfüllung wäre die Konsequenz Verlust des eigenen Ansehens oder als „Nichterfüller" bzw. „unzuverlässig" gebrandmarkt zu werden, was in einem Kontext mit dichten Netzwerken höchst riskant sein und schwere Folgen haben kann. Von einigen deutschen Befragten wurde diese Aussage „f" übrigens auch ausgewählt mit dem Vorbehalt, den emotionalen Begriff „Ehrenwort" davon zu lösen und stattdessen von Pflichtgefühl zu sprechen. Man sei verpflichtet, weil andere Menschen genau wüssten, dass diese Aufgabe im Verantwortungsbereich der eigenen Person liegt und man quasi dafür verantwortlich ist, ansonsten gerät man unter Zugzwang und in allerlei Komplikationen der Rechtfertigungsnot. Abb. 6.6 zeigt ein Beispiel für die Verteilung der Aussagen basierend auf der Befragung von einer Gruppe von 30 TN aus einem deutschen Kontext.

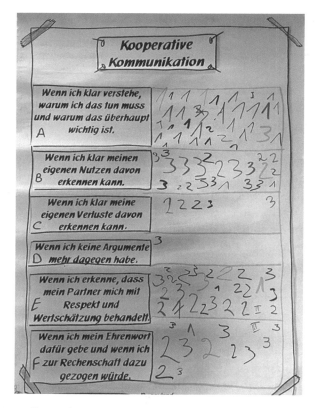

Abb. 6.6 Verteilung der Aussagen von einer deutschen Gruppe von 30 TN (eigene Darstellung)

6.2.1   Die vier Komponenten der Kommunikation

Die zuvor sechs genannten Bedingungen für Committment geben Aufschluss darüber, was man in verschiedenen Kontexten als Beispiel für Klarheit nennen kann: Ich verpflichte mich, etwas zu tun oder zu unterlassen, wenn ich verstehe, warum das wichtig ist, wenn ich meine Vorteile und den Nutzen daraus erkenne und mein Kontaktpartner mich respektiert und achtet, sagen die meisten Befragten in Deutschland. Durch die Vermittlung von Klarheit, eine der wichtigen und entscheidenden Komponenten der Kommunikation, kann man den Weg zum Kommunikationserfolg bahnen. Klarheit ist allerdings nur eine von vier Komponenten. Hier ist eine einfache Formel:

> Kommunikationserfolg = Klarheit + Respekt + Geduld + Beharrlichkeit

Diese vier Komponenten lassen sich als Orientierungspunkte für eine kooperative und zielführende Kommunikation verstehen. In anderen Kommunikationstheorien lassen sich ähnliche Prinzipen und Maximen finden, die im Großen und Ganzen genau diese Komponenten beinhalten. Der englische Sprachphilosoph Paul Grice (1975) zum Beispiel betont in seiner Konversationslogik das kooperative Prinzip der Gesprächsführung. Der Sender muss seine Nachrichten so formulieren, dass der Empfänger die Bedeutsamkeit der Nachricht erkennen kann. Man erkennt hier, dass sich die Prinzipien auf den Sender beziehen, wobei die Kommunikationspartner ihre Rollen immer wechseln und so wird auch der Empfänger im Gesprächsverlauf zum Sender. Grice formulierte vier Kommunikationsmaximen bzw. Grundregeln für erfolgreiche Kommunikation:

- Die Maxime der Quantität bedeutet, nur den nötigen Informationsgehalt für den Gesprächszweck zu vermitteln, den Beitrag so informativ wie möglich für den gegebenen Zweck zu gestalten und überflüssige Informationen zu vermeiden.
- Die Maxime der Qualität bedeutet, dass eine Nachricht der Wahrheit entsprechen soll. Falsche Informationen sollen vermieden werden. Nichts behaupten, solange angemessene Gründe fehlen.
- Maxime der Relevanz bedeutet, nichts zu sagen, was nicht zum Thema gehört und nur relevante Informationen zu senden.
- Maxime des Stils bedeutet, Klarheit im Ausdruck und Vermeidung von Mehrdeutigkeit und unnötiger Weitschweifigkeit.

Auch wenn sich alle Maximen in der Alltagskommunikation und vor allem im interkulturellen Kontext nicht so realisieren lassen, können aus diesen Grundregeln wichtige Anhaltspunkte für eine effiziente Kommunikation abgeleitet werden. Missverständnisse und Zeitverlust sind die

Resultate, wenn diese Regeln nicht beachtet werden. Im Folgenden werde gehe ich auf die vier Komponenten ein.

Klarheit

Trotz aller kulturellen Unterschiede gibt es ein gemeinsames Verständnis von Kommunikationserfolg, nämlich Klarheit. Als Indikator für Klarheit der Kommunikation gilt, wenn der Empfänger:

1. versteht, worum es geht und warum die Sache wichtig ist, und
2. weiß, wozu die Sache gut ist bzw. was die Person davon zu erwarten hat

Diese beiden Aspekte sind die wichtigsten Anforderungen für Klarheit in der Kommunikation. Klarheit bedeutet hier also nicht, nach einer Fragetechnik zu suchen, mehr offene oder weniger geschlossene Fragen zu stellen, sondern alle möglichen verbalen, non- und paraverbalen Möglichkeiten anzuwenden, um dem Gesprächspartner klar zu machen, worum es geht (Inhalt bzw. Gegenstand des Gesprächs) und was man davon erwartet. Alles, was einer Person Vorteile, Profit, Gewinn, Prestige und gute Aussichten bringt, macht sie hellhörig, sehr aufmerksam und motiviert sie zum Zuhören. Eine effiziente Gesprächsführung soll sich immer nach diesem Prinzip richten.

Wie soll dann das Prinzip der Klarheit umgesetzt werden, wenn keine Vorteile oder Nutzen kommuniziert werden können, sondern mehr Nachteile und negative Folgen für den Empfänger? Es ist eine Frage der Verpackung bzw. Framing. Der Framing-Effekt (Kahneman und Tversky 2000) ist mehrfach belegt. Framing oder Einrahmung bedeuten, dass unterschiedliche Formulierungen einer Nachricht die Wahrnehmung und das Verhalten des Empfängers unterschiedlich beeinflussen können. Im Alltag kennt jeder diesen Unterschied: Das Glas ist halbleer (hier spricht man von Gewinn-Framing) oder das Glas ist halbvoll (Verlust-Framing). Verlust-Framing ist effizienter, wenn z. B. negative Folgen des Verhaltens nicht mehr zu ändern sind. Das Vermeiden von mehr Nachteilen und drohenden Konsequenzen kann auch als Vorteil wahrgenommen werden.

Klarheit und Framing

„Wir haben immer wieder ein Problem mit einigen unserer arabischstämmigen Kunden. Obwohl es in der Eingliederungsvereinbarung festgelegt ist, dass die Kunden uns im Vorfeld in Kenntnis setzen müssen, bevor sie in Vorleistung gehen, ignorieren einige Kunden diese Regel und wollen im Nachhinein ihre Vorleistung von uns erstattet bekommen. Das geht aber nicht! Wie kann ich dem Kunden nächstes Mal klarmachen, dass ich seine Fahrkarten zum Beispiel nicht nachträglich erstatten kann, wenn er mich im Vorfeld nicht informiert hat?"

Dieses Mini-Fallbeispiel hat ein Mitarbeiter eines Jobcenters in NRW in einer Fortbildung geschildert. Ohne auf die interkulturellen Hintergründe und Details im Beispiel einzugehen, möchte ich einige Formulierungsvorschläge nennen, die das Prinzip der Klarheit in der Kommunikation versuchen zu verdeutlichen. Der Mitarbeiter kann seine Nachricht zum Beispiel so formulieren:

1. „Herr X. Sie möchten, dass ich Ihre Fahrkarte nächstes Mal erstatte? Dann informieren Sie mich bitte nächstes Mal im Voraus. Sie können anrufen, eine E-Mail oder einen Brief schreiben. Sie können vorbeikommen. Sie können unsere Hotline montags bis freitags von 08:00 bis 16:00 Uhr anrufen. Bitte informieren Sie uns im Voraus."
2. „Herr X. Nächstes Mal werde ich Ihre Fahrkarte erstatten. Sie müssen uns allerdings im Voraus informieren. Sie können anrufen, eine ...."
3. „Herr X. Bitte achten Sie darauf, dass wir keine Vorleistungen nachträglich erstatten können. Informieren Sie mich nächstes Mal im Voraus, dann werde ich Ihnen Ihre Fahrkarten erstatten. Sie können anrufen, eine ...."

Beim Zusammenspiel zwischen Klarheit und Framing kommt es nicht auf rhetorische Fähigkeiten an, sondern auf das Ziel der Botschaft. Durch die mehrmalige Wiederholung von „nächstes Mal", „im Voraus", „nicht nachträglich" rahmt der Sender seine Botschaft so ein, dass der Empfänger mitbekommen kann, dass die bereits bezahlte Fahrkarte nicht nachträglich erstattet werden kann. Mehrmalige Wiederholung und inhaltliche Begründung sind gerade im Kontext Low vs. High-Context Kommunikation (Abschn. 2.3.2) empfehlenswert, um für Klarheit zu sorgen.

Kommunikation ist ein Prozess wechselseitiger Einflussnahme. Durch klare Botschaften des Senders kann dieser Prozess zumindest in effizientere Bahnen gelenkt werden, damit es nicht zur gegenseitigen Blockade kommt. Higgins (1982) formulierte sieben Regeln für klare Gesprächsführung, deren Einhaltung höchstwahrscheinlich zu effizienterer Kommunikation führen würde. Dabei soll der Sender:

- Eigenschaften des Empfängers bei seiner Kommunikation berücksichtigen. Wenn der Sender zum Beispiel mit einem cholerischen Empfänger kommuniziert, dann soll der Sender das im Hinterkopf behalten, aber nicht unbedingt diese Eigenschaft zum Gesprächsthema machen.
- Subjektive Wahrheit vermitteln. Zumindest soll der Sender vermitteln, wie er die etwas wahrnimmt und was das für ihn bedeutet.
- Versuchen, verstanden zu werden, was meistens durch verständliche Sätze und Aussagen vermittelt werden kann.
- Weder zu viel noch zu wenig Informationen geben.
- Zum Punkt kommen und Relevantes mitteilen.
- Sich dem Kontext entsprechend angemessen verhalten.
- Bzgl. des Zwecks der Kommunikation angemessen sein.

Neben all diesen genannten hat Klarheit auch noch einen weiteren sehr bedeutenden Aspekt: Die Einfachheit der Informationen. Ein sehr bekanntes Zitat nach Albert Einstein lautet angeblich:

If you can't explain it to a 6-year-old, you don't understand it yourself!

Also: „Wenn du es einem 6-Jährigen nicht erklären kannst, dann hast du es selbst nicht verstanden!" Damit die Botschaft den Empfänger klar erreichen kann, ist es sehr wichtig, die eigenen Gedanken zu reflektieren. Die wichtigste Frage hier lautet: „Was will ich eigentlich sagen?". Die Antwort auf diese Frage hilft meistens, die zwischenmenschliche Kommunikation so einfach wie möglich zu gestalten, und je einfacher die Kommunikation ist, umso klarer und erfolgreicher ist sie. Das Gegenteil wäre, komplizierte und verschachtelte Sachverhalte und Problempakete auszudrücken und zu hoffen, dass deren Inhalte dem Empfänger trotzdem klar verständlich sind.

Klarheit ist allerdings nicht das einzige Element kooperativer Kommunikation. Dazu sind weitere Elemente notwendig. Das Zusammenspiel zwischen Klarheit und den folgenden drei Komponenten ist das A und O der Kommunikation:

Respekt
Aus dem weltweit bekannten Ansatz der gewaltfreien Kommunikation und vielen anderen Kommunikationskonzepten ist es bekannt, dass offene Kritik der größte Feind erfolgreicher Kommunikation sein kann. Dies geschieht vor allem, wenn Menschen Beobachtungen mit Bewertungen verknüpfen, was es wahrscheinlicher macht, dass das Gesagte als Kritik gehört und schließlich abgewehrt wird (Rosenberg 2012, S. 38). Konkret heißt das, behutsam das eigene Anliegen bzw. die eigene Beobachtung zu formulieren, ohne den Gesprächspartner in eine Abwehrhaltung zu versetzen. Die Abwehrhaltung kann automatisch entstehen, wenn nach negativen Sachen gefragt wird, die in der Vergangenheit passiert sind, aber eine positive oder negative Antwort nichts mehr an der Situation ändern kann.

Erinnern wir uns an das Fallbeispiel aus dem Jobcenter. Der Kunde hat die Fahrkarte bereits selbst bezahlt und möchte sie nun noch erstattet bekommen, was allerdings der Eingliederungsvereinbarung und den formellen Vorgängen widerspricht. Der Mitarbeiter kann ihm die Fahrkarte gar nicht nachträglich erstatten. Er kann also die Folgen des Verhaltens aus der Vergangenheit nicht ändern. Wenn er seine Kommunikation trotz dieser Tatsache auf die Vergangenheit richtet, wird das Gespräch dadurch wahrscheinlich in eine falsche Richtung gelenkt. Im Folgenden finden sich einige negative Formulierungen, die eine Kommunikationsblockade verursachen können:

- „Herr X. Ich kann leider Ihre Fahrkarte nicht erstatten. Sie hätten ja uns informieren sollen. Sie haben die Eingliederungsvereinbarung eigenhändig unterschrieben, in der stand, dass Sie uns im Vorfeld informieren müssen ………"

- „Herr X. Ich muss Sie leider enttäuschen. Die Fahrkarte kann ich nicht nachträglich erstatten. Da hätten Sie ja uns informieren sollen ...."
- „Herr X. Da hätten Sie uns ja erstmal informieren müssen. Da müssen Sie leider die Fahrkarte vom eigenen Geld bezahlen. Das können wir nicht nachträglich erstatten. ...."
- „Herr X. Warum haben Sie uns nicht angerufen? Da können wie leider nichts mehr machen. Jetzt müssen Sie leider die Karte aus der eigenen Tasche finanzieren ...."

Was ist der Unterschied zwischen diesen Formulierungen und den im obigen Beispiel „Klarheit und Framing" genannten? Der Unterschied ist die zeitliche Gerichtetheit des Inhalts. In diesen negativen Formulierungen ist der Inhalt auf die Vergangenheit gerichtet: „Sie hätten ...", „Warum haben Sie ...", „Wir haben vereinbart, dass ..." Eine gute oder schlechte Antwort des Empfängers auf das Geschehen der Vergangenheit wird an den negativen Folgen nichts ändern, denn egal, wie der Empfänger antwortet, die Fahrkarte kann einfach nicht zurückerstattet werden. Läge der Fokus der Kommunikation auf der Vergangenheit, ist es wahrscheinlicher, dass der Empfänger anfängt kommunikativ zu manövrieren, der Frage auszuweichen oder beliebige Begründungen zu nennen. Das Gespräch steuert in die falsche Richtung. Paul Watzlawick (2017) nennt dies Interpunktion von Ereignisfolgen. Wenn der Jobcenter-Mitarbeiter der Meinung ist, der Kunde trage selbstverständlich die Verantwortung für die Nichteinhaltung der Eingliederungsvereinbarung, dann verhält er sich dementsprechend und legt damit den Rahmen für die Art der Beziehung fest, was sich wiederum auf den Kunden auswirkt. Daraus entstehen womöglich dynamische Gegenseitigkeiten von Diskrepanzen, die zum Konflikt führen können. Natürlich trägt der Kunde die Verantwortung. Diese Tatsache führt allerdings nicht zur sofortigen Verhaltensänderung und löst das Problem nicht, sondern bewirkt eher das Gegenteil und führt zur Kommunikation der Respektlosigkeit.

Respekt als Komponente kooperativer Kommunikation bedeutet hier, aufmerksam zu kommunizieren, was in der Gegenwart bzw. in der Zukunft passieren soll, statt den Fokus auf ein negatives Ereignis der Vergangenheit zu richten. Das erfordert, den Kommunikationspartner in seiner Rolle und Position anzuerkennen und als Gleichberechtigten wahrzunehmen. Genauer sprechen wir hier vom horizontalen Respekt, der jedem Menschen gleichermaßen zusteht. Dieser unterscheidet sich vom vertikalen Respekt, der eigentlich bedeutet, Hochachtung vor jemandem wegen seiner Leistung, Machtposition oder Fähigkeiten zu haben. Die Unterscheidung zwischen horizontalem Respekt „Recognition Respect" und vertikalem Respekt „Appraisal Respect" geht auf den US-Amerikanischen Philosophen Stephen Drawall (1977) zurück.

Geduld

„Geduld ist der Schlüssel zur Freude", oder „Gott ist mit den Geduldigen" sind Beispiele aus der arabischen Tradition, die den Wert der Geduld betonen, was auch in der christlichen Tradition bekannt ist: „So seid nun geduldig, liebe Brüder, bis zum Kommen des Herrn." (Jakobus 5, 7). Obwohl zu fast allen Themen dieser Welt kulturspezifische Besonderheiten existieren, scheint die menschliche Tugend „Geduld" eine der wenigen zu sein, die transkulturell eine ähnliche Bedeutung haben, nämlich das Warten und das Ertragen. Passend dazu ist die folgende Definition im Brockhaus:

> „Geduld oder Langmut, Nachsicht; das auf der Haltung der Gelassenheit beruhende beharrliche, ruhige Standhalten, die Ausdauer im beherrschten Ertragen von z. B. Mühen, Leiden und Gefahren und das Wartenkönnen auf den rechten Augenblick des Handelns." (Brockhaus Enzyklopädie Online 2019)

Das Wort „Geduld" bzw. das Verb „erdulden" tauchen übrigens 90 Mal im Koran auf, was als Hinweis auf die besondere Stellung dieser Fähigkeit verstanden werden kann. Im modernen leistungsorientierten Sprachgebrauch bedeutet das Alltagswort Geduld messbare und antrainierbare Fähigkeiten wie Gelassenheit, Besonnenheit und Achtsamkeit, also in schwierigen Situationen innere Ruhe zu bewahren und den Verstand die Oberhand behalten zu lassen.

Die Facetten der Geduld in der Gesprächsführung zeigen sich in einer akzeptierenden, nicht urteilenden Haltung. Diese Grundhaltung setzt voraus, dass erlebte Gefühle, Reaktionen und Kognitionen wertfrei akzeptiert und mit Geduld und Offenheit angenommen werden (Kuschel 2016, S. 14). Konkret zeigt sich diese Haltung in der Art und Weise, wie man eigene Gedanken, Gefühle und Verhaltensweisen in angemessener Weise ausdrücken oder zurückstellen kann. Dies gelingt unter den Bedingungen der Selbstkontrolle, Ausdauer und Duldsamkeit in Situationen, die Ärger oder Ungeduld provozieren. Geduld bedeutet hier, eine Gesprächssituation beherrscht zu ertragen, wenn der Gesprächspartner zum Beispiel einer Frage ausweicht oder auf den achtsam formulierten Inhalt nicht eingeht, was im interkulturellen Kontext durchaus möglich ist. Bestimmte Sätze, wie „lassen Sie mich ausreden" oder „unterbrechen Sie mich nicht" oder angespannte nonverbale Signale können vom Empfänger als Zeichen für Ungeduld interpretiert werden. In Folge dieser Interpunktion scheint eine reziproke Reaktion umso wahrscheinlicher.

Beharrlichkeit

Im alltäglichen Sinne steht Beharrlichkeit für Hartnäckigkeit, Unermüdlichkeit, Konstanz, konsequentes Durchhaltevermögen und Zielstrebigkeit. In der Gesprächssituation heißt das, das Gesprächsziel trotz widriger Umstände konsequent stets weiter zu verfolgen und nicht aus dem Auge zu verlieren. Beharrlichkeit ist eine wichtige Komponente für eine zielführende Gesprächsführung in interkulturellen kommunikativen Situationen, in denen es üblich ist, einem Konfliktthema auszuweichen oder auf die gestellte Frage des Senders keine Antwort zu geben.

Beharrlich zu kommunizieren setzt voraus, dass man auch zirkulär kommunizieren kann. Das ist besonders wichtig in Situationen, in denen ein Gesprächspartner nach dem Muster A-D-B-C kommuniziert und nicht beim aktuellen Thema bleibt. Das unerwartete Wechseln von einem Thema zum anderen ist im arabischen Kommunikationsstil eine ganz normales Verhalten im Umgang mit konfliktbehafteten Gesprächsinhalten. Dahinter steckt meist keine bewusste Strategie der Gesprächsführung, sondern gilt als intuitives Signal, dass das jeweilige Thema augenblicklich nicht erwünscht ist. Den Partner sachlich darauf aufmerksam zu machen, doch beim Thema zu bleiben, hilft nicht, das Problem zu lösen, weil die andere Komponente der Kommunikation, nämlich

Geduld und Respekt darunter leiden würden. Es kommt also auf die richtige Dosierung an.

Beharrlichkeit oder Persistenz (im Englischen spricht man von Persistence bzw. Perseverance, die das Gleiche meinen) sind auch notwendige Voraussetzungen für eine erfolgreiche virtuelle Kommunikation, was bedeutet, dass man die gleiche Botschaft immer wieder über die verschiedensten Medienkanäle mitteilen muss, bis eine Rückmeldung darauf erfolgt.[16] Eindrucksvoll bringt das Zitat des deutschen Dichters und Dramatikers Schiller (1759–1805) das Ganze auf den Punkt: „Nur Beharrung führt zum Ziel, nur die Fülle führt zur Klarheit und im Abgrund wohnt die Wahrheit."

6.2.2 Übung macht den Meister

Nachdem die vier Komponenten kooperativer Gesprächsführung in gebotener Kürze vorgestellt wurden, geht es jetzt darum, diese Komponenten in einem Gespräch anzuwenden. Passend dazu ist die Metapher von Kultur und Kommunikation als Spinnengewebe. Der Ethnologe Clifford Geertz hat einen der wichtigsten Kulturbeschreibungen hinterlassen: „Kultur als ein von Menschen selbst gesponnenes Gewebe von Bedeutungen" (Geertz 1995). Ich nehme das Bild vom „selbst gesponnenen Gewebe" als Metapher für die interpersonale Kommunikation, um zu verdeutlichen, wie man die vier Komponenten anwenden kann. Aus der Mixtur Klarheit + Respekt + Geduld + Beharrlichkeit ergibt sich die Spinnenseide. Die richtige Mischung der Proteine muss allerdings ganz genau stimmen, sonst funktioniert das ganze Spinnengewebe nicht. Eine kooperative Kommunikation setzt also eine tragfähige Dosierung aller vier Komponenten voraus.

In der Trainings- und Beratungspraxis biete ich den Teilnehmenden an, sich an den vier Komponenten zu orientieren, um ein konkretes Pro-

---

[16]Vgl. Kim Girard (2011). It's Not Nagging: Why Persistent, Redundant Communication Works. Das Ergebnis eines Projekts von Harvard Business School unter der Leitung von Tsedal B. Neeley und Northwestern University vertreten durch Paul M. Leonardi und Elizabeth M. Gerber.
https://hbswk.hbs.edu/item/its-not-nagging-why-persistent-redundant-communication-works [Abruf: 16.04.2019].

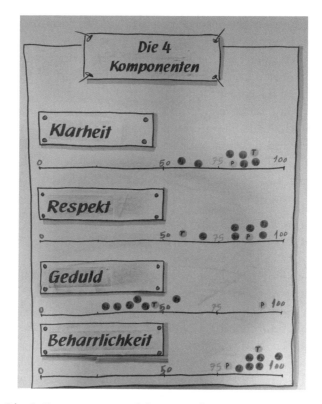

Abb. 6.7 Die 4 Komponenten erfolgversprechender Kommunikation (eigene Darstellung)

blem auf dem Weg der Kommunikation zu lösen (Abb. 6.7). Das geschieht nach dem folgenden Muster:

- Zuerst soll ein konkretes Problem vorgestellt werden
- Sender und Empfänger stellen sich für das Rollenspiel zur Verfügung
- Die Gesprächsführung erfolgt ohne genaue Schwerpunktsetzung. Ziel des Gesprächs ist, das konkrete Problem kommunikativ zu lösen
- Beobachter sollen die Kommunikation des Senders, der das Problem lösen möchte, anhand der vier Komponenten auf einer Skala von 0 bis 100 beurteilen

- Im Feedbackgespräch soll der Sender einschätzen, ob das Ziel durch die Kommunikation erreicht wurde oder nicht
- Anschließend erfolgt ein Feedback durch die Beobachter-Gruppe.

Fallbeispiel 12: Aircondition

Auf Baustellen funktioniert alles nicht immer reibungslos, egal ob in Deutschland, Katar, Ägypten oder anderswo. Herr Mohr schildert folgende bittere Erfahrung, die er kürzlich in Saudi-Arabien erleben musste:

Der Umbau unserer Büroräume war fast fertig, aber ich konnte in meinem Büro weder Klimaanlage noch Lichtschalter erkennen. Ich fragte dann denn Bauleiter der Auftragsfirma, warum die Klimaanlage noch nicht eingebaut worden war und was mit den Lichtschaltern los ist. Daraufhin fragte der mich mit breitem Lächeln im Gesicht, wie ich die Wandfarbe finde. Ich fand das nicht lustig. Ich fragte ihn was und dann ignorierte er einfach meine Frage. Also ich fragte ihn nochmals lauter und langsamer, ob da nicht die Klimaanlage eingebaut werden müsste. Er sagte einfach „don't worry" und zeigte auf die Rollläden, die er persönlich mit seinem Sohn eingebaut hatte. Und dann begann er zu erzählen, woher er kommt und wilde Dinge, die mich gar nicht interessierten. Ich habe ihn einfach unterbrochen und konterte: „Die Rollläden interessieren mich im Augenblick ganz und gar nicht. Ich kann hier nicht fünf Minuten sitzen und arbeiten. Sorgen Sie endlich so schnell wie möglich dafür, dass hier eine Klimaanlage eingebaut wird!"

Das Beispiel stammt aus Berichten eines Seminarteilnehmers im Zusammenhang mit den unterschiedlichen Kommunikationsstilen in verschiedenen Kulturen. Es geht um den Umgang mit der Herausforderung der zirkulären Kommunikation. Wie erreicht man Verbindlichkeit in der Kommunikation mit einem Gesprächspartner, der einem Konfliktthema ausweicht und keine konkreten Schritte zur Lösung eines Problems nennen kann oder will.

Die Aufgabe hier lautete also, wie der Sender dieses konkrete Problem lösen kann unter der Voraussetzung, dass das bestehende Abhängigkeitsverhältnis nicht aufgelöst werden kann. Das heißt: der Sender muss kooperativ kommunizieren und auf strategischem Wege versuchen zu erreichen, dass sich auch der Empfänger kooperativ verhält.

Abb. 6.7 zeigt das Feedback im Anschluss an eine Simulation des „Aircondition"-Problems, wo Beobachter (sechs Personen), Performer (P) und Trainer (T) ihre Einschätzung hinsichtlich der vier Komponenten abgegeben haben. Ob die Klimaanlage durch die geleistete Kommunikation in der ersten Runde tatsächlich installiert wird oder nicht, ist allen Beteiligten in der Feedbackrunde nicht klar. Jedenfalls konnte keiner intuitiv davon ausgehen, dass das Ziel mit großer Wahrscheinlichkeit erreicht wurde. Grund für diese negative Intuition ist, dass der Sender sehr ungeduldig war, wie man an der Visualisierung der Geduld-Skala erkennen kann. Beispiele für diese empfundene Ungeduld waren, dass der Sender nicht auf die indirekten Begründungen des Empfängers eingegangen ist und dass seine starre Körpersprache als befehlerisch empfunden wurde. Eine zweite Runde war also notwendig, bis sich die wahrgenommene Performance auf der Geduld-Skala verbessert hatte. Die optimalste Kommunikation zeigte sich, wenn die Beteiligten alle vier Komponenten ab einem Wert von 80 oder höher auf allen Skalen wahrgenommen und geschätzt haben. Intuitiv schätzen alle, dass durch diese ausgewogene Art der Kommunikation bei Berücksichtigung aller vier Komponenten eine Lösung für das Problem gefunden wird.

Quintessenz und Beispielaussagen für eine lösungsorientierte und kooperative Kommunikation aus dem Aircondition-Rollenspiel sind folgende:

1. „Bitte helfen Sie uns. Ohne Klimaanlage bei ca. 50 Grad Hitze kann ich nicht arbeiten. Wir brauchen Ihre Hilfe. Wie können Sie uns helfen?"

2. „Helfen Sie uns bitte. Schaffen Sie es bis heute Abend 18:00 Uhr, die Klimaanlage zu installieren? Oder brauchen Sie noch mehr Zeit?"

3. „Wie können wir helfen, dass die Klimaanlage bis heute Abend 18:00 Uhr installiert wird? Morgen wird unsere Vertretung offiziell eröffnet und da kommen viele wichtige Personen aus Ihrem Land zu diesem Anlass, z. B. Mr. ......"

4. „Ich komme heute Abend um 18:00 Uhr und bis dahin sollen Ihre Mitarbeiter bitte die Klimaanlage installiert haben. Ich kann gerne helfen, falls das nicht möglich ist."

5. „Habe ich richtig verstanden, dass die Klimaanlage schon bestellt ist und dass sie heute Nachmittag geliefert wird? Dann können wir fest-

halten, dass sie spätestens um 18:00 Uhr installiert wird. Was sagen Sie dazu?"

6. „Bis jetzt bin ich mir nicht sicher, ob die Klimaanlage bereits bestellt ist. Sollen wir gemeinsam eine andere suchen, falls sie noch nicht bestellt ist?"

7. „Danke, dass Sie alles vorbereitet haben. Da fehlt nur das Gerät. Es hört sich an, als ob ein Mitarbeiter von Ihrem Team die Klimaanlage nicht bestellt hat. Wie kann ich Ihnen helfen, dass wir das Gerät bis 18:00 Uhr installiert haben?"

8. „Wir möchten auch künftig mit Ihnen zusammenarbeiten. Bis jetzt ist alles super gelaufen. Doch die Klimaanlage fehlt. Wann wird sie installiert?"

9. „Ohne Klimaanlage kann ich wirklich nicht 5 Minuten lang in diesem Raum arbeiten. Können wir festhalten, dass die Klimaanlage heute Abend um 18:00 betriebsbereit ist? Rufen Sie mich bis spätestens 16:00 Uhr an, falls ich helfen kann. Wenn alles fertig ist, dann feiern wir gemeinsam mit einer Bescherung am Ende!"

10. „Andere Kollegen würden in der Regel die Verträge anschauen und daraus Konsequenzen ziehen. Das ist nicht meine Art. Ich suche nach Lösungen und dafür brauche ich Ihre Hilfe. Wie können Sie mir bitte mit der Klimaanlage helfen? Morgen ist mein erster Arbeitstag in diesem Büro und ohne sie kann ich nicht arbeiten. Wie können Sie mir helfen?"

Wenn man diese Beispielaussagen nur für sich liest, würde man wahrscheinlich daran zweifeln, dass das wirklich gute Beispiele für Formulierungen im Sinne der kooperativen Kommunikation sind. Wo ist denn hier Klarheit oder Respekt? Grund für diesen berechtigten Zweifel ist, dass man die Aussagen zusammenhanglos aus dem Kontext gerissen liest, nicht aber den gesamten Kontext wahrnimmt. Die Vorgehensweise in dieser Simulation war, dass die Sender ein vordefiniertes Problem kommunikativ lösen können, wenn sie sich an den vier Komponenten kooperativer Kommunikation: Klarheit, Beharrlichkeit, Geduld und Respekt gleichermaßen orientieren. Wenn wir die Beispielaussagen lesen, dann können wir höchstens zwei Komponenten beurteilen: Klarheit und Beharrlichkeit. Täten wir das, dann würde die komplementäre Seite, nämlich Respekt und Geduld, die die Balance aufrechterhalten, gänzlich fehlen. Aus deutscher Sicht würde man eventuell eine Art Anbiederung (Aussage 7), Bedrohung (Aussage 10) oder Unterstellung in bestimmten Formulierungen (Aussagen 5 und 6) mitlesen und dies als Zeichen für fehlenden Respekt beurteilen und dies nicht als einen möglichen Lösungsvorschlag annehmen. Wir sollten allerdings nicht vergessen, dass wir aus dem Text nicht wahrnehmen können, mit welchem Ton der Sender seine Botschaft gesendet hat. Diese zehn Beispielaussagen sollen auch nicht als Empfehlungen für bestimmte starre Formulierungen verstanden werden, sondern als Möglichkeit für das Senden einer Botschaft mit dem Ziel, ein konkretes Problem zu lösen.

Klarheit, Beharrlichkeit, Geduld und Respekt. Ist das alles? Was ist mit Freundlichkeit, Anerkennung, Wertschätzung und Höflichkeit? Was ist mit anderen Tugenden und Werten? Viele Fragen tauchen öfter im Zusammenhang mit den vier Komponenten auf. Allerdings wurde bis jetzt keine Kommunikation, die sich an diesen vier Komponenten orientiert, jemals als unhöflich, nicht wertschätzend oder unfreundlich beurteilt. Dieser Ansatz ist ganz weit entfernt von bewertenden Beschreibungen wie „Zuckerbrot und Peitsche", „diplomatische Kommunikation", „Kuschelkurs" oder „lehrmeisterhaft". Mithilfe der vier Komponenten erkennen viele Personen, dass die Lösung von Problemen durch Kommunikation im interkulturellen Kontext nicht nur durch „reine Diplomatie", „Indirektheit", „sprechen durch die Blume", „kritische Punkte niemals ansprechen" oder „vorsichtiges Massieren" zu erreichen ist, sondern auch durch Stellen von klaren Forderungen, Aufzeigen von Missständen und klarer Definition von Problemen gelingen kann. Vorausgesetzt, dass die Problemlöser die passende Mixtur der vier Komponenten finden und sich stets daran orientieren. Freundlichkeit, Anerkennung, Wertschätzung, Höflichkeit und alle zwischenmenschlichen Werte werden dabei intuitiv empfunden und erlebt. Abb. 6.8 visualisiert den Grad der verschiedenen Komponenten und die Bereiche der dysfunktionalen sowie der gelungenen Kommunikation. Kommunikation ist dysfunktional, wenn weder Klarheit, Beharrlichkeit noch Respekt oder Geduld erkennbar sind. Im Bereich „vorsichtig Massieren" ereignet sich die

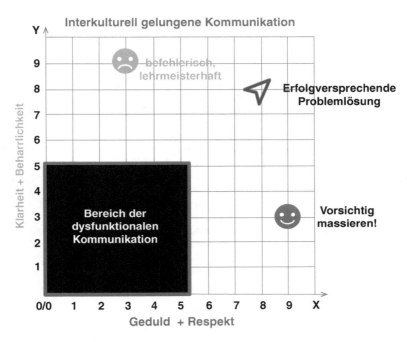

Abb. 6.8 Interkulturell gelungene Kommunikation (eigene Darstellung)

sogenannte Kuschelkommunikation: zwar wird die Gesprächssituation von Geduld und Respekt beherrscht, aber dem Gesprächspartner wird nicht klar, worum es wirklich geht oder wie wichtig das Problem ist. Entsprechendes gilt für den Bereich „befehlerisch, lehrmeisterhaft": Das Anliegen ist wohl klar, aber der fehlende Respekt versetzt den Gesprächspartner in einen Rechtfertigungszwang, erzeugt Demotivation und Widerstand. Eine negative Interpunktion von Ereignisfolgen ist unausweichlich. Nur, wenn alle Komponenten in hohem Maß zusammenspielen, wird der Bereich „kooperative Problemlösung" erreicht, der Bereich der guten Mixtur, den wir im statistischen Sinne ab Punkt 80 beobachten können.

Das folgende Beispiel zeigt ein Szenario für ein Gespräch, das als alles andere als kooperativ bezeichnet werden kann:

> **Fallbeispiel 13: Ein Dialog zwischen Markus Lindner und Frau Hassnaoui**
>
> - Lindner: „Frau Hassnaoui, ich warte seit gestern auf Ihren Projektbericht. Sie haben gesagt, dass Sie das so schnell wie möglich erledigen werden. Ich brauche Ihre Angaben, damit ich den Endbericht am Ende der Woche an die Geschäftsleitung senden kann. Wann glauben Sie, dass Sie damit fertig sind?"
> - Hassnaoui: „Entschuldigung, Mr. Markus. Ich habe tatsächlich nicht damit gerechnet, dass der Abgabetermin so eilig war. Ich mache alles, was in meiner Macht steht, um die Angaben zu vervollständigen. Es sind paar Details, die ich brauche und ich schaue mal, was ich machen kann. Ich bin mir aber nicht ganz sicher, ob das die Angaben sind, die Sie erwarten. Ich kümmere mich darum so schnell, wie es geht. Machen Sie sich keine Sorgen!"
> - Lindner: „Frau Hassnaoui, bitte sagen Sie mir ganz genau, wann Sie die Angaben liefern können. Wie ist Ihre Planung? Was brauchen Sie noch? Sie geben mir die ganze Zeit nur vage Aussagen. Ich habe Ihnen viel Zeit gegeben und damit gerechnet, dass alles soweit klar war. Warum haben Sie mir nicht vom Anfang an gesagt, dass Sie nicht wissen, um welche Angaben es geht?"
> - Hassnaoui: „Es tut mir wirklich leid, Mr. Markus, dass ich Sie schon wieder enttäuscht habe. Ich möchte einen guten Job machen und dass Sie sich auf mich verlassen können. Ich werde mein Bestes tun und ich hoffe, dass ich die Angaben nächste Woche liefern kann – in shaa Allah."
> - Lindner: „OK, Frau Hassnaoui, Danke. Sie brauchen gar nichts mehr zu machen. Ich mache das selber, wie immer hier in diesem Land."

Wir betrachten nun das Beispiel aus zwei Ebenen: Analyseebene (Was ist schiefgelaufen?) und Handlungsebene (Was kann man verbessern?). Die Analyseebene ist quasi das Instrument, das gebraucht wird, um die Situation zu analysieren und zu verstehen. Basierend darauf kann eine Veränderung durch die Auseinandersetzung auf der Handlungsebene erfolgen.

Auf der **Analyseebene** kann man folgende Fragen stellen, um die zugrundeliegenden Mechanismen zu verstehen:

1. Wie würde ein Außerirdischer (aus neutraler Perspektive) das Verhalten der Interakteure in der Situation beschreiben?

Wir schauen uns das in der tabellarischen Gegenüberstellung (Tab. 6.3) an, um die Diskrepanzen in prägnanter Form darzustellen.

Tab. 6.3 Fiktive Situationsbeschreibung aus Sicht eines Außerirdischen

Herr Lindner	Frau Hassnaoui
• arbeitet in einem Projekt in einem anderen Land.	• arbeitet in einem Projekt.
• Er hat eine Mitarbeiterin, die Frau Hassnaoui heißt.	• Sie untersteht Herrn Lindner und muss geschäftliche Aufgaben für ihn erledigen.
• Er hat offensichtlich die Befugnis, sie zu beauftragen, eine geschäftliche Aufgabe zu erledigen.	• Es gab offensichtlich ein Missverständnis zwischen ihnen wegen eines Projektberichts.
• Er wartet auf einen Projektbericht, den sie angeblich erledigen sollte.	
• Er ist irgendwie frustriert, weil das nicht erfüllt wurde.	• Sie weiß immer noch nicht, wie sie diesen Bericht genau macht. Sie entschuldigt sich bei ihm deswegen.
• Er spricht seine Frustration ihr gegenüber direkt an	• Sie bittet um Verzeihung und versucht ihm klar zu machen, dass sie sich bemüht.
• Er sagte am Ende, dass sie das nicht mehr zu machen braucht. Er würde weiterhin alles selber machen.	• Sie hört, dass sie den Bericht nicht mehr machen soll.
• Jedenfalls ist er unzufrieden und frustriert.	

2. Was ist schiefgelaufen?

- Bei genauer Betrachtung dieser Gegenüberstellung ist der Grund für dieses Missverständnis schnell erkennbar, nämlich der Abgabetermin.
- Herr Lindner hat Frau Hassnaoui beauftragt, den Projektbericht zu erledigen. Er hat keinen festen Abgabetermin genannt.
- Bei Übernahme der Aufgabe hat Frau Hassnaoui offensichtlich mitgeteilt, dass sie sich darum kümmere, auch ohne einen festen Abgabetermin zu nennen. Herr Lindner hat gehört, dass sie den Bericht macht.
- Als Herr Lindner, der unter Zeitdruck steht, nach dem fertigen Bericht fragt, wird er überrascht, dass Frau Hassnaoui noch gar nicht damit angefangen hat. Es scheint auch, dass sie nicht alle nötigen Angaben hat. Sie ist peinlich berührt und bittet um Entschuldigung.
- Herr Lindner ist sehr frustriert von dieser unzuverlässigen Art, weil dies nicht seine erste derartige Erfahrung ist.

- Frau Hassnaoui bittet um Verlängerung der Abgabefrist und hofft, dass sie durch den gewonnenen Zeitpuffer den Bericht selbständig machen kann. Sie möchte die Zufriedenheit von Herrn Lindner wiedererlangen und beweisen, dass sie einen guten Job macht.
- Mit der Fortsetzung dieser Schieflage ist weiterhin zu rechnen, da beide Interakteure keinen kooperativen Lösungsweg kommuniziert oder angebahnt haben.

3. Was ist die zugrundeliegende kulturelle Prägung und Erwartungshaltung der Interakteure?

- Auf den ersten Blick scheint der Kulturunterschied bzgl. der Zeitwahrnehmung der eigentliche Grund für das Missverständnis zu sein. Wahrscheinlich ist die Zeiteinstellung von Herrn Lindner etwa fixierter und geschlossener als die von Frau Hassnaoui. Das heißt, obwohl er keinen festen Abgabetermin genannt hat, ist er davon ausgegangen, dass der Bericht in einem bestimmten engen Zeitfenster erledigt wird (z. B. ein Tag bis eine Woche). Frau Hassnaoui ist vermutlich von einem offeneren ungenaueren Zeitrahmen ausgegangen (z. B. mehrere Tage). Diese Beschreibung ist allerdings deterministisch und würde unterstellen, dass Frau Hassnaoui grundsätzlich eine offene ungenaue Zeiteinstellung pflegt, was niemals der Fall für eine Mitarbeiterin in einem scheinbar internationalen Umfeld sein kann.

Der wahre Grund für das Missverständnis scheint der Kulturunterschied bzgl. des Kommunikationsstils zu sein. Herr Lindner pflegt wahrscheinlich einen Low-Context-Kommunikationsstil. Er hat unter der Aussage von Frau Hassnaoui „Ich kümmere mich darum" so etwas wie „Ich mache das jetzt" verstanden. Es ist vergleichbar mit der Situation High-Context- vs. Low-Context-Einladung (siehe Abschn. 2.3.2). Frau Hassnaoui, die vermutlich einen High-Context-Kommunikationsstil pflegt, hat damit vielleicht eher so etwas gemeint wie: „Ich hoffe, dass ich das irgendwie schaffe". Wegen der fehlenden Klarheit in der Kommunikation zwischen den beiden hat sie eventuell ihre eigene Aussage für sich selbst noch weiter ausgeweitet: „Also wäre dieser Bericht so dringend wichtig, dann hätte Herr Lindner mit mir bestimmt noch den Abgabetermin fixiert und mir genau gesagt, welche Angaben in diesem Bericht benötigt werden. Scheint also nicht wichtig zu sein. Schauen wir mal!" Da alle Kulturelemente immer aufeinander wirken und sich gegenseitig beeinflussen, scheint also die Interaktion zwischen den Kulturunterschieden bzgl. der Kommunikation und Zeitwahrnehmung der Grund für dieses Missverständnis zu sein.

Auf der Handlungsebene kann man einige Empfehlungen nennen, damit die Zusammenarbeit zwischen Herrn Lindner und Frau Hassnaoui besser läuft. Tab. 6.4 fasst dies zusammen.

Die Analyse dieser einfachen Situation und die daraus abgeleiteten Empfehlungen zeigen, dass eine kooperative Kommunikation kein Selbstläufer ist. Es wird Einiges dabei abverlangt: Geduld, Ausdauer, die eigene gewohnte Art der Kommunikation zu verlassen und etwas Neues auszuprobieren. Die gute Nachricht ist, dass alles erlernbar ist. Die gute Kombination zu finden hat nichts mit den persönlichen Kommunikationstalenten, den argumentativen Fähigkeiten oder Verhandlungskompetenzen zu tun. Sie ist nicht von Natur aus gegeben, wie es bei der Spinnenseide der Fall ist. Sie ist erlernbar. Und der Problemlöser kann

Tab. 6.4 Empfehlungen für eine bessere Zusammenarbeit

Empfehlungen für Herrn Lindner	Empfehlungen für Frau Hassnaoui
• Konkreten Abgabetermin nennen. • Termin bedeutet immer eine Zahl und genaue Angaben: „Bitte die 20 Seiten des Berichts XX bis Freitag, 12. Februar um 14:00 Uhr in mein Büro liefern", „Ich freue mich auf unser Treffen heute Abend um genau 18:00 Uhr vor dem blauen Haupteingang der ……" • Wenn nötig: solange mit dem Empfänger kommunizieren, bis er/sie diese genannte Zahl akzeptiert, zustimmt, rückbestätigt, protokolliert, dokumentiert, weiterkommuniziert etc. • Immer Zeitpuffer einplanen und niemals auf den letzten Drücker handeln. Das kann nur Stress verursachen und schädigt das Miteinander	• Nichts interpretieren: Ob etwas mehr oder weniger wichtig ist, ist nicht immer von einer Diskussion oder voranstehenden Zahl abhängig! • Daran denken, dass sich andere Projektmitarbeiter auf gemachte Aussagen verlassen und damit planen. • Wenn nötig: keine Scheu haben, klar zu sagen, falls etwas nicht gemacht werden kann. • Sich nicht auf die eigenen Improvisationskünste verlassen! • Frühzeitig informieren, falls etwas nicht gemacht werden kann!

somit sein, das „selbst gesponnene Gewebe" immer wieder auf die Gesprächssituation anzupassen, vor allem in Kontexten, in denen aufgrund verschiedener kultureller Prägungen etwas Neues ausprobiert werden muss.

Eine rein instrumentelle Orientierung an den vier Komponenten Klarheit, Respekt, Geduld und Beharrlichkeit führt auch nicht zum Ziel. Wir wissen aus dem zweiten Axiom von Paul Watzlawick, dass jede Kommunikation einen Inhalts- und einen Beziehungsaspekt hat, wobei Letzterer den Ersteren bestimmt. Es gibt keine Mitteilungen, die lediglich als reine Sachinformation übermittelt werden können (Inhaltsaspekt), weil es bei jeder Form der zwischenmenschlichen Kommunikation unbewusste oder implizite Hinweise gibt, wie der Sender seine Botschaft verstanden haben will und wie er seine Beziehung zum Empfänger sieht (Beziehungsaspekt). Störungen auf der Beziehungsebene führen öfter zu Missverständnissen und Fehlinterpretationen als die Inhaltsaspekte. Der Beziehungsaspekt bestimmt also, wie der Inhalt zu interpretieren ist. Von einer gelungenen Kommunikation kann man daher nur sprechen, wenn die Inhalts- und Beziehungsaspekte zueinander kongruent sind. Kongruenz ist allerdings eine Frage der Intuition, wodurch man instinktiv erahnen kann, ob ein Gesprächspartner nur im Interesse eigener Vorteile und Ziele manipulativ kommuniziert oder ob er ein genuines Interesse an einer Kooperation und Problemlösung hat. Intuition meint hier das sogenannte Bauchgefühl, das in vielen Situationen als die zuverlässigste Entscheidungsgrundlage gelten kann. Die eigene Intuition ist also der Taktgeber im Ansatz der kooperativen Kommunikation. Wenn das eigene Bauchgefühl immer wieder die gleiche Botschaft sendet, dass das Ziel nämlich nur zu 70 Prozent erreicht ist, dann muss man immer wieder in der Gesprächssituation reflektieren, an welcher der vier Komponenten man noch drehen muss, damit es besser klappen kann.

6.2.3   Vorbedingungen kooperativer Kommunikation

In interdependenten Situationen, in denen die Problemlösung nur durch gegenseitige Hilfe und Kooperation der Gesprächspartner gelingen kann, zeigt der Ansatz der vier Komponenten seine Vorteile. In asymmetrischen

Situationen ist die Problemlösung meistens abhängig von der Kooperationsbereitschaft der mächtigeren Seite. Fallbeispiel 8 (in Abschn. 5.1) ist ein Beispiel für solche asymmetrischen Konstellationen. Die Mitarbeiterin der Ausländerbehörde saß am längeren Hebel und verfügte rein juristisch über die Entscheidungsmacht. Rechtlich gesehen ist ihr Handeln einwandfrei. Die Pflicht zum Beraten und Informieren ist in diesem Fall ein Kann-, aber kein Muss-Kriterium. Erfüllung von Kann-Kreterin in asymmetrischen Konstellationen sind eine Sache des Ermessens, der situativen Bedingungen (Zeitfaktor, Stress), der Organisations- bzw. Unternehmenskultur und auch der persönlichen Haltung. Im Fallbeispiel 12 (Aircondition, Abschn. 6.2.2) waren die Situationsbedingungen ganz anders. Man hätte solange mit dem Bauleiter kommunizieren müssen, bis eine Lösung gefunden wurde. Das Gespräch abzubrechen oder selber eine Lösung zu finden waren nicht möglich. Kooperative Kommunikation in Situationen mit unlösbaren Abhängigkeitsbedingungen ist keine Frage der Haltung oder anderer Faktoren, sondern hat eine Muss-Funktion. Damit die kooperative Kommunikation ihren Beitrag zur interkulturellen Verständigung leisten kann und nicht als bloße Überschrift der moralischen Appelle und ethischen Grundsätze endet, müssen erst einmal die Fragen der Asymmetrie und Machtverhältnisse in einer Situation geklärt werden:

- Sind die Machtverhältnisse ausgewogen? Sind beide Akteure gleichermaßen an der Entscheidung beteiligt?
- Gibt es ein Abhängigkeitsverhältnis? Sind die Verhältnisse freiwillig oder aufgezwungen?
- Wer entscheidet über wen? Wie groß ist die Reichweite der Auswirkung der getroffenen Entscheidung auf die betroffene Person?
- Welche anderen Personen, Beziehungen, Gruppen, Netzwerke sind davon betroffen? Was ist die Auswirkung auf die soziale Umwelt?
- Welche Ressourcen und Werte sind unmittelbar von der Entscheidung betroffen? Wie langfristig ist die Auswirkung?

Mit diesen Fragen kann man die eigene Machtposition eruieren, da meistens der mächtigeren Seite nicht bewusst ist, wie viel Macht sie eigentlich besitzt. Diese Fragen können selbstverständlich in jedem Kontext gestellt werden. Auch im Prozess einer interkulturellen Verständigung im deutsch-arabischen Kontext spielen die Machtverhältnisse im In- oder Ausland eine Rolle dafür, wie Kommunikationsprozesse ablaufen.

Neben der Berücksichtigung der Machtverhältnisse ist die Auseinandersetzung mit möglichen Kulturunterschieden eine wichtige Vorbedingung kooperativer Kommunikation. Man spricht von Vertrauensfallen, die entstehen, wenn man eine Situation durch die eigene Kulturbrille interpretiert und andere kulturellen Wirklichkeiten unbeabsichtigt außer Acht lässt. Eine pointierte Formulierung bringt dies auf den Punkt:

> „Wenn man aus Sicht eines monochronen Zeitverständnisses und eines partizipativen Führungsstils davon ausgeht, dass es ausreicht, einmal eine Anweisung zu geben und eine Deadline zu kommunizieren, und dass man dann dem Gesprächspartner die Verantwortung überlassen kann, den Auftrag rechtzeitig wie vereinbart zu erledigen, kann man in eine Vertrauensfalle geraten." (Münscher und Hormuth 2013, S. 181)

Die Analyse des Fallbeispiels 13 zeigte, was man gegen diese Vertrauensfalle vor und während der Interaktion machen kann, nämlich klar und beharrlich das eigene Anliegen kommunizieren, ohne die Scheu zu haben, dass der Gesprächspartner dadurch brüskiert wird, solange man geduldig und respektvoll mit ihm umgeht.

Es gibt allerdings nicht nur Vertrauensfallen, sondern auch Kulturalisierungsfallen! Das heißt,: Wenn Kultur und der kulturelle Hintergrund der Interakteure als Erklärung für einfach alle Konflikte und Missverständnisse herhalten müssen. Kulturalisierungsfallen gefährden die interkulturelle Verständigung im selben Maße wie Vertrauensfallen. Die Empfehlungen aus dem Fallbeispiel 13 sind an sich nutzlos, wenn beide Interakteure die dargestellte Erfahrung nicht gemacht haben und wenn die Zusammenarbeit reibungslos läuft. Kontextlos und ohne konkrete Erfahrungen führen kulturelle Empfehlungen meistens zu Kulturalisierungsfallen. Interkulturelle Verständigung kann nicht nach Wenn-Dann-Regeln aufgefasst und gemanagt werden: „Wenn ich einen arabischen-muslimischen Gast habe, dann bestelle ich mir niemals alkoholische Getränke", „Wenn ich einen Araber sehe, dann begrüße ich mit salamu

alaikum", oder „wenn ich einem arabischen Mitarbeiter eine Aufgabe be-
auftrage, dann muss ich im Voraus mehrmals verhandeln und den Fix-
termin vereinbaren". Es ist problematisch, nach allgemeingültigen
Kulturregeln vorgehen zu wollen. Niemand kann wissen, wie der Adressat das Verhalten nach diesen Kulturregeln interpretiert und wie er darauf
reagiert. Wird er das als Zeichen der Anerkennung seiner kulturellen
Identität wahrnehmen oder interpretiert er das als Zeichen dafür, dass er
ein Fremder und nicht zugehörig ist? Es ist immer ein schmaler Grat
zwischen Vertrauensfallen und Kulturalisierungsfallen. Sich interkulturell
kompetent zu verhalten ist etwa vergleichbar mit einem Tanz auf dem
Hochseil. Man muss wissen, dass Kulturunterschiede existieren, dass sie
das Denken, Fühlen und Handeln aller Menschen beeinflussen und steuern und dass dieser Einfluss analysiert und reflektiert werden kann. Dieses Wissen ist allerdings für die Praxis nur im Nachhinein und nicht im
Voraus nützlich.

Die Optimierungsfalle und die interkulturelle Verständigung

„Ich arbeite mit einem sehr geschätzten deutschen Kollegen seit mehr als
zehn Jahren zusammen. Durch die konstruktive Zusammenarbeit ist aus
unserer Geschäftsbeziehung eine echte Freundschaft geworden. Er kennt
mein privates Leben, meine Familie, meine Kinder sehr gut und ich bin
mit allen seinen Schicksalsschlägen, Höhen und Tiefen bestens vertraut.
Seit einigen Monaten ist mein deutscher Freund irgendwie komisch geworden. Dieser Geradeaus-Mensch verhält sich plötzlich merkwürdig.
Wenn es da irgendein Problem gab, wurde das direkt ohne Spielereien geklärt. Ich kenne meinen Freund ganz gut. Er ist sehr direkt, nicht ver-
letzend direkt, aber gehört bestimmt nicht zu der Sorte von Menschen, die
Konflikte scheuen und lange 'rumeiern. Missverständnisse oder Reibereien
konnten wir einfach ganz schnell klären, ohne Kritik oder Vorwürfe zu
machen. Das gehört zur wahren Freundschaft. In unseren letzten beiden
Gesprächen ist mein Freund irgendwie anders geworden. Er kommt nicht
direkt zur Sache, sondern beginnt länger zu manövrieren und kommt am
Ende zum Konfliktthema, sehr ausschweifend und als Annahme in den
Raum gestellt. Er redet mit mir, als ob er das aus einem Kommunikations-
kurs oder Verhandlungsseminar gelernt hat. Ich finde es merkwürdig und
schädlich, wenn Freunde so strategisch und taktisch miteinander umgehen.
Das ist definitiv falsches Lernen!"

So schilderte ein tunesischer Teilnehmer eine Erfahrung in einem Workshop. Es ging um die Frage, ob Lernen über Kulturen und Kommunikation auch negative Seiten haben könnte. Die Kehrseite der Medaille besagt, dass interkulturelles Lernen zur Produktion von Stereotypen und Zementierung von Klischees führen kann. Wird das interkulturelle Wissen kontextlos nach dem Prinzip *wenn-dann* in die Praxis umgesetzt, führt das möglicherweise zum Misstrauen. Interkulturelle Empfehlungen können daher nicht zur Optimierung und weiteren Verbesserung freundschaftlicher und harmonischer Beziehungen und Kooperationen eingesetzt werden. Mit anderen Worten: Das interkulturelle Wissen ist ein korrektives Wissen. Es ist dann nützlich, wenn es im Hinterkopf behalten wird und zur Reflexion bei bestehenden Probleme oder drohenden Missverständnissen aktiviert und herangezogen wird, um korrektiv eine kooperative und zielführende Verständigung zu ermöglichen.

Die schwierige Botschaft ist, dass die Optimierungsfalle nicht lösbar ist. Wahrscheinlich müssen beide Seiten im Verständigungsprozess damit leben. Ich persönlich erlebe öfter zur Weihnachtzeit eine Atmosphäre der Unsicherheit bei vielen meiner Bekannten und Kontaktpersonen in Deutschland. *„Sie feiern wahrscheinlich Weihnachten nicht, Herr Hussein. Ich wünsche trotzdem alles Gute!"* so verabschiedete sich ein Kunde nach einer Besprechung bei meinem Arbeitgeber eines Tages. Ich wollte nicht unbedingt kontern, dass ich doch Weihnachten mit der Familie feiere. Ich bin mir sehr sicher, dass dieser Kunde keinerlei Absichten der Fremdmarkierung oder Abgrenzung hat, sondern sich einfach keine Gedanken darübergemacht hat, wie das bei mir ankommt. Jedenfalls blieb dieses Thema den ganzen Tag die Nr. 1 unter den Mitarbeitern in der Abteilung: *„Wirklich. feierst du Weihnachten?", „Kennt man das überhaupt in deiner Heimat?"* oder *„Du bist aber seltsam!"* Dieses Gefühl, im Fokus zu stehen, rechtfertigend und aufklärend, war damals keine schöne Erfahrung für mich. Diese Erfahrung wiederholt sich immer noch jedes Jahr mit den verschiedensten Nuancen und Variationen. Anders geworden ist, wie ich als Adressat diese Botschaften interpretiere. Ich höre, dass der Sender mir eine Selbstoffenbarung im Sinne des Kommunikationsquadrats von Schulz von Thun kommunizieren möchte: *„Ich bin mir nicht sicher, ob du Weihnachten feierst oder nicht. Jedenfalls möchte ich dir damit sagen, dass ich wahrnehme und anerkenne, dass es Diversität und Unterschiede gibt, ob* *man Weihnachten feiert oder nicht"*. Dieses Reframing hat mir geholfen, mit möglichen Abgrenzungserfahrungen zurechtzukommen.

Die bis jetzt genannten Punkte Analyse der Machtpositionen, Auseinandersetzung mit möglichen Kulturunterschieden und gleichzeitig Reflexion von Kulturalisierungsfallen setzen ein spezifisches Fundament voraus, nämlich die individuelle innere Haltung. Sie ist maßgeblich entscheidend für alles, den persönlichen Erfolg, eine offene Gesellschaft, Abbau von Vorurteilen, gesunde Ernährung, Selbstheilungsprozesse usw. Ich verstehe die innere Haltung als den Kompass, der einer Person den Weg durch das „selbst gesponnene Gewebe" zeigt, wenn das Ziel die Problemlösung ist. Dieser Alltagsbegriff umfasst alles Unsichtbares im Inneren einer Person: Grundeinstellung, charakteristische Wertevorstellungen, Bedürfnisse, Motive, Grundüberzeugungen, Ideale usw. Als tragendes Fundament für die kooperative Kommunikation und interkulturelle Verständigung meint Haltung die Art und Weise, wie und wofür eine Person ihre persönlichen, sozialen, fachlichen und methodischen Kompetenzen einsetzt. Es ist die innere Haltung, die maßgeblich steuert, wann und wozu ein Mensch handelt. (GIZ 2014, S. 24). Die innere Haltung umfasst auch die tief verwurzelten kognitiven und emotionalen Gewissheiten, auf die eine Person in komplexen und unbekannten Situationen spontan und automatisch zurückgreift. Dieser Automatismus führt manchmal auch zu einer Fehleinschätzung. Der Formulierung des Bestsellerautors, Nobelpreisträgers und Psychologen Daniel Kahneman (2012) zufolge verfügen wir Menschen über zwei Systeme im Gehirn: das schnelle System 1 (Autopilot-Modus), das automatisch, mühelos und mit wenig Konzentration arbeitet, was es allerdings für kognitive Verzerrungen und alle Formen von Fremdbildern und Vorurteilen anfällig macht, und das langsame, anstrengende, selten aktive und logisch-berechnende System 2, das viel Mühe, Konzentration und Zeit verlangt. System 2 wird eingeschaltet, wenn System 1 scheitert. In diesem Fall können wir analysieren, reflektieren, innere Prozesse gründlich durchdenken und erkennen, was da übersehen wurde. Es scheint also, dass Menschen in der Lage sind, Korrekturarbeit gegen Fremdbilder und Vorurteile zu leisten, wenn System 2 häufiger aktiviert wird. Wir sind also den Fremdbildern und Vorurteilen nicht ausgeliefert, sondern können willentlich dagegen etwas tun, auch wenn es neurophysiologisch gesehen anstrengender ist. Die individuelle innere Haltung ist auch kein festgefahrener konsistenter Charakterzug, sondern kann sich immer wieder verändern und neu entwickeln, wie die Erforschung der Neuroplastizität des Gehirns immer wieder bestätigt (Doidge 2008; Heimsoeth 2018).

Voraussetzungen für kooperative Kommunikation

- Lernbereitschaft: nicht als allwissend oder Besserwisser auftreten, sondern echtes Interesse an anderen Sichtweisen und Lösungswegen mitbringen.
- Radikal Respekt zeigen: bedingungsloser Respekt für den Gesprächspartner und ihn in seinem „So-Sein" akzeptieren.
- Von Herzen sprechen: also über das sprechen, was wirklich wichtig ist, nicht nur kopfgesteuert.
- Gut zuhören: aktiv und empathisch zuhören, so dass man sich dabei selbst entdecken und beim Einordnen des Gehörten beobachten kann.
- Annahmen und Bewertungen suspendieren, also in der Schwebe halten: sich die eigenen Annahmen und Bewertungen bewusstmachen und von faktischen Beobachtungen unterscheiden.
- Erkunden: aufrichtige Fragen stellen, die die Haltung der Neugierde, Achtsamkeit und Bescheidenheit reflektieren. Das Bedürfnis entwickeln, wirklich verstehen zu wollen.
- Produktiv plädieren: die persönliche Sichtweise des Themas darlegen und die Beweggründe für diese Sichtweise klar benennen.
- Offenheit: die eigenen Beweggründe transparent machen und ohne Vorurteile oder Kritik auf die Beweggründe des anderen eingehen. Sich von den eigenen Überzeugungen lösen und dabei die eigenen Widerstände reflektieren.
- Verlangsamung zulassen: eine innere Verlangsamung zulassen, das ist die Grundvoraussetzung für Geduld.
- Die Beobachtung beobachten: durch diese metakommunikative Perspektive erkennt man, durch welche Gefühle und Vorannahmen unsere Haltung zum Gegenüber ausgelöst wird.

Diese Kernfähigkeiten (Hartkemeyer und Hartkemeyer 2005, S. 50–53) stellen exemplarisch dar, was die innere Haltung kooperativer Kommunikation konkret bedeutet. Das gilt selbstverständlich für alle Beteiligten in einem Kommunikationsprozess, unabhängig davon, in welchem Kontext er sich ereignet.

„Gehören nicht immer zwei dazu? Warum muss immer ich den Kürzeren ziehen?" oder *„Das sind doch Selbstverständlichkeiten, die für alle gelten. Warum ist das nur an uns adressiert?"* sind Beispiele für Reaktionen, die öfter im Zusammenhang mit dieser Diskussion in Erscheinung treten. *„Deutschland. Das ist das Land von Kant. Diese Handlungsmaximen und Grundsätze gelten einfach ohne Wenn und Aber!"*, so kommentierte eine tunesische Teilnehmerin in einem Workshop. Dieser Ausschnitt zeigt verschiedene Haltungen: „Wie du mir, so ich dir" auf einer Seite und „Handeln nach dem kategorischen Imperativ" auf der anderen Seite. Beide Haltungen sind allerdings kontraproduktiv im Sinne einer kooperativen interkulturellen Verständigung. Die erste impliziert das Fehlen der bedingungslosen Bereitschaft und die zweite ist sehr idealistisch. Kooperative Kommunikation ist auch kein abstrakter Humanismus. Am deutlichsten wird das durch die Verhandlungsprinzipien des Führers der tunesischen Unabhängigkeitsbewegung Habib Bourguiba (1903–2000). Zwischen 1934 und 1954 war Bourguiba mehrfach in französischer Haft. Vom Gefängnis aus verhandelte er mit den Franzosen über die Unabhängigkeit Tunesiens, bis die Verträge im März 1956 unterzeichnet wurden. Sein Verhandlungsansatz basierte auf zwei Bausteinen: Nimm und verlange. Im Gegensatz zur radikalen Position anderer Personen in der Unabhängigkeitsbewegung, die gegen eine Verhandlung mit Frankreich waren und für den bewaffneten Widerstand bis zum vollständigen Abzug der Französen plädierten, vertrat Bourguiba eine pragmatische Position, nämlich zu verhandeln, bis die Tunesier bekamen, was ihnen zustand, nämlich die Unabhängigkeit und die Selbstverwaltung. Er akzeptierte, dass Frankreich die Militärbasis in Bizerte behielt, bis die französischen Truppen schließlich 1963 das Land verließen. „Nimm und verlange" im Sinne von Bourguiba bedeutet: Nimm einfach einen Teil von dem, was dir zusteht, und verhandele um mehr. Entsprechend der eigenen Machtposition und realistischer Situationsbedingungen sollte man das Angebotene annehmen, um überhaupt als Mitspieler wahrgenommen zu werden; aus dem Spiel heraus kann man von der eigenen Position aus entsprechend der veränderten Konstellation mehr verlangen. Die Haltung „entweder alles oder gar nichts" ist keine kooperative Haltung, sondern eine destruktive Selbstpositionierung. Mit dem Ansatz „Nimm und verlange" in diesem Sinne signalisiert man: „Ich bin dabei" oder „ich

mache mit". So verstanden funktioniert dieser Ansatz als Türöffner und Brückenbauer zum anderen und ermöglicht, dass eine Verständigung überhaupt stattfinden kann.

6.3   Sabotage ist keine Alternative

In vielen Seminar- und Meetingräumen hängen Schilder und Hinweise über Besprechungsprinzipien und Empfehlungen für erfolgreiche Besprechungen, wie Pünktlichkeit, lösungsorientierte Beiträge oder die Einhaltung von Agenden. Eine ironische Formulierung unter der Überschrift: „Meetings erfolgreich sabotieren", die ich bei einem schweizerischen IT-Unternehmen gesehen habe, hat sich in mein Gedächtnis eingeprägt. Bei solchen ironischen Empfehlungen war zu lesen:

• „Kommen Sie ruhig zu spät. Ihre Kollegen wiederholen bereits Gesagtes für Sie" oder
• „Lassen Sie Ihren Kollegen niemals ausreden oder hören Sie ihm besser gar nicht erst zu".

Solche Anti-Empfehlungen lassen sich gut im Gedächtnis behalten und jeder, der sie gelesen hat, wird sich bemühen, genau diese Fehler zu vermeiden. Ähnlich wie beim Kultbuch von Paul Watzlawick: *Anleitung zum Unglücklichsein* (1988), das sich seit seiner Erstausgabe 1983 mehr als eine Million Mal verkauft hat. Irgendwie scheinen Anti-Ratgeber und ironisch formulierte Empfehlungen am wirksamsten in Bezug auf die Erinnerungsleistung. Es gibt etliche Tausend von Büchern und Ratgebern über Kommunikation und wie man effizient, strategisch und lösungsorientiert kommunizieren soll, aber jeder, der sich mit diesem Thema beschäftigt hat, kann sich viel besser an die fünf apokalyptischen Reiter des US-amerikanischen Psychologen John Gottman erinnern. Der Beziehungsforscher Gottman (1999, 2007) hat eindrucksvoll die negativen Kommunikationsformen gezeigt, die eine intime Beziehung oder Ehe dauerhaft zerstören und sich schrittweise in den verschiedensten Formen zeigen. Gottman hat gezeigt, dass 80 % der Beziehungen in Scheidung enden, wenn die nachfolgend dargestellten fünf „Reiter" ständig anwesend sind und den Umgang miteinander bestimmen.

Die fünf apokalyptischen Reiter als Saboteure

Anders als in der Johannes-Offenbarung, wo die apokalyptischen Reiter die nahende Apokalypse einleiten, deuten die Gottman-Reiter darauf hin, dass der Untergang einer Beziehung nur noch eine Frage der Zeit ist.

1. Kritik: vor allem die Art und Weise, wie störende Verhaltensweisen des Partners in negativer Form angesprochen werden: („Du lässt immer alles rumliegen. Diese Faulheit ist nicht zu ertragen!"). Typisch dafür sind Verallgemeinerungen wie „jedes Mal", „immer", „niemals", „das ist ja typisch für dich". Es beginnt meistens mit Verallgemeinerungen, die die Persönlichkeit und Eigenschaften des anderen in Frage stellen. Dadurch möchte der Kritiker zum Ausdruck bringen, dass das Problem ausschließlich beim anderen liegt. Diese verallgemeinernde und verletzende Art ist ein erster Schritt, für ein ungesundes Klima zu sorgen und Beziehungen jeglicher Art erfolgreich zu zerstören.

2. Abwehr und Rechtfertigung: die meisten Menschen wehren Kritik automatisch ab („Ja, ich arbeite aber den ganzen Tag und habe keine Zeit, ständig aufzuräumen."). Kritik wird abgewehrt und häufig wird mit eigenen Vorwürfen gekontert, was eine Eskalationsspirale dysfunktionaler Kommunikation auslösen kann.

3. Verachtung: zynische Äußerungen oder beißender Spott sind meistens die Folgen schwelender negativer Gedanken über den Partner aufgrund ungelöster Probleme. Mit Verachtung möchte man den Partner absichtlich verletzen: („Weißt du denn überhaupt, was Arbeit ist!"). Wenn dieser Reiter galoppiert, rückt der Untergang immer näher, da das Lösen von Konflikten nicht mehr im Vordergrund steht, sondern das bewusste Herabsetzen bzw. Verletzen des anderen.

4. Rückzug bzw. Mauern: In manchen Fällen steigt einer der Partner aus der Kommunikation aus. Weitere Vorwürfe werden einfach ignoriert. Rückzug bzw. „Mauern" ist eine typische Reaktion.

5. Machtdemonstration: auf Kritik folgt keine Rechtfertigung, sondern die Durchsetzung des eigenen Willens: „Ich kann meine Sachen liegen lassen, wo ich will. Ich zahle hier alles!" Damit wird signalisiert, dass kein Interesse mehr an Lösungen besteht und ohne Rücksicht auf den Partner nur noch eigene Interessen zählen.

Gottman entwickelte die apokalyptischen Reiter als Metapher für Umgangsarten und Kommunikationsformen in intimen Beziehungen. Diese Muster lassen sich problemlos auf die verschiedensten Arten des zwischenmenschlichen Verhaltens übertragen, auch im interkulturellen Kontext.

Eine typische Erscheinungsform der ersten apokalyptischen Reiter ist häufiger anzutreffen, wenn beide Kommunikationspartner in verletzende Kritik oder Abwehrhaltung geraten und vor allem, wenn kulturelle Zugehörigkeit plötzlich zum Thema wird. „Diese Art von Kindererziehung – macht das bei euch in Marokko, aber nicht hier!" oder „Das ist ja typisch. Was soll man von euch auch anderes erwarten?" sind Beispiele für Verallgemeinerungen, die ein Gespräch in eine andere, ganz falsche Richtung lenken können. Man kann auch von „Kulturalisierung von Konflikten" sprechen, also wenn ein Gesprächspartner die kulturelle Zugehörigkeit des Partners ins Spiel bringt und suggeriert, dass kulturelle Barrieren zwischen ihnen existieren und deshalb vielleicht eine Ansprache von Problemen auf normalem Niveau nicht möglich ist. Die gute Nachricht ist, dass eine Beziehung oder ein Alltagsproblem trotz der Erscheinung des ersten Reiters gerettet werden können, wenn beide Partner dies als Warnsignale wahrnehmen. In jeder interkulturellen Situation, beruflich oder privat, sollte der Hinweis auf die kulturelle Herkunft oder Zugehörigkeit eines Partners ein ernsthaftes Warnsignal sein, um mit weiteren Entgleisungen und toxischen Verhaltensweisen aufzuhören, damit die weiteren apokalyptischen Reiter nicht erscheinen, denn nach dem Eintreffen des dritten Reiters ist es meistens zu spät, um die Situation bzw. die Beziehung noch eigenständig retten zu können.

Eins der bekanntesten Konfliktmodelle darf an dieser Stelle nicht fehlen, nämlich das Konflikt-Eskalationsmodell von Friedrich Glasl (2020). In diesem neunstufigen Modell beschreibt Glasl, wie ein Konflikt in der ersten Stufe mit der Verhärtung der Standpunkte beginnt und mit der Absicht der totalen Vernichtung des Gegners endet, auch wenn der Preis dafür der eigene Untergang sein kann (in der letzten und neunten Stufe). Glasl geht davon aus, dass in den ersten drei Stufen (1. Verhärtung, 2. Debatte und Polemik und 3. Taten statt Worte) eine Konfliktlösung durch gewollte Gesprächsführung möglich ist. In dieser sogenannten „Win-Win-Situation" besteht die Möglichkeit, den Konflikt ohne gegenseitigen Gesichtsverlust und negative Konsequenzen zu lösen. Die ausbleibende Intervention leitet den Übergang zur „Win-Lose-Phase" ein, die dann die nächsten drei Stufen einschließt (4. Koalitionen, 5. Gesichtsverlust, 6. Drohstrategien und Erpressung). Dabei beklagt man sich bei Verbündeten und Sympathisanten und zieht Außenstehende ins Boot, die mit der Sache weniger zu tun haben. Klischees und Stereotype werden bemüht, die ins Feindbild passen. Es geht jetzt weniger um das eigentliche Problem, sondern um das Gewinnen. Die Tendenz zur Selbstaufwertung und bewussten Abwertung des Gegners sind typische Verhaltensmerkmale dieser Phase. Man setzt Ultimate und droht mit Sanktionen. Eine Problemlösung ohne professionelle Begleitung ist nicht mehr möglich. Eine Ausweitung der Eskalationsspirale droht und der Konflikt gerät in die letzte Phase „Lose-Lose-Situation": 7. Begrenzte Vernichtungsschläge, 8. Zersplitterung, totale Zerstörung und 9. Gemeinsam in den Abgrund. Hier zählt nur noch, dem Gegner den größeren Schaden zuzufügen und jedes Mittel scheint legitim, auch wenn damit die eigene Selbstvernichtung in Kauf genommen werden muss. Die Verhinderung der Eskalation ist nur möglich durch den Eingriff anderer Autoritäten. Mit solchen Tools und Metaphern lässt sich der Eskalationsgrad eines Konfliktes einschätzen bzw. lassen sich Muster der dysfunktionalen Umgangs- und Kommunikationsform erkennen.

Literatur

al-Albani, Muhammad Nasir al-Din (1988): Sahih al-Jami as-Saghir. Damaskus: Almaktabu-Alislami.

Al-Yazigi (1964): Šarah Dīwān al-Mutanabbī. Dieb Gedichtssammlung der al-Mutanabbī. Kairo: Dar al – Ma'arif.

Barmeyer, Christoph (2012): Taschenlexikon Interkulturalität. Göttingen: UTB.

Brockhaus Enzyklopädie Online (2019): NE GmbH | Brockhaus.

Darwall, Stephen (1977): Two Kinds of Respect. In: Ethics 1 (88), S. 36–49.

Doidge, Norman (2008): The Brain That Changes Itself. Stories of Personal Triumph from the Frontiers of Brain. London: Penguin Books.

Geertz, Clifford (1995): Dichte Beschreibung. Bemerkungen zu einer deutenden Theorie von Kultur. In: Clifford Geertz (Hg.): Dichte Beschreibung.

Beiträge zum Verstehen kultureller Systeme. Frankfurt am Main: Suhrkamp, S. 7–43.

GIZ (Hg.) (2014): Wertschätzender Vergleich. Stufe für Stufe Internationale Diversitätskompetenz entwickeln. Bonn: Akademie für Internationale Zusammenarbeit. Online verfügbar unter https://api.deutsche-digitale-bibliothek.de/binary/015428f8-f7ca-4c5e-8d89-4c859d0a9959.

Glasl, Friedrich (2020): Konfliktmanagement. Ein Handbuch für Führung, Beratung und Mediation. 12. Auflage. Bern: Haupt.

Gottman, John (1999): The marriage clinic. New York: Norton.

Gottman, John (2007): Die 7 Geheimnisse der glücklichen Ehe. Berlin: Ullstein.

Grice, H. P. (1975): Logic and Conversation. In: Peter Cole und Jerry L. Morgan (Hg.): Syntax and Semantics. Vol. 3, Speech Acts. New York: Academic Press, S. 41–58.

Hartkemeyer, Johannes F.; Hartkemeyer, Martina (2005): Die Kunst des Dialogs. Kreative Kommunikation entdecken. Erfahrungen, Anregungen, Übungen. Stuttgart: Klett-Cotta.

Heimsoeth, Antje (2018): Kopf gewinnt! Der Weg zu mentaler und emotionaler Führungsstärke. Wiesbaden: Springer Gabler.

Higgins, E. Tory; McCann; C. Douglas; Fondacaro, Rocco (1982): The „Communication Game". Goal-Directed Encoding and Cognitive Consequences. In: Social Cognition (1), S. 21–37.

Hofstede, Geert; Hofstede, Gert Jan; Minkov, Michael (2010): Cultures and organizations. Software of the mind; intercultural cooperation and its importance for survival. Rev. and expanded 3. ed. New York: McGraw-Hill.

Kahneman, Daniel (2012): Schnelles Denken, langsames Denken. München: Random House.

Kahneman, Daniel; Tversky, Amos (Hg.) (2000): Choices, values and frames. Cambridge: Cambridge University Press.

Kuschel, Hanna (2016): Achtsamkeit. In: Dieter Frey (Hg.): Psychologie der Werte. Von Achtsamkeit bis Zivilcourage – Basiswissen aus Psychologie und Philosophie. Berlin, Heidelberg: Springer, S. 13–24.

Münscher, Robert; Hormuth, Julia (2013): Vertrauensfallen im internationalen Management. Berlin, Heidelberg: Springer Berlin Heidelberg.

Röhner, Jessica; Schütz, Astrid (2016): Psychologie der Kommunikation. Wiesbaden: Springer Fachmedien Wiesbaden.

Rosenberg, Marshall B. (2012): Gewaltfreie Kommunikation. Eine Sprache des Lebens. 12. überarbeitete und erweiterte Auflage. Paderborn: Junfermann Verlag.

Schulz von Thun, Friedemann (2010): Miteinander reden 1. Störungen und Klärungen: Allgemeine Psychologie der Kommunikation. Auflage: 48. Rowohlt: Reinbek.

Schwarz, Gerhard (2014): Konfliktmanagement. Konflikte erkennen, analysieren, lösen. 9. Auflage. Wiesbaden: Springer VS.

SOEUAE (2019): Working time during Ramadan. Unter Mitarbeit von @SOEUAE. Online verfügbar unter www.soeuae.ae/ar/NewsDetails.aspx?n=1136.

Watzlawick, Paul (1988): Anleitung zum Unglücklichsein. München: Piper.

Watzlawick, Paul; Beavin, Janet H.; Jackson, Don D. (2017): Menschliche Kommunikation. Formen, Störungen, Paradoxien. 13. Auflage. Bern: Hogrefe.

7

Handlungsempfehlungen

Welche Handlungsempfehlungen und Tipps kann man geben, um die interkulturelle Verständigung zwischen Deutschen und Arabern zu verbessern? In den angesprochenen Themen von Abschn. 6.1.1, 6.1.2, 6.1.3, 6.1.4, 6.1.5, 6.1.6, 6.1.7, 6.1.8, 6.1.9 und 6.1.10 sowie in vielen anderen Kapiteln dieses Buchs werden unterschiedliche Handlungsempfehlungen zur Vermeidung von Fettnäpfchen in alltäglichen Zusammenhängen wie Anrede, Geschenke und Verhalten besprochen. Diese Themen decken quasi die wissensbezogene (kognitive) Ebene der interkulturellen Verständigung ab.

In Abschn. 6.2.1 wird ein Vorschlag zur Lösung von möglichen Problemen durch Kommunikation als Beispiel für die handlungsbezogene Ebene vorgestellt. Die dritte Ebene interkultureller Verständigung manifestiert sich in der einstellungsbezogenen (affektiven) Ebene, die in der persönlichen Haltung verortet ist. Um den Kreis zu schließen und das Thema Haltung als nützlich für die interkulturelle Verständigung zu machen, möchte ich das anhand zwei Anmerkungen erläutern:

© Springer Fachmedien Wiesbaden GmbH, ein Teil von Springer Nature 2022
A. Hussein, *Die arabische Welt verstehen*,
https://doi.org/10.1007/978-3-658-26409-3_7

1. Durch die Auseinandersetzung mit kulturellen Unterschieden wird erkannt, wie notwendig es ist, bestimmte Kompetenzen zu erwerben, um diese Unterschiede zu bewältigen (z. B. im Umgang mit Kommunikationsstilen oder Zeiteinstellungen) und sich daran anzupassen.
2. Durch die Auseinandersetzung mit kulturellen Unterschieden wird erkannt, dass es nicht nur Unterschiede gibt, sondern auch Differenzen. Hier stellt sich nicht die Frage der Anpassung oder Einverstanden-Sein, sondern nach dem Ausweg. Wie können wir trotz Differenzen ein gelungenes Miteinander erreichen?

Darauf wird in den folgenden Abschnitten eingegangen.

7.1 Unterschiede akzeptieren und Perspektivwechsel ermöglichen

Empfehlung 1

Akzeptieren Sie, dass es Unterschiede gibt, und versuchen Sie, das Verhalten Ihres Partners anhand neutraler Kriterien zu deuten, statt Abweichungen negativ zu bewerten.

Die eigene kulturelle Prägung macht sich erst bei der Interaktion mit anderen kulturellen Prägungen bemerkbar und wahrscheinlich merken die meisten Deutschen erst im Ausland, wie deutsch sie sind. Das muss nicht unbedingt in Arabien oder Indien erlebt werden, sondern auch in Nachbarländern, wie Frankreich oder Polen oder bei regionalen Charakteristika sogar im innerdeutschen Vergleich. Vereinfachend kann man diese Tatsache so ausdrücken: die Mehrheit der Deutschen (gemäß der Normalverteilung-Analogie sind dies ca. 68 %) sind pünktlich, hüten ihre Privatsphäre und sind weniger emotional in der Kommunikation als beispielsweise die Bevölkerung im Mittelmeerraum (um präziser zu sein, sagen wir: die Einwohner auf Sizilien). Das bedeutet auch, dass ein anderer Teil der deutschen Bevölkerung von diesem typischen Verhalten abweicht. Nehmen wir Pünktlichkeit als Beispiel, um die beiden Verhaltenstypen (sehr typisch vs. Abweichung) darzustellen. Wenn jemand einen Termin um 10:00 Uhr morgens hat, ist es sehr wahrscheinlich, dass sie oder er pünktlich zu diesem Zeitpunkt erscheint. Dennoch gibt es wohl niemanden, der um punktgenau 10:00 Uhr auf der Atomuhr erscheint, sondern das Eintreffen einige Minuten davor oder danach ist typisch. Nehmen wir an, diese zeitliche Ungenauigkeit betrüge fünf Minuten. Wenn also jemand in Deutschland einen beruflichen Termin um 10:00 Uhr vereinbart (und bleiben wir hier im beruflichen Kontext, denn die Abweichungen im privaten Kontext sind inter- und intraindividuell noch stärker), dann ist es normal und typisch, dass man zwischen ca. 9:55 bis gegen 10:05 Uhr erscheint. Dieses Kontinuum 09:55 bis 10:05 Uhr liegt also innerhalb der *Gauß'schen* Glockenkurve, andere Abweichungen liegen außerhalb. Das Verhalten einer Person X, die zeit- und situationsübergreifend 20 Minuten später um 10:20 Uhr erscheint, ist gemäß dieser Ausführung untypisch, seltsam bzw. stark abweichend vom normalen, typischen Pünktlichkeitsverhalten. Gemäß der normativen Erwartung einer Leistungsgesellschaft wird Person X als unpünktlich bewertet. Andere Personen, die mit Person X zusammenarbeiten, gehen eventuell noch einen weiteren Schritt über die normativen Erwartungen hinaus und bewerten das Verhalten von dieser Person emotional bzw. moralisierend, nämlich: Person X ist nicht gewissenhaft, unzuverlässig und wenig verantwortungsvoll. Damit ist gemeint, dass jede Person das Verhalten anderer Personen aus dem Blickwinkel der eigenen Normalitätserwartung wahrnimmt und bewertet. Solche Normalitätserwartungen sind allerdings kulturell erlernt und eingebettet, was wiederum zur kulturellen Befangenheit der Wahrnehmung führen kann. Die Kulturstandards (Kap. 2) sind ein sehr guter Einstieg, um deutsche Normalitätserwartungen zu verstehen und unbewusste Unterschiede im Kulturvergleich bewusster zu machen.

Abb. 7.1 versucht, diese Unterschiede im deutsch-arabischen Vergleich auf einem kulturellen Kompass zusammenfassend zu visualisieren. Der Kompass umfasst acht Dimensionen von kulturellen Unterschieden basierend auf den interkulturellen Forschungen. Eine genaue Beschreibung der Dimensionen wurde im Abschn. 2.3.7 (Kulturstandards) vorgestellt. Abb. 7.1 zeigt das Ergebnis einer Selbsteinschätzung einer deutschen Gruppe von fünf Personen (blaue Stecknadeln) bei einer Übung in einem

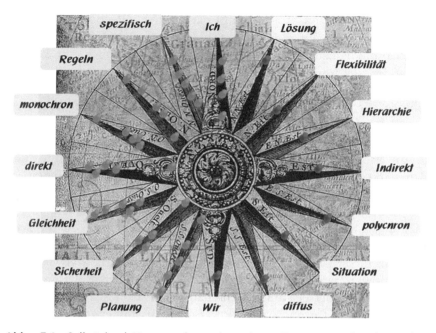

Abb. 7.1 Selbsteinschätzung einer deutschen Gruppen auf acht Kultur-dimensionen und eine Gegenübereinstellung von Selbsteinschätzung einer Person mit arabischem Hintergrund (eigene Darstellung, Hintergrundbild: Pixabay/Darkmoon_Art, https://pixabay.com/de/illustrations/kompass-nautisch-jahrgang-karte-3408928)

Online-Kurs. Zur Veranschaulichung der Unterschiede wurde die Selbsteinschätzung einer Person aus dem arabischen Raum nach der Übung eingefügt, um den Abstand im jeweiligen kulturellen Profil sichtbarer zu machen.

In der Praxis werden solche Tools benutzt, um Kulturmuster zu verorten, um zumindest ungefähr den Blickwinkel bestimmen zu können, von dem her beispielsweise ein deutscher Manager seinen arabischen Kunden oder Geschäftspartner wahrnimmt und beurteilt. In der Praxis der Zusammenarbeit kann man diesen kulturellen Kompass nutzen, um ein erstes Verständnis für kulturelle Unterschiede zu erreichen. Anhand der wertfreien Beschreibung und Visualisierung ist jedes Individuum, jedes Unternehmen bzw. jede vergleichbare Organisation quasi in der

Lage, ihr eigenes „kulturelles Profil" bzw. „Kultursystem" zu lokalisieren, um eine allererste Orientierung in der kulturellen Landkarte zu erhalten (Cnyrim 2016, S. 19). Zur Bewältigung kultureller Begegnungssituationen ist diese Grundfähigkeit notwendig und im Konkreten bedeutet dies die Möglichkeit, kulturelle Orientierungskarten aufzurufen, um eigene und fremde kulturelle Orientierungsmuster in Bezug zueinander zu setzen. Kulturelle Landkarten sind einfache Werkzeuge zur Benennung und Einordnung kultureller Unterschiede wie z. B. bestimmter Kommunikationsstile, Zeiteinstellungen oder Machtdistanzen. Die Möglichkeit der Positionierung eigener und fremder Kulturmuster fördert die Sensibilisierung, aber auch ein Verständnis dafür, dass der Mensch in seinem Denken, Erleben und Verhalten gewissermaßen ein Produkt seiner Kultur ist (Leenen 2019, S. 146) .

Empfehlung 2

Nutzen Sie den kulturellen Kompass, um Ihr eigenes Kultursystem zu verorten.

Sinn und Zweck dieser kulturkontrastiven Ansätze ist, die eigene Position zu verorten, um den fiktiven Abstand zwischen den Gesprächspartnern besser einzuordnen. Öfter wird im Rahmen des innengesellschaftlichen Diskurses und der Debatte um Multikulti und Integration auch verlangt, dass sich die Zuwanderer einer Leitkultur anpassen sollen, ohne das Objekt der Anpassung zu bestimmen. Was soll genau angepasst werden: das Zeitverständnis oder der Kommunikationsstil? Wenn die Unterschiede auf solchen Unterschiedsdimensionen verortet werden können, dann wird es wahrscheinlicher, dass die Ursachen für Missverständnisse wertfrei identifiziert werden können. Diese pragmatische Vorgehensweise macht außerdem den Kulturbegriff sowie die abstrakten Konzeptionen von Kulturunterschieden alltagstauglich und zugänglich.

Diese Vorgehensweise ermöglicht auch einen Perspektivwechsel. Diese Fähigkeit gilt als Schlüssel für Selbstvertrauen und Unvoreingenommenheit. Der Perspektivwechsel erweitert die eigene Wahrnehmung, indem man versucht, den Blickwinkel des anderen einzunehmen und sich in die Position des anderen hineinzuversetzen. Beim Umgang mit dem Fremden neigen alle Menschen dazu, das fremde Verhalten mit den eigenen Wertmaßstäben zu beurteilen. Man spricht hier vom Ethnozentrismus, der hierbei als Grundkonstante der menschlichen Wahrnehmung bzw. als einzige Universalie scheint zu sein! Erst durch einen Perspektivwechsel kann es gelingen, das abweichende Verhalten besser zu verstehen und wertfrei zu deuten.

Wie verhält es sich vor diesem Hintergrund mit dem „aggressivem Ton", dem „abweichendem Hygieneverhalten" oder dem „um den heißen Brei herumreden"? Gehören diese Dinge nicht zur kulturellen Landkarte? Nein, weil es sich hier um eine Bewertung und nicht um eine neutrale Beschreibung handelt.

Um zwischen Beschreiben und Bewerten zu unterscheiden, nehmen wir das Hygieneverhalten als Beispiel. Im Zusammenhang mit der Flüchtlingskrise 2015 wurde über unterschiedliche Toilettenstandards berichtet. Zum einen, weil es in vielen Teilen der muslimischen Welt traditionell Hocktoiletten gibt, zum anderen, weil viele muslimische Flüchtlinge nicht die Nutzung von Toilettenpapier kennen, sondern Wasser gewohnt sind. Einige Flüchtlinge waren ratlos, wenn sie ein westliches Spülklosett sahen, auf das man sich setzt und wo man anschließend zur Reinigung Toilettenpapier anstelle eines Wasserschlauches nutzt.[1] Betreiber von Notunterkünften, Erstaufnahmeeinrichtungen und Notquartieren berichteten von seltsamen, geradezu grotesken Szenen. Die Toilettensituation war für alle unerträglich. Das Thema Toilettenstandards wurde zum Paradebeispiel für kulturelle Unterschiede. Tatsächlich gilt in der arabisch-islamischen Welt Abwischen ohne Wasser als unhygienisch. Der After wird mit der linken Hand unter laufendem Wasser, meist aus einem Becher oder Schlauch, abgespült bzw. gewaschen. Mitarbeiter in den Notunterkünften, die diese Tatsache nicht kannten, waren gegenteiliger Auffassung: Toilettenpapier sei viel hygienischer als Wasser! Ein Schlagabtausch zwischen beiden Parteien folgte. Als einziger Ausweg galt, nach einer Lösung für diese unerträgliche Situation zu suchen. Am Ende stellte

---

[1] https://www.dw.com/de/europ%C3%A4ische-toiletten-ein-mysterium-f%C3%BCr-viele-fl%C3%BCchtlinge/a-19061131 [Abruf 18.02.2020].

sich heraus, dass man die unterschiedlichen Auffassungen stehen lassen und einfach mit diesen Unterschieden leben musste.

In diesem Sinne kann man jede Andersartigkeit als Abweichung betrachten. Kontraproduktiv ist allerdings, wenn Andersartigkeit moralisch abgewertet wird. Zudem muss gefragt werden, ob diese Abweichung von einem universellen oder kulturspezifischen Kriterium abhängt. Hygieneverhalten, Kommunikationsstil, Umgang mit der Zeit usw. sind kulturspezifische Kriterien, bei denen es sich lohnt, die Situation auch mal aus einer anderen Perspektive zu betrachten.

7.2 Unterschiede aus der dritten Perspektive betrachten

Der Perspektivwechsel gilt als die wichtigste Voraussetzung für Empathie und alle Verständigungsprozesse überhaupt. Dies gelingt meistens, wenn man sich der eigenen Wahrnehmungsgewohnheiten bewusst wird und dann den Versuch unternimmt, sich von ihnen zu distanzieren, um neue Informationen oder Sichtweisen zuzulassen. Zusammenhängend damit ist auch die Fähigkeit, die Situation aus einem externen Standpunkt aus, also aus der Perspektive einer dritten Person zu betrachten (Metaperspektive). Im Kontext der Verständigung mit der arabischen Welt und bezogen auf konkrete Situationen kann eine metaperspektivische Wahrnehmung konkret bedeuten:

- Die Situation wertfrei beschreiben: Was genau ist passiert? Wie würde ein Außerirdischer die Situation schildern?
- Erklärungen finden: Was sind die zugrundeliegenden kulturellen Anteile in dieser Situation sowohl auf arabischer wie auch auf deutscher Seite? Gibt es noch weitere Erklärungsfaktoren?
- Learnings: Welche Leitsätze, Handlungsmaximen, Lebensweisheiten oder Empfehlungen würden ein Guru oder ein Weiser aus der Situation ableiten?

Diese Vorgehensweise wurde schon im Abschn. 6.2.2 (Fallbeispiel 13) vorgestellt und wird nun auf die folgenden drei Fallbeispiele angewendet.

7.2.1 Anfängerfehler identifizieren und vermeiden

Fallbeispiel 14: Worst-Case-Szenario

Thomas Dahlmann, Verkaufsleiter eines mittelständigen Energietechnik-Unternehmens, hat seinen ersten Termin mit seinem Geschäftspartner in Kairo. Er ist zum ersten Mal in der ägyptischen Hauptstadt. Das luxuriöse 5-Sterne-Hotel bietet zwar einen ausgezeichneten Service und ist mit modernster Technik ausgestattet, dennoch fühlt sich Thomas nicht wohl. Es herrscht eine sehr hohe Luftfeuchtigkeit und er ist Klimaanlagen nicht gewohnt, er konnte nicht wirklich schlafen. Trotzdem ist er pünktlich um sieben Uhr aufgestanden und kurz, bevor er das Hotel verließ, nahm er ein reichhaltiges Frühstück vom Büffet zu sich. Dann ist er in ein Taxi gestiegen und zu seinem Ziel gefahren. Nach einigen Minuten Verspätung erreichte er den Sitz des Unternehmens.

Eine Mitarbeiterin an der Rezeption kündigt telefonisch seinen Besuch an und führt ihn in den ersten Stock. Wenig später kommt ein Mitarbeiter vorbei und fragt ihn, ob er Kaffee oder Tee trinken möchte. Thomas entscheidet sich für Tee. Wenige Minuten später nimmt Thomas den Tee ein und versucht, sich mental auf das wichtige Gespräch vorzubereiten. Er schaut auf seinen Terminkalender und stellt fest, dass er schon seit ca. 20 Minuten auf seinen Gastgeber, Herrn Hassan EL-Shirbini, wartet. Thomas ärgert sich wegen der verlorenen Zeit und wundert sich umso mehr, als er einige Personen an sich vorbeigehen sieht – direkt ins Büro des Chefs. Thomas blickt der Gruppe verwundert hinterher. Nach zehn Minuten steht Thomas auf und überlegt, ob er anklopfen soll. Ein Mitarbeiter sieht ihn und merkt, dass etwas nicht stimmt. Thomas erzählt ihm, dass er seit 45 Minuten auf den Chef wartet und fragt, ob das Treffen überhaupt zustande kommen wird. Der Mitarbeiter beruhigt ihn und bestätigt, dass Mr. Hassan einige wichtige Gespräche mit Regierungsvertretern und im Anschluss viel Zeit für das Gespräch mit ihm eingeplant hat. Er habe alle anderen Termine abgesagt und alle im Unternehmen wüssten, dass der Chef heute einen Termin mit einem Gast aus Deutschland hat.

Ein paar Minuten später öffnet sich die Bürotür und die Delegation kommt heraus. Endlich ist Thomas im Büro des Chefs, der ihn begrüßend empfängt „Good morning, Mister Thomas". „Good morning Mr. EL-Shirbini. Wir haben mehrmals miteinander telefoniert", antwortet Thomas, übergibt seine Visitenkarte und versucht, seine Verstimmung zu verbergen, schließlich ist er nicht gewohnt, dass ein Fremder ihn einfach mit dem Vornamen anspricht.

Thomas breitet seine Unterlagen auf dem Schreibtisch aus und beginnt, sein Projekt auf Englisch zu erklären. Kaum hat er den ersten Satz gesprochen, klingelt das Telefon und der Chef hebt den Hörer ab. Nach einem kurzen Gespräch – auf Arabisch – beendet der Chef das Telefonat, und ruft nach seiner Sekretärin. Thomas startet von neuem.

Wenige Minuten später kommt die Sekretärin herein und nimmt die Anweisungen des Chefs entgegen. Thomas fährt fort, leicht irritiert: „Wir haben unser Produktsegment erweitert und ein neues Sortiment an federbelasteten Sicherheitsventilen der Klasse XY 6119 integriert, die nach ISO .... und Modul H ... zertifiziert sind". Thomas erläutert viele Einzelheiten. Schließlich unterbricht ihn Hassan und springt zu einem anderen Punkt, ohne Thomas die Chance zu geben, seine Punkte sukzessiv vorzutragen. Plötzlich kommt die Sekretärin herein und legt einen Zettel auf den Tisch. Der Chef steht auf und schaut Thomas entschuldigend an: „Mr. Thomas, bitte entschuldigen Sie. Ich bin in einigen Sekunden zurück". Thomas sieht, dass im Vorzimmer ein Mann mit dem Chef spricht. Beide tauschen Höflichkeitsphrasen aus und sprechen sehr leise weiter. Hassan kehrt ins Büro zurück und entschuldigt sich nochmals wegen dieser Unterbrechung und setzt sich wieder. Hassan fragt Thomas unvermittelt, ob er mit seinem Hotel zufrieden ist. „Ehrlich gesagt, das war schrecklich. Ich mag keine Klimaanlage, deshalb musste ich das Fenster aufmachen. Es war zu laut, die Autos, die Leute und vor allem die Moscheen. Ich glaube, es war 04:00 Uhr morgens, als der Muezzin laut gerufen hat", klagt Thomas. „Das tut mir sehr leid. Ich besorge anderes Hotel für Sie", bedauert Hassan und will schon zum Telefonhörer greifen. „Das ist nicht notwendig. Ich fliege sowieso morgen früh zurück". „Wir haben einige der besten Hotels der Welt in Kairo. Ich finde sicherlich etwas Passendes für Sie. Wie gefällt Ihnen Kairo?" Thomas antwortete unwillig „Ich habe bis jetzt noch nicht so viel gesehen. In diesem Stadtteil scheint alles modern, westlich und sauber zu sein. Ich bin echt positiv überrascht."

Ein Mitarbeiter erscheint mit einem voll beladenen Tablett. „Nein danke, ich möchte nicht", lehnt Thomas höflich aber bestimmt ab. Hassan wiederholt noch mehrmals die Einladung, doch Thomas bleibt standhaft und startet einen erneuten Versuch, die Vorzüge seines Produktes zu erläutern.

Gerade als er endlich in Schwung kommt, geht die Tür erneut auf, und mehrere Personen strömen herein. Die Begrüßung zieht sich in die Länge, Thomas hat erfahren, dass zwei von ihnen Gäste aus Kuwait und wichtige Geschäftspartner für Hassan sind.

Einer der Besucher schaut Thomas schmunzelnd an und versucht, mit ihm ins Gespräch einzutreten „Gutes Geschäft. eh?" „Ja, ich bin gerade dabei mein Produkt und neue Ideen vorzustellen, komme aber nicht voran", sagt Thomas und zählt innerlich die verlorenen Minuten. Sein nächster Termin drängt und die wichtigsten Fragen sind noch ungeklärt. Als die Gruppe endlich aufbricht, setzt Thomas von Neuem an, doch das Telefon unterbricht ihn. Hassan wechselt ein paar Worte mit dem Anrufer.

„Mr. Thomas, es war mir ein Vergnügen, Sie kennen zu lernen. Versuchen Sie unseren Chefingenieur oder den Leiter der Hydraulik zu kontaktieren. Er kümmert sich um Ihr Anliegen", sagt Hassan und steht auf.

Thomas räumt seine Unterlagen zusammen und kocht vor Wut: „Was für ein arroganter Kerl"! Ein Blick auf die Uhr zeigt ihm, dass er sich zu seinem nächsten Termin erheblich verspäten wird.

Es ist leicht zu erkennen, dass unser Akteur, Herr Thomas Dahlmann, mit seinem sehr spezifischen Verhalten auf gewisse Schwierigkeiten bei der Geschäftsanbahnung stoßen kann, unabhängig vom Umfeld oder Zielland. Bei Betrachtung der Situation aus dritter Perspektive lassen sich die in Tab. 7.1 zusammengefassten Aussagen treffen.

Tab. 7.1 Beschreibung der Situation Worst-Case-Szenario aus einer dritten Perspektive

Thomas Dahlmann	Hassan EL-Shirbini
- Wurde von einem potenziellen Geschäftspartner aus Ägypten eingeladen	- Hat einen Interessenten Lieferanten aus Deutschland gefunden und eingeladen.
- Hat in einem Hotel übernachtet, das in der Nähe von einer Moschee liegt. Er wurde vom Gebetsaufruf vermutlich geweckt. Den Umständen entsprechend hat er vermutlich keine gute Nacht gehabt.	- Er ist offensichtlich eine wichtige Person: er muss Dokumente unterschreiben, er muss seine Meinung zu bestimmten Entscheidungen äußern.
- Hat geplant, andere Geschäftspartner im Anschluss an das Gespräch zu besuchen und hat das terminiert.	- Er macht mehrere Sachen gleichzeitig: andere Geschäftspartner anrufen, Gäste empfangen, Produktinformationen anhören
- Wollte seine Produkte vorstellen und genau in dem von ihm kalkulierten Zeitrahmen bleiben.	- Wollte etwas Bestimmtes über die Produktinformationen hören und nicht alle Einzelheiten.
- Hatte einen genauen Plan, wie sein Besuch und das Gespräch ablaufen sollten.	- Hat parallel zum Gespräch mit dem Besucher aus Deutschland andere Geschäftspartner aus Kuwait.
- Der Besuch ist nicht nach seinem Plan gelaufen.	- Das Gespräch ist nicht nach seiner Vorstellung gelaufen.
- Er muss jetzt mit einer dritten Person, dem Chefingenieur, ein neues Gespräch führen.	- Er hat auf den Chefingenieur verwiesen.

Die überspitzt formulierten Erfahrungen, die Herr Dahlmann in Ägypten erlebt hat, sind nicht exklusiv für Ägypten oder andere arabische Länder, sondern könnten sich so durchaus auch in anderen Ländern der Welt ereignen. Besonders markant sind die kulturell unterschiedlichen Prägungen beider Akteure hinsichtlich des Umgangs mit der Zeit:

- Herr Dahlmann pflegt ein stark monochrones Zeitverständnis: einen Themenpunkt nach dem anderen behandeln, linear sukzessiv nach Plan vorgehen und in einem vorgeplanten Zeitrahmen eine bestimmte Aufgabe gründlich erledigen.
- Herr EL-Shirbini pflegt ein komplett polychrones Zeitverständnis: Themenpunkte je nach Wichtigkeit zirkulär ansprechen, offener Zeitrahmen, mehrere Dinge parallel erledigen.

Offensichtlich hat dieser Unterschied zu einem Missverständnis geführt, vor allem, weil keiner der beiden Akteure seine Vorgehensweise der anderen Seite angepasst hat. Wenn wir uns auf das Verhalten von Herrn Dahlmann während der Situation fokussieren, erkennen wir, dass er seine Vorgehensweise sogar nicht anpassen konnte, sondern praktisch gezwungen war, untätig herumzusitzen und zu warten. Wäre es in dieser Situation denkbar, dass er als Besucher auch zum Telefon greift und zwischendurch Dinge erledigt? Stellt man diese Frage in Deutschland, würden ca. 95 % der Befragten mit einem klaren „nein" antworten. Man könne nur abwarten und Ruhe bewahren. Stellt man die gleiche Frage verschiedenen Personen aus dem arabischen Raum, findet man zwei Antwortmuster: die Hälfte der Befragten antwortet genauso wie in Deutschland, also nicht zum Telefon greifen oder zwischendurch andere Dinge erledigen. Dieses Antwortmuster findet man meistens in Situationen, die von hierarchischen Verhältnissen geprägt sind, also bei einem Besuch von einem Lieferanten bei einem Kunden oder bei einem Gespräch zwischen Mitarbeitern und Vorgesetzten. Die andere Hälfte antwortet dagegen, dass sie wegen der immer wieder veränderten Situationsbedingungen und auch wegen des schlechten Zeitmanagements gezwungen sind, mehrere Baustellen gleichzeitig zu bedienen. Schließlich sei diese Art von Multitasking üblich und würde nicht als Zeichen fehlender Höflichkeit interpretiert.

Das Beispiel zeigt, dass nicht alle zehn Kulturunterschiede, die in Abschn. 7.1 beschrieben sind, unbedingt zugleich in einer Situation auftreten müssen, sondern, dass bestimmte zugrundeliegende kulturelle Anteile besonders hervorvorstechen und das Missverständnis erklären können. In Bezug auf die Darstellung in Abb. 7.1 sind folgende Unterschiede deutlich im Verhalten beider Akteure zu erkennen:

- Thomas Dahlmann ist eher abschluss- und sachorientiert. Sein Geschäftsbesuch hatte ein konkretes Ziel, nämlich seine Produkte vorzustellen und möglicherweise einen Vertrag über die Lieferkonditionen abzuschließen. Der Geschäftsbesuch sollte etwas Messbares produzieren. Er hatte eine klare Zielvorstellung und auch eine konkrete Vorgehensweise für das Gespräch.
- Hassan EL-Shirbini ist eher situations- und rollenorientiert. Er hat den Lieferanten aus Deutschland eingeladen, um etwas über die Produktneuheiten zu erfahren, vor allem aber auch, um mehr über die Rolle seines Gesprächspartners zu wissen: Ist Herr Dahlmann auch der alleinige Entscheidungsträger in der Firma, wenn es um Nachverhandlungen geht? Welche Zukunftsperspektiven und Profite kann er von dieser Produktlinie erwarten? Gibt es Konkurrenten, mit denen der deutsche Lieferant arbeitet? Welche Erfahrungen hat der deutsche Lieferant mit ähnlichen Ländern in der Region? Was waren die Herausforderungen und wie hat man diese gelöst? Das Gespräch diente also dazu, diese Informationen zu liefern. Seine Vorgehensweise war eher auf die Situation gerichtet und nicht auf ein messbares Endergebnis, das unbedingt aus dem Gespräch hervorgehen sollte.

Dieser Unterschied in der Vorgehensweise zwischen dem zielorientierten Herrn Dahlmann und dem rollenorientierten Herrn EL-Shirbini endete mit einem unklaren Ergebnis, nämlich dem Verweis auf den Chefingenieur. Bleibt also die Frage offen, ob das eine indirekte Absage an Herrn Dahlmann oder ob die Möglichkeit für eine Zusammenarbeit noch offen ist. Jedenfalls hat der potenzielle Lieferant im ersten Gespräch beim Gastgeber keinen guten Eindruck hinterlassen.

Welche Anfängerfehler sind im Verhalten von Herrn Dahlmann nun zu erkennen? Hier ist eine mögliche Antwort:

- Er war unzureichend vorbereitet: Wenn Herr Dahlmann sich vorab über die Verhältnisse vor Ort informiert hätte, wären die Nähe zur Moschee und die nächtliche Störung durch den Gebetsaufruf vermeidbar gewesen.
- Er war überrascht von den unterschiedlichen Verhaltensnormen bei der Anrede (Vor- oder Nachname) und davon, mehrere Dinge und Themen gleichzeitig zu bedienen,
- dass er die Einladung des Gastgebers mehrmals abgelehnt und den Small-Talk abrupt unterbrochen hat,
- Er hat sich vor den anderen Gästen negativ über den Ablauf des Gesprächs geäußert, dass er damit nicht vorankomme.

Interessant ist auch der Vergleich der kulturellen Wahrnehmung hinsichtlich dieser Anfängerfehler. Arabische Befragte erstellten genau diese Auflistung, auch wenn mit unterschiedlicher Gewichtung, und hoben zudem besonders noch Folgendes hervor:

- dass er mehrere Termine an einem Tag geplant hatte,
- dass er unter Zeitdruck stand und offen sagte, dass er sowieso am Folgetag zurückfliegen wollte,
- dass er sich nicht im Voraus über seinen Gesprächspartner informiert hatte. War Herr EL-Shirbini überhaupt der richtige Ansprechpartner für alle technischen Details oder gab es eine andere Person? Warum ging er nicht direkt zu dieser anderen Person?

Aus dem Beispiel „Worst-Case-Szenario" kann man folgende Empfehlungen ableiten

- Vermeiden Sie Anfängerfehler durch eine entsprechende Vorbereitung.
- Beschäftigen Sie sich mit den landestypischen Verhaltensnormen bzgl. der Anrede und Begrüßung. Fragen Sie nach, falls zu bestimmten Themen (wie Begrüßung zwischen Männern und Frauen) keine verbindlichen Verhaltensregeln existieren.
- Recherchieren Sie nach Ihrem Gesprächspartner im Voraus. Auch wenn die LinkedIn-Profile nicht absolut zuverlässig sind, können Sie trotzdem bestimmte Netzwerkverbindungen erkennen und analysieren. Das hilft, um ein Gespräch personenorientiert vorzubereiten und zu führen.

- Bitte die Gastfreundschaft niemals völlig verweigern. An dem angebotenen Tee oder Kaffee, den Datteln etc. kann man im Laufe des Gespräches zumindest einmal nippen oder um etwas anderes bitten. Das wird einfach erwartet. Eine komplette Ablehnung ist jedenfalls Vertrauen hemmend und gilt als Zeichen für ein merkwürdiges Verhalten.
- Bringen Sie sehr viel Zeit mit und kalkulieren Sie Zeitpuffer, um Zeitdruck zu vermeiden.
- In der arabischen Welt verhandelt man am liebsten mit dem Chef. Als Verhandlungsführer sollten Sie möglichst auch wichtige Entscheidungen treffen können. Durch Entscheidungskompetenzen gewinnen Sie Vertrauen. Kommunizieren Sie es offen, wenn die Entscheidungsmacht in Ihrer Hand liegt.
- Fragen Sie sich selbst, was Sie von Ihrer Geschäftsreise erwarten. Geht es um eine reine Produktvorstellung oder den Beginn einer Geschäftsanbahnung und die Exploration des Umfelds auf der anderen Seite? Auf Basis der Antworten werden Sie Ihr Zeitkontingent anders planen und nicht unter Zeitdruck und in Terminnot geraten.
- Definieren Sie vor allem in der Phase der Geschäftsanbahnung Ihre Zieloptionen. Dazu zählen viele Fragen, die typischerweise für alle erdenklichen Geschäftsprozesse relevant sind: Welche geschäftliche Zusammenarbeit planen sie? Handelsvertretung oder Teilproduktion vor Ort? Exklusive Vertretung oder mit mehreren Partnern? Bieten Sie auch kundenspezifische Lösungen und Produktentwicklungen oder sollte der Kunde genau wissen, was er haben möchte? Ist die Beratungsleistung Teil Ihrer Kalkulation oder gilt sie als zusätzliche Leistung?

7.2.2   Unverhandelbare Grundlinien klar definieren

Fallbeispiel 15: Die Grenze der Toleranz ist erreicht!

Die Firma MAXX[2] ist ein führender Anbieter für Backwaren und -technologie in Deutschland. Mit ihrem Franchise-System ist sie in mehr als 20 Ländern weltweit vertreten. Die Firma hat vor kurzen zwei Bäckereien in Saudi-Arabien eröffnet und ist mit dem Ergebnis äußerst zufrieden, sodass der saudische Investor, Besitzer und Betreiber der beiden Bäckereien ent-

---

[2] Fiktiver Name. Alle Namen in den Fallbeispielen in diesem Buch sind fiktiv und erfunden.

schieden hat, fünf weitere Niederlassungen zu eröffnen. Die Teigwaren werden von Saudi-Arabien aus bestellt und im Firmenhauptsitz in Deutschland produziert, eingefroren und per Container nach Saudi-Arabien verschifft.

Die Zusammenarbeit mit dem libanesischen Geschäftsführer, dem 60jährigen Samir Ghadban, läuft leider nicht ganz so reibungslos. Marco Wisselmann, der deutsche Regionalmanager und Zuständige für das gesamte Franchise-System, war bei seinem letzten Besuch sehr enttäuscht und frustriert von den Missständen in den beiden Bäckereien, vor allem wegen der zusätzlichen Getränke und Produkte, die in den saudischen Niederlassungen angeboten wurden, aber im Konzept des Franchise-Systems überhaupt nicht passen und den vertraglichen Vereinbarungen komplett widersprechen. Wisselmann bringt das auf den Punkt:

„Wir sind eine Bäckerei und nach unserem weltweiten Standardkonzept können nur Bäckereiprodukte und entsprechende Getränke verkauft werden. Jetzt verkauft der Samir auch Eis, Schokolade und Zeitungen. Das ist keine unserer Bäckereien mehr, sondern ein Supermarkt! Und das Schlimmste ist noch, dass er sich über meine Aufregung wundert. Er macht ja Umsatz und alles läuft prima und unsere Anteile bekommen wir überpünktlich. Wo ist denn das Problem? Der französische Wettbewerber System macht es genauso und die Franzosen haben sich immer über den wachsenden Umsatz gefreut und nur die Deutschen meckern wieder. Ich habe ihm klar gesagt, worum es geht und dass es nicht um die falschen Produkte geht, die in unseren Bäckereien nichts zu suchen haben, sondern um den falschen CEO-Jobtitel, den er in seiner Visitenkarte führt. Er ist kein CEO und wir haben keinen CEO in Saudi-Arabien oder sonst irgendwo. Es geht um den teuren Hochglanzanzug und die Krawatte, die er immer trägt, obwohl ich ihn mehrmals darauf aufmerksam gemacht habe. Wenn er in der Bäckerei hinter der Theke arbeiten und Kunden bedienen will, dann muss er eine weiße Uniform und Bäckermütze tragen, wie alle unsere Mitarbeiter weltweit. Ich habe gesehen, wie er arbeitet. Pures Chaos! Er quasselt und redet mit den Kunden, lacht und scherzt und nimmt die Bestellungen auf und gibt sie an die Mitarbeiter aus Indonesien und Pakistan per Handzeichen von oben herab weiter und gibt den Kunden die verpackten Waren, sogar ohne Handschuhe. Ich würde mich nicht wundern, wenn wir bald vom Gesundheitsamt oder der Lebensmittelüberwachung die rote Karte bekommen. Er hat auch keine Ahnung von Planung. Ich habe ihm mehrmals gesagt, dass er enorme Kosten sparen kann, wenn er vorausschauend plant, statt jede Woche eine neue Bestellung nach Deutschland zu geben. Von den Logistikkosten her ist es das vollkommen egal, ob der Container ganz voll ist oder ob nur ein Drittel drin ist. Aber es interessiert ihn irgendwie nicht. Die

Grenze unserer Toleranz ist jetzt überschritten und so kann es nicht weitergehen. Dieser Chaot mischt sich bei der Bauplanung und dem Design der fünf neuen Bäckereien ein und trifft sich mit dem Innenarchitekten. Das ist nicht sein Job und dafür haben wir unsere Spezialisten und Experten. Ich habe dem Innenarchitekten beim letzten Besuch klar gemacht, dass der Samir überhaupt nichts mit unserem Innendesign zu tun hat und dass er das Ganze mit dem deutschen Design-Spezialisten abklären soll. Und aus diesem Grund haben wir entschieden, jemanden vor Ort zu entsenden, der den gesamten Planungsprozess beaufsichtigt und vorantreiben soll."

Aus der einseitigen Situationsbeschreibung aus Sicht von Herrn Wisselmann lässt sich Folgendes sagen:

- Herr Wisselmann ist zuständig für das gesamte Franchise-System des deutschen Anbieters für Backwaren und Backtechnologie.
- Die Firma hat zwei Bäckereien in Saudi-Arabien eröffnet. Weitere fünf Bäckereien sind in der Planung.
- Lizenznehmer ist ein saudischer Investor, der von einem libanesischen Geschäftsführer namens Samir Ghadban vertreten wird.
- Herr Wisselmann beschwert sich über das Verhalten des libanesischen Geschäftsführers, weil

  – in den saudischen Niederlassungen zusätzliche Getränke und Produkte angeboten werden, die nicht in das Konzept des Franchise-Systems und das Gesamtbild des Unternehmens passen,
  – vertragliche Vereinbarungen nicht eingehalten werden,
  – häufig nicht Corporate-Identity bzw. Corporate-Design-konforme Handlungen und Verhaltensweisen getätigt werden (CEO-Jobtitel, keine Firmen-Uniform, Kunden werden ohne Handschuhe bedient)

- Herr Wisselmann findet die Arbeitsweise von Herrn Ghadban ineffizient und chaotisch, da er sich öfter ins Alltagsgeschäft einmischt, ohne die Arbeitsschritte eines Bäckereiverkäufers selbständig zu Ende zu führen. Herr Wisselmann empfindet den Arbeitsstil von Herrn Ghadban als hierarchisch und planlos.

- Herr Wisselmann möchte den Einfluss und die Einmischung von Herrn Ghadban eindämmen und klare Grenzen definieren.
- Herr Wisselmann beabsichtigt, jemanden vor Ort zu entsenden, um den Planungsprozess zu beaufsichtigen.

Offensichtlich hat ein Gespräch zwischen den beiden Akteuren stattgefunden, aber das Ergebnis war nicht zufriedenstellend. Aus der Situationsbeschreibung lässt sich ableiten, dass

- Herr Ghadban die Aufregung der deutschen Seite wegen der nicht konformen Handlungen nicht nachvollziehen kann,
- Herr Ghadban einen Vergleich zum französische Wettbewerber hergestellt hat, wo bestimmte nicht konforme Handlungen geduldet werden,
- Herr Ghadban die Konfliktursache als Kleinigkeiten bewertet und die Perspektive von Herrn Wisselmann als Nörgeln und grundloses Meckern bezeichnet,
- Herr Ghadban eine positive Rückmeldung bzw. Lob wegen der erfolgreichen Geschäftsentwicklung erwartet hat.

In Bezug auf die kulturellen Unterschiede (Abb. 7.1) liegen dem Verhalten beider Akteure bestimmte kulturelle Prägungen zugrunde. Tab. 7.2 fasst die Unterschiede zusammen und nennt Beispiele aus der Situation. Die Unterschiede werden in vier Kategorien gegliedert. Bezogen auf die Eisbergmetapher lassen sich die beiden ersten Kategorien (Problemlösungsstil und Arbeitsstil) dem sichtbaren oberen Teil des Eisbergs zuordnen, danach folgt die dritte Kategorie (Erwartung) im Schwellenbereich der Wasseroberfläche und schließlich die untere Ebene, die die vierte und letzte Kategorie (Motivation und Werte) umfasst.

Für die ersten beiden Kategorien (Problemlösungsstil und Arbeitsstil) lassen sich problemlos in der Situation Belege finden. Interpretationsbedürftig und komplexer wird es, je tiefer man in die unsichtbaren Strukturen des Eisbergs eindringt. Das gilt vor allem bei Betrachtung des Kulturunterschieds Individualismus vs. Kollektivismus. Es ist jedenfalls nicht selbsterklärend, dass das Verhalten von Herrn Wisselmann individualistisch motiviert ist. Individualistisch bedeutet hier, eigenständige

Tab. 7.2 Kulturelle Prägungen der Akteure im Fallbeispiel 15

	Herr Wisselmann	Herr Ghadban
Problem-lösungsstil	*Explizit/direkt* - Probleme wurden direkt aufgelistet und beim Namen genannt. *Konflikte austragen* - Durch ein sachliches Gespräch sollen die explizit genannten Konfliktursachen beseitigt werden. - Falls das nicht gelingt, wird eine Ersatzlösung gesucht (z. B. jemanden vor Ort zu entsenden).	*Implizit/indirekt* - Bezugnahme auf die positive Geschäftsentwicklung und auf andere Vergleiche. *Harmonie erhalten* - Durch Benennung von positiven Abläufen und Ereignissen wird angestrebt, ein Gleichgewicht herzustellen und die Konfliktursachen zu neutralisieren.
Arbeitsstil	*Partizipation (niedrige Machtdistanz)* - Alle müssen Uniform tragen, der persönliche Status spielt eine untergeordnete Rolle. - Wenn jemand arbeiten möchte, dann soll er das auch vollständig tun.	*Hierarchie (hohe Machtdistanz)* - Ein Geschäftsführer trägt keine Uniform, sondern etwas Status-Betonendes. - Das Führungspersonal soll Anweisungen geben und sich nicht eigenhändig betätigen.
Erwartung	*Sachorientierung* - Man soll effizient arbeiten und gründlich planen. - „Nicht meckern ist Lob genug."	*Beziehungsbezug* - Gute Beziehung zu Stammkunden ist das A und O für den Erfolg. - Positives Feedback wird erwartet.
Motivation/ Werte	*Regelorientierung* - Es gelten die globalen Standards und die verbindlichen Reglungen sowie die Verträge. *Individuum (Individualismus)* - Beziehung Arbeitgeber-Arbeitnehmer ist ein wirtschaftliches Verhältnis geregelt durch einen verbindlichen Arbeitsvertrag.	*Situative Orientierung* - Standards sollen flexibler gestaltet und anhand ihres praktischen Nutzens beurteilt werden. *Gruppe (Kollektivismus)* - Beziehung Arbeitgeber-Arbeitnehmer ist wie eine familiäre Bindung, in der erwartet wird, dass eine Person die Vaterrolle übernimmt.

Entscheidungen anzustreben, gleichgültig ob sie konform zum Gesamt-kontext sind oder nicht. In der Situationsbeschreibung erkennt man die-ses Verhaltensmotiv. Die Entscheidung, jemanden vor Ort zu entsenden, um die Arbeitsprozesse zu kontrollieren, kann als individualistisch auf-gefasst werden, da sie getroffen werden, ohne die möglichen Aus-wirkungen auf die bestehenden Netzwerke von Personen zu analysieren. Welche Auswirkung hat diese Entscheidung auf Herr Ghadban? Wie werden die untergeordneten Mitarbeiter sowie die Lieferanten und Stammkunden diese Änderung interpretieren? Was sind die möglichen Antworten von Herrn Ghadban und die anderen Netzwerke darauf? Es lohnt sich, sich mit diesen Fragen auseinanderzusetzen, um später eine mögliche Konflikteskalation mit späteren Folgen zu vermeiden.

Markenaufbau und Einführung von Franchise-Systemen in die arabi-schen Märkte ist eine Wissenschaft für sich. Der Fokus der Empfehlun-gen kann allerdings nicht darauf gerichtet werden. Stattdessen befassen wir uns mit der Lösung des unmittelbaren Konflikts. Für eine Problem-lösung zwischen allen Involvierten sollten folgende Empfehlungen in Er-wägung gezogen werden:

- Unverhandelbare Grundlinien aushandeln, klar definieren, festlegen und mit allen Mitteln an alle Beteiligten kommunizieren.
- Konsequenzen bei Nichteinhaltung und Streitbeilegungsmechanismen klar festlegen.
- Internes System zur Belohnung und Bestrafung verankern und ent-sprechend durchführen.
- Es gilt das Prinzip: große Leute für große Probleme. Hohe Positionen signalisieren Wichtigkeit, Dringlichkeit und Priorität. Das heißt: je größer das Problem ist, umso höher soll die Position der Person sein, die das Problem lösen soll.

Für das Vertrauen und für ein gutes Arbeitsklima sind folgende Selbstver-ständlichkeiten grundsätzlich noch zu empfehlen:

- Positives Feedback geben und das Gespräch nicht nur bei Problemen und Schwierigkeiten suchen.
- Auf die andere Perspektive eingehen.

• Sich mit den eigenen Tiefenstrukturen auseinandersetzen (z. B. Regelorientierung oder individualistische Logik), um sich der eigenen Handlungsgrenzen und der eigenen Argumentationslogik bewusst zu werden. Denn erst dadurch kann man sich auf die andere Perspektive einlassen und sie anerkennend wahrnehmen.

7.2.3   Netzwerke analysieren

Fallbeispiel 16: Die sind einfach unzuverlässig!

Herr Alfred Brinkmann, 55, ist der Werksleiter eines deutschen Unternehmens, das in Tunesien Bordnetze, Kabel und Kunststofftechnik für die Automobilindustrie produziert. Er leitet den Standort seit einem Jahr. Herr Brinkmann schilderte folgende persönliche Erfahrung. Aus seiner Sicht ist die Situation falsch gelaufen. Er möchte jedoch wissen, wie er besser hätte vorgehen können.

„Unsere Security-Mitarbeiter haben genaue und konkrete Anweisungen zu befolgen. Ihre Hauptaufgabe besteht darin, keine fremden Menschen ins Werk zu lassen. Auch keine Mitarbeiter, die nicht im Schichtdienst sind. Es ist mir aufgefallen, dass die Security diese Anweisungen nicht umsetzen will. Öfter sehe ich Personen auf dem Werksgelände, die da nichts zu suchen haben. Ich habe mit dem Security-Leiter, Herrn Nagib Lakhdar, gesprochen und er sagte, dass das eine Ausnahme gewesen wäre, weil ein Mitarbeiter seinen Schlüssel im Spind vergessen hatte und dass die Mitarbeiter am Eingang erst in seinem Büro nachgefragt hätten. Ich sagte, dass es nicht um eine Person geht, sondern um mehrere Personen. Er sagte, er tut seinen Job mit dem besten Wissen und Gewissen, dass ja schließlich nichts passiert wäre und alles in Ordnung sei. Eine Woche später war es noch schlimmer. Ein Zaun war beschädigt und durch einen Spalt konnten einige Jugendliche hereinkommen. Ich habe sie zweimal auf der Rasenfläche im Werksgelände Fußball spielen sehen. Ich habe abgewartet, was der Herr Lakhdar unternehmen wird. Nichts hat er unternommen. Nach einigem Hin und Her bin ich dem Rat des Personalleiters gefolgt und habe Herrn Lakhdar, den ich nicht entlassen konnte, versetzt und einen neuen Security-Leiter eingestellt. Der Neue macht seinen Job ganz gut. Aber irgendwie ist die Anzahl der Krankmeldungen in der Belegschaft seit der Versetzung des alten Security-Leiters verhältnismäßig hoch geworden. Noch schlimmer waren die gleichzeitigen Behauptungen eines gekündigten Mitarbeiters im lokalen TV, dass wir den tunesischen Standort bald schließen würden und nur noch in Marokko produzie-

> ren. Diese Behauptungen sind definitiv falsch, aber für uns waren sie sehr hart und deshalb mussten wir sie öffentlich entkräften und versichern, dass unser Betrieb mindestens die nächsten drei Jahre lang weiter in Tunesien produzieren wird. Das hat die Stimmung ein bisschen beruhigt, aber jetzt ist unsere Entscheidungsfreiheit eingeschränkt und jetzt müssen wir definitiv bleiben, sonst wird das für uns sehr teuer!"

Aus der Situationsbeschreibung von Herrn Brinkmann lassen sich folgende Informationen ableiten:

- Als Verantwortlicher für den Standort möchte Herrn Brinkmann keine fremden Menschen auf dem Werksgelände sehen. Das gilt auch für die Mitarbeiter, die nicht im Schichtdienst sind.
- Verantwortlich für diese Aufgabe ist ein lokaler Security-Leiter namens Nagib Lakhdar, der sich in einem unkündbaren Arbeitsverhältnis befindet.
- Herr Brinkmann stellte fest, dass diese Aufgaben nicht erfüllt wurden. Er sprach darüber mit dem Security-Leiter, der mit verschiedenen Ausnahmesituationen argumentierte.
- Die Situation hat sich aus Sicht von Herrn Brinkmann nicht verbessert. Durch die Zaunbeschädigung kamen noch mehr fremde Menschen ins Werkgelände.
- Herr Brinkmann hat erwartet, dass Herr Lakhdar den Zaun reparieren lässt bzw. etwas unternimmt. Diese Erwartung wurde nicht erfüllt.
- Herr Brinkmann sprach mit dem Personalleiter, der auf das unkündbare Arbeitsverhältnis des Security-Leiters hingewiesen hat. Seine Versetzung war die einzige Notlösung.
- Ein neuer Security-Leiter wurde angestellt. Herr Brinkmann ist zufrieden mit ihm.
- Herr Brinkmann stellt jedoch fest, dass seit der Versetzung des alten Security-Leiters die Anzahl der Krankmeldungen in der Belegschaft verhältnismäßig hoch geworden ist.
- Es gab Behauptungen von einem gekündigten Mitarbeiter über die vermeintliche Schließung des Standorts. Solche imageschädlichen Informationen mussten öffentlich entkräftet werden.

- Der Standort wird in den nächsten drei Jahren weiterbestehen wie bisher.

Welche Details hat Herr Brinkmann übersehen? Warum hat sich die Situation so entwickelt? Welche kulturellen Prägungen sind in seinem Verhalten zu erkennen? In dieser Situation gibt es einige unvollständige Informationen, die für das Gesamtverständnis von großer Bedeutung sein können. Wichtig sind vor allem folgende Informationen und die daraus abgeleiteten Fragen:

- Warum hat der versetzte Security Leiter Nagib Lakhdar einen unkündbaren Arbeitsvertrag? Security Leiter sind nicht selten ehemalige Bedienstete der Armee oder Polizei. Also Personen, die einen hohen Status und womöglich Einfluss in ihrer unmittelbaren Nähe besitzen. Diese Hintergrundinformation könnte eine Rolle in der Situationsentwicklung gespielt haben. Es könnte sein, dass Herr Lakhdar nach seiner Versetzung seinen Einfluss ausgespielt und für Unruhe gesorgt hat. Das kann nicht mit Bestimmtheit vorausgesetzt werden, sollte aber auch nicht komplett von der Hand gewiesen werden.
- Inwiefern greift das Gewohnheitsrecht auf die Situation zu? Herr Brinkmann möchte die geltenden Standards umgesetzt wissen und aus Sicherheitsgründen (oder versicherungstechnischen Fragen) sicherstellen, dass keine fremden Menschen das Werksgelände betreten. Diese Standards gab es sicherlich schon vor seiner Zeit, doch sie offensichtlich nicht genau umgesetzt, woraus eine Art Gewohnheitsrecht bei der Belegschaft entstand oder zumindest als solches wahrgenommen wurde. Mitarbeiter, die z. B. etwas in ihrem Schließfach vergessen hatten, betrachteten es als Teil des Gewohnheitsrechts, die vergessenen Sachen zu jeder Zeit holen zu können oder sich auf dem Werksgelände zu befinden, obwohl sie nicht im Dienst waren. Nun möchte Herr Brinkmann durch die korrekte Umsetzung der Standards sozusagen die Rechte der Belegschaft beschränken. In so einem Fall wäre es strategisch besser gewesen, wenn Herr Brinkmann schrittweise vorgegangen wäre, statt alles abrupt zu ändern. Eine radikale bzw. als radikal empfundene Systemveränderung ohne vorherige Strukturanalyse führt nicht selten zu unerwünschten Nebenwirkungen.

- Warum hat Herr Brinkmann erwartet, dass der Security-Leiter etwas unternimmt und warum hat er nicht direkt befohlen, den Zaun reparieren zu lassen? Herr Brinkmann ist der Standortleiter und hierarchisch gesehen befindet er sich er an der Spitze der Konstellation. Eine Arbeitsanweisung zu geben, gehört zu seinem Job und wird von ihm erwartet, auch für Dinge, die im Verantwortungsbereich seiner Mitarbeiter liegen. Er hat die Zaunbeschädigung zweimal gesehen und keine Anweisungen gegeben, was vermutlich als indirektes Zeichen für die Duldung interpretiert wurde bzw. für die Annahme, dass dies nicht wichtig sei. Vermutlich hat Herr Brinkmann aus seinem Rollenverständnis als Gast gehandelt und nicht als Standortleiter. Diese Rollenverwechslung führt manchmal dazu, dass manche ausländische Führungskräfte bei ihren Einsätzen in verschiedenen arabischen Ländern vorsichtiger kommunizieren und handeln, um das lokale Umfeld nicht zu brüskieren. Statt klar zu kommunizieren wird stillschweigend eine bestimmte Aufgabenerfüllung erwartet, was nicht selten mit Enttäuschungen und Frustrationen, aber auch mit Vertrauensfallen endet.

Konkrete Handlungsempfehlungen für den Umgang mit dieser und ähnlichen Situationen können so formuliert werden:

- Bestehende Strukturen und Netzwerke genauer unter die Lupe nehmen. Dadurch gewinnen Sie wertvolle Hintergrundinformation für eine nachhaltige Situationsanalyse.
- Kleine Leute nicht unterschätzen. Auch kleinere Positionen im Unternehmensdiagramm können durchaus einen großen Einfluss besitzen und gut vernetzt sein.
- Veränderungen schrittweise einführen und nicht abrupt umsetzen.
- Eigene Erwartungen genau kommunizieren und nicht als selbstverständlich voraussetzen.
- Setzen Sie sich mit Ihrer Rolle genauer auseinander und verhalten Sie sich entsprechend Ihrer Position. Bei Auslandseinsätzen sind Sie meistens die Führungskraft, der technische Experte oder die Beraterin, aber kein Gast. Auch als Ausländer (bekannt in den Golfstaaten als Non-Local) verfügen Sie über alle geschäftsbezogenen Befugnisse und werden nicht als Mitglied der Kategorie „Gäste" wahrgenommen.

7.3   Differenzen stehen lassen und einen Ausweg aushandeln

Fallbeispiel 17: Der Dschinn und die Quantenphysik

Ein Dschinn (andere Schreibweise Djinn) ist ein übersinnliches Geistwesen, das aus rauchlosem Feuer vom Gott erschaffen wurde, aber für den Menschen grundsätzlich unsichtbar ist. Im Volksglauben gibt es eine weit verbreitete Vorstellung, dass ein Dschinn in den Körper eines Menschen fahren kann und den so Besessenen wahnsinnig macht. Der Glaube an Dschinns ist aus altarabisch-vorislamischen Zeiten bekannt, er wurde in islamische Glaubensvorstellungen übernommen und wird mehrfach im Koran erwähnt. An ähnliche Phänomene wurde und wird heute noch immer in fast allen Kulturen geglaubt: Exorzismus, Voodoo, schwarze Magie usw.

2015 war das Jahr, in dem der Dschinn in Ägypten angeblich besonders aktiv war. Mehrere Häuser in verschiedenen Dörfern wurden ohne erklärliche Gründe niedergebrannt. Zeitungsberichten zufolge berichteten sogar Feuerwehrleute davon, dass sich manche Feuersbrunst von allein, ohne Fremdeinwirkung, wieder auslöschte,[3] bevor sie erneut in einem anderen Haus in 100 Metern Entfernung aufgeflammt sei, obwohl sich darin kein brennbares Material befanden hätte. Soziale Netzwerke und auch seriöse Medienmacher haben sich sehr lange und intensiv mit diesem Phänomen beschäftigt. Eine Physikprofessorin aus Kairo ging so weit zu argumentieren, dass man einen Dschinn sogar mit den Gesetzen der theoretischen Physik beweisen könne. Die Dschinn seien nichts anderes als Antimaterie! Das Argumentationsmuster der Physikprofessorin ist sehr bekannt bei den Anhängern der Schule „Wunder des Koran" bzw. „Wissenschaftliche Zeichen im Koran", die in vielen nicht-islamischen Ländern weitgehend unbekannt ist. Grundthese dieser Schule ist, dass der Koran alle wissenschaftlichen Entdeckungen von der Embryonalentwicklung bis zur Expansion des Universums vorhergesagt hat und die Wissenschaftler nur die Prophezeiungen bestätigen.

Was hat so ein Beispiel mit kultureller Verständigung zu tun und welche Handlungsempfehlung kann man daraus ableiten? Das Beispiel demonstriert einen Fall, in dem eine gemeinsame Zielrichtung eventuell nicht möglich ist, nämlich das Einverstandensein. Das heißt: Man kann die Geschichte verstehen, die Beweggründe nachvollziehen und eventuell sogar Verständnis dafür haben, warum die Physikprofessorin so denkt und argumentiert,

---

[3] Vgl. https://arabic.cnn.com/middleeast/2015/06/02/egypt-jini-fires [Abruf: 26.02.2020].

> wenn man sich mit ihrer Weltanschauung und ihrem Denksystem aus-
> einandersetzt. Man kann es verstehen und je nach Fähigkeit zur Perspektiv-
> übernahme sogar Verständnis für ihre Denkweise haben, aber man wird
> damit nie einverstanden sein.
> Bleibt also die Herausforderung, wie man trotz weltanschaulicher und
> ideologischer Differenzen miteinander aufrichtig und kooperativ umgehen
> kann. Eine klare Handlungsempfehlung gibt es dafür nicht, aber bestimmte
> Rahmenelemente, die für das Miteinander trotz Differenzen unabdingbar
> erscheinen. Ein im interkulturellen Kontext wichtiges Element lautet: Diffe-
> renzen einfach stehen lassen, ohne dem Gegenüber die Menschenwürde
> abzusprechen. Hier wird der Unterschied zwischen Toleranz und An-
> erkennung besonders deutlich. Man kann etwas tolerieren bzw. manchmal
> muss man manchmal etwas ertragen, ohne es anzuerkennen bzw. damit
> einverstanden zu sein. Ein Statuswechsel von Toleranz zu Anerkennung
> wird niemals erfolgen. Trotzdem bleibt der Respekt (der horizontale Res-
> pekt, um genauer zu sein) der einzige Ausweg, um ein Miteinander zu er-
> möglichen.

„Jenseits von richtig und falsch gibt es einen Ort. Hier können wir einander begegnen," lautet das bekannte Zitat des persischen Mystikers
Dschalal ad-Din ar-Rumi (1207–1273). Um diese Begegnung zu ermöglichen, muss man zuerst die Differenzen stehen lassen und nicht zum
Gegenstand des Dialogs machen, da dies meistens als Kampf um die
Deutungshoheit endet. Differenzen stehen zu lassen ist keine Aufforderung
dazu, einander aus dem Weg zu gehen und gemeinsames Handeln zu verweigern, sondern dazu, einen Ausweg auszuhandeln. Man würde hier den
berühmten Satz von Sokrates *„Rede, damit ich dich sehe"* ergänzen um
etwa, *„Rede nicht über die Differenzen, sondern über die Lösungen"*.
Theoretiker und Praktiker des interreligiösen Dialogs verfügen über
eine lange Tradition in der Auseinandersetzung mit Differenzen und aus
ihren Ansätzen können viele Handlungsempfehlungen abgeleitet werden. Für den deutsch-arabischen Kontext könnte das konkret lauten:

- Angesichts von Differenzen können Sensibilität und Offenheit helfen,
  weiterzukommen und einen Ausweg zu finden. Im Schulkontext
  hierzulande z. B. können sensible Lehrkräfte die Eltern ermutigen,
  ihre Bedenken zum Thema des Sport- und Schwimmunterrichts aus-

zusprechen und dann gemeinsam nach praktikablen Lösungen suchen. Offenheit bedeutet, den Eltern zu vermitteln, warum Sport- und Schwimmunterricht für ihre Kinder wichtig sind, und nicht einfach aus Bequemlichkeit das Abmelden der Kinder vom Schwimmunterricht oder von der Klassenfahrt zu dulden. (Freise 2017, S. 180)

- Bei Differenzen geht es im Allgemeinen um die Herausforderung, wie man einander auch dann mit Respekt begegnet, wenn keine gegenseitigen Sympathien herrschen. Ein Minimum an Wertschätzung ist die wichtigste Ausgangsbedingung für eine respektvolle Konfrontation (Pörksen und Schulz von Thun 2020), wobei sich die Konfrontation nicht auf die Differenzen bezieht, sondern auf das gemeinsame Handeln.
- Nur zur Erinnerung: Es ist schlicht aussichtlos zu versuchen, die eigene Wahrheit anderen aufzuzwingen. Sobald man in einen Kampf um die Wahrheit verwickelt ist, funktioniert die Kommunikation als Lösung meistens nicht mehr. Anerkennung anderer Wahrheiten ist ein wichtiger Schritt. Anerkennen ist nicht dasselbe wie recht geben. Durch Anerkennung kann etwas Gemeinsames trotz Differenzen entstehen (Hoffman 2015).

Literatur

Cnyrim, Andrea (2016): Business Toolbox – Interkulturelle Kompetenz. Kulturelle Unterschiede verstehen, mit Erfolg zusammenarbeiten. Freising: Stark.

Freise, Josef (2017): Kulturelle und religiöse Vielfalt nach Zuwanderung. Theoretische Grundlagen – Handlungsansätze – Übungen zur Kultur- und Religionssensibilität. Schwalbach: WOCHENSCHAU Verlag.

Hoffman, Edwin (2015): Interkulturelle Gesprächsführung. Theorie und Praxis des TOPOI-Modells. Wiesbaden: Springer Fachmedien Wiesbaden.

Leenen, Wolf-Rainer (2019): In: Wolf-Rainer Leenen (Hg.): Handbuch Methoden interkultureller Weiterbildung. Göttingen: Vandenhoeck & Ruprecht, S. 25–168.

Pörksen, Bernhard; Schulz von Thun, Friedemann (2020): Die Kunst des Miteinander-Redens. Über den Dialog in Gesellschaft und Politik. München: Hanser.

8

Abschließende Betrachtung

Abdulaziz Othman Al-Twaijri, der Generaldirektor der Islamischen Organisation für Bildung, Wissenschaft und Kultur ISESCO, fasst die Kernelemente der arabisch-islamischen Kultur zusammen und versteht darunter kulturelle Verständigung als Offenheit für den kulturellen Austausch mit anderen Kulturen bei gleichzeitigem Erhalt der eigenen kulturellen Werte. Diese Werte versteht er als Konsens hinsichtlich unveränderbar allgemeingültiger Traditionen (Koran und Hadith) einerseits und Divergenz bei von Menschen erzeugten Meinungen und Herangehensweisen andererseits. Es herrscht Konsens darüber, dass ein Muslim fünfmal am Tag beten soll, über die Gebetszeiten, die rituelle Waschung davor und dass die ersten Verse vom Koran Bestandteil des Gebets sind. Es gibt aber Divergenzen hinsichtlich der Art und Weise, wie man die Hände und Arme während des Gebets halten soll. Genauso gibt es keine Einigung darüber, ob man die Arbeit unterbrechen und zum Beten gehen muss oder nicht bzw. ob man unbedingt in einer Moschee beten muss oder dies am Arbeitsplatz tun kann. Die arabisch-islamische Kultur unterscheidet sich darin von anderen Kulturen, dass sie einen einheitlichen islamischen Ursprung hat. Das Wesen der arabischen Kultur habe seine Basis in den vier Quellen der Erkenntnis: im Koran, in der Sunna,

© Springer Fachmedien Wiesbaden GmbH, ein Teil von Springer Nature 2022
A. Hussein, *Die arabische Welt verstehen*,
https://doi.org/10.1007/978-3-658-26409-3_8

in der arabischen Sprache und den überlieferten Traditionen der Religionsgelehrten, so argumentiert Al-Twaijri. Die westliche Kultur dagegen fuße auf multiplen Quellen: dem griechischen philosophischen Denken, dem römischen Gesetzeskodex, den lateinischen Sprachen und den verschiedenen Auslegungen der christlichen Lehren. Fundament der arabisch-islamischen Kultur ist der Glaube an Gott. Das kollektive Glauben an einen einzigen Gott verleiht der islamischen Gemeinde somit ihre Identität. Dieses Schlusswort von Al-Twaijri wirft eine Frage auf: Ist eine Verständigung trotz dieser Differenz zwischen einem säkularen Westen und einer religiös orientierten arabisch-islamischen Welt denn möglich? Man könnte entgegnen: Ist das überhaupt eine zielführende Frage? Führt uns das nicht in die totale Bodenlosigkeit und entfernt es uns nicht von einer möglichen Verständigung überhaupt?

Eigentlich wollte ich meinen Beitrag nicht mit dieser Frage beenden und stattdessen auf der Mikroebene der Verständigung bleiben. Die Frage nach der Vereinbarkeit zwischen Moderne und Tradition, zwischen Säkularisierung und Religiosität oder grundsätzlich zwischen Okzident und Orient wird seit mindestens 200 Jahren gestellt, ohne eine endgültige Antwort darauf zu haben. Nach der Eroberung Kabuls durch die radikal-islamistischen Taliban Mitte August 2021 kehrte die Frage auf die Tagesordnung zurück. Welches Regierungsmodell wird jetzt entstehen und wie sieht die Zukunft des Landes aus, das seit Jahrzenten von Kriegen und Kampfinteressen geplagt ist? Schon im Januar 2010 hat der ehemalige Bundeskanzler Helmut Schmidt in einem zeitlich vorausschauenden Beitrag den Krieg in Afghanistan als den komplexesten und unlösbarsten Konflikt überhaupt beschrieben. Er hat darauf hingewiesen, dass das Verhältnis des Westens zum Islam insgesamt durch eine grundsätzliche Animosität und Überheblichkeit des Westens gekennzeichnet und dass der Konflikt in Afghanistan einer von mehreren Vorläufern sei. Religiöse Toleranz sowie die Überwindung ökonomischer und sozialer Rückständigkeit seien die Lösung, so Schmidt.[1] Religiöse Toleranz? Auch gegenüber einem Regime, das Menschenrechte mit Füßen treten wird

---

[1] Vgl. Helmut Schmidt zu Afghanistan – Dieser Krieg ist nicht zu gewinnen. Quelle: DIE ZEIT, 28.01.2010 Nr. 05 – Verfügbar online unter
https://www.zeit.de/2010/05/Afghanistan/komplettansicht [Abruf: 27.08.2021].

und Frauen einsperrt? Oder haben sich die selbst ernannten „Gottes-krieger" doch noch verändert und sind nun pragmatischer geworden und in der Lage, ein Land zu verwalten? Wird dort eine Theokratie ent-stehen – eine religiös legitimierte Staatsgewalt, wie im Iran? Und was wird aus den nahezu 40 Millionen Menschen, die seit Jahrzehnten nur endloses Leid und Elend kennen? Schließlich sind es diese Menschen, die das Chaos und alle Hinterlassenschaften der allerlei geopolitischen Ak-teure ausbaden müssen. Diese Themen holen mich zurück und zwingen mich dazu, mit diesen Fragen auf der Makroebene wegen der gefühlten Hilflosigkeit und unüberschaubaren Komplexität zu verzichten und zu hoffen, dass die kulturelle Verständigung mindestens auf individueller Ebene gelingen kann.

Wie gelingen denn nun eine kulturelle Verständigung und ein lohnen-des Miteinander? Durch Flexibilität in der Interpretation des Verhaltens anderer wie auch durch die kluge Anpassung des eigenen Handelns. Ein lohnendes Miteinander kann gelingen, wenn man willentlich interessiert ist, sich mit den eigenen kulturellen Prägungen und Befangenheiten aus-einander zu setzen und zu reflektieren, warum man dieses oder jenes Ver-halten als gut oder als schlecht bewertet. Das ist die Basis für ein inter-kulturell kompetentes Verstehen und Verhalten. Ein lohnendes Miteinander kann durch kooperative anerkennende Kommunikation gelingen. Dabei helfen zahlreiche kommunikationspsychologische Emp-fehlungen und Modelle, die eine kulturelle Verständigung unterstützen, wenn die Aspekte der Gemeinsamkeit und Unterschiede bewusst sind. Dies sind die Beiträge auf der Ebene der zwischenmenschlichen Kommu-nikation, deren Erfüllung möglicherweise zu einer Verständigung auf hö-heren Makroebenen zwischen Ländern, Völkern, Nationen, Religionen und Kulturkreisen beiträgt. So kann ein jeder mit sich selbst beginnen und seinen Beitrag leisten. In diesem Sinne: auf ein lohnendes Miteinander!